CRITIQUES

D'ART ET DE LITTÉRATURE

PAR

LE COMTE L. CLÉMENT DE RIS

> Charles Duclos. — François Marmontel. — Madame du Deffand. — Charles Collé. — Madame Récamier. — Le Romantisme en 1855. — Félicité Robert de Lamennais. — Béranger. — George Sand. — Les Notabilités littéraires depuis dix ans, 1848-1858. — Toussaint Charlet. — Eugène Delacroix. — Célestin Nanteuil. — Les Notabilités de l'art depuis dix ans, 1848-1858.

PARIS

A LA LIBRAIRIE ACADÉMIQUE

DIDIER ET Cie, LIBRAIRES-ÉDITEURS

QUAI DES AUGUSTINS, 35

—

1862

Tous droits réservés.

CRITIQUES

D'ART ET DE LITTÉRATURE

PARIS. — Imp. PILLET FILS AINÉ, rue des Grands-Augustins, 5.

Ce volume continue la série d'études publiées il y a plusieurs années dans un recueil oublié aujourd'hui.

Elles n'offrent, pour être accueillies avec faveur, ni le mérite du style, ni l'attrait de la curiosité, ni cet à-propos qui passionne la foule en flattant ses engouements ou ses dédains. Leur seule valeur, si elles en ont une, est celle de l'indépendance de la pensée.

Bien que l'on prétende le contraire, la majorité des écrivains contemporains n'est pas divisée : ils forment des groupes séparés, mais ils marchent du même pas au même but, et apportent dans leurs jugements ou leurs tendances la manière de voir et de sentir, le mot d'ordre de la famille littéraire qu'ils ont adoptée. Un caractère de bienveillance, d'ailleurs général, tempère ce que ces jugements et ces tendances peuvent présenter d'exclusif ou d'exagéré.

C'est un fait que je signale et non un blâme que je porte ; ce qui me messiérait de toute manière.

Je crois n'appartenir à aucun de ces groupes. Passant obscur, simple spectateur au parterre, mais ayant un goût très-décidé, et dont je suis très-fier, pour toutes les formes de l'art, suivant avec un intérêt qui ne s'est jamais démenti depuis vingt ans tous les travaux de l'esprit et toutes les œuvres de l'imagination ; je n'ai abdiqué aucun de mes droits de spectateur, et j'en use. Mes voisins, non plus, ne m'ont pas donné mission de parler pour eux. Je ne suis solidaire que de mes opinions. Mais aussi, après les grands acteurs de l'intelligence et les premiers rôles de la pensée, je crois que la voix d'un inconnu, ne fût-elle que différente, peut se faire entendre avec quelque intérêt dans ce glorieux débat. Les pages suivantes n'ont pas d'autre lien et pas d'autre prétention.

LITTÉRATURE

CRITIQUES

D'ART ET DE LITTÉRATURE

CHARLES DUCLOS

On a souvent placé Duclos au second rang parmi les écrivains du dix-huitième siècle, à côté de Diderot, d'Alembert et Marmontel. Je n'ai pas à rechercher ici si, avec des aptitudes diverses, ces quatre noms offrent un égal mérite, mais l'on s'est trompé, ce me semble, sur la qualification à donner à Duclos. Ce n'était pas un écrivain, c'était un homme de lettres. La différence existe, et l'étude de sa vie et de ses écrits la fait toucher du doigt. Duclos ne se jugeait pas autre chose, tout en ayant le juste orgueil de son état. Vue à distance et en masse, il est peu de vies qui honorent autant la classe à laquelle appartient l'auteur des *Considérations sur les mœurs*, et la justice de la postérité doit confirmer ce qu'il disait de lui-même : *Je laisse une mémoire chère aux gens de lettres.*

Personne en effet n'a porté ce titre honorable avec plus de dignité et n'a mieux su le faire respecter.

Les écrivains sont ceux qui fixent une langue. Ils possèdent une originalité qui les distingue à première vue et force l'attention. La correction de leur style est quelquefois chose douteuse ; mais ce qui ne l'est pas, c'est la grandeur des idées qu'ils expriment. Ils prennent la plume par hasard, et du premier coup élèvent un monument impérissable. La science des mots, ils l'ignorent ; mais ce qu'ils possèdent avant tout, c'est une grande intelligence et un grand cœur empreints dans leurs œuvres. La hauteur de vues, la sûreté de jugement, l'énergie de conviction frappent et saisissent sans qu'on puisse s'en rendre compte ou se soustraire à cette influence. On découvrira des solécismes dans une phrase de Saint-Simon, un rhéteur trouvera chez Bossuet des périodes maladroitement attachées les unes aux autres ; et pourtant Bossuet et Saint-Simon restent d'inimitables modèles. La correction chez eux n'est pas dans la phrase, elle est dans la pensée. Ils peuvent aborder des sujets différents, opposés, on retrouvera toujours dans l'ensemble de leurs œuvres une unité dont rien ne peut les faire dévier. Ils se trompent quelquefois, mais leurs erreurs seront de bonne foi, elles deviendront fécondes, la postérité les discutera en les respectant, elles seront aussi utiles que des vérités. En un mot ce qui fait les écrivains, c'est l'intelligence.

L'homme de lettres, au contraire, exerce une profession. Le style, chez lui, la science des mots, n'est pas un moyen, mais un but. Il le travaille avec soin et recherche, et sait d'autant mieux l'assouplir qu'il lui fait exprimer des idées plus légères que profondes, des pensées plus ingénieuses qu'étendues, des impressions plus personnelles que générales. Il étudie la langue par métier. Elle devient entre ses mains ductile ou rebelle suivant sa persévérance ou sa vocation. Son œuvre est rarement une. Doué d'une intelligence prompte, en abordant des sujets divers il les traitera d'une façon différente, et ce qu'au premier abord on aura pris pour de la fécondité, ne sera réellement que de la banalité. Privé de la puissante conviction des grands écrivains, sa vive imagination lui fera saisir le côté brillant des choses et défendre parfois la veille une thèse qu'il attaquera le lendemain. Dans ce perpétuel mouvement qui touche à tout et ne s'arrête à rien, il acquiert, au détriment des hautes facultés intellectuelles, une promptitude d'appréciation, une abondance d'élocution, une souplesse de pensée qui le rend éminemment propre à vulgariser les choses ou les faits marqués au coin de l'esprit. L'homme de lettres frappe la monnaie courante de l'esprit public ; ce qui le caractérise, c'est le style.

L'écueil de l'homme de lettres est facile à saisir.

L'esprit s'habitue promptement à jouer avec le côté sérieux des choses, le paradoxe lui plaît, la défense ingénieuse du faux et du vrai l'amuse, et ce qui amuse entraîne. Là est l'écueil. La vue morale se trouble, le discernement s'use, le caractère disparaît. Le cerveau devient une espèce de conduit où passent toutes les idées bonnes ou mauvaises sans y déposer de semence.

Duclos a eu ce mérite rare au milieu des hommes de lettres du dix-huitième siècle, qui ne brillaient pas toujours par la dignité, d'avoir respecté et fait respecter partout sa profession. Il châtia les dédains de certains grands seigneurs pour les hommes de lettres par ce mot vengeur : *Ils nous craignent comme les voleurs craignent les lanternes.* Au milieu de la société élégante et corrompue où il vivait, il garda toujours intact le sentiment de l'honneur et de sa dignité personnelle. Louis XV disait de lui : *Quant à Duclos, il a son franc parler.* Un pareil mot dans la bouche du roi est un précieux aveu ; car, comme roi, Louis XV ne pouvait aimer les philosophes, dont faisait partie Duclos, et comprenait où ils conduisaient la monarchie ; et comme gentilhomme, il devait avoir une mince estime pour un auteur. Avec une franchise qu'il poussa trop souvent jusqu'à la grossièreté, et peut-être précisément à cause de cette disparate, il sut se faire bien venir et même craindre par cette société. On croit voir un peu de cette crainte chez Voltaire. Le fin renard redoutait les rudes coups de boutoir du sanglier breton, et tournait avec respect autour de sa bauge. Cette rudesse, jointe au profond sentiment de respect de lui-même, a fourni à Duclos un magnifique trait d'éloquence. C'était en 1749. Le maréchal de Belle-Isle, fils de Fouquet, se présentait à l'Académie et refusait de faire les visites d'usage, regardant cette politesse comme au-dessous de lui. La haute position du maréchal éblouissait quelques académiciens, qui se montraient assez disposés à faire un compromis entre l'usage établi et la vanité du postulant. Duclos, irrité de cette faiblesse, s'écria en pleine séance : *Ce ne sont pas les tyrans qui font les esclaves, ce sont les esclaves qui font les tyrans.* De pareils traits font mieux connaître un personnage que toute une biographie.

Charles Pinot Duclos naquit à Dinan, le 12 février 1704. Cette origine bretonne se fait sentir dans toute sa vie. Il perdit son père de bonne heure et resta avec sa mère, qui paraît avoir été une femme de beaucoup de bon sens et d'une remarquable fermeté de jugement. En 1713 il fut envoyé à Paris, et confié à la garde du cocher, dit-il dans ses Mémoires, *comme un paquet à remettre à son adresse.* Mais comme on avait oublié de lui mettre au dos l'étiquette indiquant sa destination, la personne à laquelle il était adressé ne se trouva pas à l'arrivée du coche. Il fut donc recueilli par de braves gens du voisinage, chez lesquels il passa cette première nuit, et ne fut réclamé que le lendemain.

Il entra de suite à l'académie du marquis de Dangeau, rue de Charonne, où il passa cinq ans, de 1713 à 1718. Cette institution, fondée pour vingt gentilshommes chevaliers de l'ordre de Saint-Lazare, dont le marquis était grand maître, recevait en outre des pensionnaires, et c'est à ce titre que Duclos y fut admis. Le principal enseignement portait sur le blason et la grammaire, l'abbé de Dangeau, frère du mar-

1.

quis, étant un très-fort grammairien. Cette première étude déposa chez Duclos des semences qui fructifièrent plus tard dans les *Remarques sur la grammaire générale de Port-Royal*, où il exposa un nouveau système orthographique dans lequel l'étymologie et le caractère propre au génie de la langue étaient fort légèrement traités. Quant au blason, l'étude de cette science ne paraîtra pas singulière dans un établissement fondé par le marquis de Dangeau, dont les prétentions nobiliaires sont connues. Mais elle devait choquer le bon sens, l'esprit et sans doute les tendances bourgeoises de Duclos. Il ne ménagea pas les épigrammes aux jeunes nobles qui s'y livraient avec une ardeur exagérée et *qui l'eussent inventée si elle ne l'eût pas été déjà*, dit-il dans les Mémoires de sa vie.

Après quelques mois passés au collége d'Harcourt et un voyage en Bretagne, Duclos, sous le prétexte de faire son droit, revint à Paris où commença pour lui une vie assez désordonnée, *et où il appliqua au maître d'armes ce qui, sur sa pension, était destiné à l'agrégé*. C'est encore ce qui se pratique de nos jours; seulement le café et les bals publics ont remplacé le maître d'armes. Son temps passé à l'académie ne fut du moins pas entièrement perdu, et bien lui en prit de savoir jouer de l'épée un jour que, la tête échauffée par le vin, il attaqua des archers qui conduisaient en prison un homme arrêté pour dettes. La bonne contenance de Duclos et sa science à l'escrime le tirèrent de ce mauvais pas.

De cette époque datent ses premières relations littéraires. Il rencontra Piron et Crébillon le père chez un certain Saint-Maurice, thaumaturge escroc qui menait une joyeuse vie aux dépens de ses dupes. C'était un prédécesseur du comte de Saint-Germain et de Cagliostro, mettant comme eux en coupe réglée la tendance des esprits faibles vers le merveilleux. Il faisait voir le génie *Alaël* pour beaucoup d'argent, qu'il dépensait ensuite d'une façon fort gaie avec ses amis et ses maîtresses. Tous les temps ont eu leurs tables tournantes et leurs médiums, et la folie humaine se renouvelle incessamment. Duclos était jeune alors (1725), il avait vingt et un ans et s'intéressait plus volontiers aux femmes que recevait Saint-Maurice qu'aux hommes. *Je les aimais toutes, dit-il, et je n'en méprisais aucune.* Madame de Rochefort caractérisait plus justement cette inélégante ardeur en lui disant : *Pour vous, Duclos, ce qu'il vous faut, c'est du pain, du fromage et la première venue.* La brutale rédaction de la comtesse de Rochefort donne le juste point de vue atténué par Duclos.

Aux connaissances des soupers Saint-Maurice se joignit bientôt le personnel des cafés Procope et Gradot, c'est-à-dire La Motte, Desfontaines, Saurin, Fréret, Maupertuis, gens d'esprit, gens de science, gens de paradoxe, rédacteurs anonymes d'un journal satirique en paroles, dont on retrouve les numéros épars dans les chroniques du temps. Les Mémoires de Duclos s'arrêtent à cette phase de sa vie en donnant des détails intéressants sur ces réunions, sur leurs principaux acteurs, sur l'esprit qui y circulait, les théories qui s'y débattaient, l'audace qui y régnait, et dont il est bien difficile de se faire une idée de nos jours où toute cette séve a trouvé un dégagement régulier dans la presse quotidienne.

« Il y avait alors deux cafés où se rassemblaient les gens de lettres : celui de Procope, en face la Comédie, et celui de Gradot, sur le quai de l'École. La Motte, Saurin, Maupertuis, étaient les plus distingués de chez Gradot. Boindin, l'abbé Terrasson, Fréret et quelques artistes s'étaient adonnés au café Procope, et s'y rendaient assidûment, indépendamment de ceux qui y venaient de temps en temps, tels que Piron, l'abbé Desfontaines, La Faye et les autres.

« J'étais donc arrivé au café au plus fort de la discussion métaphysique. Après avoir entendu quelques temps les deux acteurs, je hasardai, sur la question, quelques mots qui attirèrent leur attention. L'auditoire parut surpris qu'un jeune homme osât se mesurer avec de tels athlètes. Cependant ils me firent accueil l'un et l'autre, et m'engagèrent à revenir. Je n'y manquai pas, et comme j'y trouvais toujours Boindin, je devins bientôt son antagoniste, et partageais avec lui l'attention de l'auditoire, qui m'affectionnait de préférence, parce que Boindin avait la contradiction dure et que je l'avais gaie. Il s'agissait un jour, entre lui et moi, de savoir si l'ordre de l'univers pouvait s'accorder aussi bien avec le polythéisme qu'avec un seul Être suprême. Je soutenais l'unité de l'Être suprême, et Boindin prétendait pouvoir concilier tout avec la pluralité des dieux. Il n'y avait pas de raisonnement qu'il n'employât pour étayer son système. L'assemblée était nombreuse et attentive. Boindin, pour en capter les suffrages, se livrait au feu de son éloquence, lorsque j'éclatai de rire. Il en fut choqué et me dit brusquement que rire n'était pas répondre. — Je l'avoue, lui dis-je ; mais je n'ai pu m'en empêcher, en vous voyant soutenir la pluralité des dieux. Cela prouve le proverbe : « Il n'est chère que « de vilain. » Comme il passait pour n'en admettre aucun, chacun rit de l'application du proverbe ; il le prit lui-même de bonne grâce et la dispute finit. »

La réputation d'homme d'esprit que Duclos avait su se faire commençait à sortir du cercle des cafés et à pénétrer dans la *bonne compagnie*. Il s'était réuni à la société composée du comte de Caylus, de Crébillon fils, de l'abbé de Voisenon, de Paradis de Moncrif, qui étudiait avec trop d'intérêt les mœurs des forts de la halle, de Cadet Butteux, des écaillères et des habitués de Ramponneau et des Porcherons. La trace de cette singulière préoccupation se trouve dans ces publications moitié facétieuses, moitié graveleuses, mais rarement amusantes, intitulées : *les Fêtes roulantes, Recueil de ces Messieurs, les Écosseuses, les Œufs de Pâques*, et auxquelles l'abbé de Voisenon, Favart, et surtout le comte de Caylus eurent le plus de part.

En 1789, la notoriété de Duclos était assez établie pour que, sans aucun bagage littéraire ou savant, l'Académie des inscriptions et belles-lettres l'accueillît au nombre de ses membres. Des nominations ainsi faites, sans œuvres pour les justifier, étaient habituellement réservées pour les grands seigneurs, dont le nom ou le crédit pouvait être glorieux ou utile pour l'Académie. Cette exception en faveur d'un particulier prouve que si la naissance avait refusé le premier à Duclos, son mérite, du moins, lui avait donné le second.

En 1740 commence pour lui une vie nouvelle et plus en rapport avec ses facultés. Il songe dès lors à poursuivre un but, à moins répandre son esprit et à plus le concentrer, à donner un courant plus sérieux aux heureuses dispositions de sa nature et à les résumer, à profiter enfin de l'avis du vieux Fontenelle, qui l'engageait un jour, après une longue conversation avec lui, *à composer un ouvrage sur ce qu'il venait de dire.*

En 1741 parut son premier ouvrage, l'*Histoire de la baronne de Luz*, roman dont les digressions morales et verbeuses sauvent bien difficilement l'inconvenance du fond, et dont la donnée invraisemblable a eu le malheur de fournir cinquante ans plus tard à un fou le sujet d'un livre dont le nom seul est une honte; puis successivement, en 1742, *les Confessions du comte de****, en 1743, *les Caractères de la folie*, triste ballet composé pour avoir ses entrées à l'Opéra, et que ni la musique de Bury, ni la voix de Jelyotte, ni la grâce de la Camargo, ne purent faire accepter du public; en 1744, le joli conte d'*Acajou et de Zirphile;* en 1745, l'*Histoire de Louis XI.* En cinq ans, on le voit, Duclos avait réparé le temps perdu, et s'était fait une place honorable dans les lettres. L'*Histoire de Louis XI* eut l'honneur d'être supprimée par arrêt du conseil du 22 mars 1745, ce qui n'empêcha pas une seconde édition de paraître en 1750 à Paris, sous la fausse indication de la Haye.

Par une singulière contradiction, Duclos était nommé cette année historiographe de France, en remplacement de Voltaire, qui se retira à Berlin, tout en conservant les émoluments de sa place.

Enfin l'Académie française consacra cette réputation. Après un premier échec, où un abbé de La Ville l'emporta sur Duclos, il fut reçu le 26 janvier 1746, en remplacement de l'abbé de Mongault, moins d'un an après l'arrêt du conseil relatif à son *Histoire de Louis XI*. De semblables contradictions sont trop fréquentes au dix-huitième siècle, et prouvent malheureusement tout ce que la machine contenait d'éléments hétérogènes et opposés. D'une part, un système usé, vieilli, des rouages qui fonctionnent par habitude et d'eux-mêmes; de l'autre, un esprit public qui se fait jour, qui marche en sens contraire des vieilles prérogatives de la royauté, et auquel ne peut se soustraire le chef même de cette royauté. On sait que ce fut chez M. de Malesherbes, alors directeur de la librairie, et sur sa propre invitation, que Diderot cacha les exemplaires proscrits de l'*Encyclopédie*. Quand d'aussi hauts personnages donnent de pareils démentis au principe qu'ils représentent et le renient avec une pareille légèreté, le principe lui-même est bien près de périr.

Les correspondances et les chroniques de l'époque nous ont conservé les traces de deux liaisons de Duclos. Elles occupèrent une place assez importante dans sa vie, et peuvent aider à le faire connaître, comme homme privé, par la différence des jugements portés sur lui par les deux personnages qui en furent l'objet. Nous voulons parler de madame d'Épinay et de Jean-Jacques Rousseau.

Mademoiselle Quinault-Dufresne, alors retirée du théâtre, tenait un de ces bureaux d'esprit comme il y en eut tant au dix-huitième siècle. Elle ne donnait pas de culottes aux gens de lettres, comme madame de Tencin, mais un dîner que l'on appelait le *dîner du bout du banc*, et qui avait lieu alternativement deux fois par semaine, chez elle et chez le comte de Caylus. Les convives, gens aimables et spirituels, étaient au nombre de douze; et Duclos, sous le nom du *tendre Arbassan*, sans doute par antiphrase, était l'introducteur des nouveaux venus dans cette société. C'est là qu'il rencontra pour la première fois madame d'Épinay, vers 1752. Mademoiselle Quinault, suivant madame d'Épinay, voyait la meilleure compagnie. « Elle avait établi chez elle un ton de liberté, et n'était vraiment recommandable que par l'originalité de son esprit. Elle a infiniment d'esprit; cependant, je ne sais si tous ceux qui vont chez elle ne se croient pas trop obligés d'en avoir. Son âge ne rend plus aujourd'hui ses mœurs équivoques; elles n'ont pas toujours été bonnes, dit-on; et, au milieu d'un certain apprêté et pédant, il lui échappe des plaisanteries quelquefois un peu fortes. Il faut bien que les qualités de son cœur soient supérieures à celles de son esprit, pour avoir fait oublier généralement son premier état. Francueil ne l'appelle que la Ninon du siècle. J'ai trouvé chez elle M. Duclos, qui m'a demandé la permission de venir me voir : cette demande d'un homme d'un aussi grand mérite que l'auteur des *Confessions du comte de****, tout en flattant mon amour-propre, m'a embarrassée, car je crains sa franchise, qui dégénère, dit-on, quelquefois en brusquerie : d'ailleurs, je ne voudrais pas que mes parents sussent que je vois mademoiselle Quinault ; ma mère, qui est dévote, m'en ferait un crime ; et M. Duclos ne connaît pas les mystères. » A en juger par le premier souper auquel assista madame d'Épinay, et dont elle nous a laissé un compte rendu fort détaillé, ce n'est ni par le fond ni par la forme que se distinguait mademoiselle Quinault, qui à plusieurs reprises provoque ces messieurs à boire ; et il fallait que madame d'Épinay fût plus qu'indulgente pour être satisfaite d'une semblable conversation.

La connaissance fut bientôt faite, et l'intimité ne fut pas longue à s'établir. Les prétentions littéraires sont faciles à saisir chez madame d'Épinay, et l'on comprend qu'elle fut flattée de recevoir un homme aussi répandu que Duclos. On sent dès le commencement que la brusquerie de l'académicien la surprend et la tient sous une espèce de charme nouveau pour elle, et dont elle ne cherche pas à se dégager. Ce qui ressort principalement du témoignage de madame d'Épinay, c'est le bon sens et la clairvoyance de Duclos, ce sont les bons conseils qu'il lui donne et qui, mieux suivis, eussent sans doute donné une tournure moins évaporée à cette singulière existence. Avec son âme honnête, Duclos reconnaît de suite le caractère faux, insinuant de mademoiselle d'Ette, fille galante, alors maîtresse du chevalier de Valory. Elle ne lui pardonna pas de l'avoir devinée après s'être efforcée de le gagner comme auxiliaire. Sa perspicacité au début de la passion de madame d'Épinay pour Grimm lui fait entrevoir de suite le cœur sec, l'esprit étroit et dominateur de ce nouvel amant. Par malheur, si le fond méritait qu'on y prît garde, la forme était des plus répréhensibles, et la tenue de Duclos outre-passait trop souvent ces bornes de convenance que le premier venu ne doit jamais franchir auprès d'une femme. Ce n'était pas de la brusquerie, c'était de la grossièreté la moins excusable qu'affectait Duclos avec madame d'Épinay. Il finit par combler la mesure et par se faire littéralement mettre à la porte de la Chevrette.

Les chercheurs de scandales ont voulu voir autre chose que de simples relations d'amitié entre Duclos et madame d'Épinay. Si l'on se fonde pour soutenir cette opinion sur la déclaration dont celle-ci rend compte dans ses Mémoires, on conviendra que ce n'est pas une preuve bien convaincante. Si Duclos est amoureux, il ne l'est qu'un instant et ne semble pas se prendre lui-même au sérieux. Toute la scène est rendue plutôt dans un sentiment de tendresse filiale; et je croirais assez qu'après avoir vu une première tentative repoussée, Duclos, dont la tendresse ne fut jamais tournée du côté de l'amour, se soit rejeté sur un sentiment moins vif et plus durable. C'est dans ce sens que le prend madame d'Épinay, qui revient, à plusieurs reprises, sur *l'air franc et bon, sur l'air franc et honnête, quoique passablement ridicule,* de ce soupirant. Quant à la scène assez bizarre et passablement embrouillée de l'annonce de la mort du comte de Frise, on ne possède pour démêler la vérité sur ce point que les lettres mêmes de madame d'Épinay, et ce n'est point suffisant. Nous y renvoyons toutefois les amateurs de chroniques scandaleuses du dix-huitième siècle, pour s'y éclairer sur une question peut-être trop profondément traitée en l'indiquant.

La connaissance de Jean-Jacques Rousseau se fit à la Chevrette, vers 1750. « Une autre connaissance, qui devint amitié sitôt que j'eus un titre pour y prétendre, fut celle de M. Duclos. Il y avait plusieurs années que je l'avais vu pour la première fois à la Chevrette, chez madame d'Épinay, avec laquelle il était très-bien. Nous ne fîmes que dîner ensemble; il repartit le même jour; mais nous causâmes quelques moments après le dîner. Madame d'Épinay lui avait parlé de moi et de mon opéra des *Muses galantes.* » Ce n'est pas un mince éloge à faire de la délicatesse morale de Duclos, de dire que ces relations durèrent pendant près de vingt ans. Avec la susceptibilité ombrageuse que Rousseau, dans les dernières années de

sa vie, poussa jusqu'à la folie, il fallut certainement
à Duclos une extrême habileté pour ménager son hy-
pocondrie et ne pas blesser son ami. Cette longue fidélité pour un homme dont l'insatiable vanité avait
écarté tous les amis, était si exceptionnelle qu'elle fut
remarquée du vivant même de Duclos, et traitée de
manœuvre adroite de sa part. « Les soupçons de ma-
nége redoublèrent, lorsqu'on vit M. Duclos se charger
du rôle délicat d'annoncer dans le monde un homme
qui semblait ne pouvoir être annoncé plus avanta-
geusement que par lui-même. On crut voir de l'orgueil dans les bons offices que Duclos s'empressait
de rendre à M. Rousseau de Genève, surtout quand
ils furent payés par la dédicace du *Devin du village*,
et par des éloges dans lesquels le philosophe reconnaissant associait le nom de son ami à celui de Montesquieu. » (*Nécrologe des hommes célèbres*, Paris,
1773, tome VIII.) Nous n'avons pas à relever la légèreté de pareilles raisons ; mais le point important
est que cette intimité eût été remarquée. C'est là précisément où se trouve le mérite de Duclos. Cependant elle devait se terminer comme les autres, et à
la fin de sa vie, Rousseau ne vit plus dans son ami
de vingt ans que l'ennemi que son idée fixe lui montrait chez tous ses bienfaiteurs. Voici ce qu'il dit à la
suite des trois dialogues de *Rousseau juge de Jean-
Jacques*. On sait que sa folie date de cette époque
(1776), et que ces dialogues étaient destinés à être
déposés sur le maître-autel de Notre-Dame : « Frappé
surtout de l'insigne duplicité de Duclos, que j'avais

estimé au point de lui confier mes *Confessions*, et qui, du plus sacré dépôt de l'amitié, n'avait fait qu'un instrument d'imposture et de trahison... » Il est inutile d'ajouter que rien, dans la vie de Rousseau, ni dans celle de son ami, ne vient donner de vraisemblance à cette étrange accusation de duplicité. Elle est d'autant plus inexplicable que, dans une lettre adressée cinq ans auparavant à Thérèse Levasseur, 18 août 1769, Rousseau lui disait : « C'est à titre d'honnête homme que vous pouvez *donner votre confiance* au seul homme de lettres que vous savez que je tiens pour tel. Ce n'est pas un ami chaud, mais c'est un homme droit, qui ne vous trompera pas et qui n'insultera pas à ma mémoire, parce qu'il m'a bien connu et qu'il est juste ; mais il ne se compromettra pas, et je ne désire pas qu'il se compromette. » Il ne s'était rien passé entre ces deux lettres si contradictoires ; rien, sinon que Rousseau était devenu fou.

L'amitié de Rousseau et de Duclos ne paraît pas avoir été brisée par un éclat, mais s'être éteinte peu à peu ; et il semble que l'auteur des *Confessions* ait attendu la mort de Duclos pour lui jeter ces singulières accusations. Il est mort en 1772, et en 1771 Dussaulx pouvait encore se présenter chez Rousseau avec une lettre d'introduction de Duclos et y être bien reçu. Toujours est-il que tant que Jean-Jacques eut sa tête à lui il regarda Duclos comme un de ses plus solides amis. Plusieurs passages de ses œuvres et de sa correspondance en font foi, et principalement sa dédicace du *Devin du village*, que nous reproduisons :

Jeudi, 1ᵉʳ mars 1753.

A M. DUCLOS,

Historiographe de France, l'un des quarante de l'Académie française et de celle des belles-lettres.

Souffrez, monsieur, que votre nom soit à la tête de cet ouvrage, qui sans vous n'eût point vu le jour. Ce sera ma première et unique dédicace. Puisse-t-elle vous faire autant d'honneur qu'à moi !

Je suis de tout cœur, monsieur, votre très-humble et très-obéissant serviteur,

J. J. Rousseau.

Dans une lettre écrite le 2 décembre 1764 il lui dit en terminant : « Comment faites-vous pour penser, pour être honnête homme et ne pas vous faire pendre ? » Toutes ces contradictions, si elles donnent une idée déplorable du cerveau de Rousseau, font du moins grand honneur au caractère de notre auteur.

On retrouve enfin, quoique moins indiquée, la trace de son passage dans le petit cénacle composé de Quesnay, de Bernis, de Marmontel, de d'Alembert, de Turgot, qui se réunissait chez Quesnay dans l'appartement que la marquise de Pompadour avait donné à son docteur au-dessus du sien, et où la prétentieuse maîtresse venait souvent les voir à table et discuter avec eux.

A partir de sa nomination à l'Académie française, Duclos consacra tout son temps aux lettres et à l'illustre corps qui lui avait confié le grade de secrétaire perpétuel. Les *Considérations sur les mœurs* datent de 1751.

Exclusivement occupé de l'illustration de l'Académie, il entreprit d'en continuer l'histoire écrite par Pelisson et l'abbé d'Olivet. Il écrivit l'*Éloge de Fontenelle*, qu'il avait connu et, comme nous l'avons dit, qui avait encouragé sa carrière littéraire. Enfin, en 1759 et 1762, parurent deux ouvrages sur les *ponts et chaussées, la voirie et les corvées*, qui donnèrent lieu à une polémique assez vive entre lui et le marquis de Mirabeau. Dans ces deux opuscules, traités, au dire des gens compétents, en parfaite connaissance de cause, on est tout étonnné de rencontrer des aperçus qui, pouvant être traités de paradoxes il y a cent ans, sont devenus des vérités incontestables de nos jours. Le bon sens de Duclos lui indiquait la plupart des réformes accomplies depuis dans le système des voies de communication.

Toujours à cheval sur ses prérogatives et fier de son titre d'académicien, que nul ne porta plus dignement, il fit tout ses efforts pour éloigner les auteurs médiocres dont la présence discrédite ces grands corps. On le consultait comme secrétaire perpétuel sur les chances de Bougainville au fauteuil, et on objectait à son peu d'empressement pour ce candidat, qu'atteint d'une maladie mortelle il laisserait bientôt sans doute sa place à un autre : *Ce n'est pas à l'Académie à donner l'extrême-onction*, répondit brusquement Duclos.

Une scène plus plaisante encore est la séance où

l'abbé de Radonvilliers fut élu, et où Duclos prouva, boules en main, la mauvaise foi de l'abbé d'Olivet et la fit tourner à la confusion de ce dernier. Cet abbé d'Olivet, poursuivi de la haine et des sarcasmes de Duclos, lui a quelquefois fourni d'heureuses reparties. *C'est un sot,* disait-il de lui ; *c'est moi qui le dis, et c'est lui qui le prouve.* Duclos prétendait encore que c'était *un si grand coquin que malgré toutes les duretés dont il l'accablait, il ne le haïssait pas plus qu'un autre.* C'est cette forme cassante, brutale, agressive inutilement, qui attira à Duclos l'épithète de *plébéien révolté* que lui adressa un jour je ne sais quel grand seigneur sans doute pincé trop au vif. Le mot est joli, mais il n'est pas juste. Duclos avait de la haine pour le mal, mais n'était pas rongé de cette envie féroce qui fait le fond des révoltes des plébéiens. Malgré toute sa dureté, sa polémique n'offre rien de ce parti pris de dénigrement de Voltaire, de Diderot et des encyclopédistes à leur suite. Son bon sens au contraire lui faisait voir le péril de ces attaques, et ce n'est pas un *plébéien révolté* qui à cette époque eût dit, en parlant de la queue des encyclopédistes : *Ils sont là une demi-douzaine de petits impies qui en feront et en diront tant qu'ils finiront par m'envoyer à confesse.*

De toutes les liaisons de Duclos, celle qui sans contredit lui fait le plus d'honneur fut l'amitié qui l'attacha à La Chalotais. Le procès pour lequel ce magistrat fut emprisonné est maintenant chose jugée par l'histoire. Mais en 1760 il n'en était pas ainsi, et il y avait du danger à défendre un ennemi des jésuites et de M. le duc d'Aiguillon. Duclos ne calcula pas le péril; il ne se souvint que de son ami, auquel il apporta tout le crédit de sa position et de son nom. Ce n'était pas assez pour faire acquitter un accusé qui avait en tête d'aussi puissants adversaires; mais c'était du moins suffisant pour remuer l'opinion publique et lui donner un point d'appui dans l'intérêt qu'elle portait à l'obstiné Breton. Duclos, on le doit penser, ne ménagea ni ses démarches, ni ses sarcasmes, ni ses coups de tête. On sait que M. de Calonne, chargé de rédiger le rapport de cette affaire, en fit une œuvre de parti plutôt que de justice. A peine terminé, le rapport fut répandu dans Paris par milliers d'exemplaires. On en vendait jusqu'e dans les Tuileries. Un des amis de Duclos, outré de cette impudeur, le rencontre et lui dit : *Le croiriez-vous? en plein jour, aux Tuileries, cet infâme rapport se vend...* — *Comme le juge*, répond Duclos en l'interrompant. A quelques jours de là il est invité à dîner. Au moment de se mettre à table on annonce M. de Calonne. Duclos se lève, prend son épée et son chapeau, et interpellant le maître de la maison en face du nouveau convive : *Ignorez-vous donc, monsieur*, lui dit-il d'une voix irritée, *que cet homme et moi ne pouvons nous trouver à la même table?* Une pareille scène est un manque d'usage au premier chef, mais c'est certainement un acte de courage et d'un courage plus rare qu'on ne pense.

Il fit tant et si bien que la police finit par en prendre ombrage, et qu'afin d'éviter au gouvernement la fantaisie de se débarrasser d'un frondeur dangereux en l'envoyant à la Bastille, ses amis le décidèrent à faire un voyage en Italie. Duclos céda à leurs sollicitations, partit le 16 novembre 1766, et ne revint qu'en juin 1767. Pendant cette absence il eut le malheur de perdre sa mère, pour laquelle il avait toujours témoigné l'affection la plus vive, et d'apprendre la conclusion du procès de La Chalotais et l'exil du père et du fils à Saintes. On a toujours mauvaise grâce à dire d'un particulier qu'un gouvernement le redoute. La présence de Duclos à Paris n'eût certes pas empêché la justice de suivre son cours, et n'eût apporté aucune modification à l'arrêt; mais il y a entre son voyage en Italie et le jugement de son ami une coïncidence trop grande pour être fortuite; et en somme on fut sans doute bien aise d'obtenir une condamnation sans avoir à redouter la plaidoirie virulente de cet avocat officieux.

Cependant Duclos vieillissait. La mort de sa mère, la condamnation de son ami n'étaient pas faites pour réveiller son énergie. Privé de la meilleure affection de sa vie, ses dernières années s'écoulèrent à Dinan, qui lui rappelait les affections de sa jeunesse. L'homme à la fin de ses jours, comme s'il tournait dans un cercle tracé par une main plus puissante, revient aux lieux et s'entoure des objets témoins de ses premières années. Il semble qu'il veuille s'y retremper et y trouver une séve désormais épuisée. Il paraît même avoir voulu se fixer définitivement à Dinan. Il voulut retourner à Paris pour y mettre ordre à ses affaires ; les vieux Bretons ne devaient plus le revoir. Arrivé dans les derniers jours de décembre 1771, il tomba malade presque aussitôt et mourut le 26 mars 1772, laissant à Marmontel sa place d'historiographe ; à d'Alembert celle de secrétaire perpétuel ; à Beauzée son fauteuil à l'Académie, et sa fortune, qui s'élevait à cinq cent mille livres, à M. Nohel de La Houssaye, son neveu et même son parent plus direct, à en croire une indiscrétion de M. Auger.

Les œuvres de Duclos sont de plusieurs sortes. Celle qui lui mérite une place à part et qui a sauvé son nom de l'oubli, est incontestablement les *Considérations sur les mœurs*. Si l'on n'y trouve pas la hauteur de vues, la puissante intuition du cœur humain de Pascal, de La Bruyère, de La Rochefoucauld, on y rencontre du moins en foule des aperçus justes, ingénieux sur la société au milieu de laquelle il vécut. C'est un cœur honnête guidé par un jugement sain et que la froideur d'imagination a su préserver de toute espèce d'écarts. Ce livre est divisé en seize chapitres traitant des divers rapports des hommes entre eux, de leurs vertus, de leurs vices, de leurs préjugés, de leurs qualités, de leurs défauts. Le chapitre sur *les grands seigneurs* mérite une attention soutenue. Duclos, comme tous les esprits du temps, ne voit que les défauts de l'aristocratie, la nécessité des classes supérieures lui échappe, et les grands seigneurs d'alors avec leurs habitudes élégantes, mais futiles, n'étaient pas faits pour donner une idée bien avancée de ces avantages. Ce qui dans ce chapitre peut nous sembler une exagération des ridicules était alors la vérité prise sur le fait. C'est ce dont il faut se persuader avant d'en entreprendre la lecture. Une fois cette précaution prise, on y trouvera des pensées spirituelles, des idées justes exprimées dans un style concis qui a le tort de trop viser à la sentence. Il est fâcheux qu'il se termine par une distinction puérile entre *l'air noble* et *l'ancien air noble,* entre les *petits airs nobles* et *l'air de grandeur.* Duclos affirme qu'il y a une grande différence de l'un à l'autre ; si cette différence existe réellement, ce n'est pas à un moraliste sérieux à s'en apercevoir, son regard ne doit pas descendre jusque-là. Duclos est tombé dans le défaut de ses qualités. Il excellait à saisir et à rendre les nuances diverses, les progressions d'un ridicule ou d'une qualité. Quelques-uns de ses chapitres traitent *de la Réputation, de la Célébrité, de la Renommée et de la Considération. — Des Ridicules, de la Singularité et de l'Affectation. — De l'Estime et du Respect.* A force de chercher des nuances, il finissait par en voir là où il n'en existe pas.

Le chapitre *des Gens à la mode* a toujours passé pour le meilleur des *Considérations sur les mœurs.* Il donne en effet la plus juste idée de ce talent. Les relations de son existence mondaine lui avaient permis de bien étudier cette classe de la société, et son observation lui en faisait saisir les ridicules. Il y a déployé, dans le tableau qu'il en fait, l'ingéniosité de son esprit, et s'est servi pour tracer leurs portraits de la plume légère qui avait raconté les *Confessions du comte de****, ou les malheurs fantastiques d'*Acajou et de Zirphile.*

J'ai dit la plume légère et je ne retire pas cette expression. Le style de Duclos est froid, mais il est loin d'être lourd. Le trait chez lui n'est pas soudain comme chez Voltaire, mais il ne manque ni de finesse ni de portée, et sa concision même augmente encore cette portée. Duclos, cela est évident, n'ignorait pas cette faculté, car la plupart de ses périodes sont aiguisées en sentences comme le fer au bout d'une flèche. Toutes ne portent pas, mais toutes du moins étaient destinées à porter, et ce n'est pas sa faute si elles ne sont pas arrivées au but. Il y aurait un petit livre curieux à faire, que l'on pourrait intituler : *l'Esprit de Duclos*, et dans lequel on renfermerait tous les aphorismes, toutes les reparties semés à profusion dans ses ouvrages et dans sa vie. Voici, pris au hasard, quelques-uns de ces mots qui pourraient y trouver place :

* L'honneur est distinct de la vertu, il en fait le courage.

* L'homme de probité se conduit par éducation, par habitude, par intérêt ou par crainte. L'homme vertueux agit par bonté.

* Il n'y a malheureusement que les fripons qui fassent les ligues, les honnêtes gens se tiennent isolés.

* La modestie est le seul éclat qu'il soit permis d'ajouter à la gloire.

* Les hommes haïssent ce qu'ils n'oseraient punir, mais ils méprisent ce qu'ils osent blâmer hautement.

* Le crédit est la relation du besoin à la puissance.

* Une grâce payée avilit celui qui la reçoit et déshonore celui qui la fait.

*** La science imagine au lieu de voir; à force de supposer, elle se trompe. La pénétration voit et la sagacité va jusqu'à prévoir.

*** Les sots ne vivent que des fautes des gens d'esprit.

*** L'homme qui se vend, si peu qu'on en donne, est toujours payé trop cher.

L'*Histoire de la baronne de Luz* commença la réputation de Duclos, les *Confessions du comte de**** l'assurèrent et l'étendirent; les *Mémoires sur les mœurs*, qu'il ne faut pas confondre avec les *Considérations*, ne valent pas la peine d'être étudiés. Ce sont des suites de scènes sans liaison entre elles, d'aventures galantes nouées par le désœuvrement et dénouées par la satiété, dont l'intérêt est médiocre pour nous. Le succès de ces ouvrages tient d'une part à la fidélité du tableau, et de l'autre au goût du temps, qui était aux peintures relâchées, aux ouvrages quasi-licencieux dont le *Sofa* et les *Bijoux indiscrets* sont les plus célèbres; comme il y a vingt ans il demandait du moyen âge, des cadavres et des adultères. Le goût, comme le corps, a ses maladies, on ne peut les éviter, mais on les atténue, on les soigne et on les guérit. Il serait aussi injuste de le juger d'après une de ces crises, qu'il le serait d'apprécier l'hygiène d'un peuple pendant une épidémie. Pendant que Duclos élaborait ces débauches d'esprit, Montesquieu préparait l'*Esprit des lois*, Buffon son *Histoire naturelle*, Voltaire l'*Essai sur les mœurs*, Rousseau les *Confessions*. Ajoutons aussi que tout en sacrifiant à la mode du temps, il donnait de bonne foi à ses œuvres un but moral. Les *Confessions du comte de**** sont le meilleur des mauvais livres du temps. Son succès fut complet, et lorsque Rousseau, d'après le conseil de Duclos, eut résolu d'écrire l'histoire de sa vie, il est bien probable que le souvenir de l'ouvrage de son ami fut pour quelque chose dans le titre qu'il donna au sien.

Le conte d'*Acajou et Zirphile* est un souvenir de la société du comte de Caylus, de Voisenon, de Collé et du comte de Tessin. Voici ce qu'on lit à ce sujet dans la notice de M. Villenave, en tête de l'édition de 1821 :

« François Boucher, premier peintre du roi, avait fait, en 1741, dix dessins pour un petit conte intitulé *Jaunillane*, ou *l'Infante jaune*, qu'avait composé le comte de Tessin, ministre de Suède en France. Les dessins étaient gravés, et les planches prêtes, quand le comte fut rappelé en Suède, nommé ministre d'État et gouverneur du prince royal. Il paya les dessins ainsi que les planches, et les laissa au peintre, qui ne savait qu'en faire. Boucher les montra à Duclos, à Caylus, à Voisenon, qui en trouvèrent les sujets inexplicables, et résolurent néanmoins de les adapter à des contes de leur façon. Caylus en fit un, l'abbé de Voisenon, deux; Duclos composa le seul qui ait été imprimé avec les figures, sous le titre d'*Acajou et Zirphile*, et ce conte fournit à Favart le sujet d'un de ses meilleurs opéras. Le conte est écrit avec beaucoup d'esprit. On y trouve en grand nombre des épigrammes, des saillies, des traits de mœurs, de courtes et vives réflexions. Ce léger badinage est un tour de force sur un sujet donné. Dans aucun autre ouvrage, Duclos n'a montré autant de verve et plus d'imagination.

« L'épître dédicatoire de ce conte fit beaucoup de bruit. Elle était adressée au public. Duclos s'y moquait de son protecteur, et bravait ouvertement ses juges. »

Nous ne devons qu'indiquer sommairement les travaux de Duclos comme historiographe. Ils se composent de l'*Histoire de Louis XI* et des *Mémoires secrets* sur les règnes de Louis XIV, du Régent et de Louis XV. Duclos n'avait pas le génie de l'historien, mais il possédait les qualités de l'annaliste. Son *Histoire de Louis XI* est une compilation consciencieuse mais indigeste de renseignements médiocrement contrôlés et nullement digérés. Il était trop sensé pour ne pas entrevoir le caractère organisateur, l'intelligence remarquablement politique de ce roi ; mais il lui manquait la portée et les lumières pour en saisir l'ensemble et en résumer le génie. *C'est un ouvrage écrit aujourd'hui avec l'érudition d'hier,* prétendait le chancelier d'Aguesseau, et cette critique est aussi juste que celle de Senac de Meilhan, qui reprochait à l'auteur de ne pas avoir eu autant de sagacité pour juger un roi mort depuis plusieurs siècles, que de promptitude pour apprécier les contemporains. *Le défaut,* disait-il, *vient de ce que Duclos n'a pas soupé avec Louis XI.*

Les *Mémoires secrets* sont plus dans la portée du talent de Duclos. On savait qu'il y travaillait depuis longtemps, et le lendemain de sa mort, la police envahit sa maison et fit main basse sur tous ses papiers. Mais une copie en avait été déposée par prévision chez un ami, et c'est de cette façon qu'ils nous sont parvenus. C'est une suite de documents assez scandaleux liés entre eux par l'ordre chronologique. On doit penser que Duclos en eût écarté beaucoup pour écrire son histoire, et que son esprit juste lui eût fait dédaigner la majeure partie de ces cancans des malintentionnés, indignes d'être enregistrés par l'histoire. Il est probable que son titre d'historiographe l'avait mis à même de fouiller, pour le siècle de Louis XIV, les Mémoires alors manuscrits de Saint-Simon et de Dangeau. Quant au siècle de Louis XV il pouvait en parler *de visu ;* et malgré les documents en grand nombre que l'on a réunis sur cette époque, ce qu'il a laissé forme encore une fort amusante chronique sur cette période de la monarchie. C'est de l'histoire du coin du feu.

Tel est, avec le *Voyage en Italie* et divers opuscules, au nombre desquels celui sur *mademoiselle Gautier* n'est pas le moins curieux, le bagage littéraire de Duclos. L'édition la plus complète de ses œuvres est celle publiée en 1821 (Paris, Belin, 3 volumes). M. Villenave, possesseur de plusieurs manuscrits de Duclos, l'avait fait précéder, ainsi que nous l'avons déjà dit, d'une notice très-détaillée et qui nous a été d'un grand secours pour notre travail.

Le nom de Duclos est connu : ses œuvres ne le sont pas. On cite ses *Considérations sur les mœurs,* mais on les lit peu, et ce qui reste de plus vivant de lui sont ces reparties si promptes et si vives que l'on répète la plupart du temps sans savoir à qui les attribuer. C'est un tort, et un éditeur avisé rendrait service à notre temps en lui remettant sous les yeux une lecture saine, vive, souvent spirituelle, pleine de qualités éminemment françaises ; en lui faisant apprécier, en attendant qu'il l'aime, un jugement ferme et droit, un talent sérieux, convaincu, froid, — mais la littérature moderne pourrait bien avoir fait un défaut de la chaleur, — en lui faisant connaître enfin cette brusquerie pleine de saillie et de verve, ce caractère rempli d'honneur et de loyauté que Voltaire, Rousseau et Louis XV, ces rois si divers du dix-huitième siècle, appelèrent tous trois, par une singulière rencontre : un honnête homme.

Juillet 1855.

FRANÇOIS MARMONTEL

Une union qui devient plus rare de jour en jour est celle du caractère et du talent. Cette absence d'équilibre était moins fréquente jadis. L'art de bien faire passait avant l'art de bien dire, et si l'on peut citer des exceptions, il n'en est pas moins vrai que ce fut la règle commune. En agissant sur l'opinion publique, un homme de lettres lui reconnaissait le droit de demander à quel titre il s'imposait cette tâche, et, par une carrière dignement remplie, se mettait en devoir de lui répondre. Il n'en est plus tout à fait de même de nos jours. En rechercher les causes serait un travail trop sérieux pour l'esprit léger dont nous voulons parler. Toutefois on peut assurer que la faute n'en est pas exclusivement imputable aux écrivains, et que des mœurs différentes, un intérêt peut-être moins vif de la part du public pour les choses de l'intelligence, et par conséquent un besoin moins actif de respect pour les lettrés, sont pour une grande part dans ce changement. La vie de Marmontel manque, il est vrai, de cet équilibre, mais dans un sens contraire. Si chez lui le talent fut faible, le caractère, du moins, fut élevé et irréprochable.

Né en 1723, à Bort, petite ville du Périgord, Jean-François Marmontel était le seul enfant mâle d'une nombreuse famille d'obscurs artisans. Ses premières années s'écoulèrent dans son village, au sein de la nature, comme on disait alors, et sous les yeux de sa famille. Elle se composait de son père, de sa mère, de ses sœurs et de six ou huit tantes, grand'tantes, aïeules ou bisaïeules. Une vieille grand'mère faisait vivre tout ce monde avec une stricte et ingénieuse économie. Placé à l'école du village, le temps que Marmontel dérobait à son magister était employé en courses vagabondes à travers les montagnes de son pays, ou à aider sa grand'mère dans une foule de soins et de travaux agrestes. « Les champs, les prés, les bois, les troupeaux, la culture, la pêche des étangs, les grandes scènes de la campagne étaient assez intéressantes pour occuper une âme oisive. » Plus tard, dans les premiers livres de ses Mémoires, il racontera ces détails d'école buissonnière dans un style auquel sa simplicité même ajoutera toute l'émotion des souvenirs d'enfance et tout le charme de l'aube de la vie. L'on s'étonne que le même homme, qui avait une perception si juste et si poétique de la nature, se soit laissési facilement entraîner au mauvais goût régnant et lui ait donné, dans *Bélisaire*, dans les *Incas*, dans certains *Contes moraux*, un air aussi faux et aussi maniéré.

Les membres de cette famille vivaient d'une façon austère et patriarcale, s'appuyant les uns sur les autres, accomplissant avec douceur les devoirs de la vie, ne répandant autour d'eux que de bons exemples, qui, pour les plus jeunes, valaient mieux que de beaux préceptes. « Si j'ai quelque bonté dans le caractère, c'est à ces douces émotions, à ce bonheur habituel d'aimer et d'être aimé que je crois le devoir. »

Après avoir passé par le collége de Clermont, ville où il eut occasion de voir plusieurs fois Massillon, en 1743, à vingt ans, Marmontel, sans fortune et ayant perdu son père, se destinait à la carrière ecclésiastique, et, en attendant son ordination, suppléait, aux Bernardins de Toulouse, le professeur de philosophie. Cette position, acquise par un travail et une force de volonté remarquables chez un homme de cet âge, lui permit non-seulement de n'occasionner aucune dépense à sa famille, mais encore d'y répandre une aisance qui ne fit jamais défaut et s'augmenta à mesure que sa position s'améliora. Le jeune homme avait accepté, sans hésiter, les devoirs de chef de famille depuis la mort de son père, et, dans toute sa carrière, on ne le voit songer à lui que ces charges acquittées. Plus tard, quand la mort de sa mère eut rendu ces devoirs plus impérieux, il n'y faillit pas un instant ; et, au fort de sa faveur auprès de madame de Pompadour, au risque de perdre cette faveur toute-puissante, il imposa presque à sa protectrice sa volonté pour faire réparer une injustice dont le mari d'une de ses sœurs, M. Odde, avait été victime.

Toulouse, l'Académie des jeux Floraux, Clémence Isaure, les Églantines, cet écho vague et affaibli des chantres de la gaie science, devait résonner dans l'imagination d'un philosophe de vingt ans et modifier ses tendances religieuses. Saisi d'un beau délire, il compose une ode ronflante sur l'*Invention de la poudre à canon* :

> Toi qu'une infernale Euménide
> Pétrit de ses sanglantes mains...

l'envoie au concours et attend. « Elle n'eut pas même le consolant honneur de l'accessit. Je fus outré, et, dans mon indignation, j'écrivis à Voltaire. Il me fit une de ces réponses qu'il tournait avec tant de grâce et dont il était si libéral. Les louanges qu'il y donnait à mon ouvrage me consolèrent pleinement de ce que j'appelais l'injustice de l'Académie. Ainsi commença ma correspondance avec cet homme illustre, » de même que la carrière littéraire de Marmontel.

En 1745, il se décida à abandonner l'état ecclésiastique et à venir chercher fortune à Paris, attiré par l'assurance que lui donnait Voltaire que M. Orry de Fulvy, le contrôleur général des finances, se chargeait de sa fortune. Il part donc de Toulouse en compagnie de M. de Puget, jeune sot dont il corrige en route la ridicule suffisance; reçoit, en passant à Montauban, une lyre d'argent qu'il s'empresse de vendre cent écus; traduit, pendant le voyage, qui alors durait trois semaines, la *Boucle de cheveux enlevée*, de Pope, et tombe en plein Paris, rue de la

Harpe, à l'auberge des *Thermes de Julien*, n'ayant pour toute fortune que cent écus, la promesse de Voltaire et l'espérance, cette banque inépuisable de la jeunesse.

La seconde de ces ressources ne devait pas tarder à lui manquer. Quand il se présenta chez Voltaire, celui-ci, pour bienvenue, lui annonça que M. Orry venait d'être disgracié, et qu'il n'avait plus à compter sur sa protection. C'est ici que le caractère de notre auteur se montre dans toute sa ferme simplicité. Au milieu de ce désastre, — et pour un jeune homme dans sa position, c'en était un des plus terribles, — il ne se laisse pas abattre; et, pour me servir de ses propres expressions, « l'on est étonné du courage qui lui vint dans cette grande occasion. » Il regarda l'adversité en face et se prépara à lutter héroïquement contre elle.

Il faut lire, dans ses Mémoires, les charmants détails de l'homme de lettres à ses débuts, et la façon dont il organisa l'économie d'un budget d'une année qui ne suffirait pas à un pauvre de nos jours pour vivre trois semaines. Son logement, rue des Maçons-Sorbonne, ne lui coûtait que neuf francs par mois. Si je ne me trompe, c'est aussi rue des Maçons que demeura Rousseau en arrivant à Paris. « Avec mes cinquante écus je ne serais pas allé bien loin, dit-il; mais je trouvai un honnête libraire qui voulut bien m'acheter le manuscrit de ma *Boucle de cheveux enlevée*, et qui m'en donna cent écus. » Heureux Marmontel! Honnête et courageux libraire, que ta mémoire soit bénie à jamais pour cet acte d'audace, et Dieu fasse, pour les hommes de lettres et le soulagement des lettrés, que ton exemple trouve, de nos jours, autant d'imitateurs qu'il a d'admirateurs... parmi les hommes de lettres!

Ce fut avec ce mince secours qu'il commença une lutte dont il devait sortir victorieux trois ans après, en 1749. Les divers incidents en ont été racontés par lui-même avec un intérêt qui ne se ralentit pas, et forment un chapitre des plus curieux de sa curieuse autobiographie. Nous y renvoyons ceux que la bohème littéraire peut amuser, et qui voudraient suivre, à cent ans de distance, la filiation d'une société particulière qui, de nos jours, a changé de nom sans changer de caractère. Journalistes, poëtes, critiques, littérateurs, artistes, philosophes à leurs débuts, condottieri du talent et de l'esprit, ce sont les mêmes personnages, aussi actifs de ressources, aussi remplis d'imprévoyance que légers de moralité. Les noms ne sont plus les mêmes, les portraits sont toujours ressemblants. Du milieu de ce singulier monde dont la description intéressera toujours, se détache la figure grave et doucement attendrie de Vauvenargues, que Marmontel connut à ces derniers moments, et qui fit une profonde impression sur son jeune esprit. C'était Fénelon infirme et souffrant. Les enseignements de ce philosophe pratique, le patronage de Voltaire, qui soutint Marmontel de ses encouragements et quelquefois de sa bourse, et d'une façon des plus délicates; son heureuse et droite nature, et sans doute aussi une imagination modérée, préservèrent Marmontel de la contagion et lui permirent d'atteindre, sans trop d'encombre, à la représentation de *Denys le Tyran*, sa première tragédie (mars 1748).

Le succès de *Denys le Tyran* ne peut s'expliquer que par la vieillesse de Crébillon et le silence de Voltaire. Le pontife encouragea l'auteur dans une voie qui n'était certes pas la sienne. *Aristomène, Cléopâtre, les Héraclides* le démontrent suffisamment.

Il était alors défendu de siffler au théâtre. A la première représentation de *Cléopâtre*, Vaucanson, lié avec l'auteur, avait fabriqué un serpent mécanique destiné à faire le service de l'aspic de la reine d'Égypte. Le serpent de Vaucanson, parfaitement imité, se tordait et sifflait comme un véritable reptile. Le naïf Marmontel avait beaucoup compté sur ce *truc* pour enlever son dénoûment. Le parterre se montra assez froid devant ce nouveau ressort dramatique.

— Que pensez-vous de *Cléopâtre?* demandait-on à quelqu'un en sortant.

— Mais je suis assez de l'avis de l'aspic.

Les relations nécessitées par les représentations de ses pièces, leur succès même, le jetèrent dans un monde de dissipation et de plaisirs vers lequel sa jeunesse l'entraînait, et où l'affection qu'il portait à sa mère ne pouvait plus le retenir. Elle était morte avant d'avoir pu assister au succès de son fils.

Mis un instant à la mode par le succès de *Denys le Tyran*, il eût pu se croire un homme à bonnes fortunes, quand le hasard voulut qu'il succédât au maréchal de Saxe auprès de deux de ses maîtresses : mademoiselle Navarre et mademoiselle Verrière. Ses Mémoires, toutefois, n'indiquent pas que la tête lui ait tourné de ses succès. Avec le caractère fantasque et extravagant de mademoiselle Navarre, le premier ne paraît pas lui avoir laissé de bien doux souvenirs; et le second semble lui avoir inspiré un tout autre sentiment que celui de la vanité. Le puissant maréchal avait vaguement appris quel était son successeur auprès de mademoiselle Navarre, et ne s'en était que médiocrement inquiété. Mais il fut piqué de retrouver le même *petit insolent de poëte* auprès de mademoiselle Verrière, dont le caractère doux et aimable devait, en effet, laisser un tendre souvenir chez ceux qu'elle avait remarqués. « Il s'en plaignit au roi, » affirme Marmontel. Le roi, dans une occasion semblable, ne pouvait que perdre ses droits et laisser au maréchal la faculté de se venger de ses successeurs. Les uhlans de Maurice de Saxe avaient peu de préjugés, et un *insolent de poëte* était bien peu de chose auprès de l'illustre guerrier. Marmontel était donc dans des transes continuelles, c'est lui qui le dit, et, pour échapper à cette redoutable vengeance, il accepta un asile dans la somptueuse habitation que M. de la Popelinière, une autre victime de l'amour, avait fait construire à Passy.

Ajoutons, en passant, que des amours du maréchal et de mademoiselle Verrière était née une fille qui, baptisée publiquement sous le nom d'Aurore de Saxe, devait, plus tard, devenir la fameuse madame Dupin, dont le fils, Maurice Dupin, fut, à son tour, père de madame Sand[1].

Le séjour chez M. de la Popelinière ne fut pas favorable à Marmontel, et les ouvrages qu'il y composa, les *Héraclides* entre autres, se ressentent de l'*obscurcissement des facultés intellectuelles*, qu'il attribue avec naïveté au plaisir de la table pris trop immodérément. « Je m'étonnais que mes esprits ne fussent pas aussi purs, aussi libres que dans la rue des Maçons ou dans celle des Mathurins. Ah! c'est que le travail d'imagination ne peut pas être embarrassé par celui des organes. Les Muses, a-t-on dit, sont chastes; il aurait fallu ajouter qu'elles étaient sobres. »

M. Sainte-Beuve a déjà fait remarquer justement cette préoccupation gastronomique qui se montre partout dans les Mémoires de Marmontel. On la trouve, en effet, au milieu de ses plus charmants passages. Enfant, le souvenir des provisions de ses tantes, des galettes bien dorées et des fromages onctueux atténue ses premiers chagrins; jeune homme, la même préoccupation se place à côté des réminiscences du débutant littéraire, et prend la même importance; homme fait, elle le distraira encore. Lorsqu'il fut jeté à la Bastille, pour un des faits les plus honorables de sa vie, il oublia un instant sa captivité en dégustant un dîner dont, quarante ans après, il se rappelait le

---

[1]. Dans les Mémoires que cet écrivain a publiés, il s'arrête assez longuement sur le passage de Marmontel où il est question de mademoiselle Verrière, et rectifie quelques erreurs de détail. Nous y renvoyons nos lecteurs.

menu. « Un excellent potage, une tranche de bœuf succulent, une cuisse de chapon bouilli, ruisselant de graisse et fondant, un petit plat d'artichauts frits en marinade, un d'épinards, une très-belle poire de cressane, des raisins frais, une bouteille de vieux vin de Bourgogne, et du meilleur café de Moka. » Si l'on veut bien se rappeler que c'était à la Bastille, et un vendredi, que Marmontel faisait un semblable repas, on conviendra que beaucoup d'hommes de lettres en liberté pourraient, en 1856, envier ce repas d'un captif.

Ce qui conduisait Marmontel à la Bastille vaut d'ailleurs la peine d'être raconté. Un petit poëme, composé en 1751, sur l'*Établissement de l'École militaire*, et qui fut présenté à madame de Pompadour, le mit en crédit auprès de la favorite, qui, on le sait, s'était vivement intéressée à la création de cette institution. Admis auprès d'elle avec Duclos et l'abbé de Bernis, il fit bientôt partie des soupers et des entretiens de Quesnay, le fameux médecin, fondateur de l'économie politique en France. Après avoir vu tomber les *Funérailles de Sésostris*, il sollicita un travail assidu et tranquille, et obtint une place de secrétaire des bâtiments auprès de M. de Marigny, frère de madame de Pompadour. Marmontel y resta cinq ans, et n'en sortit que lorsqu'on lui eut accordé le privilége du *Mercure français*, vacant par la mort de Boissy. Il s'acquittait de ce travail depuis un an, et avait su relever le *Mercure* du discrédit dans lequel il était tombé, lorsque, dans la société de madame Geoffrin, il eut l'imprudence de réciter une parodie de quelques scènes de *Cinna*, faite par Cury, intendant des Menus-Plaisirs, et qui tombait en plein sur le personnage ridicule du duc d'Aumont, premier gentilhomme de la chambre, chargé de la surveillance du Théâtre-Français. La parodie, qui était spirituelle et juste, fit en un clin d'œil le tour des salons. L'orgueil du premier gentilhomme était chatouilleux. L'éditeur de la parodie en fut pour lui l'auteur : il demanda et obtint une lettre de cachet. Marmontel n'était pas heureux avec les grands seigneurs. La scène est racontée tout au long dans les Mémoires. Le duc de Choiseul le fit venir chez lui, et, le prévenant de ce qui le menaçait, voulut obtenir le nom du véritable auteur. Marmontel fut impénétrable. Il se conduisit en honnête homme, protestant de son innocence, mais sourd à toute espèce d'insinuation, et préférant la captivité et la perte du privilége du *Mercure* — le privilége du *Mercure* rapportait alors quinze mille francs — à une lâcheté.

Je n'ignore pas que ce que l'on doit surtout demander à un homme de lettres, c'est le talent ; mais quand on rencontre de semblables traits dans sa vie, j'avoue que, si son talent pèche par de certains côtés, je deviens indulgent en faveur du caractère.

L'innocence de Marmontel fut vite reconnue. Il ne resta que peu de jours à la Bastille ; mais, avec la liberté, on ne lui rendit pas le *Mercure*, c'est-à-dire son gagne-pain. Ce fut un tort littéraire ; car, ainsi que nous l'avons dit, pendant l'année qu'il le dirigea il sut lui donner un relief et un éclat perdus depuis longtemps, et qu'on ne retrouva plus après lui. Il raconte les précautions qu'il prit pour réplacer le journal à la hauteur de sa réputation traditionnelle. « Si le *Mercure* avait été un simple journal littéraire, je n'aurais eu, en le composant, qu'une seule tâche à remplir, et qu'une seule route à suivre ; mais, formé d'éléments divers et fait pour embrasser un grand nombre d'objets, il fallait que, dans tous ses rapports, il remplît sa destination ; que, selon le goût des abonnés, il tînt lieu de gazette aux nouvellistes ; qu'il rendît compte des spectacles aux gens curieux de spectacles ; qu'il donnât une juste idée des productions littéraires à ceux qui, en lisant avec choix, veulent s'instruire ou s'amuser ; qu'à la saine et sage partie du public qui s'intéresse aux découvertes des arts utiles, aux progrès des arts salutaires, il fît part de leurs tentatives et des heureux succès des inventions ; qu'aux amateurs des arts agréables il annonçât les ouvrages nouveaux, et quelquefois les écrits des artistes. » Le rédacteur en chef ne resta pas au-dessous de ce programme, et lorsque l'on parcourt autrement que comme document la collection du *Mercure*, on est frappé par la différence qui existe entre la direction de Marmontel et celle de ses prédécesseurs ou de ceux qui le suivirent.

Lorsqu'il avait quitté ses fonctions auprès de M. de Marigny pour venir à Paris rédiger le *Mercure*, « et se condamner à un travail de Sisyphe ou à celui des Danaïdes, » Marmontel avait trouvé un logement chez madame Geoffrin. Ce fut près d'elle qu'il revint après son honorable et courte captivité. Il a laissé dans ses Mémoires le portrait le plus étudié et le plus intéressant de cette femme, qui, dans la société du dix-huitième siècle, a joué, entre les gens de lettres et les grands seigneurs, un rôle de patronage auquel on ne peut pas trouver de comparaison de nos jours. C'est là où l'on peut le mieux suivre ce caractère discret et réservé, « semblable à cet Anglais vaporeux qui croyait être de verre, qui évitait comme autant d'écueils tout ce qui l'aurait exposée au choc des passions humaines. » Elle avait pour maxime « que, lorsque dans le monde on entendait dire du mal d'un de ses amis, il ne fallait jamais prendre vivement sa défense et tenir tête au médisant. » L'homme qu'elle estimait le plus était Gentil-Bernard. « Avec celui-là, disait-elle, on peut être tranquille, personne ne se plaint de lui, on n'a jamais à le défendre. »

Il continue de la sorte, passant en revue tous les habitués des dîners de madame Geoffrin : d'Alembert, Mairan, Marivaux, Chastellux, l'abbé Morellet, celui que Voltaire appelait *Mords-les*, le froid Saint-Lambert, Helvétius, dont la vie critiquait les œuvres, Thomas, qui sacrifiait trop à la vertu et pas assez aux grâces, mademoiselle de Lespinasse, qui n'avait pas encore rompu avec madame Geoffrin, l'abbé Galiani, le marquis de Caraccioli, le comte de Creutz, et enfin le comte de Caylus, qu'il n'aimait pas, et dont il trace le portrait peu flatteur. « Ces gens qui accostent les savants, se font composer par eux des mémoires sur les breloques que leur vendent les brocanteurs, et se fourrent dans les académies sans savoir un mot de grec ni de latin, » ces gens-là sont de tous les temps ; nous en saluons tous les jours de la connaissance de Marmontel. Mais ces *breloques que vendent les brocanteurs* forment aujourd'hui les pièces les plus rares du cabinet des médailles ou des antiques au Louvre.

Après cette société, en quelque sorte officielle de madame Geoffrin, il nous en fait passer sous les yeux une autre plus intime, et sur laquelle nous reviendrons à propos des *Contes moraux*.

Avant d'abandonner cette époque de la vie de Marmontel, il faut citer l'anecdote de *Venceslas*, qui porte trop le caractère du temps pour être passée sous silence. Madame de Pompadour, dont le goût était choqué de ce que l'on appelait les grossièretés de mœurs et de langage du chef-d'œuvre de Rotrou, mais rendant toutefois justice au mérite de cette tragédie, — en vérité, madame de Pompadour était trop bonne, — voulut la voir remise à la scène sans ses archaïsmes, et chargea Marmontel de la revoir et d'en *purger* le style. Il se rendit donc aux désirs de sa bienfaitrice, ce en quoi il fit preuve de plus de bon cœur que de bon goût. Au rude et simple langage du vieux tragique, il substitua une phraséologie ampoulée et entortillée qui jure avec les sentiments qu'elle exprime, sans compter qu'il modifia et affaiblit plusieurs situations. Il mit de la poudre à Ladislas et des mouches à Cassandre, duchesse de Kœnigsberg.

La pièce ainsi expurgée fut donnée aux comédiens du roi. Le jour de la représentation, Lekain, qui n'aimait pas Marmontel, donna la réplique à mademoiselle Clairon en récitant non le rôle écrit par Marmontel, mais les vers de Rotrou arrangés par Colardeau. L'actrice, entendant des vers auxquels elle ne s'attendait pas, balbutia, ne put continuer le rôle; ce qui fit tomber la pièce.

Ajoutons enfin qu'à cette même représentation de *Venceslas* se rattache une innovation qui mérite de ne pas être oubliée. Jusque-là une rangée de banquettes garnissait le premier plan de la scène même, — *la rampe*, — et enlevait toute espèce d'illusion aux véritables spectateurs du parterre. Ces banquettes étaient spécialement occupées par les jeunes nobles, qui trouvaient de bon ton d'y venir avec grand fracas faire admirer leur impertinente élégance, lutiner les actrices et troubler les représentations. Plusieurs passages de Molière indiquent combien l'illustre comique souffrait de ce ridicule privilége. Ces banquettes disparurent à la première représentation de *Venceslas*. Elles étaient payées fort cher, et il fallut qu'un homme généreux autant qu'éclairé, le comte de Lauraguais, donnât douze cents livres aux comédiens pour les dédommager des recettes qu'on leur enlevait.

Ce fut au milieu de ses préoccupations dramatiques et des distractions du salon de madame Geoffrin qu'il songea à profiter de la réputation que ses œuvres lui avaient acquise et à se présenter à l'Académie française. Il avait à vaincre, avant d'arriver à ce but, la malveillance du duc d'Aumont, qui lui attribuait toujours la parodie de *Cinna*. Cet obstacle ne l'arrêta point; et, pour réussir, il publia sa *Poétique* (1763), dédiée à madame de Pompadour, dont la faveur pouvait balancer l'influence du duc. Par la puissante entremise de la marquise, Marmontel eut l'honneur de présenter son livre au roi. Quoique dans cet ouvrage il attaque violemment Boileau, ce qui faisait dire à Mairan que c'était un pétard mis sous la porte de l'Académie pour la faire sauter, Marmontel réussit complétement, et fut appelé le 25 novembre à remplacer Bougainville. Il avait alors quarante ans.

Il ne regarda pas son fauteuil comme une retraite, et continua au contraire à travailler avec activité, à étudier et à assurer sa position littéraire. En 1766 parut la *Pharsale* de Lucain, dont il avait commencé la traduction à la Bastille, et, en 1767, fut édité *Bélisaire*.

C'est moins à sa valeur propre, des plus minimes, qu'à la polémique soulevée par le fameux quinzième chapitre sur *l'intolérance*, que ce livre a dû sa célébrité. C'est une suite de digressions philosophiques, de figures de rhétorique sans chaleur, de tirades pleines de bonnes intentions, mais d'une portée des plus courtes, de banalités déclamatoires sur un fait que l'histoire a depuis longtemps reconnu comme faux, et qui devenait douteux même du temps de Marmontel. On a même le droit de s'étonner de la tempête déchaînée sur ce fameux quinzième chapitre. La première cause de tout ce bruit fut, il faut l'avouer, une maladresse de l'archevêque de Paris, Christophe de Beaumont. Il eut le tort de faire à ce chapitre l'honneur d'un mandement. La Faculté de théologie ne voulut pas être en reste avec son pasteur et prépara une censure. L'impulsion était donnée, et les philosophes n'étaient pas gens à la laisser tomber et à négliger le scandale. Voltaire répondit au mandement par ses anecdotes sur *Bélisaire*, traita l'*Indiculus* de la Sorbonne de *ridiculus*, composa sa mordante satire des *Trois empereurs en Sorbonne*, et son faible pamphet, *Lettre de l'archevêque de Cantorbéry*. Turgot, le sage et austère Turgot, dit son mot. Bref, les abbés Ribaillier, Georgel, les journalistes Palissot, Fréron s'en mêlant, les pamphlets, les libelles, les réponses et les contre-réponses tenant éveillée l'attention du public, firent tant et si bien, qu'au bout d'une année *Bélisaire* était traduit dans toutes les langues de l'Europe, et qu'il s'en vendait, en France seulement, quarante mille exemplaires. Aujourd'hui il faut un certain courage et beaucoup de curiosité pour le parcourir. L'oubli dans lequel il est tombé n'est que justice. Le *Bélisaire* épuré est donné en prix dans les pensionnats. C'est tout ce qu'il vaut.

En 1772, grâce à la sollicitation du duc d'Aiguillon, qu'il avait aidé de sa plume dans son mémoire contre La Chalotais, Marmontel obtint la place d'historiographe, vacante par la mort de Duclos. C'est à cette position que nous devons les *Mémoires sur la régence du duc d'Orléans*, publiés après la mort de leur auteur, et qui ne manquaient pas d'un intérêt historique, à un moment où n'avaient pas encore paru les Mémoires du duc de Saint-Simon. Marmontel avait pu consulter une des copies manuscrites qui couraient de ces Mémoires, et, tout en prévenant le lecteur qu'il faut beaucoup s'en défier, il s'en sert amplement pour donner de l'intérêt à son ouvrage.

Les années écoulées entre la publication de *Bélisaire* et celle des *Incas* furent remplies par la composition de poëmes d'opéra-comique, de *libretti* dont la musique était de Grétry. Comme librettiste, Marmontel est loin d'avoir égalé la bonhomie, le naturel, la finesse de Sedaine; mais il a du moins le mérite d'avoir ouvert la voie à un genre de production purement national. Beaucoup de dilettanti, en fredonnant la délicieuse musique de Grétry, ignorent que les paroles qui la leur ont gravée dans la mémoire sont de Marmontel. Grétry, alors inconnu, lui avait été recommandé par le comte de Creutz, le commensal de madame Geoffrin. Ces deux natures honnêtes et droites étaient faites pour s'aider et se faire valoir l'une par l'autre. Il voulait se jeter à l'eau de désespoir de ce qu'un opéra fait avec un des contes moraux, les *Mariages samnites*, avait été refusé, et il était entre la Seine et la faim.

Marmontel lui trouva un moyen terme. Il l'accueillit avec bienveillance, lui confia le poëme de *Lucile*, puis, les succès aidant, *Sylvain*, l'*Ami de la maison*, *Zémire et Azor*, un chef-d'œuvre (musical), la *Fausse magie*. *Céphale et Procris*. Cet opéra fut la dernière des pièces données à l'occasion du mariage de Louis XVI. Quand il eut été exécuté, le dauphin se retourna vers le duc de Richelieu, et lui dit d'un air de satisfaction : « Voilà donc toute cette musique terminée, nous allons pouvoir nous amuser. » *Céphale et Procris*, dont nous avons pu entendre divers morceaux, n'est point le chef-d'œuvre de Grétry ; mais, tout médiocre qu'il est, sa musique vaut mieux que ce compliment royal.

Ce n'était pas la première fois qu'il travaillait pour des musiciens, ou que des musiciens travaillaient pour lui. Il avait composé précédemment, avec Rameau, la *Guirlande, Lysis et Délie*, les *Sybarites*; plus tard il devait faire pour Piccini, *Roland, Atys, Didon, Pénélope*, tragédies épiques ; et, plus tard encore, *Démophon* pour Chérubini, qui sut y répandre son harmonie élevée, mais trop sévère et quelquefois trop froide. Enfin, son dernier ouvrage dramatique fut *Antigone*, écrit pour Zingarelli, et représenté à l'Académie de musique en 1790.

Il ne semble pas que la musique ait exercé sur Marmontel son effet ordinaire. Loin de l'adoucir et de le calmer, elle agit au contraire violemment sur lui, sans doute d'après la loi des contraires. C'est à son propos qu'il sortit de la modération et de la raison dont toute sa vie est empreinte. Sa part fut des plus actives dans la querelle des gluckistes et des piccinistes, où il défendait naturellement Piccini. Il composa à ce sujet un poëme en douze chants, intitulé *Polymnie*, où la critique et l'aigreur tenaient tant de place, que, lorsque la première édition parut après sa mort, en 1819, son fils en fut blessé pour la mémoire de son père, et en demanda la suppression. Il n'en reste que quelques fragments.

En 1777 parurent les *Incas*. Marmontel, affriandé par le succès de *Bélisaire*, voulut donner une suite aux idées philosophiques de ce roman, et prit pour canevas de ses discussions sur le fanatisme ou l'intolérance la conquête du Pérou par les Espagnols. Nous avons tous lu ses tirades sur la férocité des soldats de Pizarre, et nous nous sommes tous intéressés aux malheurs de Cora. Mais ce que Marmontel n'a pas dit, c'est que, pour être barbare, la civilisation des Péruviens n'en était pas moins raffinée ; que, de cette opposition, résultait chez eux des mœurs et des crimes monstrueux auprès desquels ceux des Espagnols n'étaient que fades, et qu'après tout il y avait chez les soldats de l'Espagne un admirable mobile de dévouement : la foi religieuse. Si l'Europe a trouvé au nouveau monde une source inépuisable de richesses commerciales et d'aussi vastes débouchés pour son activité, c'est à l'exaltation chrétienne des Cortez et des Pizarre qu'elle le doit. Mais le livre de Marmontel n'était qu'un prétexte pour flatter le goût du jour, qui ne considérait pas la question à ce point de vue. Maintenant que la mode n'est plus à ces discussions antireligieuses, on s'étonne de la faiblesse des sophismes employés par l'auteur, et l'on comprend que les *Incas* aient été retrouver *Bélisaire* dans l'oubli.

Fatigué du monde, et comprenant que son âge ne lui permettait plus d'y soutenir le rôle brillant qu'il y avait joué, Marmontel se maria en 1783 à une nièce de son ami l'abbé Morellet. Cette nouvelle position donna à son esprit une tournure plus réfléchie. En 1787, il réunit sous le titre d'*Éléments de littérature* les divers articles publiés par lui sur ce sujet dans l'*Encyclopédie* de Diderot. Cet ouvrage est certainement son titre le plus sérieux à l'attention de la postérité. Moins volumineux que le cours de La Harpe, il n'en a ni la sécheresse ni le pédantisme. Ses jugements sont plus motivés, plus approfondis, plus ingénieux. Sa science est solide et d'acquit, son intérêt plus varié et plus attrayant. Le premier fait d'excellents écoliers, a dit Morellet, le second peut former des maîtres. Mais Morellet parlait devant l'Académie, et il est douteux que La Harpe ait jamais formé même de mauvais écoliers.

C'est au milieu de ces travaux que la Révolution surprit Marmontel. A cette époque, il avait remplacé d'Alembert dans les fonctions de secrétaire perpétuel de l'Académie (1783), et préparait une édition complète de ses œuvres. La fortune lui souriait. Ses diverses pensions sur le *Mercure de France*, son traitement d'historiographe, ses logements au Louvre et à Versailles, ses jetons de présence à l'Académie lui avaient permis de faire l'acquisition d'une maison de campagne, Grignon, et d'y vivre largement entre sa femme, ses enfants et la société de quelques amis que son caractère doux et conciliant, la sûreté de ses relations lui avaient faits, et parmi lesquels il comptait M. et madame d'Angivilliers, M. de Sèze et l'abbé Maury.

Ce frêle édifice fut emporté par la tempête révolutionnaire ; Marmontel supporta ce désastre avec une résignation qui inspire un profond respect et donne une sérieuse autorité aux discussions sur la vertu dont sont semés ses ouvrages. Ce ne sont pas des phrases vides et sonores comme celles de la plupart de ses confrères les philosophes.

Ses *Mémoires* s'arrêtent en 1796. Ils présentent sur la Révolution, sur ses commencements, des tableaux d'un vif intérêt, qui acquièrent la valeur de véritables documents historiques. Nommé membre de l'Assemblée électorale de Paris, il se mit sur les rangs pour la députation à l'Assemblée nationale en concurrence avec l'abbé Sieyès. Ce dernier fut nommé ; mais cette position temporaire mit Marmontel à même de connaître tous les acteurs de cette première phase révolutionnaire. Il en a tracé des portraits que devront lire tous ceux qui veulent bien connaître cette curieuse époque. Bien placé pour voir les événements, lié au passé par le souvenir et la reconnaissance, plein d'espoir dans l'avenir, indépendant avant tout, il les juge sans profondeur, il est vrai, mais avec un sens remarquable et une grande rectitude, mêlant dans une juste mesure l'indignation d'un cœur honnête et d'un noble caractère aux sentiments de la dignité humaine et à l'amour de la liberté politique.

Les événements ne tardèrent pas à prendre une tournure où sa modération n'eût plus été de mise. Privé des ressources de l'ancien gouvernement, effrayé des scènes sanglantes dont Paris devenait le théâtre habituel, il le quitta quelques jours avant le 10 août, et se retira avec sa famille au hameau de Saint-Germain, près d'Évreux, dans le département de l'Eure.

Il n'y resta que quelque temps, assez toutefois pour donner l'hospitalité à l'évêque d'Angers, Lovy, qui fuyait devant la persécution. Ce service rendu, Marmontel trouva un asile à Abloville, près Gaillon. C'est là, dans une situation qui touchait à la pauvreté, occupé exclusivement de l'éducation de ses enfants, pour lesquels il écrivit de petits traités de grammaire, de logique, de morale, composant encore à ses heures perdues ses derniers contes moraux, c'est là qu'il attendit la fin de l'orage, gardant l'espérance « d'un temps plus calme et plus serein »

« En 1797, époque à laquelle se tinrent les assemblées électorales qui devaient renouveler par tiers l'Assemblée nationale, il se rendit à Évreux, et réunit les suffrages de son département. Il fut expressément chargé de défendre, dans l'Assemblée nationale, la cause de la religion catholique, engagement qu'il prit, et qu'il voulait remplir en prononçant au Corps législatif un discours qui nous a été conservé[1]. »

1. Œuvres de Marmontel, édition de Verdière. Paris, 1818, t. II, p. 432.

Outre que son discours contraste par son éloquence simple et ferme, par son langage convaincu, avec la rhétorique froide et ampoulée de l'époque, c'est surtout un morceau plein de modération, d'une onction chrétienne des plus pures, d'une charité élevée, d'une sagesse pratique, telles qu'on devait l'attendre d'un homme qui, dans sa jeunesse, avait reçu des préceptes évangéliques de la bouche même de Massillon, et que cinquante ans de luttes n'avaient pu faire sortir des règles du bon sens et des bornes de la modération. Marmontel, en le composant, avait bien certainement présentes à la pensée ses jeunes années, le souvenir de sa première vocation, et la mémoire de services rendus, sans tenir compte de leur caractère religieux, par une classe d'hommes sur laquelle s'acharnaient les derniers mouvements d'une haine injuste et irréchie.

« Je vote, disait-il en terminant par un trait où l'éloquence n'est pas obtenue aux dépens du sens commun, je vote pour qu'on laisse aux cultes toute la liberté qui leur est accordée par l'acte constitutionnel, sans demander à leurs ministres d'autres garanties de leur fidélité que leur religion, leur conscience et leur Dieu. » Les circonstances ne lui permirent pas de prononcer ce discours.

« Nommé membre du conseil des Anciens, et rendu à Paris, il y vécut livré à ses fonctions et lié avec ce qu'il y avait de plus distingué dans les deux sections du Corps législatif jusqu'au 18 fructidor, où, le département de l'Eure étant au nombre de ceux dont les élections furent déclarées nulles, il se réfugia de nouveau dans sa retraite champêtre, échappant à la déportation qui frappait la plupart de ses amis.

« Aux derniers jours de l'année 1799, il fut frappé d'apoplexie comme il se disposait à aller passer quelques semaines à Rouen. Malgré les soins de sa femme et les secours de l'art, il ne put recouvrer la parole, et parut aussi avoir perdu la connaissance. Il est mort le 31 décembre 1799 [1]. »

Les *Contes moraux* sont l'ouvrage auquel Marmontel attacha le moins d'importance, et celui pourtant qu'on lit souvent et le plus facilement. Lorsque les premiers parurent sans nom d'auteur dans le *Mercure de France*, leur légèreté, l'observation railleuse de certains traits leur valurent l'honneur d'être attribués à Voltaire. Compositions faciles et enjouées, écrites au courant de la plume, manquant de simplicité, mais non pas d'une certaine grâce affectée, qui était le naturel d'alors, ils représentent parfaitement l'époque et la société pour lesquelles ils furent écrits. Il ne faudrait pas prendre au pied de la lettre leur titre, sous peine d'une fâcheuse déconvenue. La morale qu'ils prêchent n'a rien de bien sévère, et la moralité qui en ressort était celle qui convenait aux convives peu scrupuleux de madame Geoffrin. Tout, au contraire, y sent le relâchement des mœurs et l'influence d'une civilisation aiguisée jusqu'à la corruption. La grâce devient manière; l'élégance, afféterie; la fran-

---

1. Œuvres de Marmontel, édition de Verdière. Paris, 1818, t. II.

chise, brusquerie ; la bonté, faiblesse ; le sentiment, sentimentalisme ; l'esprit, prétention ; le laisser-aller, désordre. Chaque qualité se présente par son revers et devient défaut. Et pourtant, tout ce monde faux, maniéré, sentimental, est charmant comme un sujet de Greuze exécuté par Boucher.

Marmontel nous a raconté, dans ses Mémoires, à quelle occasion il songea à composer ses *Contes*, et devant quel aréopage il recevait les premiers encouragements. Un nommé de Boissy venait d'obtenir, grâce aux recommandations de Marmontel, le privilége du *Mercure de France*. « Dénué de secours, et ne trouvant rien de passable dans les papiers qu'on lui laissait, Boissy m'écrivit une lettre qui était un vrai signal de détresse. Inutilement, me disait-il, vous m'avez fait donner le *Mercure* ; ce bienfait est perdu pour moi, si vous n'y ajoutez pas celui de venir à mon aide. Prose ou vers, ce qu'il vous plaira, tout me sera bon de votre main. Mais hâtez-vous de me tirer de la peine où je suis ; je vous en conjure au nom de l'amitié que je vous ai vouée pour le reste de ma vie.

« Cette lettre m'ôta le sommeil ; je vis ce malheureux livré au ridicule, et le *Mercure* décrié dans ses mains, s'il laissait voir sa pénurie. J'en eus la fièvre toute la nuit, et ce fut dans cet état de crise et d'agitation que me vint la première idée de faire un conte. Après avoir passé passé la nuit sans fermer l'œil, à rouler dans ma tête le sujet de celui que j'ai intitulé *Alcibiade*, je me levai, je l'écrivis tout d'une haleine, au courant de la plume, et je l'envoyai. Ce conte eut un succès inespéré. J'avais exigé l'anonyme. On ne savait à qui l'attribuer, et, au dîner d'Helvétius, où étaient les plus fins connaisseurs, on me fit l'honneur de le croire de Voltaire ou de Montesquieu.

« Boissy, comblé de joie de l'accroissement que cette nouveauté avait donné au début du *Mercure*, redoubla de prières pour obtenir de moi encore quelques morceaux du même genre. Je fis pour lui le conte de *Soliman II*, ensuite celui de *Scrupule*, et quelques autres encore. Telle fut l'origine de ces *Contes moraux*, qui ont eu depuis tant de vogue en Europe. Boissy me fit par là plus de bien à moi-même que je ne lui en avais fait; mais il ne jouit pas longtemps de sa fortune, et, à sa mort, lorsqu'il fallut le remplacer : « Sire, dit madame de Pompadour au roi, « ne donnerez-vous pas le *Mercure* à celui qui l'a « soutenu? » Le brevet m'en fut accordé. »

Voici maintenant un autre tableau non moins intéressant : c'est celui de la société intime de madame Geoffrin, devant laquelle Marmontel lisait ses *Contes*. « Après avoir dîné chez madame Geoffrin avec les gens de lettres ou les artistes, j'étais encore le soir d'une société plus intime, car elle m'avait fait la faveur de m'admettre à ses petits soupers. La bonne chère en était succincte : c'était communément un poulet, des épinards, une omelette (toujours le souvenir gastronomique). La compagnie en était peu nombreuse; c'étaient tout au plus cinq ou six de ses amis particuliers, ou un quadrille d'hommes et de femmes du plus grand monde, assortis à leur gré, et réciproquement bien aises d'être ensemble. Mais, quel que fût ce petit cercle de convives, Bernard et moi nous en étions. Un seul avait exclu Bernard et n'avait agréé que moi. Le groupe en était composé de trois femmes et d'un seul homme. Les femmes, assez semblables aux déesses du mont Ida, étaient la belle comtesse de Brionne, la belle marquise de Duras, et la jolie comtesse d'Egmont. Leur Pâris était le prince Louis de Rohan; mais je soupçonne que, dans ce temps-là, il donnait sa pomme à Minerve; car, à mon gré, la Vénus du souper était la séduisante et piquante d'Egmont. Fille du maréchal de Richelieu, elle avait l'esprit, les grâces de son père; elle en avait, disait-on, l'humeur volage et libertine; mais c'était là ce que ni madame Geoffrin ni moi ne faisions semblant de savoir. La jeune marquise de Duras, avec autant de modestie que madame d'Egmont avait de gentillesse, donnait assez l'idée de Junon par sa noble sévérité et par un caractère de beauté qui n'avait rien d'élégant ni de svelte. Pour la comtesse de Brionne, si elle n'était pas Vénus même, ce n'était pas que, dans la régularité parfaite de sa taille et de tous ses traits, elle ne réunît tout ce qu'on peut imaginer pour définir ou peindre la beauté idéale. De tous les charmes, un seul lui manquait, sans lequel il n'y a point de Vénus au monde, et qui était le prestige de madame d'Egmont, c'était l'air de la volupté. Pour le prince de Rohan, il était jeune, leste, étourdi, bon enfant, haut par boutades en concurrence avec des dignités rivales de la sienne, mais gaiement familier avec des gens de lettres libres et simples comme moi.

« Vous voyez bien qu'à ces soupers mon amour-propre était en jeu avec tous les moyens que je pouvais avoir d'être amusant et d'être aimable. Les nouveaux contes que je faisais alors, et dont ces dames avaient la primeur, étaient, avant ou après le souper, une lecture amusante pour elles. On se donnait rendez-vous pour l'entendre : et, lorsque le petit souper manquait par quelque événement, c'était à dîner chez madame de Brionne que l'on se rassemblait. J'avoue que succès ne m'a jamais plus sensiblement flatté que celui qu'avaient mes lectures dans ce petit cercle, où l'esprit, le goût, la beauté, toutes les grâces étaient mes juges, ou plutôt mes applaudisseurs. Il n'y avait, ni dans mes peintures, ni dans mon dialogue, pas un trait tant soit peu délicat ou fin qui ne fût vivement senti, et le plaisir que je causais avait l'air du ravissement. Ce qui me ravissait moi-même, c'était de voir de près les plus beaux yeux du monde donner des larmes aux petites scènes touchantes où je faisais gémir la nature ou l'amour. Mais, malgré les ménagements d'une politesse excessive, je m'apercevais bien aussi des endroits froids ou faibles que l'on passait sous silence, et de ceux où j'avais manqué le mot, le ton de la nature, la juste nuance du vrai, et c'était là ce que je notais pour le corriger à loisir. »

Tels sont les principaux titres de Marmontel, je ne dirai pas à l'intérêt, mais au souvenir de la postérité. Spirituel dans ses *Contes moraux*, discret et judicieux dans ses *Éléments de littérature*, il devint un agréable narrateur dans ses *Mémoires*, où l'histoire pourra puiser des traits de mœurs qu'elle ne rencontrerait pas ailleurs. Cela seul nous justifierait d'avoir appelé l'attention sur un nom trop oublié aujourd'hui.

Juillet 1856.

MADAME DU DEFFAND[1]

En publiant ces lettres qu'un hasard de famille a réunies dans ses mains, M. le marquis de Sainte-Aulaire a évidemment voulu rendre service à la mémoire de madame du Deffand; la présenter sous un jour plus intime et plus familier que celui sous lequel elle nous apparaît dans les deux recueils publiés en 1809 et en 1811 ; la laver surtout du reproche de sécheresse que lui adressent les lecteurs de ces deux recueils. Je crains, je le dis tout de suite, qu'il ne se soit trompé. Les lettres de madame du Deffand, contenues dans ces deux volumes, ne me semblent pas de nature à la faire juger avec plus d'indulgence. J'ai contre moi l'opinion d'un juge autorisé et délicat dans cette matière, Horace Walpole lui-même, qui, dans une remarquable lettre adressée à Georges Montagu (7 septembre 1769), ne tarit pas d'éloges sur madame du

[1]. *Correspondance inédite de madame du Deffand,* par M. le marquis de Sainte-Aulaire.

Deffand. Malgré la finesse et la pénétration de cet illustre original, je suis d'un avis différent du sien sur sa vieille amie. Selon moi, on sent partout, dans cette dernière correspondance, l'absence de naturel, de simplicité qui est le charme d'un commerce épistolaire ; le manque de laisser-aller et d'élan qui en est le premier mérite. Et ce commerce a été régulièrement entretenu pendant un espace de dix-neuf ans (1761-1780). Partout on reconnaît la femme écoutée et courtisée, ménagère de sa réputation de bel esprit ; ne se livrant jamais, effleurant tous les sujets sans s'arrêter à aucun ; préoccupée, non pas de ses correspondants, mais de l'auditoire qui accueillera ses lettres ; profondément ennuyée surtout, et ne cherchant dans ses interlocuteurs que des distractions et des diversions au mal qui la dévore et qui était la grande épidémie morale du dix-huitième siècle : l'ennui. Pas de rencontres heureuses, pas d'imprévu, pas d'élan. Le cœur, en un mot, ne bat pas. Aucune de ses lettres ne se fixe dans la mémoire ; et j'ai bien peur que malgré toute la sollicitude et tout le talent de son nouvel éditeur, ce soit encore le terrible portrait de madame du Châtelet, portrait reproduit avec raison par M. de Sainte-Aulaire dans sa notice biographique, qui assure à madame du Deffand une place dans les souvenirs littéraires de l'avenir. C'est une des plus sanglantes satires que je sache. Ce chef-d'œuvre ne pouvait sortir que de la main d'une femme, mais d'une femme chez laquelle ne dominaient pas, on en conviendra, les douces et bienfaisantes qualités que l'on est convenu de regarder comme l'apanage de ce sexe. Madame du Châtelet était l'amie de madame du Deffand : c'est tout naturel ; mais en relisant cette diabolique esquisse qui semble tracée avec un fer rouge, je n'étais préoccupé que d'une chose : c'est qu'un jour un bibliophile fureteur n'en trouvât une pareille sur la duchesse de Choiseul, et que les lettres si chevrotantes, si fadement doucereuses que lui adresse sa perfide amie, ne vinssent à s'éclairer d'une aussi terrible façon. Que Dieu garde madame la duchesse de Choiseul d'un pareil revers de plume !

Mais cela arrivât-il, et madame de Choiseul eût-elle besoin d'être défendue (ce qui était le cas pour madame du Châtelet), M. de Sainte-Aulaire s'est chargé de ce soin et l'a fait victorieusement. A ce point de vue on ne saurait trop le remercier du service qu'il nous a rendu : il nous a révélé madame de Choiseul, Louise-Honorine Crozat du Châtel, épouse du fameux duc de Choiseul-Stainville, le dernier grand ministre de la monarchie française. C'est elle, et non pas madame du Deffand, qui est la véritable héroïne de ces deux volumes. Jusqu'ici, il est vrai, grâce aux lettres de l'abbé Barthélemy, à celles du duc de Nivernois, grâce à des traditions de famille perpétuées dans un certain monde (et ce monde n'est pas tellement éloigné que beaucoup d'hommes de quarante ans n'aient pu rencontrer des amis intimes de madame de Choiseul, morte en 1801), le souvenir de madame de Choiseul était resté entouré d'une touchante auréole d'affection et de respect. On savait que, fidèle à la mémoire de son mari, elle avait, après sa mort, et en se réduisant au strict nécessaire, payé intégralement quatre millions de dettes contractées par lui ; que le souvenir de ses anciens bienfaits l'avait préservée à Chanteloup, comme à Paris, de la tourmente révolutionnaire ; qu'une inaltérable et douce gaieté, prenant sa source dans un caractère remarquablement équilibré, l'avait accompagnée jusqu'à ses derniers moments, adoucis par la présence d'amitiés fidèles. On savait tout cela par tradition ; maintenant on peut apprécier madame de Choiseul en connaissance de cause, on la juge sur le vif, et le personnage (c'est du moins mon impression) est encore supérieur à sa réputation. Ce n'est pas seulement la femme dévouée sans réserve à la fortune de son mari qui nous est rendue ; c'est le cœur chaleureux, l'intelligence ferme et élevée, le jugement sain et droit, l'esprit charmant, le caractère fier et doux ; tout cela caché sous une abnégation et une modestie qui ne se démentent jamais. Madame de Choiseul domine ce recueil de toute l'élévation de ses belles facultés. Ce n'est pas *Correspondance de madame du Deffand*, mais *Correspondance de madame de Choiseul* qui est son véritable titre. Si j'avais le malheur d'être jaloux ce serait, je l'avoue, de la bonne fortune de ceux qui peuvent révéler l'existence de pareilles perles. Aussi passai-je volontiers condamnation à M. de Sainte-Aulaire sur madame du Deffand en faveur de madame de Choiseul : l'une m'a appris à supporter l'autre, et pour que madame de Choiseul honorât madame du Deffand de son amitié, il fallait qu'il y eût réellement quelque chose d'aimable en elle. Je chercherai.

Ces lettres, c'est leur tort, n'apprennent rien de nouveau sur les événements historiques auxquels ont été mêlées les personnes qui les ont écrites, et principalement le duc de Choiseul. On n'y trouvera aucun renseignement, même aucune allusion au traité de 1756, à la guerre de Sept ans, au partage de la Pologne, au remplacement de M. de Choiseul par M. d'Aiguillon, au parlement Maupeou. C'est une correspondance exclusivement privée et qui n'aura d'utilité d'aucune sorte pour l'histoire politique. Il faut en prendre son parti : La plus belle fille du monde, etc.

Les mémoires, les correspondances, les autobiographies qui pullulent depuis quelque temps offrent cela de bon, qu'en faisant connaître l'homme privé, sa forme d'esprit ou de caractère, elles font comprendre aussi de quelle façon les événements devaient agir sur l'homme public ; et comment, à son tour, il réagit sur les événements, par quel côté il y entre de préférence. Ici, rien de tel. Ces deux volumes ne contiennent pas vingt billets, — billets très-laconiques, — de M. de Choiseul, et comme, d'après les lettres de sa femme, il est évident qu'elle n'exerça jamais sur l'homme politique la moindre partie de l'influence dont madame de Grammont s'était réservé le privilége, il n'est pas possible d'en tirer une induction quelconque ayant trait à tel ou tel acte de son ministère. Aucune grave préoccupation ne vient donc distraire l'attention de madame de Choiseul ; c'est bien elle le principal personnage. Madame du Deffand n'est placée là que pour lui donner la réplique : elle joue le rôle de la confidente dans les tragédies classiques.

La *Correspondance* se passe entre trois interlocuteurs : madame du Deffand, madame de Choiseul et l'abbé Barthélemy, auxquels se joignent quelquefois Voltaire, M. de Choiseul et Horace Walpole. Elle commence le 7 mai 1761 par une lettre du duc de Choiseul, et finit le 20 août 1780 par une lettre de madame du Deffand, alors âgée de quatre-vingt-trois ans, et qui mourut un mois après, le 24 septembre. Assez languissante jusqu'en 1771, elle devient beaucoup plus active à partir du 24 décembre 1770, jour de la disgrâce de M. de Choiseul et de son exil triomphal à Chanteloup. A partir de ce moment, la duchesse de Choiseul emploie tous les loisirs que lui laissaient ses visites à écrire à sa vieille amie, qui habitait au couvent de Saint-Joseph, rue Saint-Dominique, — maintenant le ministère de la guerre, — l'appartement occupé cent ans plus tôt par madame de Montespan. Une alliance de famille entre ces deux dames devint même l'occasion d'une plaisanterie qui, répétée à satiété et passée en habitude, est la seule faute de goût que l'on puisse reprocher aux lettres de madame de Choiseul. Beaucoup plus jeune que madame du Deffand, elle l'appelle sa petite-fille, tandis que celle-ci riposte par l'épithète de grand'maman. Cette plaisanterie finit par devenir une grimace. C'est le *mes anges* des lettres de Voltaire.

Le premier volume s'ouvre par une charmante lettre de madame de Choiseul sur ce que l'on pourrait appeler les embarras de Versailles (décembre 1762). On y voit la duchesse, femme du ministre tout-puissant à cette époque, tiraillée, fatiguée, obsédée par une foule de solliciteurs qui la poursuivent de leurs réclamations jusque dans son cabinet de toilette, sans qu'elle puisse leur échapper ; et, au milieu de tous ces dérangements, écrivant à son amie d'une plume légère, rieuse et d'où ne s'échappe pas un mouvement d'impatience. Il faut, comme opposition dans le genre de vie, lire immédiatement après cette lettre celles de l'abbé Barthélemy (9 mai 1769 — 7 juin 1770), dans lesquelles il donne une espèce de journal de l'existence de Chanteloup. Comme détail de mœurs, ces lettres nous prouvent que la vie de château, en 1770, était, à bien peu de chose près, la même que celle de 1860. En 1771, M. de Choiseul prenait son exil en patience, partageant le temps que lui laissaient libres les hôtes illustres venus de tous les coins de l'Europe, entre des essais d'agriculture, l'élève des moutons et la passion du billard. « Je voudrais, dit la duchesse, que le *grand-papa* donnât ses Mémoires, mais, tant qu'il aura chez lui de jeunes et jolies dames et la passion du billard, on ne pourra pas l'y résoudre. » (Lettre du 23 octobre 1771.)

Veut-on se faire une idée du cœur et du caractère de madame de Choiseul, de l'affection qui l'attachait à son mari, de la dignité si pleine de véritable noblesse avec laquelle elle supportait sa disgrâce, combien peu les vanités humaines et la vanité féminine avaient prise sur cette âme ? Voici quelques traits relevés au hasard et au courant de la lecture. Elle écrivait, le 26 décembre 1770, six jours après la disgrâce : « Je venais de perdre un ami, et un ami qui m'aimait tant (un oncle à elle : M. du Châtel)! C'est là le vrai malheur. Mais conserver l'honneur, mais gagner la paix et le repos, n'est-ce pas là du bien? Je ne puis m'affliger même par pudeur. Je suis avec ce que j'aime le mieux, dans le lieu qui me plaît le plus. » Et plus loin (10 janvier 1771) : « Je n'ai jamais été si bien coiffée ni si occupée de ma toilette que depuis que je suis ici. Je veux redevenir jeune et, si je peux, jolie[1]. Je tâcherai au moins de faire accroire au grand-papa que je suis l'une et l'autre, et, comme il aura peu de termes de comparaison, je l'attraperai plus facilement. » Voici maintenant la noblesse du caractère dans toute sa grandeur : « Comment avez-vous pu imaginer, ma chère petite-fille, de dire des coquetteries de ma part à madame d'Aiguillon. Quand son fils était dans une situation plus fâcheuse que la disgrâce, et mon mari dans une position plus flatteuse que la faveur, je devais faire connaître à madame d'Aiguillon toute mon estime pour elle. Aujourd'hui tout est changé : son fils a la puissance ; il ne reste plus à mon

---

1. Il existe dans le musée de Tours un panneau de Boucher, venant de Chanteloup et représentant le duc et la duchesse de Choiseul en costumes de bergers. L'examen de ce panneau prouve que la duchesse n'avait pas grand'chose à faire pour redevenir jolie. Il est signé et daté : 1750.

mari que l'honneur, et ce serait une bassesse indigne à moi de chercher à plaire à madame d'Aiguillon. J'aurais l'air de quémander sa bienveillance, sa protection. Dieu m'en garde ! Je n'ai plus besoin de plaire à personne, puisque personne n'a plus besoin de moi. Comment n'avez-vous pas senti cela, ma chère petite-fille ? Comment avez-vous pu me compromettre d'une si étrange manière ? Si je le disais au grand-papa, il en serait aussi blessé que moi. Grâce au ciel, nos sentiments sont conformes sur cet article, et il n'aura jamais, j'espère, à rougir des miens. Réparez donc le tort que vous m'avez fait; et si vous avez parlé, montrez plutôt ma lettre à madame d'Aiguillon que de lui laisser croire que j'ai voulu lui faire ma cour. Et, une bonne fois pour toutes, mettez-vous bien dans la tête que vous ne devez faire ma cour à personne, ni m'attirer les services de qui que ce soit. Je ne sais pas à qui je pourrais souffrir l'insolente prétention de m'en rendre. » (18 juillet 1771.) Quelle hauteur dans le ton et dans la forme ! Comme cela est pensé et écrit ! J'ai dû citer ce passage tout entier. J'en connais peu où s'allient aussi bien la noblesse des sentiments et le respect le plus strict des convenances du monde.

Ce n'étaient pas seulement le cœur et le caractère qui étaient élevés chez madame de Choiseul; son esprit était au même niveau, et la culture lui avait donné une finesse et une pénétration rares. En veut-on des exemples ? Cherche-t-on à se rendre compte de la façon dont une femme du monde, n'ayant pour ressource que la justesse de son bon sens, jugeait au siècle dernier les hommes de lettres et les productions littéraires de son temps? Écoutons ce qu'elle dit sur les premiers : « L'animadversion des gens de lettres me paraît la plus dangereuse des pestes. J'aime les lettres, j'honore ceux qui les professent, mais je ne veux de société avec eux que dans leurs livres, et je ne les trouve bons à voir qu'en portrait. » (7 août 1768.) Méditons ce qu'elle pense de leurs honteuses dissensions : « Ne nous fourrons pas, ma chère enfant, dans des querelles littéraires; elles ne sont bonnes qu'à déprécier les talents, mettre au jour les ridicules. Mais, entre nous soit dit, il doit nous être assez agréable de voir les tyrans de nos opinions se détruire par les mêmes arguments qu'ils ont employés pour subjuguer nos esprits. C'est le moyen le plus sûr de nous soustraire à leur domination en profitant de leurs lumières. » (20 janvier 1767.) Est-ce en 1767 ou en 1859 que ces appréciations tout étincelantes de vérité et d'esprit ont été écrites? Je n'en sais rien.

Que si des faits nous passons aux hommes et, pour tout résumer, aux deux plus grands écrivains du dix-huitième siècle, Voltaire et Rousseau, on n'a jamais mieux dit sur eux, et je doute que jamais on dise aussi bien que dans les quelques lignes suivantes, où leur talent et leur caractère sont rendus en traits ineffaçables : « La lettre de Voltaire est pitoyable. Il en avait déjà écrit une dans le même genre à M. de La Ponce, remplie d'amour pour nous, d'invectives contre le parlement et d'éloges sur les opérations du chancelier (Maupeou). Il croit, en rassemblant tous ces contraires, se donner un air de candeur et prendre le ton de la vérité. Il vous mande qu'il est fidèle à ses passions. Il devrait dire à ses faiblesses! Il a toujours été poltron sans danger, insolent sans motifs, et bas sans objet. Tout cela n'empêche pas qu'il ne soit le plus bel esprit de son siècle, qu'il ne faille admirer ses talents, savoir par cœur ses ouvrages, s'éclairer de sa philosophie; il faut l'encenser et le mépriser. » (21 mai 1771.) Et plus haut : « Qu'il est pitoyable ce Voltaire! qu'il est lâche! Il s'excuse, il se noie dans son crachat pour avoir craché sans besoin, il chante la palinodie, il souffle le froid et le chaud, il fait pitié et dégoût. » (26 avril 1771.) Cela est découpé à l'emporte-pièce. Je vois Voltaire, je le connais, lui, ses colères, ses faiblesses, ses inconséquences, ses injustices, ses mensonges, son activité, sa bassesse, ses audacieuses volte-faces et son incomparable talent.

Jean-Jacques est aussi rapidement et aussi sainement jugé : « Je vous dirai, ma chère enfant, que je ne serais pas du tout étonnée qu'on me prouvât que Rousseau n'est pas un honnête homme ; mais je pourrais l'être davantage si l'on me prouvait qu'un homme toujours subjugué par sa vanité, qui s'est fait singulier pour se rendre célèbre, qui s'est toujours refusé au doux plaisir de la reconnaissance pour se soustraire à la plus légère obligation, qui, portant le trouble dans les sociétés, a fini par lever l'étendard de la révolte dans son propre pays, a soufflé le feu de la discorde entre les concitoyens, les a armés les uns contre les autres en répandant des écrits séditieux dans le peuple ; je serais bien étonnée, dis-je, que cet homme fût un honnête homme. Rousseau est peut-être un des auteurs qui a eu le plus d'esprit, qui a écrit avec le plus de chaleur, et dont l'éloquence est la plus séduisante. Il a prêché le bien, mais croyez que s'il eût prêché le mal personne ne l'eût écouté. *Méfions-nous toujours de la métaphysique appliquée aux choses simples.* » (17 juillet 1766.) Puis viennent deux pages qui semblent pensées par Montesquieu homme d'État, et que je demande la permission de transcrire encore comme une des choses les plus frappantes de ces deux volumes : « Défions-nous surtout de ceux qui s'élèvent avec tant d'acharnement contre ce qu'ils nomment les préjugés de la société. S'ils ont examiné les sociétés, ils verront que les lois n'ont pu prévoir et statuer que sur des choses positives ; elles peuvent être l'effroi des criminels et le frein des crimes, mais les préjugés sont le seul frein des mœurs. Et les gouvernements sont également fondés sur les mœurs et sur les lois ; détruisez les uns ou les autres et vous renversez l'édifice. Je conviens qu'il s'est dû nécessairement glisser des erreurs dans les préjugés comme des abus dans les lois ; mais vouloir tout détruire pour les corriger, c'est comme si l'on coupait la tête à un homme pour lui ôter quelques cheveux blancs. Si ceux qui écrivent contre les préjugés n'ont pas vu cela, ils ne sont pas philosophes. Un véritable citoyen servira sa patrie de son mieux par son esprit et par ses talents, mais n'ira pas écrire sur le pacte social pour nous faire suspecter la légitimité des gouvernements et nous accabler du poids des chaînes que nous n'avons pas encore senties. Je me suis toujours méfié de ce Rousseau avec ses systèmes singuliers, son accoutrement extraordinaire et sa chaire d'éloquence portée sur les toits des maisons. Il m'a toujours paru un charlatan de vertu... L'autorité détruit et n'édifie pas, le gouvernement édifie et ne détruit pas. L'autorité doit punir les crimes ; le gouvernement ne doit pas sévir contre les erreurs, il peut leur laisser le soin de se détruire elles-mêmes, qu'elles proviennent d'un odieux fanatisme ou d'une vaine et nuisible philosophie. Ce n'est point par ce que le gouvernement fait qu'il active le progrès des lumières, c'est par ce qu'il empêche. L'histoire des erreurs n'est que le magasin du sage ; il n'est pas de système qui n'ait un bon principe, mais il n'appartient pas à tous les esprits de se développer, et tous les aspects ne sont pas également bons pour présenter les objets, ni tous les jours pour les regarder. Je sens bien qu'il manque à tout ceci beaucoup d'idées intermédiaires, mais c'est à vous à faire les liaisons. » (17 juillet 1766 — 20 janvier 1767.)

Voilà ce qu'écrivait, il y a cent ans, une duchesse de l'ancien régime, entre deux coups d'éventail. Est-ce donc là une de ces femmes que les badauds, prenant au sérieux les romans de Crébillon, nous ont représentées comme exclusivement occupées de mouches, de bichons et d'abbés poupins ? Est-ce que par hasard le dix-huitième siècle serait encore mal connu ?

Madame du Deffand, du moins, rendait à madame de Choiseul une exacte justice, lorsqu'elle lui disait dans sa lettre du 23 octobre 1777 : « Toutes réflexions faites, je ne vois personne qui ait été si complétement, si entièrement heureuse que vous; toutes les situations par où vous avez passé vous ont exposée au grand jour, et vous ont acquis, pour ainsi dire dès votre enfance, une réputation dont on se contenterait bien à trente ans. Vous avez passé ensuite à la plus grande élévation qui a servi à faire connaître votre modestie, votre bonté, votre sagesse, et qui, par un prodige qui n'a point eu d'exemples, ne vous a fait aucun ennemi, aucun envieux. Vous êtes aujourd'hui dans la disgrâce, et cette disgrâce met le comble à votre bonheur et à votre gloire. » Plus haut, elle lui avait déjà dit : « Tous vos jugements sont sains, vous vous conduisez toujours en conséquence, nulle passion ne vous emporte, rien ne vous irrite ni ne vous décourage; vous êtes le médecin de votre âme, vous connaissez le régime qui lui est propre, et vous l'observez exactement. »

Encore une citation qui remettra madame de Choiseul à sa véritable place de femme de cœur, et fera oublier l'aspect par trop grave sous lequel on vient de l'entrevoir, et qui, j'en suis très-sûr, ne lui eût été que médiocrement agréable, à elle toute pétrie d'élégance, de tact, de réserve et de bon goût. « C'est le cœur qui vit, tout le reste n'est que formes. Si à cent ans vous aimez encore, vous serez plus en vie que cette jeune personne de quinze ans, fraîche et saine, mais *impassive* (*sic*), et si vous aimez on vous aimera mieux qu'elle, et vous aurez plus de raison d'être attachée à la vie, puisqu'on vous aimera. Ne perdez donc pas ce feu sacré qui vous a été donné avec tant d'abondance : aimez, soyez aimée, vous serez toujours jeune. »

Les autres correspondants de madame du Deffand sont, je l'ai déjà dit, Voltaire, M. de Choiseul, l'abbé Barthélemy et le chevalier de Boufflers, dont il y a deux lettres pleines d'esprit et de bonne humeur. Les rares lettres de Voltaire, j'en suis fâché pour sa mémoire, manquent absolument de naturel. Chez madame du Deffand, il courtise un des arbitres de la renommée, et la courtise en grimaçant. Sa maîtresse, madame du Châtelet, avait été défigurée par un tel coup de griffe, qu'on comprend qu'il ait ménagé la main qui l'avait appliqué. Il était sans doute plus commode pour sa vanité d'oublier une pareille offense; il eût été plus digne de s'en souvenir. Les billets de M. de Choiseul sont rares, rapides, écrits par un grand seigneur aimable, bienveillant et occupé ailleurs. Quant aux lettres de l'abbé Barthélemy, elles sont simples et enjouées, avec une pointe de malice qui excite et réveille sans blesser, et contiennent parfois des aperçus d'une grande vérité, comme dans ce jugement sur *Télémaque :* « Il est diffus à la vérité, un peu monotone et trop chargé de descriptions ; mais il est plein d'une grande morale ; non de celle que tout le monde sait, ou que tout le monde oublie à force de savoir, mais de celle qui rendrait un roi et un peuple également heureux. Cette morale est l'unique objet de l'auteur et fait l'essence du livre. Si M. de Fénelon n'avait voulu faire qu'un ouvrage d'agrément, et que son état lui eût permis de mettre en jeu tous les intérêts du cœur, je suis persuadé qu'il aurait mieux réussi. Ce n'était pas un poëme qu'il voulait fabriquer, mais un roi, et comme il parlait à un prince destiné à le devenir, il fallait qu'il lui dît cent fois la même chose. Vous répondez que son intention ne justifie pas l'ennui que vous éprouvez; mais ce n'est pas pour nous qu'il écrivait : c'était pour nos maîtres. Il est arrivé ensuite que nous l'avons lu, et que nos maîtres se sont bien gardés de le lire. Ils ont raison, car il les ennuierait encore plus que nous. » (27 octobre 1771.) Après madame de Choiseul, c'est l'abbé Barthélemy qui gagne le plus à la publication de M. de Sainte-Aulaire.

Nous avons rencontré dans ces deux volumes quelques renseignements bibliographiques qui peuvent offrir de l'intérêt. Le plus important est l'indication suivante : « M. de Saint-Florentin a une grande ingratitude pour M. de Walpole en ne lui accusant pas seulement la réception d'un beau présent qu'il a fait à la bibliothèque du roi, qu'il lui avait adressé : c'est quatorze volumes de son imprimerie, magnifiquement reliés. Il lui a épargné l'ennui d'un remercîment. Je reçus avant-hier une lettre de lui où il me chargeait de m'informer de ce qu'étaient devenus ses livres. J'ai appris aujourd'hui, par l'abbé Baudot, qu'ils étaient depuis plus de six semaines à la Bibliothèque. » (18 juin 1766.) C'est un détail de plus à ajouter à ceux qu'a donnés M. Dinaux sur les bibliothèques des châteaux au siècle dernier. Que sont devenus ces quatorze volumes sortis des fameuses presses de Strawbery Hill, et *magnifiquement reliés?* Figurent-ils toujours à la Bibliothèque impériale? C'est une recherche à faire

Une lettre de madame de Choiseul, du 3 juin 1771, parle d'un exemplaire manuscrit des *Mémoires de Saint-Simon* qui faisait partie de la bibliothèque de Chanteloup, et prouve tout l'intérêt qui, en France et en Angleterre, s'attachait déjà à ces Mémoires.

Dans une autre lettre datée du 22 septembre 1777, je trouve la mention suivante des *Mémoires de Bachaumont* qui commençaient à paraître : « Il paraît un recueil sur toutes sortes de choses, de M. de Bachaumont; ce que j'en ai lu me paraît devoir être les manuscrits que l'on faisait tous les jours chez madame Doublet. »

Enfin j'indiquerai dans une lettre de l'abbé Barthélemy, du 27 mars 1771, une jolie anecdote sur le savant Allemani, l'auteur de la *Bibliothèque orientale;* et, dans la même lettre, une faute d'attention de l'éditeur, qui semble avoir oublié que les *Torrents* de madame Guyon sont le titre d'un livre de cette célèbre quiétiste.

M. le marquis de Sainte-Aulaire a fait précéder cette *Correspondance* d'une notice de quatre-vingt-dix pages que la variété de ses recherches et l'agrément de son style font paraître trop courte. M. de Sainte-

Aulaire est d'une noblesse littéraire, et héritier d'un nom connu et répété depuis deux siècles dans la république des lettres. L'*Histoire de la Fronde*, de son père, est encore le meilleur livre à étudier sur cette période de notre histoire. Cette notice prouve que M. de Sainte-Aulaire est digne de ce difficile héritage, et qu'il n'est pas disposé à le laisser dépérir entre ses mains. Grâce à lui, grâce à ses nombreuses et délicates recherches, non-seulement madame du Deffand, mais tout son entourage nous sont parfaitement connus. Nous avons pénétré à sa suite dans leur vie de tous les jours, nous savons leur *res angusta domi* : ce sont des familiers, presque des amis pour nous. Dirai-je que M. de Sainte-Aulaire juge madame du Deffand avec trop de bienveillance, et que son affection nuit un peu à son impartialité Ce défaut est si naturel que je ne suis pas certain de ne pas être trop sévère moi-même en le relevant : il est si simple que l'on surfasse un peu la valeur d'un personnage que l'on présente au public. Accuse qui voudra M. de Sainte-Aulaire de faiblesse, ce ne sera pas moi.

Pour toute observation, je lui demanderai de vouloir bien faire disparaître, dans une prochaine édition, l'erreur qui donne pour oncle à madame de Choiseul Crozat, l'amateur de tableaux, de dessins et de curiosités (notice, page 79). C'était son grand-oncle, le propre frère et non le fils du grand-père de madame de Choiseul. Je le prierai également de restituer la véritable orthographe du nom du président d'Aiguille, que l'on reconnaît difficilement sous la forme

Déguille (p. 319). Les *Boyer d'Aiguilles* (d'après la prononciation et l'usage, *d'Aguilles* d'après l'orthographe réelle), parents des Boyer de Fonscolombe, sont une des plus vieilles et des plus illustres familles parlementaires de Provence. Ils habitaient Aix, qui est encore plein de leur souvenir et de leur nom. Mêmes observations pour le nom de la propriété du duc d'Aiguillon en Touraine : elle se nommait *Véretz* et non *Véret,* et, par un singulier hasard, se trouvait voisine de Chanteloup. Ce château de Véretz, dont les restes existent encore, avait appartenu, au dix-septième siècle, à M. de Rancé, le réformateur de la Trappe, puis à la princesse de Conti, qui y avait établi une imprimerie particulière d'où sortaient des chansons aussi spirituelles que cyniques. Plus tard, le jésuite Du Cerceau y fut tué d'un coup de fusil, à la chasse, par son élève le second prince de Conti. Enfin, sous la Restauration, le château de Véretz appartenait à M. de Beaune, immortalisé par les pamphlets de Paul-Louis Courier.

Enfin, pour mettre un terme à mes réclamations, un numérotage des lettres et une table indicative de chacune d'elles et de leurs dates est le moins que l'on puisse demander à un éditeur ménager du temps de ses lecteurs. M. de Sainte-Aulaire en a déjà un assez grand nombre pour pouvoir leur accorder la faveur que je sollicite pour eux.

Juin 1859.

CHARLES COLLÉ

Notre siècle ne rit guère, et il pourrait répondre à ceux qui le regrettent qu'il n'en a pas le loisir. Son génie et ses préoccupations sont ailleurs. La Révolution a tué la bonne humeur, et, en bonne conscience, il y avait de quoi. *Pantagruel*, les *Contes d'Eutrapel*, le *Moyen de parvenir*, la *Ménippée*, Théophile, Régnier, les Goinfres, La Fontaine, seraient désorientés et deviendraient impossibles de nos jours. Si Molière n'était pas enterré, certaines farces de lui risqueraient fort de se voir refusées au théâtre. Une première et profonde modification eut lieu vers 1650. Louis XIII meurt, et avec lui, par un bizarre rapprochement, la charge de fou du roi. Le grotesque Langely est le dernier représentant du rire officiel : singulière institution, qui faisait d'un mauvais plaisant un pouvoir attitré dans l'État, singulière fonction surtout que celle qui consistait à dérider Louis XIII. Après lui la France eut un moment de répit et de franche hilarité. Entre le despotisme de Richelieu et la monarchie de

Louis XIV, il lui prit comme un accès de gaieté politique. C'est la Fronde. Elle s'en donna à cœur joie. Ministre, clergé, noblesse, parlement, bourgeoisie, roture, peuple même, personne ne put se prendre au sérieux. Les pamphlétaires inventaient trente-huit manières de faire périr le Mazarin, toutes plus atroces les unes que les autres, et éclataient de rire. C'était charmant. Mais les Précieuses vont bientôt mettre le holà à cette joviale saillie. La pruderie de l'hôtel de Rambouillet eut, comme toutes les réactions, ses côtés extrêmes et fâcheux. En élaguant les joyeuses branches de l'arbre, elle arrêta dans le tronc une séve essentiellement française; et comme il ne suffit pas de faire la guerre aux mots pour faire disparaître les choses, la chose est restée. Forcée de se cacher, la gaieté, qui jadis courait les rues en jupe courte, un doigt de vin dans la tête, l'œil éveillé, le propos hardi, et faisant bruire ses grelots sous le nez des plus austères qui finissaient par se dérider, la gaieté s'est embarrassé les pieds dans les longues jupes des Précieuses, et, rentrant mortifiée dans son cabaret, y languit de consomption. L'hypocrisie, qui passait par là, lui vola son dernier manteau, et le donna à la débauche pour faire son chemin dans le monde.

Au dix-huitième siècle, ce n'est plus un élan qui déborde du cœur comme un vin vieux d'un vase trop plein, c'est un étourdissement de l'esprit, c'est presque une infirmité. Voltaire ne rit pas, il raille; ce n'est pas la joie qui l'illumine comme Piron, c'est le rictus du mal qui contracte cette figure spirituelle jusqu'à la méchanceté. L'ancienne et franche gaieté est morte : vive l'esprit ! Tout le monde est spirituel ; l'esprit se trouve partout et démoralise tout. Rien n'est sacré pour ce nouvel ennemi. Des ministres très-spirituels, Dubois, M. de Bernis, M. de Maurepas, le duc d'Aiguillon, M. de Calonne, font bon marché de l'honneur de la France et l'étourdissent sur son abaissement avec des bons mots. La gaieté cependant devient de plus en plus rare, et, comparée à l'élégance extérieure de la société, paraît grossière. La facétie devient graveleuse, l'abandon tourne à la licence, la poésie se fait philippique ou priapée, calomnie ou ordure. La France, que l'on avait si justement définie « un gouvernement absolu tempéré par des chansons, » a perdu ce second pouvoir, et si l'on en retrouve quelques vestiges, c'est dans les dernières classes qu'il faut les rechercher, autour des éventaires des dames de la halle, à côté de Cadet Buteux ou de Madelon Friquet, ou devant les tréteaux du boulevard et de la foire Saint-Laurent.

Mais, si nous ne rions plus, nos aïeux ont ri, et il serait injuste de dédaigner les représentants de cette humeur si nationale, parce que nous ne la partageons plus. C'est un souvenir de bon goût à donner à des dieux qui s'en vont. A ce titre, il peut ne pas manquer d'intérêt d'en surprendre les éclats amoindris déjà, mais encore caractérisés chez un de ses derniers fidèles, chez Collé, dont le froid et judicieux La Harpe a dit : « Sa gaieté est si originale et si franche, qu'on peut croire qu'elle n'avait pas besoin de si mauvaises mœurs, quand même il ne l'aurait pas prouvé dans les ouvrages qu'il a mis au théâtre. »

Collé est le père du vaudeville tel que nous l'entendons de nos jours, le type dont Désaugiers est devenu la plus populaire expression. « C'est le premier de nos chansonniers, voilà ce que personne ne conteste ; c'est à lui, dit La Harpe en terminant un de ses discours en vers :

> C'est à lui qu'il convient, d'une main plus habile,
> De jeter sur le siècle un ridicule utile,
> D'achever le sujet dont je vous entretiens ;
> J'admire ses pinceaux et je quitte les miens.

« Si la pudeur a le droit de condamner quelques-uns de ses tableaux, le bon goût et la gaieté s'empressent de les absoudre. L'obscénité sans esprit révolte, mais la licence ingénieuse et plaisante a toujours amusé les honnêtes gens[1]. »

Piron, qui, lui aussi, a travaillé pour les boulevards et les Italiens, a l'esprit plus aiguisé et plus alerte, la repartie plus prompte, le trait plus mordant et plus rapide ; mais il possède moins de cette rondeur, de cette simple bonhomie éparses dans les petites pièces de Collé. Notre auteur a mis en scène plusieurs contes de La Fontaine, *Nicaise*, le *Galant escroc*, *Joconde*, et si, en changeant de forme, ces sujets ont perdu de leur saveur, du moins il a eu le tact de leur conserver une partie de leur charme : le naturel. Il repré-

---

1. Préface du *Recueil complet des chansons de Collé*. 2 vol. in-18. Paris et Hambourg, 1807.

sente en outre assez bien un côté peu étudié du dix-huitième siècle. C'est un véritable bourgeois de Paris sans grande élévation dans l'esprit, mais avec du sens, de la finesse, une intelligence active sans être hostile, fréquentant la noblesse, mais ne s'en dissimulant ni les faiblesses ni les ridicules, la faisant rire aux dépens d'elle-même, et portant avec une certaine dignité de longs siècles de roture. Un tel personnage, après tout, a son cachet particulier, et vaut la peine d'être étudié.

Charles Collé est né à Paris le 14 avril 1709. Son père était procureur au Châtelet, et, par sa mère, il était cousin de Regnard. Il ne devait pas démentir cette origine. On a peu de détails sur son enfance, sa jeunesse, et, en général, sa vie privée. Ce que l'on en sait, il s'est lui-même chargé de nous l'apprendre dans son *Journal historique*. « Je n'avais pas encore dix ans que mon père, que je perdis à quatorze, me menait assez souvent aux Français, et, pendant plusieurs années, je n'entrais pas dans la salle qu'il ne me prît un frisson de plaisir. Molière et La Fontaine me paraissaient et me paraissent encore les hommes les plus rares et les plus sublimes peintres de la nature. La gaieté inépuisable avec laquelle j'eus le bonheur de naître est peut-être la cause de mon idolâtrie presque exclusive pour eux. Ce fut sans doute cette même gaieté qui me fit me passionner dans mon adolescence pour le genre du vaudeville, si fort analogue à mon caractère. La Fontaine et Marot, Chapelle et Rabelais, qui tiennent quelque chose de ce genre naïf et gaillard, ne sortaient pas de mes mains, je les lisais et je les relisais encore. J'avais un peu de voix, je chantais continuellement, et je jouais assez comiquement les chansons d'Haguenier, que je connus à quinze ou seize ans chez mon oncle Roussel. A dix-sept ans, je connus plus particulièrement Gallet, avec lequel je fus lié pendant plusieurs années. J'aimais à la folie ses couplets naïfs et piquants. Ce fut chez Gallet que je rencontrai Panard, suivant moi, le dieu du vaudeville[1]. »

C'est à Collé que l'on doit le plus de détails sur Gallet, cet épicier grivois, jovial et banqueroutier; singulier mélange que le commerce rendit fripon, dont son insouciance fit un chansonnier de talent, et qui, accablé par trois maladies mortelles, composait encore des chansons libertines, et éclata de rire au nez de la mort. « J'ai vu un homme qui mourait ferme, » dit Collé, qui assista à ses derniers moments.

Vers dix-sept ans, Collé entra chez un procureur, où il passa peu de temps. Cela équivalait à ce que l'on appelle de nos jours faire son droit. Lié dès ce moment avec Crébillon le fils, Piron, Saurin, caractères enjoués, esprits mordants, humeurs joyeuses, qui ne pouvaient déployer leur naturel ou donner cours à leur gaieté que dans le complet abandon de l'intimité, Collé devint un des fondateurs de la fameuse société du *Caveau*, interrompue, reprise, désorganisée et reconstruite tant de fois. Lui et ses compagnons, Gres-

---

[1]. Notice en tête du *Journal historique*. 3 vol. in-8º. Paris, 1809, de l'imprimerie bibliographique.

set, Gentil-Bernard, La Bruère, Jelyotte, se réunissaient chez Landel, traiteur, qui demeurait rue de Bucy dans une véritable cave, là où se trouve encore de nos jours le *Café de France*. Tout en chantant, en se lisant leurs œuvres, en les louant ou les critiquant d'un mot que l'envie ne paraît pas avoir jamais envenimé, les membres du *Caveau* étaient fort chatouilleux sur les lois de l'honneur. Gallet en fit la triste expérience. Convaincu d'avoir prêté à la petite semaine et d'avoir détourné les fonds de l'association, il reçut un billet ainsi conçu : « Monsieur Gallet est prié de dîner tous les dimanches partout ailleurs qu'au *Caveau*. » Ce fut Crébillon le fils qui rédigea cette singulière invitation.

A la même époque, vers 1730, c'est-à-dire de vingt à vingt-cinq ans, Collé soupait assez régulièrement chez l'ancienne maîtresse du cardinal Dubois, madame de Tencin, femme intrigante, active, spirituelle, et qui, ne pouvant plus pêcher dans l'eau trouble de la politique, s'était tournée du côté des lettres et du bel esprit. Elle recevait une société d'hommes de lettres qu'elle appelait *ses bêtes*, et à qui elle donnait tous les ans deux aunes de velours pour se faire une culotte. Tout le monde passait par son salon ; mais peu y sont demeurés aussi longtemps que Fontenelle, et les rares fidèles qui lui sont restés donnent plutôt l'idée de la licence de son esprit que de la délicatesse de son goût. On faisait alors des amphigouris, comme cent ans plus tôt on avait fait des portraits. Collé, qui depuis quelque temps mêlait au vin du *Caveau* l'eau de l'Hypocrène, et qui, par la tournure de son esprit, saisissait promptement le côté exagéré ou plaisant des choses ou des sentiments, fit son amphigouri comme tout le monde. Il le lut un soir chez madame de Tencin, et tout Paris le répéta le lendemain. Le voici :

> Qu'il est beau de se défendre
> Quand le cœur n'est pas rendu !
> Mais qu'il est fâcheux de se rendre
> Quand le bonheur est suspendu.
> Par un discours habile et tendre
> Égarez un cœur éperdu ;
> Souvent par un malentendu
> L'amant adroit se fait entendre.

Fontenelle assistait à cette lecture. Il y prête une oreille attentive, et, afin de mieux comprendre, prie Collé de répéter.

— Eh ! grosse bête, lui dit madame de Tencin, ne vois-tu pas que c'est du galimatias !

— Ma foi, répondit l'académicien, il ressemble fort à tout ce que les poëtes viennent lire ici : il n'est pas surprenant que je me sois trompé.

Ce succès de salon mit Collé en verve. Il composa plusieurs pièces dont la richesse de rimes et les rapprochements baroques ne font même pas supporter la lecture. Il fit même une espèce de parodie tragique en un acte (*Cocatrix*, 1731), qui est le chef-d'œuvre de ce genre puéril et misérable : « L'amphigouri, comme on sait, n'est qu'un galimatias rimé très-richement. J'ai fait beaucoup trop de couplets dans ce genre méprisable. Je les regarde tous comme mes *delicta juventutis*[1]. »

C'est à ce moment de sa vie que se rapporte une aventure joviale racontée par Rigoley de Juvigny dans sa *Vie de Piron* et que nous n'aurons garde d'oublier ici.

C'était au mois de mars 1731. Collé, Gallet et Piron avaient joyeusement soupé chez madame de Tencin. Ils reconduisaient ce dernier à une heure assez avancée de la nuit, lorsque, arrivés sur le quai des Orfévres, ils rencontrèrent le guet faisant sa ronde. Animés par le vin, ils avaient dépouillé Piron d'un bel habit neuf, dans la crainte des voleurs, disaient-ils, et le poursuivaient en riant, tandis que l'auteur de la *Métromanie* se sauvait à moitié en criant au voleur. C'était une bonne prise pour le guet. Il ne la laissa pas échapper, arrêta, malgré leurs dénégations, voleurs et volé, et les conduisit chez le commissaire du quartier. L'aventure prenait un tour que leur esprit ne pouvait redouter. Le commissaire était couché, et, en son absence, nos trois tapageurs sont interrogés par le greffier, espèce de machine à procès-verbaux.

Le sergent du guet fait son rapport. Piron l'interrompt et raconte l'histoire véritable. Le secrétaire nie la vérité du fait, et se met en devoir de dresser procès-verbal.

— Comme il vous plaira, lui dit Piron ; si vous voulez, je vais le mettre en vers. Ce sera curieux.

[1]. Note du troisième volume de son *Théâtre de société*. Paris, 1777.

— Pas tant de verbiage! répond le greffier. Procédons. Votre nom?

— Le vôtre?

— Ah! vous raillez la justice! Savez-vous bien que je pourrais vous mener loin? Vos façons d'agir ressemblent à de la rébellion, monsieur... Vous dites?

— Piron.

— Monsieur Piron. Vous faites?

— Des vers.

— Hein?... Approchez-vous, j'ai l'oreille un peu dure.

— Ce n'est pourtant pas faute de les avoir longues, murmura Piron.

— Continuons. Vous faites?

— Je fais des vers.

— Des verres à bouteille?

— Non, monsieur le secrétaire; de ceux-là j'en casse quand ils sont vides, mais je n'en fais pas.

— Alors expliquez-vous.

— Ce sont des vers poétiques que je fais. Des lignes inégales que j'assemble deux à deux et dont le dernier mot se ressemble.

— Des vers! répète le greffier. Ce n'est point là une profession. Vous moquez-vous de moi?

— Je ne me moque point. Je fais des vers, et, pour vous le prouver, j'en vais faire tout à l'heure pour ou contre vous, à votre choix.

— Cela suffit. A vous, monsieur. Votre nom?

— Gallet.

— Votre profession?

— Je fais des chansons.

— Monsieur, dit le greffier qui se croit le jouet d'une mystification, vos railleries m'irritent; prenez-y garde, je vais aller réveiller M. le commissaire.

— Par grâce, ne troublez point son repos, répond Gallet, nous perdrions sans doute au change. Vous valez à vous seul tous les commissaires du monde. Peste! monsieur le greffier, je vous fais mon compliment; les hommes comme vous sont rares. Au reste, rien n'est plus vrai, je fais des chansons. Écoutez plutôt:

>Daphnis m'aimait,
> Le disait
> Si joliment,
> Qu'il me plaisait
> Infiniment.

Vous le voyez, les preuves, pour être légères, n'en sont pas moins accablantes. Je suis réellement chansonnier, et, de plus, marchand épicier rue de la Truanderie, pour vous servir, monsieur le greffier.

A peine a-t-il fini, que Collé, pour ne pas laisser de répit à leur victime, se présente.

— Votre nom?

— Je suis Collé.

— Pas encore; mais vous le serez tout à l'heure, répond le secrétaire en interrogeant du regard le guet sur l'effet de ce plat calembour.

— Monsieur le greffier aime à rire; mais son esprit porte à faux. Je n'y puis rien; je m'appelle réellement Collé, Charles Collé; je demeure paroisse Saint-Eustache, rue du Jour. Ma profession est celle de ne rien faire, dont ma famille enrage. Lorsque les couplets de monsieur sont bons, je les chante. Écoutez bien :

> Avoir dans sa cave profonde
> Vins excellents en quantité,
> Faire l'amour, boire à la ronde,
> Est la seule félicité.
> Il n'est pas de vrais biens en ce monde
> Sans vin, sans amour, sans gaîté.

Lorsque les vers de monsieur sont bons, je les déclame.

Et, prenant une pose tragique, il hurle :

> J'ai tout dit, tout, seigneur, cela doit vous suffire ;
> Qu'on me traîne à la mort, je n'ai plus rien à dire.

En achevant ces mots, Collé s'avance vers le guet, témoin muet mais non impassible de la scène, et riant à gorge déployée de ce burlesque interrogatoire.

Seul, loin de rire, pâlissant de colère, ne sachant plus où donner de la tête en présence de ces mystificateurs sérieux, le greffier devient furieux, se lève et court chercher le commissaire.

— Eh! monsieur, ne nous perdez pas, lui crie Piron en lui décochant un dernier trait, nous sommes des fils de famille. La cour nous réclamera.

Le commissaire était précisément le frère de Lafosse, l'auteur de *Manlius*. Plus lettré que son greffier, il reconnut vite à qui il avait affaire ; et, après avoir recommandé aux trois amis d'être à l'avenir moins bruyants, les renvoya, laissant son secrétaire, ébahi et berné, adresser au lieutenant général de police un rapport dont ce magistrat s'égaya beaucoup le lendemain avec Piron lui-même.

Enfin l'on trouve dans les *Mémoires* de Marmontel le document suivant sur les relations et la manière de vivre du chansonnier à cette époque : « Le dîner le plus libre et le plus licencieux de tous était celui que donnait toutes les semaines un fermier général nommé Pelletier (qui depuis épousa la sœur de Collé) à huit ou dix garçons, tous amis de la joie. A ce dîner, les têtes les plus folles étaient Collé et Crébillon le fils. C'était entre eux un assaut d'excellentes plaisanteries, et se mêlait du combat qui voulait. Le personnel n'y était jamais atteint ; l'amour-propre du bel esprit y était seul attaqué, mais il l'était sans ménagement, et il fallait s'en détacher et le sacrifier en entrant dans la lice. Collé y était brillant au delà de toute expression, et Crébillon, son adversaire, avait surtout l'adresse de l'animer en l'agaçant. Jamais la verve et la gaieté ne furent d'une chaleur si continue et si féconde. Je ne saurais plus dire de quoi nous riions tant ; mais je sais bien qu'à tout propos il nous faisait tous rire aux larmes. Tout devenait comique ou plaisant dans sa tête lorsqu'elle était exaltée. Il est vrai qu'il manquait souvent à la décence ; mais à ce dîner on n'était pas excessivement sévère sur ce point. [1] »

En 1737, Collé, déjà connu par ses chansons et par

---

1. *Mémoires de Marmontel*, t. I, p. 364.

sa tragédie de *Cocatrix*, fit une parodie d'une pièce de La Chaussée, qu'il intitula *Alphonse l'Impuissant*. Le duc de La Vallière, fameux bibliophile, trouva la plaisanterie de son goût, et la fit imprimer à ses frais chez Prault, 1738. Le noble éditeur n'eut pas la politesse d'en envoyer un exemplaire à l'auteur, qui fut obligé d'en acheter une quinzaine afin d'en faire présent à quelques amis. Vers ce temps, Collé alla habiter dans la famille de Meulan, dont il resta le commensal pendant vingt ans, et qu'il ne quitta qu'à l'époque de son mariage, en 1757, l'accompagnant soit à Paris, soit à sa maison de campagne, à Soisy-sous-Étioles. « Ce sont bien et les plus honnêtes gens et les meilleurs amis qui existent, et d'un commerce si facile, si doux, que, depuis si longtemps, je pense dire avec vérité n'avoir pas eu avec eux la plus légère altercation, l'ombre d'une tracasserie. Ma séparation d'avec eux me coûte. » Tel est le témoignage de Collé au moment de se séparer de ses amis.

C'est à Étioles qu'il composa la plupart de ses chansons et toutes ses petites pièces grivoises qui donnent le ton exact du vaudeville d'alors. La *Vérité dans le vin* (1747), le *Rossignol* (1750), *Nicaise*, le *Galant escroc* (1753), empruntées toutes deux à des contes de La Fontaine, la *Veuve* (1756), *Joconde* (1757), et tant d'autres parades, bouffonneries, dont celles que nous venons de citer sont les meilleures. Il ne faut pas oublier, en parcourant ces scènes où la décence n'est pas toujours respectée, que quelques-unes furent jouées sur les tréteaux des boulevards devant un public dont la délicatesse n'est pas le principal attribut, et que toutes les autres furent représentées sur le théâtre du duc d'Orléans, en présence d'un choix d'amis et de femmes du monde qui traitaient volontiers les mœurs de préjugés et demandaient avant tout à être égayés.

C'était une singulière société que celle du duc d'Orléans, petit-fils du régent. Bien que doué de certains talents militaires et d'un courage personnel dont il avait fait preuve aux siéges de Menin et d'Ypres et aux batailles de Rocoux et de Lawfeld, ce prince, désabusé de la gloire des héros, mettait tout son souci à vivre tranquillement et joyeusement. C'était une espèce de roi d'Yvetot avec plusieurs millions de liste civile. La bonne chère et les gais repas étaient largement fêtés chez lui. Une gravure d'après Lancret, connue sous le nom du *Déjeuner de jambon*, nous a conservé le souvenir d'un déjeuner sur l'herbe où la sévérité du maintien n'est que médiocrement observée, et d'après laquelle on peut apprécier le ton *gras* de ces réunions. Passionné pour l'exercice de la chasse, il s'en délassait le soir en jouant la comédie bourgeoise avec ses familiers, et avait fait construire à cet effet des théâtres dans ses maisons de Bagnolet et de Monceaux, dont Collé, Saurin et Carmontelle fournissaient les pièces. Au moment où Collé lui fut présenté, le duc d'Orléans était à peu près séparé de sa femme, princesse de Conti, et vivait avec une actrice connue sous le sobriquet de *Marquise*, et qui porta depuis leur séparation le nom de Villemonble. C'était, selon Collé, une femme franche, serviable, remplie d'esprit, de goût et de tact, que ne pouvait faire oublier, auprès des clients du duc, madame de Montesson, espèce de Maintenon vulgaire, dont une intrigue de boudoir fit plus tard sa maîtresse, puis sa femme après la mort de la duchesse d'Orléans. C'est dans ce monde, qui convenait si bien à ses goûts, que Collé fut introduit en 1748 par l'entremise du comte de Montauban, et aux divertissements duquel il consacra vingt années de sa vie. C'est là qu'il fredonna pour la première fois la chanson du *Port-Mahon*, qui lui valut une pension de six cents livres, et celle de *Marotte*. Collé, par la suite, fut nommé lecteur aux appointements de dix-huit cents livres, obtint un intérêt dans les fermes, et finit par se faire une aisance à l'abri des vicissitudes du sort.

Sa position auprès du duc d'Orléans lui permit de rendre service à ses amis, et d'être utile entre autres à Saurin, l'auteur de *Barnewelt*, qui a consacré sa reconnaissance dans la pièce de vers suivante, composée chez Helvétius, dont il décrit la maison de campagne :

L'ermitage est un bon château
Qui peut même passer pour beau ;
Demeure commode d'un sage.
Le maître de l'ermitage,
Le très-heureux époux d'une heureuse moitié
Qu'exprès pour lui le ciel embellit et fit naître,
Vrai philosophe marié,
Mais point du tout honteux de l'être...
Mais laissons reposer ma lyre,

> Eût-elle, cher Collé, des accents plus flatteurs ;
> Du ton grave bientôt tes oreilles sont lasses :
> Pour plaire à ton esprit, ami de l'enjouement,
> Il faudrait, comme Horace, être, avec agrément,
>   Ou le philosophe des grâces,
> Ou des ris, comme toi, le poëte charmant.
> Moi qui ne peux voler avec eux sur tes traces,
>   Je te dirai très-simplement :
>   O toi qui dans des temps contraires,
>   *Par des services peu vulgaires,*
>   Cher Collé, m'as si bien prouvé
>   Qu'il est des amis véritables ;
>   Ce qu'en mon cœur j'avais trouvé,
>   Mais que l'on met au rang des fables :
> Quitte pour quelque temps la superbe cité
> Et les palais pompeux qu'un vain faste décore,
> Faits pour loger le luxe et non la volupté ;
> Tu trouveras ici la douce liberté
>   Et l'amitié plus douce encore.
> Non, non, mon cœur n'est pas de ces stériles cœurs
>   Semblables à des champs d'argile
> Que l'astre bienfaisant, *par qui tout est fertile,*
> Ne saurait féconder de ses douces chaleurs.
> Mon cœur laisse germer le bienfait qu'on y sème,
> Et croit que l'amitié, cette fille des dieux,
> Des biens que nous tenons de la bonté suprême,
> Est le plus consolant et le plus précieux :
> *On ne sent que l'on vit qu'en sentant que l'on aime* [1].

En 1757, Collé avait quarante-huit ans. Sa réputation était faite, sa position établie ; il était accueilli partout avec un empressement rempli de bienveillance. Il songea à donner une tournure plus sérieuse à sa vie et, comme il le dit, à devenir citoyen. D'après ses propres aveux, il épousa une femme avec laquelle

---

[1]. Il me paraît difficile d'exprimer plus maladroitement une plus ingénieuse pensée.

il vivait depuis longtemps, et dont l'éloge incessant dans sa bouche donne l'idée de qualités solides et de vertus domestiques contrastant singulièrement avec le caractère littéraire du chansonnier. Il a consacré, à célébrer le bonheur de cette union et l'intelligence de madame Collé, de longues pages de ses Mémoires, et termine ainsi une note écrite en 1780 : « Il m'est encore permis de me souvenir du plaisir que j'ai goûté en composant mes comédies et mes chansons, sur lesquelles elle m'a donné de si bons conseils, de si bonnes idées, si fines, si délicates, si... Mais finissons ce bienheureux radotage, et n'apprêtons pas tant à rire à ceux qui n'ont ni âme, ni sentiments ; car c'est le grand nombre dans le siècle des lumières. »

Non, personne ne rira de cette touchante affection exprimée avec une pareille chaleur de cœur. Elle servirait au besoin d'excuse aux reproches qu'une morale sévère est en droit d'adresser à Collé, et ferait pardonner bien des peccadilles à l'écrivain grivois en faveur de l'honnête homme.

Outre ses vertus privées, la femme de Collé paraît avoir été douée d'un tact critique assez fin pour distinguer les qualités dramatiques de son mari au milieu des parades qu'il composait, et pour l'encourager à les exercer dans des sujets plus relevés. Et ici c'est encore Collé lui-même que nous appellerons en témoignage. « Je jure, dit-il dans un manuscrit cité en tête de l'édition du *Journal historique*, je jure que je ne me jugeais capable que de faire des parades, genre que dès lors je méprisais au fond du cœur, tout en m'égayant à en faire. Quand ma femme m'excitait à tenter de m'élever jusqu'à la comédie, je lui soutenais avec une vivacité et une intime persuasion que je serais un présomptueux et un sot de m'en croire le talent.

« Vaincu par elle, je fis du sujet de *Nicaise* une comédie que je ne voulais traiter qu'en parade.

« La scène tendre et passionnée du *Galant escroc*, que je me croyais hors d'état d'écrire (n'ayant jamais traité que des gaietés), me fit composer l'acte de la *Veuve;* et cet acte me fit oser *Dupuis et Desronais*, et le tout par les encouragements et les sollicitations très-vives de ma femme. Je puis dire, avec la dernière vérité, que, sans elle, je n'aurais pas connu mes forces, et que, sans ses critiques judicieuses, fines, et son goût délicat, mes ouvrages auraient été pleins de défauts, et peut-être grossiers et rebutants. Je dois prodigieusement à ses conseils. »

Cet aveu de Collé, tout en étant des plus flatteurs pour le sens critique de sa femme, fait en même temps honneur à sa modestie, et se trouve en outre corroboré par une autre profession de foi, qui, sous le titre d'*Épanchement secret de l'amour-propre*, sert de préface à son *Théâtre de société*[1].

« On m'accable de louanges, dit-il, sur mon petit talent pour la comédie ; elles sont plutôt faites pour révolter le lecteur par leur exagération que pour le concilier par quelque apparence de vérité. Quel est en

---

1. 3 vol. in-12. Paris, 1777, chez Gueffier.

effet le connaisseur et l'homme de sang-froid qui ne se soulèverait contre moi en lisant la ridicule hyperbole qui suit (c'est Fréron qui écrit) : « Depuis Mo-
« lière, je ne connais que M. Collé qui ait reçu de la
« nature un talent supérieur et décidé pour le genre
« de la comédie. Il n'y a que M. Piron qui ait fait écla-
« ter la même force comique. »

« Et moi je déclare ici que M. Piron avait reçu de la nature un génie mille fois supérieur au faible talent qu'on peut me trouver pour la comédie ; mais je déclare en outre, avec un cœur vraiment pénétré de la vérité de ce que je vais dire, que la *Mère coquette* de Quinault, que les bonnes comédies de Dufresny, de Regnard, de Destouches, de Marivaux, dessinées à grands traits, sont infiniment au-dessus des bagatelles dramatiques que j'ai crayonnées en petit, et dont je n'ai heureusement fait que mon amusement et non pas mon métier.

« Quant à Molière, après lequel on me place avec Piron, je m'en crois plus éloigné, dans le comique, que Campistron ne l'est, dans le tragique, du grand Corneille.

« Tout ce que, dans ce cas, je puis seulement permettre à mon amour-propre, c'est de dire que ces écrivains, mille fois plus proches de Molière que moi, et ne s'en approchant pas cependant, ont sur moi l'avantage inappréciable d'avoir pu consacrer leurs premières années à l'étude réfléchie d'un art qui, tout frivole qu'il paraît, est beaucoup plus difficile et plus étendu qu'on ne l'imagine communément. Pour moi, retenu dans ma jeunesse par une prudence fondée sur un des principes d'honneur, je n'ai pas cru qu'il me fût permis de me livrer entièrement à mon goût pour le théâtre, après avoir arrangé auparavant une médiocre fortune ; et ce n'est qu'à trente-sept ans qu'avec moins de quatre mille livres de revenu, ne devant plus mon temps à personne, j'ai suivi avec passion mon goût pour la comédie en homme entièrement indépendant.

« Éloigné de la scène par les affaires et par cette façon de penser, je suis donc resté écolier dans cet art, pour n'en avoir pas fait assez tôt mon occupation unique et mon seul objet. Que l'on ne me fasse donc pas l'injustice de penser que je suis assez simple, assez vain pour m'être laissé tourner la tête par mes petits succès dramatiques, soit *chamberlans* (de chambre), soit publics, et que j'aie respiré trop l'encens capiteux des journalistes. »

La pièce de *Dupuis et Desronais* fut représentée au Théâtre-Français le 17 janvier 1763, grâce à l'intervention du duc d'Orléans. On trouvera tous les détails de cette première représentation dans le *Journal historique* de cette époque. « D'abord écrite en prose en 1758, sous le titre du *Père défiant*, et avec toutes les libertés permises dans les pièces de société, ce ne fut que plus tard que l'idée lui vint de la mettre en vers. Il mit à cet ouvrage la valeur au moins de dix-huit mois de travail, à compter sept ou huit heures par matinée. » Elle obtint dès la première représentation un succès décidé, et a mérité d'être conservée parmi les productions du théâtre de second ordre. De tous les ouvrages de l'auteur, c'est le seul où il se soit étudié à rendre un caractère, à personnifier un travers du cœur humain. Celui du vieux Dupuis, défiant, soupçonneux, mettant toujours son cœur en garde contre une surprise, est suivi avec beaucoup de soin et de naturel. Tout en étant exagéré, il ne tourne pas au ridicule un instant. C'est un misanthrope bourgeois. On le plaint, mais on n'en rit pas. Les deux rôles de Marianne et de Desronais ne manquent ni de chaleur ni d'émotion, et il faut reconnaître à Collé le grand mérite d'avoir su, sur un plus grand théâtre, conserver le naturel qui avait fait son succès dans des œuvres de moindre importance. La versification est la partie faible de cet ouvrage, dit La Harpe, c'est de la prose rimée et construite péniblement. « Le sujet de *Dupuis et Desronais* est pris d'un conte qui se trouve dans un recueil de petites histoires, prétendues véritables, intitulé les *Illustres Françoises*, dont l'auteur (M. Chasles) est très-peu connu. M. Collé eut la franchise peu commune de découvrir lui-même la source où il avait puisé ; car, à chaque représentation de sa pièce, on lisait sur l'affiche : « Tirée du roman des *Illustres Françoises* [1]. »

On rencontre la même probité littéraire à propos de la *Partie de chasse de Henri IV* : « Un autre ouvrage que j'ai composé à la campagne (juin 1760), c'est une comédie en deux actes et en prose intitulée *le Roi et le*

---

1. *Tableau historique de l'esprit et du caractère de la littérature française,* par Taillefer, t. IV.

meunier. C'est une imitation d'une comédie anglaise en un acte qui porte ce titre. M. Dodsley, imprimeur à Londres, en est l'auteur original : elle a beaucoup réussi à Londres, et est restée au théâtre. Elle a été traduite en français par M. Patu, qui la donna au public en 1756 dans un recueil de traductions d'autres comédies anglaises qu'il fit débiter par Prault fils, libraire... Le 15 août 1760, je fus dès le matin à Bagnolet, où je dînai, après avoir lu à M. le duc d'Orléans *le Roi et le meunier*, qui me parut lui faire une grande impression et lui plaire beaucoup. » Dans une note dont je ne retrouve plus la date, Collé cite encore la scène IV du premier acte comme étant prise littéralement dans les Mémoires de Sully. Les hommes de lettres ne font pas toujours preuve de la même délicatesse.

Représentée pour la première fois sur le théâtre du duc d'Orléans, à Bagnolet, en 1763; jouée plus tard sur la scène des Menus-Plaisirs, rue Bergère; accueillie avec empressement par tous les théâtres de province, ce n'est qu'en 1774 que son auteur obtint la permission de la faire jouer au Théâtre-Français, le 16 novembre, sans que l'on puisse s'expliquer le motif de ce long ajournement.

La *Partie de chasse* est une pièce épisodique. L'auteur y a peint avec rondeur les côtés populaires du caractère de Henri IV. A cette époque, la tradition ne voyait dans ce roi qu'une sorte de bon bourgeois couronné, aimant la joie, buvant sec, passant la main sous le menton des jolies filles; mais peu d'esprits avaient pénétré au delà de cette enveloppe vulgaire et aperçu l'intelligence profondément politique, le sens singulièrement gouvernemental, qui font de ce monarque le plus grand homme d'État de la France avant Richelieu. Il y avait là matière à une étude intéressante, mais qui eût dépassé la limite des forces du chansonnier. La *Partie de chasse* est restée comme un joli tableau d'intérieur peint avec facilité et agrément, sinon avec vigueur et vérité. Une autre comédie de Collé, *la Veuve*, en un acte et en prose, fut jouée une seule fois aux Français, le 29 décembre 1770, et tomba à la première représentation. « Elle fut huée, » dit-il lui-même. Il n'est pas possible de s'exécuter de meilleure grâce.

Une remarque qui vient donner du poids à notre appréciation du caractère de Collé tel que nous l'avons dépeint, c'est que, tout en cultivant un genre auquel la satire apporte tant de ressources, doué de la finesse qui sait découvrir les ridicules, et de l'esprit qui les rend saillants aux yeux des autres, il ne se soit pas laissé aller à cette pente et n'ait jamais demandé au genre satirique ses faciles succès. On ne trouve pas dans toutes ses œuvres une seule satire, à l'exception des strophes suivantes qui n'ont jamais été terminées, et dont le début promettait des développements assez piquants :

> Attaquons ce siècle insipide,
> Dont le mauvais goût fait horreur.
> . . . .
> Un nom caché dans la naissance,
> Quelque froide reconnaissance,

> Voilà leur éternel refrain!
> De cette comédie étrange,
> Le plan semble fait par Lagrange,
> Les vers par l'abbé Pellegrin.
>
> Sors des enfers, vole au Parnasse,
> Ombre de Molière, arme-toi,
> Sors, viens exterminer la race
> De ces déserteurs de ta loi.
> . . . .
> Révérend père La Chaussée,
> Prédicateur du saint vallon,
> Porte ta morale glacée
> Loin des neuf sœurs et d'Apollon.
> Ne crois pas, Cottin dramatique,
> A la muse du vrai comique
> Devoir tes passagers succès;
> Non, la véritable Thalie
> S'endormit à chaque homélie
> Que tu fis prêcher aux Français.

Ce n'est, on le voit, ni la verve ni le mouvement qui lui eussent manqué, s'il eût voulu se laisser aller au genre satirique.

Collé passa les dernières années de sa vie à surveiller les éditions de son *Théâtre de société*, dont la première date de 1765, et à remettre au net le manuscrit de son *Journal historique*. Il y travaillait encore à soixante et onze ans. « C'est en finissant ma soixante et onzième année, et même ayant déjà mangé deux mois sur ma soixante-douzième, que j'ai fait la revue et la réforme de ces journaux. J'ai aimé les lettres pour les lettres; elles n'ont pas été pour moi un métier, mais un amusement. Elles font encore tout mon plaisir dans ma vieillesse. Mais il y a longtemps que j'ai renoncé à ce que les hommes appellent plaisirs. Il y a longtemps que le bonheur a pris leur place chez moi. Depuis que je suis marié, je l'ai senti dans toute sa plénitude : je le sens encore. Que le ciel ne m'ôte rien, que ma femme se porte bien et que je sois en santé, je ne demande rien à Dieu, que ma mort avant celle de ma femme. » Y a-t-il rien de plus touchant que ces vœux d'un vieillard de soixante-douze ans? Certes ce n'est pas dans le ménage d'un chansonnier égrillard que l'on s'attend à trouver ce vivant souvenir de Philémon et Baucis.

Les souhaits de Collé ne furent point exaucés. Sa femme mourut en 1781, le laissant debout, mais frappé à mort. Lui qui avait été si gai et si heureux pendant toute sa vie, dut largement payer à la fin de sa carrière la dette que nous contractons tous envers le malheur. Une profonde mélancolie s'empara de ses facultés, et deux ans après la mort de sa femme, le 3 novembre 1783, ce qui restait de Collé alla la rejoindre dans un autre monde.

M. Piis a prétendu que le vaudeville était mort avec Collé, et peut-être a-t-il dit vrai. La révolution qui arrivait a fait de Collé un des derniers éclats de rire du vieux génie gaulois. Depuis lors, deux poëtes ont essayé de marcher sur ses traces et l'ont invoqué comme leur patron : Désaugiers et Béranger. Mais le premier n'en a égalé ni la légèreté naturelle, ni la grâce abandonnée; et le second a tout au plus pris l'autel du saint auquel il affectait de sacrifier pour le piédestal de sa gloire.

L'œuvre pour laquelle Collé a mérité l'intérêt de la postérité est son *Journal historique*. Ses autres productions peuvent être l'objet de recherches ingénieuses ou d'une curiosité fureteuse ; mais le *Journal* est un document qui ne peut être négligé. Embrassant une période de vingt-quatre ans, de 1748 à 1772, c'est-à-dire le cœur même du dix-huitième siècle, les années les plus caractéristiques du règne de Louis XV, il retrace avec fidélité la marche d'une société éloignée de nous par un intervalle de plusieurs siècles. Royauté sans grandeur, noblesse sans foi, bourgeoisie émancipée, grandes dames sans retenue, seigneurs vicieux et spirituels, financiers prodigues et débauchés, parvenus ridicules, courtisanes philosophes, philosophes courtisans, auteurs présomptueux, écrivains faméliques, pamphlétaires sans vergogne ; tout ce monde léger qui ne devait retrouver son cœur que sur l'échafaud de 93, est saisi et dessiné librement par un observateur assez impartial, bien placé pour voir, et racontant bien ce qu'il a vu. C'est, dans la véritable acception du mot, le journal d'un bourgeois de Paris, spirituel et fin, modeste dans ses goûts, ne demandant aux puissants du jour que la somme de protection nécessaire à son indépendance, et ne s'en faisant accroire ni sur son compte, ni sur le leur.

On y trouvera encore, dans les appréciations littéraires et dramatiques qui en forment une bonne partie un jugement droit, une critique indépendante et sérieuse, toujours motivée, et à laquelle on n'est en droit de demander qu'un peu plus de bienveillance, sa sévérité extrême pouvant passer, sans doute à tort, pour de l'envie déguisée. Un fait digne de remarque, c'est l'antipathie prononcée de Collé contre la secte des philosophes. Né dans la bourgeoisie, d'un esprit essentiellement indépendant, on eût compris son adhésion à un parti qui personnifiait les tendances et les aspirations de sa classe. Il eût paru logique que Collé eût fait partie des libéraux d'alors. Mais, chaque fois qu'il rencontre un philosophe sur son passage, il ne lui épargne pas les coups de griffe et l'égratigne jusqu'au sang. Collé ne paraît pas avoir écrit son *Journal* en vue de la publicité. Il ne fut édité que vingt-deux ans après sa mort, en 1805 (3 volumes in-8°), et cette édition est encore unique. La bibliothèque impériale du Louvre en conserve un exemplaire manuscrit des plus curieux et des plus piquants à parcourir. L'éditeur de 1805 y a fait des retranchements aussi nombreux que maladroits. Un pareil livre n'a pas besoin d'être *expurgé* comme une édition *ad usum Delphini*. Une nouvelle édition devrait emprunter à ce document peu connu d'intéressantes et considérables additions.

Les autres productions de Collé sont contenues dans son *Théâtre de société*, dont une seconde édition, plus complète que celle dont nous avons parlé, parut chez Gueffier, en 1777; dans les divers volumes du *Théâtre des boulevards*, et dans le recueil complet de ses chansons (2 vol. in-12; Paris et Hambourg, 1807). C'est là que les amateurs de littérature épicée trouveront à se satisfaire. Il ne m'est pas même possible de transcrire le quatrain de Martial servant d'épigraphe à ce recueil qui, Dieu merci, est d'une extrême rareté.

Voilà de bien longues pages sur un chansonnier badin ; mais, comme l'a dit un ingénieux écrivain : Quand un siècle est en marche pour la postérité, on doit regarder dans son bagage avant qu'il ne soit complétement fermé, et réparer les oublis que la précipitation du départ a pu faire commettre. Le porte-manteau littéraire de Collé nous semble de ce nombre. Il a droit à un bienveillant et aimable souvenir. Nous ne demandons rien de plus.

Mai 1856.

MADAME RÉCAMIER

Souvenirs et Correspondance.

C'est au plus respectable de tous les sentiments que nous devons la publication de ces deux volumes : la piété filiale. C'est leur mérite et leur charme, c'est aussi leur tort et leur défaut. Qui dit piété filiale ne dit pas impartialité. Pour se former une opinion sur un personnage, ce n'est pas d'habitude les enfants que l'on consulte. Il ne faut donc pas s'attendre à trouver la vérité sur le compte de madame Récamier en parcourant les *Souvenirs*. On peut la deviner, l'entrevoir par tout ce qu'ils sous-entendent; mais si l'on veut demander au livre autre chose que la lettre même, un enseignement ou une appréciation sur les divers petits cercles d'intimes dont pendant cinquante ans madame Récamier a été le lien, on risque de tomber dans d'étranges suppositions, et de porter sur des gens connus des jugements d'où leur gloire ne sortirait pas intacte.

En donnant ces deux volumes, leur éditeur, je pense, était résolu à entendre émettre des opinions diverses sur son entreprise. La matière y prêtait, et son attente n'a pas été trompée. Les éloges l'ont emporté sur le blâme. Je ne voudrais pas troubler un si doux concert; mais j'ai bien peur qu'il ne soit entré dans ces éloges plus de rancune que de bonne foi, et que madame Récamier n'ait servi de prétexte à épancher des regrets qui remontent plus haut qu'elle, et n'ont rien de commun avec la Corinne de la rue de Sèvres. Cette petite comédie est de bonne guerre; le public lettré en a profité; bien chagrin serait donc celui qui s'en plaindrait. Ce ne sont pas là mes affaires.

Était-il opportun, était-il adroit d'attirer la vive lumière de la publicité sur cette charmante femme qui a su conserver pendant si longtemps le sceptre de la mode, qui dansait si bien le pas du châle vers 1802, et dont Gérard nous a conservé une image si mélancolique et si maniérée dans son tableau de *Corinne au cap Sunium?* En un mot, la mémoire de madame Récamier gagnera-t-elle à la publication des *Souvenirs et correspondance?* Franchement, non.

Madame Récamier a été une femme à la mode. Rien de plus. Douée du plus charmant et du plus fragile des dons: la beauté, c'est au hasard qu'elle a dû la meilleure part de sa célébrité. Pendant trente ans elle a été la belle madame Récamier qui, en traversant les rues, faisait retourner les petits savoyards ébahis d'admiration. C'est quelque chose: ce n'est pas tout; et madame de Staël dont l'intelligence suppléait à certaines imperfections physiques, savait bien ce qu'elle faisait en se liant avec une femme chez laquelle tant d'autres eussent rencontré une rivale. Elle n'avait rien à redouter de cette liaison, au contraire.

Plus tard, dans les premières années de la Restauration, lorsque madame Récamier eut ouvert à l'Abbaye-aux-Bois ce cercle dont nos oreilles d'enfant ont été si souvent rebattues, et qui devait finir par une espèce de table d'hôte littéraire, était-elle capable de lui imprimer cette personnalité, de lui donner cet aspect original qui caractérise les bureaux d'esprit tenus sous l'ancienne monarchie, depuis celui de madame de Rambouillet jusqu'aux réunions de madame du Deffand? Les *Souvenirs* répondent pour nous. Arthénice, madame de Lambert, madame de Tencin, madame Geoffrin, madame du Deffand, mademoiselle de Lespinasse soufflaient dans leurs assemblées ce qui manquait à madame Récamier : la vie. Leur action, je le sais, n'a pas été puissante sur les mœurs; elle a été directe. On reconnaît la trace de leur influence dans la littérature et dans l'esprit du temps. En a-t-il été de même pour le salon de l'Abbaye-aux-Bois? A quoi se reconnaît son influence? Où doit-on chercher son action? Quel écrivain est le type de l'esprit qui y régnait? Quelques nuances passagères dans certains esprits isolés, voilà ce qui en reste. Si c'est pour arriver à un pareil résultat que madame Récamier a attiré pendant trente ans ce qu'il y a eu d'hommes d'élite à tous les degrés de l'échelle sociale, depuis des protes d'imprimerie jusqu'à des princes du sang, en vérité cela n'en valait pas la peine. Elle a fait précisément le contraire des femmes dont je viens de citer les noms : elle n'a pas donné le ton à son salon, elle l'a reçu des personnages qui l'ont traversé tour à tour. C'est un salon de reflet.

Mais elle-même, qui était-elle? Que pensait-elle? Quels étaient ses principes, ses goûts, ses tendances? Quelles étaient la forme et la valeur de son esprit, de son jugement? Qu'avait-elle au fond du cœur? De quelle façon les faits et les hommes agissaient-ils sur elle? Ce sont là des questions que tout le monde s'est adressé en ouvrant ces deux volumes, et qui eussent mérité une réponse. Ce n'a donc pas été sans un grand désappointement qu'on n'a pas trouvé trace d'une seule lettre donnant satisfaction à cette légitime curiosité. Le recueil n'en contient que deux ayant pour objet des sujets parfaitement banals. Ainsi tout ce bruit autour d'elle, tous ces intérêts, toutes ces passions, toutes ces haines, toutes ces amitiés, tous ces amours dont elle fut le centre et la spectatrice, et qu'elle gouvernait, à en croire son éditeur, d'une main si habile et si légère, n'ont rien touché en elle. Pas un mouvement ne lui est échappé; pas un cri, un de ces bons cris dont l'écho, si faible qu'il soit, frappe toujours si juste, n'a déchiré sa poitrine et laissé voir le cœur à travers la plaie ouverte. Avait-elle un cœur? e le crois, j'en suis convaincu, les preuves n'en sont pas loin; mais certainement ce n'est pas dans cette correspondance qu'on les trouvera.

Voici autre chose. Madame Récamier, dans la force de l'âge et admirablement placée pour voir, a traversé les cinquante années les plus agitées de notre histoire : elle est entrée sur la scène du monde en 1793 en pleine Terreur, elle en est sortie en 1848 en pleine révolution ; elle a connu la plupart des acteurs du drame qui eut l'Europe entière pour théâtre et pour témoin ; le sort du monde s'est joué plusieurs fois autour d'elle, elle a pu jeter par-dessus leur épaule un regard sur les joueurs ; et la correspondance en garde à peine trace ! Aucune des grandes crises au dénoûment desquelles des nations étaient suspendues, non-seulement ne l'ont agitée, mais encore n'ont agité ses impassibles correspondants, frappés de la même immobilité qu'elle. Était-elle donc douée du triste privilége attribué par la mythologie à la tête de Méduse, et changeait-elle en pierre tous ceux qui l'approchaient ? Ne demandez pas à ce livre une appréciation sur ces grands événements. Sous le Directoire elle donne d'excellents dîners à Clichy ; pendant le Consulat elle ne manque aucune des fêtes de Lucien Bonaparte et du premier consul, tout en repoussant l'amour académique de l'un, et, si l'on en croit l'éditeur, la passion moins voilée de l'autre. Sous l'Empire, jouissant de l'insigne honneur d'être redoutée par le maître du monde qui la traite absolument comme Louis XIV traitait Bussy-Rabutin ou madame de Caylus ; demandée en mariage par le prince Auguste de Prusse (je voudrais bien voir la lettre originale), lorsque l'Europe en armes défend son indépendance contre le génie de la gloire ; elle s'endort aux murmures harmonieux du lac Léman, ou passe des mois entiers de mystérieuse solitude et de bizarre enchantement sur les rives indolentes de la Loire. La Restauration arrive et tente de réconcilier la France libérale avec le principe monarchique, et de faire vivre en bonne intelligence la liberté et l'autorité : qu'importe? madame Récamier va en Italie, visite avec un enthousiasme de poche les monuments du passé, comme Oswald et Corinne, joue des niches à notre ambassadeur, dont elle traverse toutes les fêtes, et à qui, dans son propre salon et sans qu'il s'en doute, elle met au bras le bras de la reine Hortense exilée. Charmante femme qui badine au milieu de la tempête, voit le monde à travers son voile de dentelles, et semble appliquer à son pays avec une entière quiétude la maxime : « Heureuses les nations qui n'ont pas d'histoire. »

Une telle indifférence, je le demande, prévient-elle en faveur du personnage? Mais, dira-t-on, cette futilité fait précisément le charme de madame Récamier ; et c'est un singulier reproche que de demander à une jolie femme et à une aimable femme les graves qualités d'un philosophe et d'un homme d'État. Distinguons. Si madame Récamier n'eût affiché d'autres prétentions que celle d'exercer un charme indubitable sur un petit cercle d'intimes et sans sortir du coin du feu, je ne serais pas exigeant, et je tiendrais le rôle qu'elle a joué comme tout à fait en rapport avec son esprit. Mais, au contraire, les prétentions, et la prétention, qu'elles viennent d'elle ou de son éditeur, débordent de toutes les pages de ce livre, elles en sont le fond et la trame : prétentions à l'opposition d'abord, à l'influence politique ensuite, à l'action littéraire enfin. On ne les voit pas, mais on les sent partout; elles blessent d'autant plus qu'elles sont plus mal cachées. J'ai donc le droit d'être difficile, de rechercher de quelle façon le rôle a été soutenu, de m'enquérir s'il est justifié par les actes, si, en somme, le caractère réel a été à la hauteur du caractère cherché. Je ne veux pas faire de longs parallèles; mais quelle différence entre le caractère, l'esprit, le tact de la duchesse de Choiseul élevée également dans la finance, et l'esprit, le caractère et le tact de madame Récamier! Le grand jour de la publicité a fait gagner à l'une tout ce qu'il a enlevé à l'autre. Nous ne valons pas nos pères.

Cet hommage d'une affection plus pieuse que réfléchie embarrasse parfois par sa naïveté; et je doute que madame Récamier elle-même eût été bien édifiée des renseignements donnés à la page 13 du premier volume sur la position réciproque des deux époux, « sur ce lien qui ne fut jamais qu'apparent, sur les rapports paternels de M. Récamier avec sa femme, jeune et innocente enfant qui ne fut jamais traitée par lui que comme une fille dont la beauté charmait ses yeux et dont la célébrité flattait sa vanité. » Je n'appuierai pas sur un sujet aussi délicat. Il résulte surtout de l'esprit général du livre, que madame Récamier, après trente ans de mariage, rapporta intacte à Dieu la couronne de fleurs d'oranger qui ceignit le front de la jeune mariée. L'auteur l'affirme et je le crois. Mais je connais des saintes canonisées à meilleur compte. J'eusse, en outre, été curieux d'avoir sur cette question l'opinion d'une autre femme dont personne ne déclinera la compétence : de la reine Marguerite de Navarre. Il faut admirer une pareille perfection et se taire.

Ce n'est pas seulement la figure principale qui perd à ces *Souvenirs;* les personnages groupés par le hasard ou l'affection autour de madame Récamier ne sont pas présentés sous un jour bien favorable; et il n'y a pas de compliment à faire à leurs amis de la physionomie que leur prête l'éditeur de la correspondance. Si cette physionomie est la vraie, il y aurait beaucoup à rabattre de l'admiration que l'on était habitué à professer pour eux. Ce livre ajoutera une preuve de plus à la justesse de cet adage : « Il ne faut pas voir les grands hommes en robe de chambre. »

Je ne cherche pas à savoir si M. le duc Matthieu de Montmorency a eu en réalité un caractère aussi effacé; je n'insiste pas sur la singularité du rôle de M. Ballanche. J'admets sans discussion que chez le premier les passions de l'homme ont été vaincues par la piété du chrétien ou contenues par l'éducation du gentilhomme; et que, chez le second, elles ont été détournées par les divagations du rêveur ou amorties par les spéculations du philosophe; mais que penser de M. de Châteaubriand après les révélations contenues dans ces pages? S'il est encore permis de rendre justice au talent de l'écrivain, quelle opinion doit-on se former du caractère de l'homme, de la susceptibilité de sa vanité, de ces démentis que la faiblesse humaine donne perpétuellement à son orgueil, de l'opposition existant entre M. l'ambassadeur et Chactas, entre le ministre des affaires étrangères et René ? Ah ! pauvres jeunes poëtes qui suspendiez votre imagination aux pas du pèlerin de Solyme, cœurs tendres et dévoués qui versiez les parfums de votre amour aux pieds du commis voyageur de la mélancolie, puissiez-vous ne jamais lire la *Correspondance tirée des papiers de madame Récamier*, et toujours ignorer ce qui se cachait au fond de votre idole !

Au mois de février 1822, M. de Châteaubriand est nommé ambassadeur à Londres. Catholique sincère, philosophe désabusé, qui, en soulevant la poussière des civilisations éteintes, a appris ce que pèsent les grandeurs humaines, il va bien vite sonder le néant de sa position, l'accepter avec humilité, en remplir les charges avec modestie et dévouement, et n'aspirer qu'à reprendre, dans la solitude, le cours de ses rêveries et le vol de ses pensées. Ce n'est pas lui dont l'imagination n'a pu s'assouvir aux spectacles grandioses des prairies du nouveau monde, qui se laissera prendre par les futiles amorces dont se contente l'ambition du vulgaire. Son âme habite trop haut. Eh bien ! c'est le contraire qui arrive. Ce grand inconsolé jette aux orties le froc de la mélancolie ; les honneurs de ce bas monde lui sont tout aussi sensibles qu'à un autre. Il accomplit, avec une ponctualité à laquelle je rends toute justice, les devoirs mondains d'un ambassadeur, courtise les belles dames, y compris mademoiselle Leverd de la Comédie française, ce qui inspire de la jalousie à madame Récamier; ne néglige, en un mot, aucun des petits manéges abandonnés généralement aux intrigants subalternes. Le congrès de Vérone se prépare, et ne pourra évidemment se passer de ses lumières politiques. Pour y être envoyé, il se pousse, se presse, sollicite par lui ou par ses amis, dont il réveille et soutient la bonne volonté avec une agitation fébrile, joue enfin une comédie qui compromettrait un commis voulant passer sous-chef. Toute la fin du premier volume est remplie par les éclats de cette personnalité féroce. On sait à quoi tout cela aboutit. M. de Châteaubriand fut envoyé au congrès de Vérone, y fut traité assez légèrement par ses collègues hommes d'affaires, et laissa au roi Louis XVIII, dont la sagacité avait pressenti l'homme sous l'écrivain, et qui ne l'aimait pas, la plus triste idée de ses facultés politiques et de sa capacité d'homme d'État. O Amélie! ô Celuta! ô Atala! ô Cymodocée! que vous êtes loin!

Six années s'écoulent, six années pendant lesquelles M. de Châteaubriand semble avoir épuisé tout ce qui peut satisfaire l'ambitieux le plus acharné. Il renverse son ami intime, l'honorable Matthieu de Montmorency; et, pour lui solder son arriéré de Vérone, lui prend sa place au ministère des affaires étrangères. Il en tombe bientôt, mais pour entamer dans le *Journal des Débats* cette lutte mémorable qui força la royauté à signer la capitulation Martignac : exemple peut-être unique d'un écrivain faisant repentir un gouvernement d'avoir blessé son amour-propre. Le rédacteur des *Débats* s'impose au roi Charles X, comme l'auteur de la brochure *Buonaparte et les Bourbons* s'était imposé au roi Louis XVIII. « Il fallait, dit la *Correspondance*, faire une place à l'homme dont le redoutable talent avait amené ce résultat. L'entrée de M. de Châteaubriand au ministère n'étant pas possible, on lui proposa le poste le plus capable de le tenter, et celui où ses goûts, sa renommée, les services éminents rendus par lui à la religion, l'appelaient naturellement à défaut d'un ministère : c'était l'ambassade de France à Rome. »

M. de Châteaubriand partit le 24 septembre 1828.

Or veut-on savoir de quelle façon il employa l'année qu'il passa dans la ville éternelle ? Ce ne fut pas, comme on pourrait le croire, à débrouiller la question si confuse du pouvoir temporel et du pouvoir spirituel, à prévoir le combat à mort qui allait s'engager entre les prérogatives de la couronne et le mouvement de l'opinion publique, et, à défaut d'autre chose, à donner des conseils pour amortir la violence du choc. M. de Châteaubriand ne paraît pas s'être beaucoup tourmenté de ces questions. Ce qui l'agite, ce qui l'inquiète, ce qui a dû lui faire passer bien des nuits blanches, c'est de faire jouer une tragédie biblique : *Moïse*, qui, quelques années plus tard, tomba à l'Odéon au milieu des rires des étudiants. Cette préoccupation tourne à l'idée fixe. Répétée à satiété, ce n'est plus un refrain, c'est une obsession. Ce serait à peine croyable si la *Correspondance* n'en donnait des preuves matérielles. M. l'ambassadeur veut être joué : là pour lui est le véritable intérêt. Il faut que tous ses amis le secondent dans la réussite de ce projet. Aucun sacrifice ne lui coûtera. Il va jusqu'à avancer quinze mille francs au directeur du Théâtre-Français pour les frais de la représentation. Toutes ses lettres contiennent un mot, une phrase, un *post-scriptum* à propos de *Moïse*. C'est à peine si le conclave qui remplaça Léon XII par Pie VIII, si les difficultés de l'élection d'un chef du saint-siége favorable aux intérêts de la France, sont assez fortes pour l'arracher à ses préoccupations dramatiques. Homme de lettres susceptible, dramaturge aveuglé de suffisance, voilà en résumé ce que se montra M. de Châteaubriand pendant son séjour à Rome. Quelle opinion dut-il, en partant, laisser de lui à ces vieux prêtres romains, à ces prélats blanchis sous le harnais des chancelleries, si fins, si perspicaces, si rusés, si habiles à trouver le défaut de la cuirasse des hommes et des choses, si délicats à toucher les blessures que l'orgueil fait saigner au fond de toutes les âmes ? Le représentant de la nation catholique par excellence auprès du chef de la catholicité se démenant pour faire représenter un mauvais drame, est une comédie à laquelle il ne manque, pour devenir un chef-d'œuvre, qu'un narrateur comme le président de Brosses.

Ce projet ne réussit pas, et voici le second acte de la comédie. *Moïse* fut trouvé unanimement si mauvais, que les amis de M. de Châteaubriand finirent par se cotiser pour avoir le courage de le lui dire, et par lui faire ajourner ses projets de représentation. Force fut bien au pauvre auteur d'accepter le jugement de ce tribunal dont il avait invoqué lui-même la juridiction. Mais les cris que sa vanité offensée lui fait pousser, et qui servent de dénoûment à toute cette affaire, n'en sont pas la partie la moins curieuse. Ce que le cœur de l'homme de lettres épanche d'amertume, ce que cette blessure laisse couler de fiel, les délicieuses scènes de rire jaune qui sont la suite de sa détermination, tout cela est sous les yeux du lecteur. Les deux lettres du 27 et du 30 décembre 1828 sont deux chefs-d'œuvre du genre. La vanité ne s'est jamais donné plus libre carrière. Au reste, M. de Châteaubriand l'avoue dans sa lettre du 1er janvier 1829 : il a le cœur bien gros de cette affaire; *Moïse* était *la dernière illusion* de sa vie, et on sacrifie difficilement ses dernières illusions. Cette corde de la lyre une fois touchée, on prévoit tout le parti qu'en pouvait tirer le chantre d'*Atala*. A qui sait lire, les lettres publiées dans l'ouvrage de M. de Marcellus (*La Politique de la Restauration*) pouvaient déjà fournir de singuliers aperçus sur le caractère de M. de Châteaubriand. Cette correspondance les complète. M. de Châteaubriand n'était pas un homme d'État, c'était un homme de lettres, et un homme de lettres chez lequel, malheureusement, le caractère n'était pas à la hauteur du talent.

Je m'arrête. Je veux rester dans les justes bornes de la critique, et ce livre agaçant en ferait sortir. Mais que de choses à dire! Que de *desiderata* il vous laisse sur le cœur! Quel besoin il vous fait éprouver de voir une main un peu brusque déchirer tous ces voiles de gaze, enlever toutes ces couches de fard, et vous montrer, derrière cet amas de sornettes et de fadaises, les éternelles passions de l'homme s'agitant dans leur vérité et leur brutalité, et traînant après elles leur cortége habituel de misères.

Disons-le donc : l'auteur des *Souvenirs et correspondance* est de bonne foi, mais il s'est trompé. Il n'a vu que le moindre côté de la petite société où il a vécu, le côté d'apparat, de convention, le côté factice en un mot. Tout cela se passe à la clarté des bougies, dans un salon convenablement chauffé; les hommes minaudant devant les femmes, les femmes minaudant devant les glaces. Ce sont des tempêtes dans un verre de sirop. Mais le lendemain le soleil éclairait les passions, les intérêts, les fantaisies de ces hommes; les vanités, les caprices, les faiblesses de ces femmes : c'étaient des hommes et des femmes comme tout le monde. Ils reprenaient la vie générale. C'est à cette vie que l'auteur a oublié de nous faire assister; c'est ce côté véritablement intéressant qui échappe dans les *Souvenirs et correspondance*.

Eût-il dit vrai, je protesterais encore contre les tendances auxquelles il se laisse aller. Depuis quelque temps, on exhume de la chronique des salons ou des catacombes de l'histoire, des portraits de femmes oubliées ou inconnues. On secoue la poussière qui les couvre, on en reprend les contours, on en ravive les couleurs, tantôt avec une piété sincère, tantôt avec une passion factice, en général avec talent; on les place sur de petits autels ornés de toutes les ressources du savoir-faire et resplendissants de tous les artifices du style, et l'on attend les adorateurs. La foule s'amasse, l'esprit de parti s'en mêle, l'encens fume, et les cantiques modulés à mi-voix vont leur train. Mais, si l'on n'y prend garde, la fadeur que de pareils exercices déposent dans l'esprit gagnera du terrain et finira par avoir une influence compromettante sur le génie français, si droit, si net, si vif, si franc du collier et si libre d'allures. Défions-nous des précieuses de mœurs encore plus que des précieuses de mots; laissons les femmes là où est leur place, leur force et leur grandeur, auprès du foyer domestique, au milieu de la famille, éclairant la maison de leur douce lumière, enivrées des caresses des enfants, et trouvant dans le devoir accompli le secret de leur véritable puissance et la récompense de leur abnégation. Soyons enfin bien convaincus que la vérité se fait jour tôt ou tard, et que ce sont des livres comme les *Souvenirs et correspondance* qui autorisent et justifient des livres comme les *Historiettes de Tallemant des Réaux*.

Juin 1860.

LE ROMANTISME EN 1855

En tombant, l'Empire léguait un lourd héritage à la Restauration. Je n'entends pas ici parler de l'héritage politique, mais de l'héritage intellectuel, de celui préparé par vingt ans d'une activité telle que la mémoire des hommes en cherche en vain un second exemple. Nés avec le siècle, les adolescents, à la chute de l'empereur, allaient apporter en pleine paix toute l'effervescence de leurs vingt ans, et surtout ces souvenirs, ces habitudes de l'enfance que rien n'efface et que nulle puissance ne peut déraciner. L'action du gouvernement impérial sur la jeunesse est suffisamment établie; cette jeunesse devait donc chercher un aliment à l'activité de sa première éducation, et comme le génie de l'empereur n'était plus là pour lui donner des trônes à conquérir, des royaumes à envahir et la carte d'Europe à modifier, il était naturel qu'elle la reportât sur les choses de l'esprit et tentât des invasions et des conquêtes dans les champs de l'imagination. Tout ce qui touche à cette faculté devait être remué de fond en comble. A défaut de capitales à assiéger, l'histoire, les arts, le théâtre, la littérature, devaient subir de rudes assauts. Plusieurs de ces places, l'histoire, les arts plastiques et pittoresques, sont restées au pouvoir des conquérants qui s'y sont établis à juste titre et pour jamais. Les chefs du mouvement littéraire proprement dit n'eurent pas le même bonheur, et peut-être l'indifférence publique leur fait-elle payer aujourd'hui le plaisir d'être entrés par les fenêtres dans une ville sans fortifications, dont personne ne leur défendait l'entrée, et dont toutes les issues étaient ouvertes. Si ce mouvement eût été réglé, si une intelligence supérieure et droite eût soumis tous ces efforts à une discipline quelconque, au moment où ils étaient encore maniables, il n'est pas douteux qu'il n'eût eu une plus longue portée. Mais l'unité manqua, les forces se disséminèrent, chacun voulut agir pour son propre compte, et, en présence du résultat, si l'on cherche à l'accorder avec les promesses du début, on est affligé par une faiblesse voisine de l'impuissance. On avait cru à la force, il ne reste que le souvenir de la violence. L'énergie avait été préconisée, le temps n'a laissé voir que l'hyperbole. A la place de l'originalité, on ne rencontre que la bizarrerie. Devant les déceptions, et lorsque l'on songe aux esprits qui en furent les victimes, il faut de certaines précautions pour conserver son impartialité.

La littérature de l'Empire, il y aurait mauvaise grâce à le nier, fut des plus faibles. A part un grand poëte qui dut au hasard autant qu'à sa vanité de rester en dehors des écrivains de cette époque, toutes les productions ont une froideur didactique et officielle peu faite pour séduire. L'action était ailleurs, les tentatives étaient tournées dans un autre sens, et la moisson est assez glorieuse pour faire oublier ce qui put y manquer. On n'avait pas le loisir de chercher une nouvelle forme, et quand vint la Restauration, elle reçut une littérature déjà vieillie, manquant de ressort et de portée, et cachant sa banalité sous le respect intéressé des maîtres des dix-septième et dix-huitième siècles.

C'est alors, lorsque l'ébranlement de 1815 se fut calmé, quand le repos matériel eut été assuré, que commença ce mouvement embrassant les dernières années de la Restauration, durant tout le règne du roi Louis-Philippe, et auquel le second ébranlement de 1848 porta le coup de grâce, comme si, né d'une violence, il eût été fatalement condamné à périr par la violence.

Il faut rendre aux nouveaux venus la justice qui leur est due. A la monotonie du style, à l'absence presque complète du sens poétique, à la fausseté du sentiment de la nature, ils allaient opposer une grande prodigalité de mots, une poésie riche en images, et surtout un naturalisme assez profondément senti. Quelques torts que l'on puisse leur reprocher, on leur reconnaîtra toujours ce mérite ; mais ils paraissent, dès le début, ne pas s'être rendu compte du rôle qu'ils étaient appelés à jouer. Au lieu de se contenter de réagir contre la tendance de l'époque à laquelle ils succédaient, ils voulurent pousser plus loin, et firent *in petto* table rase des deux siècles où se sont manifestés les plus beaux génies de la langue. L'école précédente était à bout de ressources, et le goût fatigué de ses fadeurs demandait à d'autres une nourriture plus saine et plus fortifiante. En la rejetant violemment hors de la carrière, l'école nouvelle se donnait trop, qu'on nous passe l'expression, l'air d'enfoncer une porte ouverte. On entrait enfin dans la question en remontant le courant, au lieu de se laisser porter par lui. Quand, pour répondre à ses adversaires, on disait : « Une société nouvelle demande une littérature différente, et Racine, dans son temps, fut aussi un novateur, un romantique, » on était dans le vrai. Le tort consistait à vouloir renverser tout, et de suite ; à présenter un système construit *à priori*, et à vouloir l'imposer, bon gré mal gré ; à bouleverser au lieu de modifier ; à ne tenir, en un mot, aucun compte du temps, qui seul fait naître le moment précis où d'autres besoins reçoivent d'autres expressions. L'armée contre laquelle on dressait son drapeau n'était pas encore assez affaiblie pour qu'une attaque à l'improviste pût en disperser les rangs. L'imminence du danger allait, au contraire, lui donner une nouvelle et dernière énergie, contre laquelle les plus vives facultés devaient s'épuiser. Oui certes, Corneille et Racine furent des novateurs, mais des novateurs ayant le bon goût de ne pas mépriser leurs devanciers. Leurs œuvres ne portent nulle part l'empreinte de l'esprit de révolte, et pourtant ils firent révolution. Ce respect s'est étendu plus loin qu'eux, ils ont laissé des héritiers ; tandis qu'en repoussant fièrement toute paternité, le groupe romantique devait porter la peine du talion et se condamnait à ne pas avoir d'enfants.

Les premiers succès datent de 1825. Ils eurent un éclat où le bruit que l'on faisait soi-même entra pour une bonne part. L'invasion du romantisme dans les lettres ressemble à une joyeuse mascarade tombant dans une réunion de vieillards gourmés, ennuyés et moroses. La jeunesse fait paraître ce tohu-bohu charmant, et les spectateurs riront de l'escapade et absoudront la joyeuse bande. Mais voilà trente ans que cela dure ; les jeunes gens sont devenus vieux et les spectateurs ne rient plus. Ils demandent autre chose.

Dès l'abord, pour réagir contre le genre en vogue, on se jeta dans l'horrible, le monstrueux en tout genre. Les bâtards ou les incestes, les galériens, les assassins jouissaient d'une grande faveur. Les femmes, qu'un tel système devait impressionner de gré ou de force, se mirent de la partie et apportèrent leur déraison pleine d'entrain au secours des combattants. Il fut de bon goût auprès d'elles de passer pour fatal et maudit, les poitrinaires et les désabusés ne venaient qu'en seconde ligne. Une semblable épidémie ne pouvait se trouver à l'aise dans nos mœurs modernes. On lui chercha un cadre, et le moyen âge se trouva à point nommé pour en servir. Ici, du moins, les efforts n'ont pas été perdus. En forçant l'attention

sur une époque trop dédaignée, on rendit à l'art et à
l'étude une veine où ils trouvèrent des richesses
pleines de curiosité et d'attrait, et dont l'exploration,
si elle s'épuise, n'est pas encore terminée. Des travaux ultérieurs ont facilement démontré tout ce que
le moyen âge des romantiques offrait de faux et de
conventionnel. Ils proscrivaient le bon goût des autres époques, confondant ainsi le goût et la mode. Ils
ne remarquaient pas que chaque âge produit des
œuvres de bon et de mauvais goût, et que l'impartialité exige que l'on compare les belles œuvres du
moyen âge avec les belles œuvres des autres époques.
Il ne leur en restera pas moins l'honneur d'avoir
conduit les études dans ce sens, d'en avoir eu le
sentiment, sinon la science; et, en définitive, d'a-
voir mis en lumière un art riche, original, et auquel
l'oubli de trois siècles donna l'imprévu d'une renaissance.

Repoussant ainsi de parti délibéré la tradition française, il fallait cependant des appuis pour étayer les
nouvelles théories et des exemples pour les défendre.
On les alla chercher chez les nations étrangères, et
l'on fit de l'érudition autant que de la littérature.
L'Angleterre, l'Espagne, l'Orient, y contribuèrent largement. Quand on affirmait qu'un imitateur était un
traître, on admettait implicitement l'imitation portant sur des modèles peu connus. Jamais le nom de
Shakspeare ne fut plus invoqué. Il servait de passe-
port à toutes sortes d'exagérations dramatiques et
littéraires. On l'opposait volontiers à Molière, plus

volontiers à Racine, et là encore on ne tenait aucun compte des mœurs et du temps au milieu desquels se développa son génie. Shakspeare, né en France, au dix-neuvième siècle, eût-il donné à ses œuvres l'incohérence, la rudesse qui les déparent? En l'admettant, en l'admirant tel qu'il est, ne fallait-il pas admettre aussi la différence des mœurs françaises et des mœurs anglaises, et se demander si ce qui est possible chez une nation l'est forcément chez une autre? Là était le point controversable et celui sur lequel on se donna garde d'insister.

Le procédé excluait d'ailleurs les qualités éminemment françaises, celles qui sont le fond même de notre génie, et auxquelles, sous peine d'être promptement oubliés, devront toujours recourir les écrivains : la clarté, la précision, la finesse, la grâce, l'esprit. Ces qualités ont-elles manqué à l'école? Pour quelques-unes, on peut répondre affirmativement. Pour l'esprit, il faudrait s'entendre sur la juste signification de ce mot, et savoir si des oppositions de phrases, si des idées bizarres, rendues avec plus d'audace que d'à-propos, constituent ce que Voltaire ou Beaumarchais eussent appelé de l'esprit. Quant à la grâce, l'école n'en manque pas toutes les fois qu'elle rencontre la nature sur son chemin; elle se retrempe, elle se vivifie dans ce limpide courant : mais lorsqu'elle a abandonné cette veine heureuse, elle tombe en plein dans le défaut opposé, dans la manière qu'elle reprochait si vertement au dix-huitième siècle. Le dix-huitième siècle était maniéré dans le joli, l'école romantique le fut dans le hideux. Je ne crois pas que l'on ait beaucoup gagné au change.

Ce ne sont là, après tout, que des péchés véniels, et pour lesquels la résipiscence est admise. Mais il est un tort plus grave dont je crains que l'avenir ne demande un compte sévère à cette école : c'est d'avoir jeté le désordre dans les esprits en proclamant l'absence de toute règle, le mépris de toute autorité, l'indépendance de toute discipline, au moment même où l'on pouvait espérer que le pays allait cicatriser ses blessures et panser ses plaies. C'était ramener la révolution par un côté non défendu, et par lequel on ne devait pas s'attendre à la voir rentrer. On voulait, je le crois, circonscrire le mouvement aux questions purement littéraires. Un instant de réflexion eût fait revenir de cette erreur. Dans la première ivresse, les jeunes intelligences auxquelles on s'adressait pouvaient encore se laisser diriger et arrêter, mais d'autres générations qui n'avaient pas eu les chefs pour guides ne les supporteraient pas pour maîtres. Trouvant le champ littéraire ravagé, elles chercheraient à ravager ailleurs, et porteraient leur besoin de révolte sur des matières plus sérieuses et touchant de plus près aux intérêts et à l'existence des sociétés. Et pour que tout fût contradiction dans cette école, en continuant d'une manière moins ostensible, mais tout aussi active, l'œuvre de destruction de Voltaire, il n'y a pas de sarcasme dédaigneux qu'elle ne lui ait décoché toutes les fois qu'elle en a trouvé l'occasion.

L'école était formée et avait atteint son développement quand éclata la révolution de Juillet. Le triomphe des idées libérales fut au moins autant celui des idées romantiques. Le règne du roi Louis-Philippe était destiné à marquer leur apogée et leur décadence et à en emporter les restes dans sa chute. Les cinq années écoulées de 1830 à 1835 virent se produire les œuvres les moins imparfaites, celles dans lesquelles l'école, maîtresse du terrain et n'ayant plus à songer à la lutte, put développer librement sa pensée, appuyer des théories et couronner sa victoire. Roman, théâtre, poésie, critique, arts, modes, ameublements, tout se ressentit de cette influence, et il faut remonter au temps des précieuses et de l'hôtel Rambouillet pour trouver un second exemple de questions littéraires et artistiques agissant avec une pareille puissance sur l'esprit public. Forts de leurs propres talents, soutenus par la presque totalité de la presse, défendus, il faut bien le dire, par la plus habile camaraderie qui fut jamais, appuyés par une seconde génération qui se jeta au fort de la mêlée avec une témérité irréfléchie, les écrivains ne négligèrent rien pour entretenir cette curiosité, rien que la mesure et le tempérament. Ces années ne sont pas tellement éloignées que le souvenir n'en soit encore très-net à la mémoire de beaucoup d'entre nous. On se passionnait pour ou contre telle œuvre, on l'attaquait avec ardeur, on la défendait avec énergie, et l'on a justement pu regretter ces luttes quand on a assisté à celles qui leur ont succédé. Mais, je le répète, celles-ci étaient la conséquence de celles-là, et il n'eût fallu se jeter dans les premières qu'à la condition de n'y trouver qu'un délassement ou de réserver du moins son opinion sur l'immoralité des productions d'alors. Le public, le bourgeois, fut plus avisé; et l'indifférence manifestée à partir de 1835 donna la mesure du mérite de l'école. Après avoir écouté avec bienveillance, on peut même dire avec intérêt, l'apologie de toutes les laideurs physiques et morales, il ne tarda pas à se trouver assez mal à l'aise dans ce singulier monde, et à reconnaître le paradoxe dont une phraséologie nouvelle faisait le succès. Il pouvait d'ailleurs toucher du doigt les perturbations produites par ce dissolvant; la politique était là qui mettait les doctrines littéraires en pratique.

Que reste-t-il aujourd'hui de salutaire pour l'esprit, de profitable à l'intelligence, de tout ce mouvement? Quel service a-t-il rendu aux lettres, sinon d'en écarter pour longtemps le public? Qu'a-t-il produit, sinon de fausser le goût et de faire douter des types éternels du beau et du bien? Jamais semence moins féconde ne fut jetée dans un sol plus disposé à produire. Si la France, cette nation essentiellement littéraire, a pu se maintenir au rang où les génies des siècles précédents l'ont fait monter, elle l'a dû aux écrivains qui, il y a trente ans, malgré l'entraînement général, se développèrent dans le sens de la tradition nationale. Pendant que les romantiques s'efforçaient de faire un compromis entre le génie de la France et ceux de l'Allemagne, de l'Angleterre et de l'Espagne, les véritables écrivains français continuaient de faire rayonner au dehors le flambeau des lettres. M. de Lamennais et madame Sand marchaient sur la trace de Pascal et de Rousseau. M. Thiers et M. Mérimée s'appropriaient, l'un, la clarté de Voltaire dans ses œuvres historiques, jointe à plus de science et de bonne foi; l'autre, l'esprit de ses contes, moins leur fatigante ironie. M. Barbier éditait ses *Iambes.* Un peu plus tard, rejetant l'imitation de Byron, M. Alfred de Musset, dans ses *Nuits,* faisait atteindre à la langue la forme lyrique la plus élevée où elle soit parvenue de nos jours; MM. Sainte-Beuve et Gustave Planche relevaient et ennoblissaient la critique, malgré le mauvais vouloir de leurs anciens amis qu'ils laissaient derrière eux; enfin Béranger, ce vieux Gaulois, publiait ses dernières chansons dans lesquelles il parvenait à *donner à des airs de vielle les accents de la lyre.*

On a protesté, on s'est révolté. Mais quel bénéfice est-il résulté pour les générations actuelles de ces protestations et de ces révoltes? Une forme à étudier; une science de mots à analyser; la forme, enfin, ce dieu tout-puissant de l'école, à vénérer sans discussion. Cette forme était habile, ce style était plein de facettes, de reflets et d'images. Il brillait beaucoup, mais comme du verre et non comme du diamant. Le reflet n'avait plus de chaleur, les images étaient forcées. L'opposition, l'antithèse, l'énumération y étaient prodiguées outre mesure. Les mots remués et frappés les uns contre les autres produisaient une image matérielle en quelque sorte, perceptible à l'oreille beaucoup plus qu'à la pensée. Tout était dans le son, dans l'arrangement pittoresque des mots; et, si ces vêtements ont souvent recouvert des pensées communes, il faut du moins avouer que la dextérité fut poussée fort loin par quelques-uns des adeptes. Mais agiter les mots quand l'idée est absente, c'est faire un métier de rhéteur et non exercer l'art de l'écrivain. Tous les métiers peuvent s'apprendre. Si l'industrialisme a pénétré dans l'art, l'école romantique n'aura pas peu contribué à cette décadence. Entre ses mains, la langue s'est autant brisée qu'assouplie; l'art est devenu une industrie au moins aussi encombrée que les autres.

Cela est si vrai que l'on sentit le besoin de se mettre à l'abri des imitations et que l'on chercha dans une apparence d'institution les moyens de poursuivre les imitateurs, comme s'il se fût agi de l'exercice du premier brevet d'invention venu. La littérature était assimilée à la marchandise, les hommes de lettres redoutaient la concurrence. Cela est, je crois, significatif, et je doute que l'on en trouve un exemple dans les siècles antérieurs. Les écrivains alors ne laissaient qu'à eux-mêmes le soin de les défendre, et, d'ailleurs, ils eussent eu à payer de forts dommages-intérêts et à faire même quelques mois de prison s'ils eussent pratiqué l'aphorisme de prendre son bien partout où on le trouve. Corneille et Molière, Racine ou La Fontaine étaient de véritables penseurs, les idées ne leur manquaient pas, et, s'ils en empruntaient aux autres, la façon dont elles fructifiaient entre leurs mains a permis à leurs successeurs de leur faire à leur tour de larges emprunts. Quant à leur style, tout en le travaillant, ce n'était pour eux qu'une question secondaire. Ce n'est pas un habit d'emprunt que l'on peut imiter ; il leur appartient comme sa peau appartient à l'homme, et il ne leur serait pas venu à l'esprit qu'on le pût imiter et confondre avec d'autres.

Les idées ne sont la propriété exclusive de personne ; c'est un domaine où chacun a le droit de prendre ce qui lui convient. Le champ d'ailleurs en est fort limité, et les diverses combinaisons plus ou moins connues. Ce qui importe, c'est l'usage que l'on en fait et la portée qu'on leur donne. Qui pourra établir la priorité et la propriété d'une combinaison ? qui prouvera qu'elle a été inventée par tel auteur plutôt que par tel autre ? Un changement de nom suffit pour mettre les réclamations à néant. L'envie et l'hypocrisie sont éternelles : Iago n'est pas le premier qui ait fait poignarder une femme innocente, ni Tartufe le dernier qui ait réduit à la misère la famille de son bienfaiteur. Dira-t-on pourtant que Shakspeare et que Molière sont des copistes ou des imitateurs ? A qui l'auteur italien des *Amants de Vérone,* à qui Cyrano de Bergerac doivent-ils d'être lus quelquefois ? Y a-t-il un seul des apologues de La Fontaine qui lui appartienne ? un seul de ses contes pour lesquels il n'ait largement mis à contribution Rabelais ou Boccace, la reine de Navarre ou Louis XI ? Corneille n'a-t-il pas copié littéralement tout un chapitre de Montaigne dans *Cinna ?* Lesage a-t-il été suffisamment accusé de plagiats? Qu'importe, je le répète encore, tous ces emprunts, si du choc des idées étrangères on fait jaillir des idées nouvelles? Sied-il d'ailleurs à qui que ce soit de faire dans ses œuvres une police dont la postérité se charge justement? Tant mieux si un autre a pris et fait fructifier une idée stérile entre vos mains, une situation qui a fait pleurer ou rire tout une société, une phrase même qui étouffait parmi les vôtres et à laquelle il a donné l'air et l'espace. On tournait volontiers le bourgeois en ridicule. Pourquoi avoir fait pour la pensée, pour la poésie, ces nobles filles de l'intelligence humaine, ce que ces bourgeois, contre lesquels on s'insurgeait si gaiement, font à peine pour leur vulgaire industrie? Pourquoi avoir établi des comptoirs où l'on vend le style à tant pour cent de rabais, où l'esprit est tarifé, où l'émotion a un cours, où l'art et la poésie ont leurs mercuriales comme les suifs ou les colzas? Comment! on fait grand bruit des lisières sous lesquelles la pensée est, dit-on, retenue, et l'on établit autour de la sienne propre un cordon sanitaire d'huissiers et de garçons de caisse prêts à repousser le premier qui demande, sans un sac d'écus à la main, sa part dans la propriété commune! Quelle singulière contradiction!

Les résultats de cette industrie n'ont pas été longs à se développer, et si, dans un roman célèbre, un grand poëte a pu se plaindre avec une certaine raison que l'imprimerie eût tué l'architecture, il pourrait ajouter avec non moins de justesse que la presse a tué la littérature.

L'école est à bout de ressources; elle laisse échapper le sceptre d'une main défaillante, et la vieillesse, qui arrive pour les chefs, ne leur permet plus de tenter de ces coups d'audace, de ces brillantes diversions qui eussent pu ranimer la lutte. Eux-mêmes ne produisent plus que des œuvres empreintes d'une faiblesse sensible. Lorsque tout marchait autour d'eux par l'essence même de leurs doctrines, ils devaient rester et sont en effet restés immobiles. Ils croient avoir affaire au même public qu'il y a vingt ans, et se trompent. De toutes parts leur édifice tombe en ruines comme ces légères constructions élevées à la hâte pour une fête d'un jour, et qui, le feu d'artifice tiré, les lampions éteints, disparaissent pour faire place aux vrais palais de pierre éclairés par la lumière du soleil.

L'école aujourd'hui s'est divisée en deux parts. La première, dépositaire des leçons immédiates des chefs, et où figurent encore quelques-uns de ceux-ci, ne cherche plus même à offrir au public une apparence de pensée : elle se borne à arranger les mots le plus agréablement pour la vue et pour l'oreille, et il faut avouer qu'elle a acquis dans cet exercice une facilité remarquable. La seconde est composée des disciples plus jeunes qui, sous la dénomination peu française de fantaisistes, essayent en vain de continuer les mêmes égarements et de vivifier les mêmes erreurs. La première est cantonnée dans la plupart des avenues de la littérature. Théâtre, roman, poésie, critique, tout se ressent de sa présence. Le fond, les passions, les vices, les ridicules, les caractères, les hautes aspirations, les longs aperçus, elle s'en préoccupe peu. Elle développe, elle amplifie, elle énumère, elle cherche des images à tout prix, elle fait en un mot de la rhétorique. Sur quoi? Peu importe, elle va toujours. Les pièces ont dix actes, elles pourraient en avoir cent; les romans ont dix volumes, comme ils en auraient mille, si cela était nécessaire. On fait cinquante vers sur un bras, une jambe, une oreille, un arbre, un brin d'herbe, comme on en ferait dix ou cinq cents, *ad libitum*. La machine est montée, il n'y a pas de raison pour qu'elle s'arrête; le robinet est ouvert, il coule. Les voyages sont des descriptions pleines d'images qui font concurrence aux *Guides du voyageur;* mais d'aperçus, de jugements, d'impressions personnelles, on ne perd pas son temps à de semblables futilités.

Quant aux fantaisistes, ils ont pris pour règle générale un écart de l'imagination qui ne doit son charme qu'au talent exceptionnel que lui ont prêté Sterne, Diderot et Charles Nodier, esprits délicats ou originaux rares à rencontrer. Ils se sont fait une loi de l'ivresse de l'esprit, comme ces malheureux chez lesquels l'ivresse des sens dégénère en habitude. Mais comme l'ivresse ne peut durer éternellement, ils la contrefont, et vont battant les murs du style avec un regard fort tranquille, des jambes nullement avinées et une imagination des plus calmes et des plus ordidaires. Il est facile de comprendre à quels résultats on est arrivé en peu de temps. Tout ce qui eût pu offrir l'ombre de raison a été repoussé, et l'on a donné libre carrière aux plus folles divagations de l'esprit humain. Ne leur demandez pas de travailler leur pensée, d'en étudier la tendance, d'en découvrir le but, de la rendre claire, précise, nette, de la dégager de tout ce qui pourrait gêner sa marche ou arrêter sa portée, de réfléchir en un mot avant d'écrire : il n'en est pas question pour les fantaisistes. Il est même permis de supposer qu'ils parlent parce qu'ils n'ont rien à dire. Il est superflu de rechercher ce que dans un pareil gâchis le style est devenu. Quand on repousse systématiquement les lois les plus rudimentaires du sens commun, il est présumable que celles de la langue ne seront pas mieux observées. Aussi le néologisme des fantaisistes est-il fort difficile à comprendre, et, s'il en est parmi eux qui aient gardé quelques lueurs de raison, je doute qu'ils puissent se regarder sans rire. Nous n'eussions pas insisté sur ce point, si l'effervescence de la jeunesse fût entrée pour quelque chose dans cette bizarre aberration ; mais il n'en est rien, je le répète ; c'est de propos délibéré et systématiquement que l'on affecte de ne pas penser et de ne pas écrire en français. Nous n'irons pas plus loin. Arrivée à ce période, la maladie romantique est plus à plaindre qu'à blâmer.

Nous assistons à la décadence complète de l'école formée dans les dernières années de la Restauration. La litérature à images, les métaphores exagérées, la science de parler sans rien dire, ne séduisent plus personne. Cette école est aussi épuisée que l'étaient les classiques de 1825. Ce qui en reste serait bien empêché si, retournant contre lui ses propres armes, on l'attaquait avec la violence de ses débuts. Il faut espérer qu'on n'en viendra pas là. La cause est bonne et ne doit demander son triomphe qu'à la modération. Si une école nouvelle doit surgir, elle devra prendre le contre-pied de sa devancière, adopter l'impartialité pour règle de ses jugements, la justice pour devoir, le respect de soi et des autres pour soutien, la morale pour guide, la pensée pour moyen, et la vérité pour but.

Deux questions se présentent naturellement ici. De quelle façon sera jugé le groupe romantique par l'avenir? quelles seront les tendances des nouveaux écrivains?

La première réponse est facile à prévoir. En louant les romantiques de leurs efforts pour donner plus de mouvement et de couleur au style, en condamnant les exagérations auxquelles ils ont donné lieu, mais en reconnaissant que, sous ce rapport, leur passage n'a pas été inutile, on leur demandera aussi un compte sévère de leur manque de principes, de leur stérilité de pensée. Cette sévérité sera d'autant plus grande que leur prétention à la pensée fut portée chez eux au delà des bornes de la modestie. On s'apercevra alors du mal qu'ils ont produit en faussant tant d'esprits, en brisant tant de carrières, en déchaînant tant de vanités, en débauchant tant d'intelligences par la pompe d'enseignes dont ils croyaient de bonne foi, — ce sera leur seule excuse, — pouvoir tenir toutes les promesses. On leur reprochera d'avoir interrompu la tradition française, et, loin d'élever les luttes auxquelles ils donnèrent lieu jusqu'aux proportions de batailles, on en fera ce qu'elles furent réellement, des combats d'avant-postes avec des soldats plus brillants que solides, et des résultats plus apparents que sérieux.

Quant à la seconde question, elle est complexe et nécessite des subdivisions dans les réponses. Les générations qui arrivent réagissent contre les tendances à la forme et semblent vouloir remonter directement aux sources et s'en tenir à l'histoire. L'étude des origines, le goût des recherches dans toutes les branches les préoccupent exclusivement. A côté d'elles, et comme corollaire, la critique voit augmenter chaque jour le nombre de ses partisans. A ce point de vue, le mouvement des trente dernières années a apporté de nombreux matériaux à l'observation. C'est une loi naturelle et qui se présente à toutes les époques. Il faut dire aussi que toute critique qui ne crut pas devoir se borner à l'apologie, fut mise à l'index par l'oligarchie romantique, et que la moindre apparence de justice et de sincérité, sous le nom d'impuissance envieuse, souleva des orages de colère. L'adoration a eu son temps ; c'est le tour de l'examen. La critique fait néanmoins partie intégrante de tout mouvement littéraire, et, pour avoir voulu se soustraire à cette loi, l'école n'aura fait qu'amasser contre elle des forces d'autant plus redoutables qu'elle leur a laissé le temps de s'instruire et de se compter.

Enfin, sous le rapport exclusivement littéraire, comme toutes les fois qu'une époque de repos et de constitution succède à une période troublée et désorganisatrice, on peut prévoir que de nombreux essais vont être tentés dans le genre comique, soit comme roman, soit comme satire, soit comme drame. La masse de matériaux est très-considérable, les originaux n'ont pas manqué depuis trente ans, les ridicules ont fourmillé, les caractères ne se sont pas fait faute de déployer toutes leurs petitesses, et Molière ou Regnard, Régnier ou Boileau, Lesage ou Pithou et Passerat auraient d'amples récoltes à faire. Est-ce à dire qu'il va leur naître des rivaux? Ce n'est pas notre pensée; mais s'il est douteux qu'ils puissent être égalés, le champ est trop beau pour que du moins les prétendants ne tentent pas de le mettre à profit et de marcher sur leurs traces immortelles.

Août 1855.

FÉLICITÉ ROBERT DE LAMENNAIS [1]

> Rien de plus pernicieux que les purs systèmes de l'esprit, principalement s'ils offrent un fâcheux caractère de rigidité absolue.
> LAMENNAIS, *Esclavage moderne.*
>
> Luther, au commencement, protestait avec une sincérité, au moins apparente, de sa soumission au jugement de l'Église..., et cet homme emporté, dont l'âme semblait n'être qu'un assemblage de passions violentes que nourrissait un orgueil sans bornes, se montra d'abord résolu à courber son front superbe sous l'autorité des premiers pasteurs et de leur chef.
> LAMENNAIS, *Essai sur l'indifférence.*

Dans les premiers jours du mois de mars 1854, quelques amis fidèles, des admirateurs passionnés, des disciples pieux suivaient en silence un convoi dont la modestie contrastait avec la foule environnante. Le cortége se rendit directement au cimetière sans demander à l'église les prières de la religion. Le

---

[1]. Le nom patronymique de M. de Lamennais était Robert. Sa famille fut anoblie par lettres patentes de Louis XIV, en récompense des services rendus par un de ses membres, qui arma plusieurs corsaires contre la Hollande et l'Angleterre.

mort n'était pas un païen, mais un chrétien ; il n'était né ni israélite, ni anglican, mais catholique, apostolique et romain ; ce n'était pas un laïque et ce n'était plus un prêtre. Au moment de paraître devant Dieu qui le lui aura pardonné, le souhait malheureux de ne pas accepter les prières de l'Église fut sa dernière pensée. Celui qui donnait cet inutile scandale avait été le premier écrivain du siècle. Joignant la violence de Luther à la rhétorique de Rousseau, il mérita d'être surnommé un instant le *dernier Père de l'Église*. Puis démentant tout son passé, traînant dans la fange avec une joie sauvage ses religions de la veille, entassant contradictions sur contradictions, il finit de la fin d'un athée : laissant du moins après lui cette salutaire leçon qu'une intelligence, si élevée qu'elle soit, s'abaisse au plus infime niveau lorsqu'elle se laisse arracher de sa voie par l'insatiable démon de l'orgueil.

C'était l'abbé Félicité Robert de Lamennais.

S'il est une vie qui puisse enseigner la modération et la mesure, c'est bien celle-là ; non pas par les semblables, mais par les contraires. Quand on regarde au fond de toutes les erreurs de M. de Lamennais, et que l'on cherche une raison aux démentis qu'il s'est donnés, on la trouve dans un caractère violent et absolu, n'admettant rien en dehors des extrêmes, qui prit toujours l'entêtement pour la persévérance, la violence pour la force, la fureur pour l'émotion, l'insulte pour la raillerie. Prêtre orthodoxe, il confessa sa religion avec l'impitoyable dogmatisme d'un saint Bernard ou d'un saint Dominique ; rhéteur schismatique, il alla plus loin dans ses audaces et dans ses antinomies que les plus célèbres hérésiarques ; philosophe, il balbutia je ne sais quel vague compromis entre la raison et la foi, et vit son système lui crever dans la main avant même de l'avoir formulé ; tribun politique, il défendit avec la même facilité le pour et le contre : tantôt plaidant pour la tyrannie sous le nom de l'autorité ; tantôt défendant sous le voile de la liberté la licence et l'injustice. En présence de pareils égarements, l'esprit s'arrête, hésite, et demande à des facultés contraires le soin d'établir un jugement et de rechercher la vérité.

Mais si l'étude abstraite de cette organisation faussée laisse un sentiment de tristesse et conduit à la modération, il n'en est pas de même lorsqu'on la considère dans ses rapports avec les autres intelligences. Si, alors, l'on se rappelle le trouble dans lequel elle les a lancées à sa suite, et que le moindre mouvement d'humilité chrétienne eût évité ; si l'on se dit que l'Être suprême ne nous a pas départi en vain la connaissance du bien et du mal, et que notre conscience, à défaut de notre raison, peut décider entre notre bonne foi et nos erreurs, alors la modération paraît plus difficile et la mesure devient complicité.

Il paraît admis sans conteste que M. de Lamennais était doué d'une puissante intelligence. L'idée de puissance intellectuelle implique avec elle celle de portée autant que d'étendue, de fermeté autant que de justesse. Qui dit intelligence dit surtout règle. Ces magnifiques qualités se rencontrent-elles chez l'écrivain qui fait l'objet de cette étude? Je ne le pense pas. S'il est au contraire une organisation qui en ait été dépourvue, n'est-ce pas la sienne?

La justesse consiste à saisir promptement le côté vrai, le sens pratique des idées et des choses, la portée à prévoir leurs conséquences, la fermeté à les défendre sans faiblesse quand elles sont attaquées, et sans violence quand elles triomphent. La règle enfin enseigne l'ordre dans lequel ces facultés doivent agir et le degré de leur exercice. Les puissantes intelligences peuvent ne pas trouver de prime saut leur véritable voie; il leur est permis d'hésiter, de faire des faux pas; elles se modifient, mais elles ne se démentent pas; elles ne se cherchent pas tous les dix ans des buts différents, contradictoires; elles ont une boussole avec laquelle on ne se perd jamais : la morale.

En vérité ce serait chose trop facile s'il suffisait, pour mériter un semblable brevet, d'amonceler ruines sur ruines, de se créer chaque jour des idoles que l'on brisera le lendemain, de donner de pareils exemples d'instabilité et de vertige, et de dire pour excuse : j'étais de bonne foi. Non, M. de Lamennais n'était pas une puissante intelligence, c'était un grand orgueil, et l'essence de l'orgueil est de ne rien laisser de viable après lui.

Que restera-t-il en effet de tous ses sophismes? Son maître et son modèle Rousseau a du moins laissé des testaments que la postérité a pu casser, mais dont elle examine encore les pièces avec intérêt, je dirai presque avec indulgence. L'*Émile* est sa profession de foi pédagogique ; son système politique est tracé tout au long dans le *Contrat social*, et ses croyances religieuses, formulées dans un style dont la magnificence n'est pas encore exempte de danger, sont développées dans la *Profession de foi du vicaire savoyard*. Les œuvres de M. de Lamennais offrent-elles rien de pareil ? S'il avait fini par s'arrêter à une doctrine quelconque, n'eût-il pas pris soin de la résumer en une dernière et suprême instruction ? Je cherche et je ne trouve rien. A moins que ses opinions politiques ne soient contenues dans sa Constitution. Mais l'ironie n'a que faire ici.

On a dit que toutes ses contradictions, si profondes qu'elles parussent, n'existaient cependant qu'à la surface ; et qu'au fond il y avait une unité sensible entre ses opinions monarchiques de 1808 et ses théories gouvernementales de 1848. Il y a ici une distinction à faire. L'unité est évidente dans le caractère de l'homme ; elle ne l'est pas dans ses opinions. « Il y a, dit-il quelque part, dans tous les esprits une rectitude naturelle qui, lors même qu'ils s'égarent, les force à s'égarer, si l'on peut le dire, rigoureusement. » Cette rectitude il l'a possédée au suprême degré. Toutes ses œuvres sont empreintes d'un cachet de violence absolue qui reparaît toujours. Sous ce rapport, l'écrivain n'a jamais dévié, il a été extrême en tout. Mais la violence n'exclut pas la versatilité. L'une est souvent le corollaire de l'autre : ses œuvres sont là pour le prouver.

Il est un point toutefois sur lequel il restera inattaquable : c'est un magnifique écrivain. Soit que l'on partage ses erreurs, soit qu'on les condamne, ce rare et précieux mérite ne saurait lui être refusé. Doué d'une activité prodigieuse, il mit au service des phases qu'elle traversa un style ferme, puissant, énergique, plein d'images, de mouvement, de couleurs, et qui n'a que le tort de ne pas être exempt de l'affectation de son temps. C'est un mélange de la profondeur de Pascal, de la majesté de Bossuet, et du nombre, de l'harmonie qu'il avait dérobés à Rousseau. Sous ce rapport, M. de Lamennais restera un modèle et un maître. Cette belle langue, si harmonieuse, si fière, si grande, fut pour une bonne part dans son succès. En l'écoutant comme on écoutait jadis Jean-Jacques, on se laissait aller au charme de la diction, au courant de ce flot magique, sans réfléchir qu'il emportait loin des droits sentiers et qu'il conduisait à des abîmes.

Sans nous arrêter à ses premiers écrits, dont plusieurs furent composés en collaboration avec son frère, ecclésiastique comme lui, aux *Réflexions sur l'état de l'Église* (1808), à la brochure sur l'*Université impériale* (1814), à l'ouvrage de *Louis de Blois* (1807), dont le rédacteur du *Peuple constituant* de 1848 eut dû se montrer moins oublieux ; nous arriverons de suite à l'examen du livre qui fonda sa réputation, et qui est encore celui dont on aura le moins à défendre sa mémoire, à l'*Essai sur l'indifférence en matière de religion*.

Chez une nation aussi impressionnable que la nôtre, ce livre fut plus qu'un événement, ce fut une émotion publique. Son succès se propagea avec une immense rapidité, et, dès son apparition, souleva ces sympathies et ces colères qui ne s'attachent qu'aux œuvres de premier ordre. En pleine Restauration alors (1821), les royalistes se divisaient en deux partis : les modérés, à la tête desquels marchaient le roi Louis XVIII, puis M. le duc Decazes et M. de Villèle, et les ultra, soutenus en secret par l'assentiment de M. le comte d'Artois. Ceux-ci n'admettaient aucune composition entre la royauté et le pays, repoussaient toute concession comme une faiblesse, et, ne tenant aucun compte des progrès de la raison humaine, voulaient faire reculer la France jusqu'à la monarchie indiscutable du droit divin. C'est à cette seconde section du parti que l'*Essai sur l'indifférence* vint apporter un admirable auxiliaire. Jamais en effet on ne retrouva un athlète aussi vigoureux, un esprit aussi préparé à l'avance à ne reculer devant aucune conséquence. Mais quand on relit l'*Essai* de sang-froid, il devient évident que si un gouvernement eût adopté la ligne de conduite proposée par l'auteur, il lui eût fallu recommencer une croisade contre les hérétiques et donner un pendant aux massacres des Albigeois. Du reste, si l'auteur eût trouvé un second Simon de Montfort, il y avait en lui l'étoffe d'un saint Dominique.

L'*Essai* se divise en deux parties. Dans la première, toute polémique, l'indifférence est attaquée sous toutes les formes qu'elle revêt, sous tous les noms qu'elle prend, sous tous les arguments dont elle se hérisse. L'auteur la presse, la poursuit, la disperse, se faisant arme de tout, du raisonnement, de l'histoire, de l'ironie, d'un profond savoir, d'une énergie de saint Jérôme, d'une éloquence de Mirabeau. Il démontre son impuissance à créer, à conserver, à détruire même, et arrive à prouver qu'elle n'a pas de raison d'être.

La seconde, toute organique, est employée à démontrer que l'homme, forcé d'opter, doit chercher quelque part une certitude, et s'en rapporter non pas à sa raison individuelle, mais à la raison collective du genre humain, et croire ce que le témoignage universel ne met pas en doute. Ce système d'assentiment humain restera la conquête (si c'en est une) de M. de Lamennais. Nous le retrouverons plus tard dans l'*Esquisse d'une philosophie* présentée comme un criterium de certitude philosophique, après avoir été offert comme un moyen de certitude religieuse.

Les questions soulevées par l'*Essai* sont trop nombreuses et trop ardues pour pouvoir être toutes discutées. Elles soulevèrent de sérieuses objections au moment même de leur apparition, et ont depuis été examinées et répétées pour la plupart dans l'ouvrage spécial d'un ancien élève de M. de Lamennais, l'abbé Lacordaire. Mais au moment même elles furent si nombreuses, que l'auteur chercha à les repousser dans sa *Défense de l'Essai*. Malgré toute sa vigueur, on s'aperçut vite qu'il se défendait au milieu des débris de son système.

Il en est quelques-unes que nous nous contenterons d'indiquer. La première est celle-ci : Est-il possible à l'homme d'arriver à la foi par la raison ? Peut-il se dire : Il convient que je croie, donc je crois ? La grâce n'est-elle pas un don inné, et le raisonnement est-il apte à produire ce que l'Esprit-Saint, pour parler le langage de l'Église, peut donner ? C'est là où tend toute la première partie de l'*Essai*, dans laquelle l'auteur prouve que l'homme doit croire. En présence de l'indifférence qui l'entoure, il se prend à regretter la croyance, et, franchissant un pas immense, il regarde ses regrets comme une preuve. Mais à qui s'adresse-t-il d'abord ? A la raison, à l'intelligence, à l'examen. N'est-ce pas la même arme dont se servit Luther pour faire le schisme ? et n'était-il pas au moins téméraire d'espérer qu'on la saisirait d'une main plus assurée que le moine de Wittemberg ?

Si l'on examine la seconde partie, que de contradictions ! Comment, lui criait-on de toutes parts, vous condamnez la raison humaine comme impuissante, vous enlevez à l'homme ses attributs intellectuels, et de toutes ces parcelles impuissantes, vous voulez former un tout souverainement puissant et intelligent ? Cela n'est pas plus possible que d'admettre l'opinion d'un régiment en refusant aux soldats le droit de voter, que de vouloir former un tout dont on rejette les parties. Quel sera le point suprême où toutes ces négations deviendront une affirmation, la seule affirmation que vous admettiez? Puis ce point admis, supposons que des vérités dont la sanction échappe à la raison de l'homme soient soumises au suffrage universel; voyez quelles armes vous donnez contre votre doctrine religieuse! Le genre humain était donc dans le vrai avant la venue du Christ, car le genre humain était universellement païen? Trois cents ans plus tard, au moment où le christianisme tenait le paganisme en échec, de quel côté était la vérité? Était-ce avec les Pères de l'Église, était-ce avec l'école d'Alexandrie? De nos jours même, si c'est le nombre qui fait preuve et si l'on remplace le raisonnement ou la foi par une addition, que deviendront les âmes timorées si le nombre des chrétiens est inférieur de moitié au nombre de ceux qui nient ou ignorent la divinité du Rédempteur? Enfin, disaient les gens modérés :

« L'indifférence est funeste à la religion comme à tout le reste, et l'on ne peut rien édifier sur ce sable mouvant : d'accord. Mais ne serait-ce pas ici le lieu de bien ménager les nuances, et ne voyez-vous pas que dans votre fougue vous immolez la tolérance, la mansuétude et le pardon aux pieds de l'idole que vous voulez détruire? Votre *Essai sur l'indifférence* est beaucoup plus un traité d'intolérance. »

Telles étaient quelques-unes des observations adressées à M. de Lamennais et dont il ne pouvait se tirer avec bonheur. Mais il n'en continuait pas moins ses sophismes éloquents, et, dans sa violence religieuse, faisant litière des libertés proclamées par Bossuet, il traînait à sa remorque l'Église de France et la jetait pieds et poings liés sur les marches du Vatican.

On a dit avec raison que, beaucoup plus que MM. de Maistre et de Bonald, l'auteur de l'*Essai* avait été le plus puissant instigateur de ce regrettable mouvement qui pousse le clergé français à abandonner les traditions de l'Église gallicane pour adopter les maximes ultramontaines. Avant l'éclat de l'*Essai sur l'indifférence*, cette désertion était peut-être le vœu secret de quelques personnes plus pieuses qu'éclairées ; depuis lui on a repoussé toute feinte et marché ouvertement dans la voie qu'il avait si résolûment indiquée.

Que si dix ans après, dans sa polémique de l'*Avenir*, il réclama pour le sacerdoce des libertés illusoires et une latitude qui fût dégénérée en anarchie, n'eût-on pas pu lui reprocher que Rome, en se montrant sourde à sa rhétorique, ne faisait qu'appliquer ses préceptes et suivre ses principes, et que, parjure à ses maximes, il ne devait pas se plaindre d'être emporté par un courant d'idées dont lui-même avait profondément modifié la direction.

Tels sont, indiqués succinctement, quelques-uns des arguments que l'on opposa aux théories de ce livre. On peut voir dans la *Défense de l'Essai* avec quelle faiblesse l'auteur les repousse ; mais là surtout son talent lui tient lieu de raisons : il n'avait pas frappé juste mais fort. L'effet était produit. Peu lui importait le coassement des grenouilles, comme le lui écrivait M. de Bonald; et seul au milieu de son système démantelé, debout sur les ruines fumantes de sa dialectique, maniant son style comme un glaive, il se défendait encore de façon à faire reculer ses adversaires.

Mais ce qu'il faut surtout constater, c'est l'impression de cet ouvrage : elle fut immense. Depuis longtemps on n'avait vu une pensée aussi énergique, une science plus sérieuse, revêtir un langage plus vigoureux, un style plus mâle, plus vigoureux, plus entraînant. Comme écrivain, jamais M. de Lamennais n'a surpassé le premier volume de l'*Essai sur l'indifférence;* c'est le livre le plus français de langage qui ait paru depuis les *Confessions.* Qu'on relise quelques-unes des productions qui parurent alors et depuis : ce livre les dépasse comme un chêne dépasse les mousses qui l'entourent.

Je transcris ce passage, à côté duquel on pourrait en citer beaucoup d'aussi beaux : « Tout est lié, tout s'enchaîne dans l'histoire comme dans les dogmes de la religion. Les nations commencent et finissent, elles passent avec leurs mœurs, leurs lois, leurs opinions, leurs sciences; une seule doctrine reste toujours crue, malgré l'intérêt qu'ont les passions de n'y pas croire; toujours immuable au milieu de ce perpétuel mouvement; toujours attaquée et toujours justifiée; toujours à l'abri des changements qu'apportent les siècles aux institutions les plus solides, aux systèmes les plus accrédités ; toujours plus étonnante et plus admirée à mesure qu'on l'examine davantage ; la consolation du pauvre, la plus douce espérance du riche ; l'égide des peuples et le frein des rois, la règle du pouvoir qu'elle modère et de l'obéissance qu'elle sanctifie ; la grande charte de l'humanité, où la justice éternelle, ne voulant pas que le crime même demeure sans espoir et sans protection, stipule la miséricorde en faveur du repentir : doctrine aussi humble que profonde, aussi simple qu'elle est haute et magnifique ; doctrine qui subjugue les plus puissants génies par sa sublimité et se proportionne par sa clarté aux intelligences les plus faibles ; enfin doctrine indestructible qui résiste à tout, triomphe de tout, de la violence comme des mépris, des sophismes comme des échafauds, et, forte de son antiquité, de ses preuves victorieuses et de ses bienfaits, semble régner sur l'esprit humain par droit de naissance, de conquête et d'amour. »

N'est-ce pas la réunion la plus complète de la grandeur des idées et de la magnificence du style ? Voici un autre passage dont l'éclat est égal et qui fait naître dans l'esprit un rapprochement par lequel nous terminerons ce que nous avons à dire sur l'*Essai sur l'indifférence en matière de religion*.

« Luther même, au commencement, protestait avec une sincérité, du moins apparente, de sa soumission au jugement de l'Église ; il sollicitait à grands cris la convocation d'un concile ; et cet homme emporté, dont l'âme semblait n'être qu'un assemblage de passions violentes que nourrissait un orgueil sans bornes, se montra d'abord résolu à courber son front superbe sous l'autorité des premiers pasteurs et de leur chef. La constante pratique de tous les siècles, fondée sur les textes formels de l'Écriture, qu'on ne s'était point encore permis de détourner de leur vrai sens, ne lui laissait pas même concevoir l'idée qu'on pût détruire cette puissante barrière que Jésus-Christ avait opposée aux innovations. Mais lorsque ses erreurs eurent été proscrites à Rome, lorsque le rapide accroissement de son parti eut porté son audace au comble, ne prenant désormais conseil que de ses sombres pressentiments, il changea tout à coup de langage, et, ne gardant plus de mesure, lança dans sa fureur anathème contre anathème et arbora l'étendard de la rébellion. »

Le succès de cet ouvrage ouvrit à deux battants à son auteur les portes de tous les recueils ultra-monarchiques. Après un voyage à Rome, où il alla recueillir de la bouche du pape Léon XII des éloges mérités et le surnom de *dernier Père de l'Église*, et où, selon quelques personnes, il refusa le chapeau de cardinal, il devint avec M. de Châteaubriand disgracié un des plus actifs rédacteurs du *Conservateur* et un des ennemis les plus irréconciliables du ministère Villèle. Je veux croire que la guerre faite par cette portion du parti royaliste fut de bonne foi de la part de M. de Lamennais; mais quel spectacle que celui d'une si vigoureuse organisation consentant à servir les mesquines rancunes de M. de Châteaubriand, et au lieu de soutenir cette royauté dont elle se proclamait le défenseur, faisant cause commune avec ses ennemis. Quel jeu d'amonceler des tonneaux de poudre dans les fondements de la monarchie et de crier ensuite qu'elle est près de sa perte! Les Cassandre à ce prix ne sont pas rares. Ce rôle, qui faisait les affaires du coupable amour-propre blessé de M. de Châteaubriand, M. de Lamennais le joua naïvement jusqu'en 1830, et quand un autre parti eut mis le feu à la mine préparée et fait sauter la monarchie, l'orgueil satisfait du prêtre put se vanter à bon marché d'avoir été prophète.

Entre ces deux époques se placent deux ouvrages qui font trop sentir les modifications de son esprit pour que nous ne nous y arrêtions pas. Le premier est *la Religion considérée dans ses rapports avec la vie civile et politique;* le second, *Des progrès de la Révolution et de la guerre contre l'Église.* L'un, publié en 1825, offrait, sous une forme théologique pure, une portée politique parfaitement claire. En y attaquant de front les libertés de l'Église gallicane et la déclaration de 1682, l'auteur attaquait ce qui selon lui en était le corollaire dans l'ordre politique : les libertés constitutionnelles. Suivant les déductions de sa logique, il en appelait directement au Pape dans l'ordre ecclésiastique et au droit divin dans l'ordre politique. *Omnis potestat a Deo*, dit-il quelque part; c'était flatter les tendances secrètes du roi Charles X. C'est pour avoir voulu appliquer ces maximes que cinq ans plus tard ce roi devait voir sa royauté *chassée à coups de fourche*[1]. M. de Lamennais était pressant en offrant sa panacée : « Que les gouvernements y réfléchissent sérieusement, il s'agit de la vie. Qu'ont-ils fait jusqu'à présent que conspirer contre eux-mêmes? Le salut n'est pas où ils l'ont cherché. Qu'ils le comprennent enfin, il n'existe aujourd'hui dans la société que deux forces : une force de conservation dont le christianisme est le principe et dont l'Église est le centre; une force de destruction qui pénètre pour tout dissoudre, les doctrines, les institutions, le pouvoir même. »

Il sentit bien du reste que cette immixtion d'un prêtre dans les questions politiques devait paraître bizarre. Aussi prévoyant des questions qui eussent pu l'embarrasser, y répondait-il à l'avance par cette précaution oratoire de sa préface : « Si l'on demandait ce que veut ce prêtre? Ce qu'il veut? ce que voulait Jésus de Nazareth, ce que voulaient les martyrs : heureux s'il l'obtenait au même prix. » M. de Lamennais se trompait et devait bien savoir que le royaume que cherchait Jésus n'était pas de ce monde.

Le martyre qu'il appelait si courageusement ne lui manqua pas. Mais grâce à cette tolérance contre laquelle il se montrait si intolérant, il fut plus doux que du temps de Néron et de Dioclétien. Traduit pour cet ouvrage en police correctionnelle, malgré l'éloquence de M. Berryer, il est condamné à quelques jours de prison et à trente-six francs d'amende. Son orgueil

---

1. Expression de M. de Châteaubriand.

dut cruellement souffrir de cette modération. Avoir rêvé l'apostolat, la prédication, le cirque sans doute et les applaudissements de tout un peuple, et se voir frappé par une condamnation dérisoire à quelques écus d'amende comme un simple tapageur nocturne ! Il y avait là un supplice insupportable pour cette vanité. Aussi, lorsque après l'audience M. de Lamennais prononça cette phrase si haineuse : *Je leur ferai voir ce que c'est qu'un prêtre !* peut-on être certain que c'était moins contre la condamnation même que contre sa bénignité qu'il se révoltait.

Il réalisa cette menace en 1829 dans le livre *Des progrès de la Révolution et de la guerre contre l'Église.* Chacune de ces lignes virulentes, enfiellées, tintait comme un glas de mort aux oreilles de la monarchie.

Et ici je ne puis dissimuler la répulsion que m'inspire cette manière d'agir et je m'étonne qu'elle ait pu tromper quelques bons esprits. Est-ce donc à vous à affecter des airs de prophète, à prédire sa fin à un gouvernement dont vous avez usé tous les rouages, tendu outre mesure tous les ressorts, démoli tous les fondements, barricadé toutes les issues? Il faut avoir une large conscience pour ne pas souffrir d'une pareille mauvaise foi ; et si l'on veut bien se reporter aux conditions dans lesquelles furent écrits les *Progrès de la Révolution* et se souvenir que ce fut avant tout une œuvre destinée à punir ce gouvernement qui n'avait pas donné satisfaction à l'orgueil de l'écrivain, quelle idée gardera-t-on de cet homme qui, au bout de huit ans, descendant chaque jour un échelon, quittait les hauteurs de la chaire évangélique pour s'abriter sous l'échoppe du pamphlétaire. Est-ce donc là ce que c'est qu'un prêtre?

Mais ce premier démenti donné à la foi confessée d'abord, n'était qu'une station dans le chemin que devait parcourir une de ces intelligences enivrées d'elles-mêmes, « chercheuses de bruit, si bien nommées par saint Jérôme et par Tertullien des animaux de gloire (*Défense de l'Essai*, p. 9) » et qui commençant par sacrifier sa dignité, devait livrer à ce démon insatiable jusqu'aux dernières parcelles de son talent.

La révolution de juillet fut reçue avec acclamation par M. de Lamennais. Fidèle à son système d'autorité théocratique, il crut le moment venu de le proposer de nouveau ; mais sachant se plier avec docilité aux idées nouvelles, il le modifia en ce sens qu'il s'adressa au peuple pour le mettre à exécution, à défaut des rois qui ne s'en étaient pas souciés : le moyen lui importait peu. Sous la Restauration il avait pris pour devise : Le Pape et le Roi ; il changea un des termes et inscrivit sur son drapeau : Le Peuple et le Pape. C'est pour développer cette théorie nouvelle que fut fondé l'*Avenir* (octobre 1830); il eut pour soutien dans cette nouvelle lutte MM. de Lacordaire, l'abbé Gerbet et le comte de Montalembert.

Ici les contradictions s'accumulent en si grande quantité qu'il devient impossible de les énumérer. La doctrine de l'*Essai* prise dans un sens absolu était logique. Le Pape et le roi, la puissance divine et la puissance humaine indiscutables toutes deux étaient les deux termes d'un même rapport. Que devient ce rapport quand on substitue un terme à un autre? Le peuple, tel que l'entendait le rédacteur de l'*Avenir*, n'est-il pas la négation de toute autorité, l'examen se mettant au lieu et place de l'autorité souveraine? Comment concilier un pareil paralogisme! De deux choses l'une : ou M. de Lamennais était de bonne foi en essayant de mélanger le feu et l'eau, et dans ce cas la bonne foi prend un autre nom, ou il voulait se servir du peuple pour agir sur la papauté comme il avait tenté de se servir du Pape pour agir sur la royauté, et dans ce cas il méconnaissait étrangement les tendances et la politique du Saint-Siége. Son alliance du peuple et du Pape, de la liberté et de l'autorité, compromettait au dernier point l'Eglise qu'il prétendait défendre encore. Il était le seul à ne pas s'en apercevoir. Le sceptre qu'il offrait au Saint-Père ressemblait à un fer rouge. On comprend que celui-ci ne se soit pas pressé de le saisir.

Il était facile de voir qu'un semblable système tournait à l'hérésie, et de penser que le Pape serait peu enchanté de ce rôle de lévite démocratique que lui réservait le fougueux publiciste. Pendant les premiers temps de la publication de l'*Avenir* il ménagea son rédacteur; mais on ne tarda pas à s'apercevoir qu'il usait d'une réserve dont le silence même équivalait à une condamnation. De là une incertitude qui ne fait pas honneur au jugement de M. de Lamennais. Il eût du comprendre que le Pape par ce silence ménageait encore l'auteur de l'*Essai sur l'indifférence*, mais désapprouvait le journaliste. Il n'en fut rien, et pour forcer Grégoire XVI à s'expliquer, M. de Lamennais suspendit brusquement son journal (novembre 1831) et partit pour demander une réponse catégorique à Rome. Elle ne se fit pas attendre, et comme tout le faisait présager, l'encyclique du 15 août 1832 condamna de la façon la plus formelle, la plus positive, l'alliance rêvée par l'*Avenir*.

Le coup était rude, et M. de Lamennais n'était pas homme à s'y soumettre facilement. Se voir renié par le pouvoir spirituel après avoir été assez dédaigneusement traité par la puissance temporelle, et en fin de compte être repoussé par tous deux, était une épreuve terrible pour un amour-propre si hautain. Son caractère étant connu, il dut s'humilier prodigieusement en accordant, non sans de longues hésitations, son adhésion pure et simple à l'encyclique du Saint-Père [1]. Or, selon l'encyclique, la liberté de conscience était une *maxime absurde*, *un délire ;* la liberté de la presse, une *liberté funeste ;* la résistance au prince, *un crime*. Ces maximes étaient précisément celles que défendait, dix ans plus tôt, l'auteur de l'*Essai ;* mais elles étaient diamétralement opposées à celles exprimées par le rédacteur de l'*Avenir*. C'était lui-même qui se condamnait en se démentant. Mais parler de ses inconséquences à un pareil esprit eût été tenir un langage inconnu pour lui.

1. « Convaincu, dit-il dans une lettre à Mgr l'archevêque de Paris, qu'en signant cette déclaration je signe implicitement que le Pape est Dieu, et tout prêt à le signer explicitement pour avoir la paix. »

Une adhésion ainsi donnée équivalait à une séparation, et l'humilité laissait clairement entrevoir la révolte. Quatre cents ans plus tôt cette révolte eût produit un schisme. Mais les temps n'étaient plus assez religieux pour cela, et M. de Lamennais eût-il voulu le tenter, l'opinion était trop en garde contre ses brusques revirements pour le suivre dans cette voie. La foule où les sectaires recrutent leurs prosélytes aime les orgueils qui tombent ou arrivent tout entiers, et le sien était trop usé pour pouvoir jouer ce personnage.

Il lui en fallait un, toutefois, autre que celui de vaincu silencieux. Il fallait faire repentir l'autorité d'avoir dédaigné son remède. Sous la robe déchirée du prêtre allaient apparaître les oripeaux du tribun. Il débuta dans cette nouvelle carrière par les *Paroles d'un croyant*, pamphlet oublié de nos jours, mais qui rayonna comme une torche incendiaire à l'époque où il parut. Examiné intrinsèquement, le mérite de ce libelle me paraît incompréhensible. Ce style saccadé, métaphorique, plein d'enflure et de sonorité n'est qu'un pastiche du rhythme biblique, une imitation puérile ou sacrilége de ce qui ne s'imite pas. L'envie et toutes les mauvaises passions à sa suite débordent tellement sur la pensée qu'elle hésite, se perd, balbutie, rencontre le grotesque au lieu de la colère, excite le rire au lieu de la terreur. Peut-être n'a-t-on pas oublié ce chapitre fantasmagorique où sept rois boivent du sang humain dans des crânes. La mise en scène est parfaite. Il y a une caverne, des siéges de fer, une lampe sépulcrale, des squelettes et des couvercles de tombeau. Tout cela est fort bien. Mais lorsque l'on se rappelle que l'un de ces rois est le Pape Grégoire XVI et l'autre le roi Louis Philippe, quand on veut bien songer que ces tyrans farouches ne punirent même pas de la plus légère peine l'homme qui les poursuivait d'injures aussi peu courageuses, on se prend à douter de la véracité de ces peintures et de la bonne foi de ces colères.

Je cherche ce que les *Paroles d'un croyant* peuvent contenir de sérieux : je ne trouve rien. D'un bout à l'autre c'est un Code de la haine; et si c'est là un mérite, il le possède sans réserve. Le disparate est choquant entre la forme évangélique et les pensées perverses qu'elle exprime. Le style même, le magnifique style de l'écrivain lui fait défaut. Dans un autre pamphlet moins enfiévré de colère, le *Livre du peuple*, il a du moins trouvé, à propos des hirondelles et de leurs poétiques migrations, quelques lignes harmonieuses et consolantes. On chercherait vainement un tel repos dans les *Paroles d'un croyant*. Tout y est haletant et enflammé comme dans une forge. L'on a hâte d'en sortir et de retrouver l'air et la lumière naturels.

C'est à des considérations extérieures qu'il faut attribuer son succès. A l'époque où il parut, les plus dangereuses théories commençaient à germer au fond des classes pauvres. Écrit dans un style auquel elles ne comprenaient rien, détournant les faits de leur application positive pour en faire des généralités insaisissables, réduisant les principes les moins contestés en abstractions nébuleuses, ce livre leur apportait l'immense attrait de l'inconnu, du mystérieux, de l'incompréhensible. Les instincts inavoués de destruction, le mal en un mot qui s'agite incessamment au fond de toute société, se reconnut et s'applaudit dans ce vague et sonore écho. C'est surtout ce dont il ne parlait pas qui fit sa fortune. Les questions dites depuis sociales y étaient signalées dans un lointain fantastique, et la foule, qui s'émeut et ne réfléchit pas, crut le croyant sur parole.

L'effet tout imaginatif mais malheureusement incontestable de l'ouvrage n'échappa pas à certains esprits clairvoyants que le succès n'éblouit pas. Le Saint-Père le désigna dans sa lettre encyclique comme *petit par son volume, et immense par sa perversité;* et un journaliste de beaucoup de finesse, M. Michaud, résuma son opinion par cette phrase laconique : *Voilà quatre-vingt-treize qui fait ses Pâques.* M. de Lamennais avait tenu parole : il avait fait voir ce qu'était un prêtre.

A partir de cette publication il rompit complétement avec son passé, et se jeta à corps perdu dans le rôle de tribun. Ce rôle se comprend chez un homme sorti des classes qui réclament et sur lequel a longtemps pesé le poids des inégalités sociales. Mais chez un écrivain qui a travaillé à rendre ces inégalités plus dures et plus irrémédiables encore, il n'est justifiable que par le besoin de se faire arme de tout. Les défenseurs de M. de Lamennais prétendraient en vain que son esprit s'était modifié, que la grâce démocratique l'avait enfin touché. Un monde répare les modifications apportées par l'expérience à toute intelligence qui raisonne, et les changements complets dont les esprits absolus ont donné tant d'exemples. On se modifie, mais on ne se dément pas. On élève, on enrichit l'autel du dieu que l'on a adoré ; mais on ne le brûle pas pour en jeter les cendres au souffle des multitudes.

Sa pensée devient dès lors un chaos impossible à analyser. Les inconséquences et les démentis s'entassent sous sa plume. Chacun de ses pas est une nouvelle chute. Mêlant le christianisme et la démagogie, la religion et la révolte, si par instant un but se laisse entrevoir au milieu de ce trouble intellectuel, c'est celui de la destruction. Périsse la société plutôt que mon orgueil ! Telle est la théorie la plus claire du *Livre du peuple*, de la *Politique à l'usage du peuple*, du *Pays et le Gouvernement*, d'une *Voix de prison*, et de la bizarre publication intitulée : *Amschaspands et Darvands*, où l'écrivain mettait à profit les monstrueuses théogonies de l'Inde pour envelopper des allusions étranges ou des injures contre le gouvernement. Que nous sommes loin de l'*Essai sur l'indifférence !* Qu'est devenue cette intelligence si sûre d'elle-même, et n'ayant besoin pour produire de magnifiques effets que des élans de la foi, de la force du raisonnement ou des déductions de la logique? Au lieu de conduire la foule à la découverte des grandes vérités, au lieu de lui enseigner au nom de la religion à se soumettre aux lois du devoir ou aux règles de la discipline, se faire l'insulteur chargé d'exhaler toutes les déplorables convoitises des bas-fonds des sociétés humaines, tel était l'emploi auquel sa vanité trompée avait réduit le dernier Père de l'Eglise.

Entre ces diverses publications parut une édition des Évangiles commentés par M. de Lamennais. Au point de vue littéraire cet ouvrage est irréprochable. Le style possède une sobriété, une élévation qui rappellent le divin modèle qu'il a la prétention d'expliquer. Mais au point de vue moral, je le dis la main sur la conscience, c'est une mauvaise action; c'est peut-être le plus perfide des actes de ce prêtre. Sous une forme doucereuse et béate il n'est pas possible d'attiser plus de colères, d'amasser de plus terribles désirs de vengeance au cœur des malheureux. Et quand on songe au talent qu'il a fallu pour fausser à ce point l'admirable mansuétude de l'Evangile, quand on pense aux précautions de toutes sortes qu'il a dû prendre pour ne pas effaroucher les cœurs simples et leur cacher la perfidie de ces paroles emmiellées; on se demande avec effroi si ce n'est pas pour le malheur de la race humaine que la Providence a départi à quelques-uns de ses enfants de si hautes facultés sans leur donner une moralité égale qui leur fît contrepoids. J'ai lu souvent ce livre, et chaque lecture m'a rappelé ces vers d'un poëte qui semble les avoir écrits pour stigmatiser ces douloureux commentaires :

>   Puis, au fond, tout au bas, la dernière de toutes,
>   La rage de ces fous qui s'en vont par les routes . . .

> Arracher la charrue aux mains du laboureur;
> Dans l'atelier désert corrompre le malheur;
> Au nom d'un Dieu de paix qui nous prescrit l'aumône,
> Trainer au carrefour le pauvre qui frissonne;
> D'un fer rouillé de sang armer sa maigre main,
> Et se cacher dans l'ombre en poussant l'assassin [1].

Pendant tout le gouvernement de juillet M. de Lamennais fut occupé à le poursuivre de ses vaines récriminations, et à lui faire payer ses espérances trompées et ses désirs irréalisés. Il le fit avec toute l'acrimonie dont il était capable, traînant son talent à la remorque d'esprits dont il méprisait *in petto* l'étroitesse, méconnu par ses premiers alliés, suspecté par ses nouveaux amis, plaint, enfin, par ceux qui aimaient son talent tout en en désapprouvant les débauches. Le gouvernement se préoccupa peu de ces attaques. Il pensait, et l'événement lui a donné tort, que le bon sens public ferait justice de ces phrases exagérées où la vérité était traitée avec tant de mépris. Une fois pourtant il sortit de cette indifférence et déféra aux tribunaux le livre intitulé : *le Pape et le Gouvernement*, furieux appel aux armes qui prenait pour paraître précisément le moment où les partis désarmaient et traitaient de leur soumission. M. de Lamennais, caché dans la foule, assista, dit-on, à l'audience, et put entendre le ministère public se servir, pour condamner les théories de son pamphlet, des arguments formulés par lui-même vingt ans auparavant. Les magistrats furent plus indulgents qu'il

---

1. Alfred de Musset.

ne l'eût été alors et, au lieu de trouver en lui un criminel d'Etat, se contentèrent d'y voir un simple délinquant et le condamnèrent à quelques mois de prison.

Cette sentence termina là sa carrière militante. *Une voix de prison*, qu'il écrivit pendant sa détention dans *les cachots*, tenta de prouver que le gouvernement qui l'incarcérait était un horrible despotisme, une réunion de bandits s'engraissant de la sueur du peuple; car, cela est triste à dire, mais M. de Lamennais n'a pas été exempt de cette niaise métaphore. Son plaidoyer ne convainquit personne et n'eut qu'un médiocre succès. Quant aux *Amschaspands et Darvands*, c'est un recueil de grossières injures qui n'ont pas même le triste mérite du courage, puisque, dit avec raison M. de Loménie, « en écrivant les personnalités les plus directement outrageantes, l'auteur n'ose pas aller jusqu'à écrire le nom des personnes outragées. Pour avoir ainsi oublié la dignité de son talent, M. de Lamennais a été puni par la perte même de ce talent, car le livre en question est incontestablement le plus faible, le plus délayé de style, le plus commun de pensée qui soit sorti de sa plume. »

En 1840 M. de Lamennais, lassé sans doute de tourner à tous les vents, tenta de mettre un peu d'ordre dans ses contradictions, de donner un criterium philosophique à vingt ans de démentis, et publia l'*Esquisse d'une philosophie*. Je n'ai pas la prétention d'examiner à fond la métaphysique de cet ouvrage. De sa lecture attentive il résulte au moins la présomption que l'auteur n'a ni inventé un nouveau système, ni fondé une nouvelle philosophie. Il analyse les faits moraux et intellectuels plutôt qu'il n'en recherche l'origine; et tout en la dédaignant ne fait que de la psychologie. Quant aux difficultés soulevées par les notions de Divinité, d'infini, d'éternité, il les esquive en les admettant sans examen; c'est-à-dire qu'il supprime les questions embarrassantes dont la discussion même est l'essence de la philosophie. Toutefois, sur d'aussi graves matières, je connais trop mon insuffisance pour ne pas user d'une extrême réserve.

Mais si l'on veut faire une étude curieuse, c'est de lire l'*Esquisse* après avoir parcouru l'*Essai*. Je ne pense pas que les plus vigoureux antagonistes de M. de Lamennais aient trouvé des arguments plus concluants contre le dernier de ces livres que ceux contenus dans l'*Esquisse*. Autant dans l'un la puissance de la raison était dédaigneusement traitée, autant dans l'autre elle est préconisée; et ce qu'il y a de plus pénible, c'est que l'apologie de la foi et celle de la raison sont faites avec la même bonne foi, la même apparence de certitude. Dans l'exposé de chaque système il n'y a pas ombre d'hésitation. L'écrivain est aussi convaincu d'être dans le vrai en disant blanc qu'en disant noir. Et cependant, de quels sarcasmes n'eût pas été poursuivi par l'auteur de l'*Essai* l'écrivain assez audacieux pour penser et pour écrire que « condamner la philosophie, ce serait condamner la raison humaine et avec elle le principe de tout progrès, la pensée, la science, pour réduire l'homme à l'état de pure machine croyante et obéissante; et encore la croyance implique-t-elle la pensée, comme l'obéissance suppose l'ordre, des lois connues de celui qui obéit aussi bien que de celui qui commande, une volonté éclairée et libre, et, si peu qu'on descende plus bas, l'on entre dans les régions de la nécessité, muet empire de la brute où domine seul l'irrésistible instinct, monde sans soleil, peuplé de fugitives ombres et enveloppé d'un vague crépuscule qui n'est point la nuit, qui ne devient jamais le jour. »

Si ce n'est point assez, que l'on veuille bien relire tout le quatrième chapitre, et que se reportant à vingt ans de là on imagine l'effet de cette apologie de la raison sur M. de Lamennais. Quelles magnifiques pages la réfutation de ce chapitre malsonnant eût ajoutées à la défense de l'*Essai !* Quelles phrases terribles, vengeresses, quelles figures à la Jérémie eussent été employées à poursuivre la péroraison de ce chapitre, un des plus beaux qu'ait écrit M. de Lamennais, et que nous demandons la permission de reproduire dans toute sa merveilleuse éloquence :

« Il existe donc, pour user de ce mot, un devoir philosophique, comme il existe un devoir religieux. *L'esprit n'est pas créé seulement pour obéir et croire*, mais pour agir, pour féconder à force de travail les croyances qui forment le patrimoine inaliénable de la famille humaine, pour faire de ce germe le grain qui nourrira les générations successives : car le pain de l'intelligence doit être gagné aussi, et plus que celui du corps, au prix de la fatigue et à la sueur du front. Ne séparons donc pas ce qu'a uni la suprême sagesse. Posons-nous fermement sur la base de la foi ; mais gardons-nous d'y demeurer immobiles et oisifs. Nous avons une œuvre à achever, l'immense œuvre qui lie notre existence présente à notre existence à venir. Nous devrons compte à nos descendants des jours qui nous sont accordés. Lorsqu'ils demanderont quel emploi nous en avons fait relativement au but général de la vie humaine, répondra-t-on que, chargés de concourir pour notre part au développement des dons magnifiques du Créateur, nous nous sommes défiés de ces dons mêmes, nous avons eu peur de la raison, ou désespéré d'elle? Qu'aurions-nous alors à attendre que le mépris de nos neveux, ou leurs justes malédictions? Car celui-là est maudit qui, désertant sa tâche, enfouit le *talent* que la Providence lui a confié pour le faire valoir. »

De pareilles idées exprimées dans un langage aussi beau sont la gloire d'une intelligence humaine. Mais que penser de la moralité de cette intelligence lorsque ces idées en contredisent radicalement d'autres exprimées avec la même puissance et la même majesté ? Le doute, la perversion du jugement, l'impuissance, le trouble jeté dans les plus hautes facultés de l'homme, voilà donc en dernière analyse les tristes résultats du talent guidé par la vanité !

Cet ouvrage contient, avec le premier volume de l'*Essai*, les plus belles pages de l'écrivain. J'indiquerai surtout le chapitre consacré à l'histoire du progrès de l'industrie humaine, et tout le livre qui traite de l'art. Là M. de Lamennais en parlant une langue riche, vigoureuse, claire pour tous ; en développant une esthétique des plus hautes, des plus simples et des plus vraies, a trouvé des descriptions d'une poésie que je place à côté des plus éloquents morceaux de Bossuet. Il a tracé en cent pages le tableau le plus vaste de l'histoire de l'art à toutes les époques et chez tous les peuples. Dominé par ce style merveilleux, l'imagination n'est pas de force à se soustraire à sa magie, et ce n'est que longtemps après l'impression produite, que la réflexion arrive et demande ce que font de pareils tableaux dans un livre de philosophie. Mais quel sera le critique assez chagrin pour savoir mauvais gré à l'auteur d'avoir brodé d'aussi somptueux ornements sur un fonds sévère d'abstractions philosophiques ?

Toutefois, ce livre composé de chapitres écrits à des époques bien éloignées les unes des autres ne pouvait avoir de solution. Il était matériellement impossible de tirer une conclusion quelconque quand les prémisses n'avaient pas été posées. Il faut croire que le philosophe lui-même en reconnut l'impossibilité, car après la publication du quatrième volume il s'arrêta et ne paraît pas avoir jamais songé à conclure.

La révolution de février porta le dernier coup à la considération de M. de Lamennais. Aigri par dix-huit années d'envie, les bandes victorieuses le trouvèrent prêt à soutenir leurs plus folles divagations. Le surlendemain du 24 février il fondait le *Peuple constituant*. Les révolutions sont des pierres de touche où s'éprouvent les caractères : les forts y grandissent, et les faibles disparaissent. J'ai relu avec une extrême attention les numéros de ce journal, qui ne vécut que cinq mois. Au milieu des tirades dont il est plein, au milieu de la banale phraséologie révolutionnaire qui enfle ses colonnes, je défie que l'on cite une seule idée pratique ou raisonnable. Il y a plus : aucune de ces questions de salaire, de crédit, de paupérisme, d'économie sociale ou politique si fort à l'ordre du jour à ce moment, n'est, je ne dirai pas discutée, mais même soulevée incidemment par le rédacteur en chef.

Sunt verba et voces, præteraque nihil.

Le moment était pourtant venu de le faire. Pendant dix-huit ans on avait promis monts et merveilles, on avait poussé au renversement du pouvoir, et un hasard heureux vous remettait en main ce pouvoir avec la dictature la plus absolue qui fut jamais. L'occasion était belle pour appliquer ses théories, pour organiser la société sur des bases plus rationnelles, pour vider, comme on dit vulgairement, le fond de son sac. Hélas! ce sac si magnifiquement étiqueté ne contenait absolument rien! La constitution de M. de Lamennais le démontra suffisamment. Elle fut publiée le jour même de l'ouverture de la Constituante où M. de Lamennais prit place, envoyé par les électeurs de Paris. Il est difficile d'imaginer rien de plus enfantin et de plus impraticable. Celle que Fénelon donnait aux Salentins est un modèle de sens pratique et expérimental en comparaison. C'est une confusion perpétuelle des pouvoirs constituant, législatif, civil, militaire, religieux, administratif, se contre-carrant et s'embarrassant les uns les autres; un mélange d'abstractions philosophiques et de banalités gouvernementales qui confond chez une intelligence aussi remarquable.

On aurait eu beau jeu alors si, pour mettre le tribun en opposition avec lui-même, on eût opposé à ses spéculations sur la souveraineté du peuple ses aphorismes sur les mêmes théories tirées de ses propres œuvres. N'était-ce pas lui qui avait écrit ces lignes accablantes : « Une des plus dangereuses folies de notre siècle, est de s'imaginer que l'on constitue un Etat ou que l'on forme une société du jour au lendemain, comme on élève une manufacture. On ne fait point les sociétés : la nature et le temps les font de concert... On veut tout créer instantanément, tout créer d'imagination, et fondre, en quelque sorte, la société d'un seul jet... L'on substitue en tout les combinaisons arbitraires de l'esprit aux rapports nécessaires, aux lois simples et fécondes qui s'établissent d'elles-mêmes, quand on n'y met pas obstacle, comme les conditions indispensables de l'existence... Dans cette confiance, rien n'arrête rien n'embarrasse; on constitue et l'on constitue encore; on écrit sur un morceau de papier qu'on est une monarchie, une république, en attendant qu'en réalité on soit quelque chose, qu'on soit un peuple, une nation. C'est un problème encore indécis de savoir combien de temps un assemblage d'êtres humains peut subsister en cet état.

« Le principe désastreux que tout pouvoir vient du peuple conduit infailliblement les peuples, ou à la privation de gouvernement ou à un gouvernement oppressif. La même doctrine qui détrône Dieu détrône les rois, détrône l'homme même, en le ravalant au-dessous des brutes : et dès que la raison se charge de gouverner seule le monde ; l'intérêt particulier, source éternelle de haine, devient le seul lien social. De même que l'autorité n'est plus que la force, l'obéissance n'est plus que la faiblesse, car l'intérêt de l'orgueil n'est jamais d'obéir. Le désir inné de la domination comprimé par la violence réagit et pousse incessamment les sujets à la révolte. Le pouvoir errant dans la société, les troubles succèdent aux troubles, et les révolutions aux révolutions.

« La démocratie la plus effrénée, qui n'est que l'absence de tout ordre et de toute loi, ou le gouvernement des passions, au lieu de les satisfaire, les irrite, et le peuple, toujours convoitant, toujours détruisant, tourmenté de vagues désirs et de craintes vagues, se fatigue à creuser sa tombe, et cherche avec anxiété le fond du désordre, dans l'espoir d'y trouver le repos. »

N'était-ce pas M. de Lamennais qui, quelques pages plus loin, avait qualifié la doctrine qu'il soutenait maintenant de *spectre ensanglanté de la souveraineté du peuple?* Quelle réponse eût-il pu faire à qui lui eût demandé de mettre d'accord les principes de l'*Essai* avec les doctrines du *Peuple constituant ?*

Il est probable qu'il se rendit compte de ces inconséquences et comprit que le silence était le seul refuge après un pareil avortement ; car pendant toute la durée de son mandat à la Constituante il fut un des plus obscurs députés de la gauche. Il boudait et ses ennemis politiques chez lesquels il était bien forcé de reconnaître un sens politique supérieur au sien, et ses amis, qui avaient accueilli avec une nuance de mépris son inapplicable constitution.

Gloire, célébrité, réputation, jusqu'au nom même tout disparut dans ce dernier naufrage, tout, excepté l'orgueil. Il tomba dans un profond oubli. Le silence se fit autour de lui. La postérité arrivait et l'heure de la justice allait sonner. Quelques amis fidèles, confidents de ses erreurs ou flatteurs de son entêtement, vinrent seuls animer l'isolement des dernières années de sa vie, et essayer de retrouver des étincelles dans les cendres de son esprit. Au moment où il sentit la mort approcher, l'orgueil se réveilla chez lui et sembla défier la Divinité, seul vestige de tant de grandeurs encore debout dans cet amas de décombres. M. de Lamennais refusa de recevoir un prêtre.

Je n'irai pas plus loin, et laisserai à d'autres le triste soin de raconter le scandale de ses derniers moments. Pour être jugés avec impartialité, de pareils actes demandent plus d'espace et de lointain. Si sa vie appartient désormais à l'histoire, sa mort est encore trop récente pour que la justice ou la morale n'hésitent pas à se prononcer sur elle. Encore charmé d'ailleurs par le plus grand écrivain de notre époque, encore tout ébloui des éclairs de ce sombre artiste, nous n'aurions ni le courage ni la force de venir scruter sa suprême évolution dans d'aussi terribles conjonctures, et de poursuivre jusque sur sa tombe ce sophiste infatigable qui se repose sans doute pour la première fois.

Mars 1856.

P. J. DE BÉRANGER

I

Quand un homme a eu le rare bonheur de réfléchir une des nuances qui constituent le caractère d'un peuple, quel que soit d'ailleurs son genre de génie ou de talent, quelles que soient les facultés dont il ait été le reflet, l'originalité lui est légitimement acquise. Si l'avenir le discute, il sera forcé de l'accepter comme l'expression vraie du temps et du pays où il a vécu.

Béranger a été un de ces hommes.

Écrivain politique, poëte, chansonnier, puisque ce titre est la seule marque de distinction que son adroite vanité ait voulu accepter, la portée de ses vues, la splendeur de ses images, l'entrain de sa gaieté, ont été facilement surpassées. Pourtant il restera, sa gloire brillera plus pure et plus éclatante à mesure que disparaîtra le souvenir des luttes auxquelles il prit part. Il restera, parce que avant tout il a été un écrivain français.

Il serait facile de faire remonter sa généalogie aux temps les plus reculés de notre histoire. De Thibaut de Champagne et de Bertrand de Born à Villon, l'esprit dont cette race est dépositaire naît, grandit et s'étend dans les chansons des sirventes ou dans les allégories des fabliaux. Le réveil de la Renaissance lui donne sa plus vive expression avec Rabelais. Au siècle suivant, Régnier dans ses satires, Molière dans ses petites pièces, et surtout La Fontaine, rattachent Rabelais à Voltaire, le père littéraire de Béranger. Le fond de ces divers talents, en tenant compte d'originalités et d'époques diverses, c'est le vieil esprit gaulois, l'esprit national par excellence, celui que la conquête a pu comprimer, mais qu'elle n'a pas anéanti, et qui, après tout, a fini par avoir raison de ses conquérants. Gai, facétieux, railleur, sensuel sans être sensualiste, frondeur avant tout, frondeur avec délices, et, sous ce rapport, poussant l'habileté jusqu'au génie, l'esprit gaulois s'est toujours trouvé debout et prêt à agir quand il a fallu attaquer ceux que le hasard lui avait donnés pour maîtres. La noblesse du but, la grandeur des moyens, n'ont point trouvé grâce devant lui. La royauté et le sacerdoce, les deux plus glorieuses institutions de la conquête, ont fini par succomber sous ses attaques. Béranger est le dernier représentant de cet esprit.

La grande religion de Béranger, c'est la patrie. Le sol sacré qui l'a vu naître n'a pas de chantre plus convaincu. Il a conservé dans sa plénitude le glorieux enthousiasme de 92. Il semble qu'enrôlé aux refrains du *Chant du Départ*, aux cris de la patrie en danger, il se soit jeté à la frontière avec Dumouriez et Rochambeau, et qu'il n'ait pas vieilli. Toutes les fois qu'il touche à ce sentiment, sa poésie s'élève et s'émeut d'une remarquable manière :

> Sans y moissonner, moi pauvre homme,
> J'aime avant tout le sol natal;
> J'y tiens autant que vous tenez à Rome,

disait-il à Son Éminence le cardinal de Clermont-Tonnerre en 1829.

A la même époque, sous les verroux de la Force, se rappelant en tisonnant qu'on lui avait offert de fuir en Suisse, et d'éviter ainsi la condamnation qu'il subissait : J'aurais pu fuir, disait-il :

> J'aurais pu fuir quand j'ai prévu l'orage;
> La liberté, là, m'offrait le repos...
> Je franchirais ces monts à crête immense,
> Où je crois voir nos vieux drapeaux flottants.
> Mon cœur n'a pu s'arracher à la France...

C'est à ce noble sentiment qu'il a dû sa plus belle gloire et la plus noble part de son talent.

Comme poëte et pris en masse, Béranger a un grand mérite : sa lecture est saine. Il n'empoisonne ni le cœur ni l'imagination. Il ne cache pas sous la pompe de ses images ou l'artifice de ses périodes ces paradoxes malsains à l'aide desquels tant d'habiles corrupteurs sont de nos jours parvenus à troubler la source des plus nobles sentiments de l'homme : la morale. La sienne n'est certes pas sévère. Il ne faut pas être casuiste pour y trouver à redire. Par respect pour tous, pour l'honneur du goût, pour sa propre gloire, on voudrait voir disparaître certains couplets, certaines chansons qui déparent inutilement son recueil, et qui lui eussent fait plus de bien à être franchement reniées qu'à être si obstinément acceptées. Tout mauvais cas est niable. A quoi sert-il de laisser de pareilles armes aux mains de ses adversaires? Mais du moins on ne l'accusera pas de duplicité : il ne trompe personne, et, dès les premiers mots, l'on sait à quoi s'en tenir. Poëte léger, il a chanté l'ivresse et l'entraînement de la jeunesse. Il a usé d'un droit dont le passé a suffisamment absous ses confrères depuis Anacréon jusqu'à Désaugiers. Le moraliste n'aura pas à s'y tromper. Depuis trois mille ans l'enseigne est la même, et, si vous franchissez la porte, c'est en toute connaissance de cause.

Né en 1780, en plein Paris, rue Montorgueil,

Chez un tailleur, mon pauvre et vieux grand-père,

Pierre-Jean de Béranger (car, malgré ses dénégations, la particule nobiliaire lui appartient en propre) fut conduit à la Bastille le lendemain de la prise de cette forteresse. Les sentiments politiques qui animaient alors la population, cette acclamation de l'émeute triomphante, pénétrèrent dans cette jeune âme et y imprimèrent un ineffaçable souvenir. A quarante ans de là, il en célébrait l'anniversaire dans la prison de la Force, et n'oubliait même pas de glorifier la lâche trahison des gardes françaises, comme s'il eût été encore sous l'impression de l'enthousiasme irréfléchi qu'elle souleva.

Quelque temps après la prise de la Bastille, Béranger fut confié aux soins d'une vieille tante qui habitait Péronne, et qui, malgré la Révolution, poussait les idées religieuses jusqu'à l'observance de pratiques plus faites pour déconsidérer la religion aux yeux de son jeune neveu que pour la lui faire aimer. C'est alors que lui arriva l'aventure de la foudre, et cette réponse connue de tout le monde : « A quoi sert donc ton eau bénite ? » raillerie qui paraît plutôt échappée à Voltaire qu'à un jeune homme de quatorze ans.

Entré à cet âge dans l'imprimerie de M. Laisney, ce fut là que, n'ayant pu apprendre l'orthographe, il prit goût à la poésie, et reçut de son patron ses premières leçons de versification.

Dans l'art des vers c'est toi qui fus mon maître,

lui disait-il à quelque cinquante ans de là dans la chanson intitulée *Bonsoir*. La lettre suivante, publiée récemment, indique chez le jeune apprenti plus de gaieté et d'insouciance que d'aptitude typographique.

« Quant aux détails que vous avez la bonté de me demander, ils se réduisent à zéro.

« Pauvre petit apprenti, resté deux ans à peine dans une imprimerie de province, ainsi que je l'ai dit dans quelques notes, j'ai tenu les balles, tiré même le barreau, lessivé les caractères, distribué et composé, avec accompagnement, pour prix de mes fautes, de coups de pied et de chiquenaudes, ce qui ne m'a pas empêché de conserver un grand goût pour cette profession, que j'ai regretté d'avoir quitté avant seize ans.

« Bien des années après, d'anciens camarades m'ont dit souvent que, si j'avais persévéré, je serais devenu un très-habile compositeur.

« Mais, monsieur, j'ai aussi appris à jouer de la flûte pendant trois mois; et, longtemps après, mon maître m'assurait que je promettais de devenir un Tulou. Or, dans mes trois mois de leçons, je n'avais jamais pu trouver l'embouchure. Chez nous, réussissez à quelque chose, on vous croira propre à tout. N'a-t-on pas voulu me faire législateur?

« Croyez-moi, monsieur, toute ma gloire comme typographe se réduit à la confection des bonnets de papier. Je puis m'en vanter, j'en ai fait de magnifiques. »

Mais le document le plus précieux sur cette première époque de sa vie, il l'a laissé dans l'idylle *Souvenirs d'enfance* :

> C'était à l'âge où naît l'amitié franche,
> Sol que fleurit un matin plein d'espoir;
> Un arbre y croît dont souvent une branche
> Nous sert d'appui pour marcher jusqu'au soir.
> . . . .
> Amis, parents, témoins de notre aurore,
> Objets d'un culte avec le temps accru,
> Oui, mon berceau me semble doux encore,
> Et la berceuse a pourtant disparu.

Quelle paraphrase rendra la fraîche impression de ces couplets? C'est pur et charmant comme l'aube d'un beau jour sur un doux paysage.

La meilleure biographie d'un poëte, ce sont ses œuvres. Dans les chansons de Béranger, on peut suivre pas à pas sa vie et ses sentiments. « Mes chansons, c'est moi, » a-t-il dit dans sa préface, et cette phrase n'est ici que l'expression sincère de la vérité.

Revenu à Paris vers 1797, dans les dernières années du Directoire, il se trouva au milieu de la grande ville, sans ressources, sans instruction, sans guide, et n'ayant pour tout avenir qu'une vocation poétique. Doué d'un esprit observateur et pénétrant, livré à tous les hasards de la misère, si l'on peut s'étonner d'une chose, c'est que son cœur ait été assez fort et son sens assez droit pour repousser les assauts que l'envie dut alors lui livrer ; c'est que sa muse, dès cette époque, n'ait compté, dans notre espèce,

> Que des fous, pas de méchants.

Mais la jeunesse, avec sa grâce enchantée, lui vint en aide pour combattre les mauvais conseils de la pauvreté. C'est là l'époque de Lisette et de Frétillon, types désormais immortels, dont le chansonnier a fait les sœurs de Lydie et de Lesbie; c'est cet heureux temps de présent léger, d'espérances décevantes, d'avenir plein de rêves, dont la chanson du *Grenier* restera à tout jamais la vive épopée.

Bien d'autres que Béranger ont chanté le charme du printemps de la vie, bien d'autres le chanteront après lui ; mais jamais la corde qu'il remue n'aura été touchée avec une pareille justesse. Son âme s'ouvre à toutes les joies de la vie ; elle ne reçoit que des impressions heureuses ; le moindre plaisir l'égaye et la réjouit. Cette gaieté-là, nous ne la connaissons plus ; mais, l'âge arrivant, nous lui rendrons justice et nous la regretterons. Évitant avec un égal bonheur la joie bruyante et l'ennuyeuse mélancolie, ses vers ont une douceur à laquelle ne peut se dérober le juge le plus sévère. Il est si heureux d'avoir vingt ans, d'aimer et d'être aimé, que l'on se prend à envier ce rayon de soleil passant par la lucarne de sa chambrette.

On a accusé Béranger de relâcher les liens de la morale et de pousser à la débauche sous le manteau du plaisir. On a lancé de grandes phrases contre cette poésie légère. Des personnes fort honnêtes et fort religieuses ont jeté de gros pavés pour écraser cet oiseau jaseur. C'était faire bien de l'honneur au chansonnier, et l'on a rendu la tâche facile à ceux qui voudraient réfuter cette assertion, si elle en valait la peine. Ne soyons pas plus royalistes que le roi. Celui qui près de sa maîtresse ou au milieu de ses amis a songé à la *Bonne vieille* et au *Dieu des bonnes gens*, celui-là ne passera jamais pour un bien grand débauché.

Au milieu de ces plaisirs du bel âge son esprit ne restait pas inactif. Tout en charbonnant d'hémistiches la muraille de son grenier, il roulait dans sa tête vingt projets littéraires sans s'arrêter à un seul. Les ailes de l'oiseau poussaient. Odes, épîtres, dithyrambes, comédies de mœurs, il tenta tous les genres. Il n'est pas jusqu'au poëme épique dont il n'ait nourri le monstrueux projet. Ce n'est pas un exemple des moins piquants de cette ignorance de leur destinée où végètent pendant un certain temps les esprits les plus originaux, que d'entendre Béranger raconter que, vers 1813, rencontrant souvent Désaugiers dans la rue, il se disait tout bas : « Va, j'en ferais aussi bien que toi des chansons si je voulais, n'était mon poëme. » Ce poëme était *Clovis*, à la composition duquel il a songé pendant quinze ans, et qui se sera sans doute enfui devant le *Roi d'Yvetot* ou le *Sénateur*.

Le hasard nous a conservé un fragment de ses essais poétiques. Il ne ressemble guère aux chansons de 1825, et ferait regretter *Clovis* s'il y avait beaucoup de vers comme ceux-ci :

> Le soleil voit, du haut des voûtes éternelles,
> Passer dans les palais des familles nouvelles.
> Familles et palais il verra tout périr;
> Il a vu mourir tout, tout renaître et mourir;
> Vu des hommes formés de la cendre des hommes;
> Et, lugubre flambeau de la terre où nous sommes,
> Lui-même à ce long deuil fatigué d'avoir lui,
> S'éteindra devant Dieu comme nous devant lui.

Cependant, lorsque l'inspiration était envolée avec Lisette, quand l'obscurité et la misère remplaçaient auprès du foyer sans feu le cortége des folles illusions, ces beaux jours avaient leurs tristes lendemains, et Béranger demandait vainement à l'avenir de tenir les promesses que son insouciante gaieté l'avait chargé d'acquitter. C'est dans un de ces instants d'abattement qu'une inspiration heureuse fut pour lui la source d'un bien-être inespéré. Laissons-le raconter lui-même le fait dans la dédicace de ses œuvres adressée à Lucien Bonaparte : « En 1803, privé de ressources, las d'espérances déçues, versifiant sans but et sans encouragement, sans instruction et sans conseils, j'eus l'idée (et combien d'idées semblables étaient restées sans résultat!), j'eus l'idée de mettre sous enveloppe mes informes poésies, et de les adresser, par la poste, au frère du premier consul, M. Lucien. Bonaparte, déjà célèbre par son grand talent oratoire et par l'amour des arts et des lettres. Mon épître d'envoi, je me le rappelle encore, digne d'une jeune tête toute républicaine, portait l'empreinte de l'orgueil blessé par le besoin de recourir à un protecteur. Pauvre, inconnu, désappointé tant de fois, je n'osais compter sur le succès d'une démarche que personne n'appuyait. Mais le troisième jour, ô joie indicible! M. Lucien m'appelle près de lui, s'informe de ma position, qu'il adoucit bientôt; me parle en poëte, et me prodigue les encouragements et les conseils. Malheureusement il est forcé de s'éloigner de la France. J'allais me croire oublié, lorsque je reçois de Rome une procuration pour toucher le traitement de l'Institut, dont M. Lucien était membre, avec une lettre que j'ai précieusement conservée. »

Deux années après, en 1805, Béranger, recommandé à Landon, l'éditeur du vaste recueil intitulé *Annales du Musée*, était accepté comme rédacteur, et trouvait dans la composition d'articles anonymes un pain assuré pour le lendemain. Nous avons parcouru les volumes des *Annales* correspondant à cette année, et nous croyons avoir découvert quelques-uns des articles du chansonnier. Leur style en est correct et ne manque pas d'une certaine précision ; mais il est incolore et rien n'y fait pressentir l'auteur des strophes à *Châteaubriand* ou d'*Octavie*. Pour me servir d'une expression vulgaire, il pelotait en attendant partie.

Enfin, en 1809, son avenir fut assuré. Grâce aux pressantes sollicitations de l'auteur de *Marius à Minturnes*, il obtint une place d'expéditionnaire dans les bureaux de l'instruction publique, aux appointements de dix-huit cents francs. C'était une fortune inespérée qui lui arrivait. Il était temps ; il avait alors vingt-neuf ans.

Dès lors sa carrière fut décidée, sa vocation suivit son cours. Auteur de chansons qui couraient manuscrites, lié bientôt avec tous les membres de la Société du Caveau, il y fut reçu en 1813, et sa chanson de réception, en réponse à celle de Désaugiers, nous a été conservée. La même année parut le *Roi d'Yvetot*, première révélation de ce talent qui ne devait plus marcher qu'en grandissant. Sous une forme dont l'esprit n'a d'égal que la bienveillance, c'était la France qui demandait du repos à son glorieux chef. Mais il n'était plus temps : le destin des batailles devait emporter dans le même abîme le conseil et le refrain.

Il ne faut pas s'y tromper, comme homme politique, Béranger ne pouvait avoir une bien vive sympathie pour l'Empereur. Ses souvenirs et son éducation le tournaient ailleurs. Le *Roi d'Yvetot* en est la preuve. Ce n'est pas Napoléon triomphant que le poëte a chanté :

> Ce n'était pas le soleil de l'empire
> Qu'à son lever je chantais dans les cieux!

Mais lorsqu'il vit cette grande figure tombée et insultée par ceux-là même qui la veille encore lui faisaient litière de leur bassesse, le sentiment poétique s'éveilla chez lui et n'eut pas de peine à trouver de l'écho chez une nation qui pendant quinze ans n'avait vu dans son César triomphant que son propre génie couronné. Béranger a été pour le peuple le principal vulgarisateur de la gloire impériale. Et si, plus tard, l'imagination de la postérité entoure le grand capitaine de l'auréole d'Alexandre ou de Charlemagne, personne n'y aura contribué autant que lui. Il aura fait pénétrer dans le souvenir des masses un Napoléon légendaire qui durera autant que le Napoléon historique.

En 1815, la Restauration trouva Béranger tout prêt à jouer le rôle auquel il a dû sa popularité. Bien qu'il ait prétendu avoir vu arriver les Bourbons sans sympathie, mais sans hostilité, on n'est pas forcé de croire le chansonnier sur parole. Il a dû se tromper sur la vérité de ses sentiments. D'une génération naturellement hostile au principe représenté par les Bourbons, s'étant développé au milieu de l'atmosphère peu orthodoxe de l'Empire, il n'est pas étonnant qu'il ait vu dans le nouvel ordre de choses la réhabilitation d'un principe en opposition directe avec les idées et les aspirations du pays. En second lieu, qui dit chansonnier dit opposition ; et si, comme cela n'est pas douteux, Béranger songeait déjà à tout le parti qu'il pouvait tirer de cette position littéraire, il est certain aussi qu'il a dû se réjouir en voyant s'installer un gouvernement qu'il pensait devoir lui apporter une ample moisson de railleries.

Je ne veux nullement faire ici le procès de la Restauration en faveur de Béranger. En se plaçant d'un peu haut, il se pourrait bien que son rôle de publiciste ne fût pas exempt de reproches, et que les gens réfléchis trouvassent médiocrement moral ce jeu qui consiste à attacher des queues de papier au dos d'un gouvernement, à le piquer à coups d'épingle, à le déconsidérer dans l'esprit des masses, et à laisser le vaisseau aller à la dérive du jour où l'équipage a fait sauter le capitaine par-dessus le pont. Toutes ces questions pourraient faire l'objet d'une bien intéressante étude sur Béranger homme politique, d'où il ne sortirait pas complétement absous. Mais, en nous contentant de l'indiquer à de plus hardis, nous devons dire les faits sans commentaire et nous borner à l'examen de la question littéraire.

La Restauration n'eut pas d'ennemi plus acharné et plus intraitable. Elle se défendit par tous les moyens que les lois mettaient alors en son pouvoir. Privation de sa place, procès, amendes deux fois répétées, rien n'y fit. Elle frappait sur un instrument sonore et lui donnait du retentissement. Son ennemi s'appelait Légion. Qu'étaient les luttes de la tribune ou les attaques de la presse auprès de ces couplets ailés s'envolant à propos de tout : railleurs, amers, sombres, joyeux, évoquant les souvenirs, aiguisant les sarcasmes, maniant l'ironie, donnant un double sens aux soupirs de la volupté ou aux chants de l'ivresse, pénétrant toutes les couches de la société, depuis le cabinet de l'homme d'État ou le comptoir du banquier, jusqu'au grenier de l'artisan ou à la mansarde de la grisette? Le pays attentif prêtait l'oreille; le poëte disait la strophe, et tout un peuple répétait en chœur le refrain. Aussi a-t-il pu dire dans sa dernière chanson, sans qu'on songe à le taxer de vanité :

> Tes traits aigus, lancés au trône même,
> En retombant aussitôt ramassés,
> De près, de loin, par le peuple qui t'aime,
> Volaient en chœur vers le but relancés.
> Puis, quand ce trône ose brandir son foudre,
> De vieux fusils l'abattent en trois jours :
> Pour tous les coups tirés dans son velours,
> Combien ta Muse a fabriqué de poudre!

Seulement, pour un poëte aussi correct que lui, il eût pu choisir une image plus juste et ne pas faire *brandir des foudres par un trône*.

Au fond, Béranger n'était ni républicain ni impérialiste, ni athée, ni dévot. En politique, en religion, il était libéral, c'est-à-dire frondeur. Il avait toute 'intelligence et toute la crédulité du parti qui a triomphé en 1830. Il feignit de croire au Cham d'Asile; il crut de bonne foi aux Hellènes, aux Ottomans, aux têtes du sérail, à toute cette fantasmagorie sentimentale et poétique avec laquelle l'opposition fit les affaires de la Russie comme si elle eût été payée pour cela. M. de Villèle était bien plus dans le vrai lorsque, du haut de la tribune, il s'étonnait de cette incompréhensible affection pour *cette localité*. Si Béranger n'eût été qu'un poëte dénué de bon sens, ce platonique amour eût été excusable. Mais c'était un esprit politique autant qu'une imagination poétique, et, de tous les conseillers du libéralisme, pas un n'avait autant de portée dans l'esprit et de rectitude dans le jugement. Or, avec ces deux dons de la nature, il est singulier qu'il n'ait pas entrevu les conséquences de l'affranchissement de la Grèce dans le système de l'équilibre européen, et qu'il ait donné dans le piége grossier tendu par la Russie à la Restauration.

Emprisonné une première fois en 1821 pendant un mois, cette brusque condamnation n'était pas faite pour adoucir son opposition. Au contraire. Les témoignages d'intérêt qui lui arrivèrent dans sa prison de tous les côtés de la France, lui révélèrent le secret de sa puissance et le sentiment de l'intérêt qu'il suscitait. Connaissant sa force, sûr d'être soutenu, son hostilité prend de plus vastes proportions, ses attaques deviennent plus vives, portent plus haut et ont un plus grand retentissement. La raillerie tourne à la satire, le vaudeville au drame; la chanson ouvre de larges ailes et se fait dithyrambe. L'éducation de son public est faite; il le tient dans sa main, et, au lieu de descendre jusqu'à lui, c'est le chansonnier, au contraire, qui l'élève à la hauteur de son talent. La lutte, dès lors, prend les proportions d'un combat corps à corps entre la royauté et le poëte. L'*Épée de Damoclès* et les magnifiques strophes d'*Octavie*, sous le voile transparent d'un fait historique, permettent à l'auteur d'attaquer avec une haine éloquente et perfide les ridicules ou les affections privées du roi Louis XVIII. Le ministère emmiellé de M. de Martignac vint suspendre un instant ses attaques. Béranger put croire que les partis « rapprochaient leurs drapeaux; » mais l'illusion fut courte, et en 1829, neuf mois de prison l'eussent dissipée s'il en eût encore conservé. A la Force, sa verve s'aiguisa de plus belle. Dans *Mes jours gras de* 1829, il ne se donne plus la peine de chercher une légende qui puisse abriter l'interprétation, il s'attaque directement au roi Charles X. Le refrain si audacieux de cette chanson, *Mon bon roi, vous me le pairez,* fait penser qu'il entrevoyait la chute de 1830 et se croyait certain de l'impunité. Le *Cardinal et le Chansonnier* date de la même époque. L'auteur avait été désigné à la réprobation des fidèles dans un mandement de l'archevêque de Toulouse, Mgr de Clermont-Tonnerre. Il y répondit par cette chanson, modèle d'esprit et de finesse. C'est lui-même qu'il faut entendre raconter ces quinze années de lutte, pendant lesquelles son nom est devenu une des gloires de la France. Il l'a fait en écrivain consommé, en causeur spirituel et facile, dans une préface qui est un des remarquables morceaux de prose de notre époque. Nous sommes heureux d'avoir à y renvoyer le lecteur.

Le mouvement politique sollicité de tous ses vœux, et préparé par tous ses efforts, éclata enfin. Juillet 1830 parut lui donner raison. D'autres que nous raconteront quelle fut sa part dans les conseils organisés pendant la bataille. Elle fut beaucoup plus importante qu'on ne pourrait le supposer. Ses avis influèrent sur quelques-unes des graves décisions prises, et ne contribuèrent pas peu à modérer l'effervescence de la victoire dans l'esprit des vainqueurs. Il est inutile de nous arrêter plus longuement sur ce sujet; nous préférons rappeler que ce fut au courage, au dévouement de Béranger que l'on dut la conservation de l'imprimerie royale et que sa popularité évita aux bandes victorieuses qui venaient saccager ce magnifique établissement la honte d'un pareil acte de vandalisme. L'ébullition calmée, et quand il fut question de se partager les épaves du naufrage, des positions importantes lui furent offertes. Il les refusa invariablement. Tour à tour ses amis devenus ministres, MM. Laffitte, Dupont (de l'Eure), Sébastiani, Gérard, le sollicitèrent d'accepter de hauts emplois; il les remercia tous par des phrases poétiques aussi ingénieuses que pleines de grâce et de flatteurs compliments, mais où il témoigne, qu'on me permette de le dire, beaucoup plus d'habileté personnelle que de véritable modestie.

En 1833 parurent ses nouvelles et dernières chansons. Ce recueil est son chef-d'œuvre, son plus beau titre comme écrivain et comme poëte. Il réunit ce que son style a de plus correct, sa poésie de plus élevé, ses accents de plus nerveux, de plus pur et de plus touchant. Le *Juif errant*, le *Bonheur*, les *Feux follets*, les stances à *M. de Châteaubriand*, le *Suicide*, les *Quatre âges*, les *Tombeaux de Juillet*, ne sont plus des chansons, mais des élégies d'une rare délicatesse, ou des odes du souffle le plus puissant. Ce fut son dernier entretien avec le public. Depuis lors il s'est borné à surveiller la publication des diverses éditions de ses œuvres. Malgré des velléités d'opposition au nouvel ordres de choses, il sentait que son rôle était fini, et que 1830 avait, ainsi qu'il le dit lui-même, détrôné Charles X et la chanson ; il mit sa coquetterie à disparaître dans la victoire.

Béranger a été maintes fois accusé d'impiété, et, dans la préface de ses dernières chansons, il s'est donné la peine de répondre à ce reproche. Voici sa justification, qui nous épargnera la peine d'en faire une : « Quelques-unes de mes chansons ont été traitées d'impies, les pauvrettes ! par MM. les procureurs du roi, avocats généraux et leurs substituts, qui sont tous très-religieux à l'audience. Je ne puis, à cet égard, que répéter ce qu'on a dit cent fois. Quand, de nos jours, la religion se fait instrument politique, elle s'expose à voir méconnaître son caractère sacré ; les plus tolérants deviennent intolérants pour elle ; les croyants, qui croient autre chose que ce qu'elle enseigne, vont quelquefois, par représailles, l'attaquer jusque dans son sanctuaire. Moi, qui suis de ces croyants, je n'ai jamais été jusque-là : je me suis contenté de faire rire de la livrée du catholicisme. Est-ce de l'impiété ? »

On a cru faire honneur à Béranger en le comparant à Horace ; et les gens que les souvenirs classiques tourmentent lui ont même adressé l'épithète d'Horace français. Je crois la comparaison, si tant est qu'elle existe, beaucoup plus superficielle que réelle. Ils ont chanté tous deux les plaisirs faciles, mais Béranger par rencontre et au début, tandis que Horace en a fait une espèce de philosophie poétique. Le style du poëte latin, par son élégance, ne s'adresse qu'aux esprits délicats et aiguisés, tandis que celui de Béranger, vantant les *gueux* et le cabaret, est bien inférieur à la franchise de celui de Collé ou au trait de Désaugiers. Je ne parle, bien entendu, que de la chanson légère. S'il fallait à toute force rattacher Béranger à une tradition poétique ancienne, il me paraîtrait plutôt Grec que Romain. La Grèce l'attire. On le devinerait, s'il ne l'avait répété lui-même à plusieurs reprises dans *Psara*, dans le *Pigeon messager*, dans le *Vin de Chypre* et dans ce couplet du *Voyage imaginaire*, qui apporte à l'imagination je ne sais quel rayon du soleil de l'Attique et quel parfum matinal de laurier-rose :

> Pourquoi faut-il qu'on me traduise Homère ?
> Oui, je fus Grec, Pythagore a raison ;
> Sous Périclès j'eus Athènes pour mère,
> Je visitai Socrate en sa prison.
> De Phidias j'encensai les merveilles,
> De l'Illyssus j'ai vu les bords fleurir ;

J'ai sur l'Hymète éveillé les abeilles.
C'est là, c'est là que je voudrais mourir !

Mais ce qui en fait un poëte français du dix-neuvième siècle, c'est ce sentiment tendre, touchant, légèrement mélancolique, de la nature extérieure ; ce sont ces douces harmonies naturelles qui ont trouvé de l'écho chez tous les écrivains de notre époque, et chez lui autant que chez pas un. Ici je pourrais citer presque au hasard et à coup sûr :

..... Tout renaît, et déjà l'aubépine
A vu l'abeille accourir à ses fleurs.
Dieu, d'un sourire, a béni la nature,
Dans leur splendeur les cieux vont éclater.
. . . .
Soleil si doux au déclin de l'automne,
Arbres jaunis, je viens vous voir encor.
. . . .
Au détour d'une eau qui chemine
A flots purs sous de frais lilas,
Vous avez vu notre chaumine.
. . . .
O nuit d'été ! paix du village,
Ciel pur, doux parfums, clair ruisseau.
. . . .

Ce qui double la valeur de ces tableaux, c'est la sobriété de l'image, c'est la justesse et la précision de la touche, c'est la simplicité des couleurs, qui leur laisse tout leur éclat. Rien n'est confus, tout est à sa place ; l'air circule, on respire et on y voit clair. « La clarté est le vernis des maîtres, » a dit Vauvenargues.

Le style n'est pas une faculté innée chez Béranger. Il est arrivé après de longs efforts à cette sûreté, et il en a d'autant plus de mérite, que l'éducation première lui a manqué, cette éducation que rien ne remplace, rien, excepté le génie. Il travaille considérablement ses productions. Le *Juif errant*, que quelques personnes regardent comme son chef-d'œuvre, est resté dix ans sur le métier et a vu plusieurs fois la flamme de près. Rarement (je ne dis pas jamais, car on pourrait citer quelques exemples d'amphigouri) il risque un mot hasardé, une expression impropre, une figure fausse. Derrière le poëte, il y a l'homme de goût et le puriste sévère. Aussi est-ce une véritable curiosité que de signaler quelques rares négligences grammaticales, comme :

Envahissez croix, titres, biens et rangs...
Compte le sang qui lui reste à verser...
Puis quand ce *trône* ose *brandir* son foudre...

Ces taches ne prouvent rien. Pris en masse, son langage est d'une pureté et d'une correction qui n'appartiennent qu'aux grands écrivains. Son imagination, je le répète, était saine, et son style s'en est ressenti. C'est ce qui lui assurera sa place dans l'avenir.

Depuis 1833, Béranger est resté silencieux, mais non inactif. Il n'a pas renoncé à faire des chansons, mais à en publier. Forcé, bon gré mal gré, de trafiquer de la muse, le commerce l'a ennuyé, il s'est retiré, cherchant dans sa mansarde *l'oubli, père et fils du repos.* Depuis vingt ans qu'il a pris cette résolution, j'espère qu'il a trouvé l'un, mais assurément il n'a pas rencontré l'autre Quittant tour à tour un lieu pour un autre, plantant sa tente vagabonde sur les hauteurs de Passy, sous les ombrages de Fontainebleau, s'enveloppant dans le silence de la rue Chanoineau à Tours, ou redonnant une illustration à cette jolie closerie de la Grenadière, déjà illustrée par Balzac, il semble plutôt fuir devant la renommée qu'être oublié par elle. Quand l'indiscrétion, qui accompagne toutes les célébrités, ne vient pas soulever le voile de son incognito, il occupe ses moments à composer un dictionnaire historique commencé depuis plus de trente ans, et à jouer un rôle d'avocat consultant de la littérature et de la politique, qui, non plus, ne date pas d'hier. « Je veux faire une espèce de dictionnaire historique où, sous chaque nom de nos notabilités politiques et littéraires, jeunes ou vieilles, viendront se classer mes nombreux souvenirs et les jugements que je me permettrai de porter ou que j'emprunterai aux autorités compétentes... Qui sait si ce n'est pas à cet ouvrage de ma vieillesse que mon nom devra de me survivre? Il serait plaisant que la postérité dît : Le judicieux, le grave Béranger! Pourquoi pas? »

Quant à ce rôle de conseiller, M. Sainte-Beuve, dans son article du 15 juillet 1850, a cité quelques curieuses anecdotes qui s'y rapportent et donnent la mesure de cette spirituelle et, après tout, bien légitime prétention. Il y a là d'amusants détails pour le lecteur curieux de pénétrer dans le ménage, dans le déshabillé littéraire de Béranger.

La révolution de Février le surprit au milieu de

ses douces occupations, qu'elle troubla quelque temps. Les vainqueurs voulaient de nouveau en faire un homme politique. Il fut membre de toutes sortes de commissions, fit partie de la Constituante, et je me rappelle même, dans les premiers jours qui suivirent le bouleversement, avoir vu son nom figurer sur quelques-unes de ces listes de gouvernement provisoire qui fleurissaient au coin de chaque rue. Vers le mois d'avril 1848, il fut rencontré par un de ses amis qu'il n'avait pas vu depuis longtemps et qui lui adressait des félicitations sur une révolution qu'il savait être au fond de ses souhaits : « Vous devez être satisfait, Béranger, voilà votre rêve réalisé. — Réalisé? lui répondit le chansonnier, plût à Dieu que je pusse rêver encore ! »

Mais le pli était pris, et, malgré ce brusque réveil, il ne tarda pas à se rendormir dans sa féconde et douce paresse. Une fois l'orage calmé, il abandonna peu à peu ses fonctions, plus nominales qu'actives, et finit par donner sa démission de constituant, comme quelqu'un qui se retire discrètement d'un mauvais pas.

Béranger est aujourd'hui un vieillard de soixante-quinze ans, vert encore, d'une infatigable activité quand il s'agit de rendre service. A en croire le témoignage de personnes qui ont eu l'honneur de l'approcher, sa conversation, pleine de trait, de finesse, d'urbanité, rappelle celle de M. le prince de Talleyrand.

Malgré qu'il en ait dit, Béranger a sa place dans la

littérature française. Elle est d'autant mieux marquée, que, par son originalité autant que par son talent d'écrivain, il en a fait une position unique. Il a élevé la chanson aux proportions d'un sentiment public, et, sous le titre bien modeste de chansonnier, il reste le dernier poëte national de la France. Différent en cela de ses contemporains littéraires, son bagage n'est pas lourd, mais il est bien complet. Les éditeurs de la postérité n'auront pas besoin de faire un recueil de ses œuvres choisies pour le présenter dignement devant elle : Béranger s'est chargé de ce soin. Les partis dont il a dispersé les rangs à coups de refrains peuvent encore le poursuivre de leurs récriminations, cela est de bonne guerre et de toute justice, sinon de toute convenance ; mais le souvenir de ces luttes disparaîtra bientôt, et, quand il sera complétement effacé, le libre écho de l'avenir répétera les battements du cœur de la France dans le refrain des chansons de Béranger.

Novembre 1855.

II

Dernières chansons. — Ma Biographie.

En m'efforçant, il y a trois ans, de tracer un portrait du chansonnier que la France a perdu, j'étais loin de penser que l'éloge dût se changer si tôt en apologie, et qu'après avoir esquissé les traits d'un vieillard encore plein de jours, peu de temps après je viendrais peser sa renommée sur sa tombe. Tâche douloureuse et délicate, et que personne ne peut prétendre remplir complétement! Fût-on doué d'une de ces intelligences qui peuvent s'isoler de leur temps, le dominer et le voir dans son ensemble au juste point de la postérité, le cœur serait là qui, près des fosses si inopinément ouvertes d'Alfred de Musset, de Béranger, de Gustave Planche, d'Ary Scheffer, viendrait troubler la vue, suspendre l'appréciation ou faire hésiter le jugement. Mais les premiers moments donnés aux regrets, ce que chacun doit faire dans la mesure de ses forces, c'est d'apporter des matériaux pour le travail de l'avenir. A lui de dégager la vérité. Le sentiment de ce devoir me défendra donc contre le reproche d'arriver si tard, et lorsque des voix si opposées ont fait entendre tout ce que l'on pouvait dire sur le chansonnier.

La mort de Béranger est devenue le prétexte et le

motif de plusieurs publications qu'il faut apprécier de deux manières différentes pour les apprécier équitablement. Dans les premières, leurs auteurs ont perdu de vue le sujet principal pour ne s'occuper que de l'accessoire, c'est-à-dire de leur propre personnalité. Ce sont de ces vanités innocentes qui ne blessent qu'elles-mêmes. Des lettres obtenues de la bienveillance par l'importunité, des compliments banals que le poëte, comme toutes les illustrations de notre temps, tenait en réserve pour le premier correspondant venu; tous les portefeuilles en sont pleins. Cela ne peut passer pour des documents sérieux. Béranger, de son vivant, a apprécié la valeur de ces indiscrétions. « Chacun, dit-il, prend droit d'imprimer vos lettres sans votre assentiment pour les livrer en étalage aux regards des badauds. » Les secondes, au contraire, inspirées par goût des recherches littéraires et artistiques, ou par une affection sincère, offrent ce grand mérite d'être fidèles à leur titre. Le portrait du personnage n'y est pas doucement remplacé par celui du peintre. Ce sont des documents que l'on pourra discuter, mais ce sont du moins des documents loyaux, des livres de bonne foi.

Ce qui serait encore plus curieux et plus intéressant à parcourir, ce sont les correspondances suivies pendant de longues années entre Béranger et ses amis, Antier, Lebrun, Laffitte, Manuel, Perrotin, Lamennais, le docteur Bretonneau. J'ai pu parcourir plusieurs de ces lettres, et je puis assurer que le

Béranger qu'elles font connaître ne ressemble nullement à celui de certaines biographies. Une comparaison entre ces lettres et les ouvrages semblables publiés depuis dix ans serait, je n'en doute pas, tout en faveur de Béranger. En attendant le moment où elles verront le jour, je n'ai à m'occuper ici que des deux publications faites par M. Perrotin : *les Dernières Chansons* et *Ma Biographie*.

Le premier de ces deux ouvrages s'ouvre par une préface écrite de ce style clair, ferme et net qui est le véritable style français, et dont, après Voltaire, Béranger et M. Thiers ont connu le secret. Toutefois, moins sec que le premier, on ne rencontre pas chez lui ces négligences, ces affaissements qui déparent les périodes du second. Est-ce à dire qu'il leur soit supérieur? Ce n'est pas ma pensée. L'art d'écrire n'a pas été un don chez lui comme chez Voltaire. C'est à force d'études et par une préoccupation constante qu'il est parvenu à formuler convenablement ses idées. La dernière phrase de sa préface est un aveu en ce sens : « Ce n'est, certes, pas moi qui aurais deviné ce qu'on appelle aujourd'hui la littérature facile, ennemie mortelle de cette autre littérature qui fit le charme de ma vie et fut si longtemps l'orgueil de la France [1]. » Mais l'art a fini par sourire aux efforts du travail; la forme, rebelle d'abord, n'a pas gardé trace des laborieux efforts faits pour l'assouplir. Lutter péniblement avec la langue et ne pas laisser de souvenir

---

[1]. *Dernières chansons.* Préface, p. III.

de cette lutte dans ses ouvrages, est, si je ne me trompe, le caractère de nos bons prosateurs. La gloire de Béranger comme poëte a éclipsé ce mérite très-réel, et qu'un examen attentif fait découvrir. Si j'avais à classer Béranger, je le placerais entre les deux écrivains dont je viens de parler : inférieur au premier, supérieur au second, et donnant comme Voltaire toute la mesure de son talent dans la libre allure d'une correspondance privée. La publication de la sienne révèlera, j'en suis convaincu, le premier *épistolier* du dix-neuvième siècle.

Dans cette préface, Béranger justifie contre certains reproches son silence depuis 1830, et l'explique par plusieurs raisons, dont la dernière m'a surtout frappé. On se plaint de l'abaissement du niveau dans les belles-lettres et les beaux-arts ; mais personne n'en a recherché les causes. Béranger les a indiquées d'une façon très-nette dans les lignes suivantes : « 89 a créé de nouveaux éléments de civilisation, et leur coordination, jusqu'à présent trop négligée, est devenue l'œuvre indispensable. Elle appelle plutôt, je le crois, le concours de la science et de la philosophie que celui des belles-lettres et des beaux-arts. Ceux-ci doivent attendre que le grand problème soit résolu, pour s'utiliser au service d'une phase nouvelle de civilisation. Quel accueil recevrait un chansonnier qui, sur des airs de ponts-neufs, réclamerait l'organisation de la démocratie? Le poëte erre aujourd'hui à l'aventure, au milieu des essais de constructions et des ruines amoncelées ; qu'il abandonne donc l'arène aux doctes et aux sages qui viendront, s'ils ne sont déjà venus [1]. »

Les *Dernières Chansons* rendent palpable cette inégalité entre le caractère de l'homme et l'intelligence de l'écrivain, cette supériorité du premier sur le second qui constitue l'originalité de Béranger, au rebours de la plupart de nos grands poëtes modernes. De là une contradiction apparente dans le jugement à porter. Prises en détail, ses œuvres soulèvent plus de critiques que d'éloges; c'est le poëte que l'on est appelé à juger, c'est l'homme de parti défendant une triste politique, ou le philosophe développant un système des plus vulgaires; tandis que jugées en masse, elles donnent tout leur relief à la dignité du caractère, à l'unité de la vie, à l'inébranlable fermeté des opinions.

Elles n'ajouteront donc rien à la gloire de leur auteur. Peut-être même y perdrait-elle, si un philosophe s'armait, pour les examiner, de la loupe du critique. Mais qu'est-il besoin de la philosophie à si légère matière? — Pas si légère, pourraient répondre les chansons intitulées : *les Fourmis, Dame Métaphysique, Notre Globe, le Corps et l'Ame, la Prédiction*. En avançant dans la vie les grands problèmes moraux et métaphysiques ont de plus en plus préoccupé Béranger. Il a pensé qu'il pouvait se servir pour les discuter d'une forme depuis longtemps familière à son esprit. Il avait élevé le ton de la chanson jusqu'à l'ode; j'ai peur qu'ici le souffle lui ait manqué, et

---

1. *Dernières chansons.* Préface, p. ix.

qu'odes d'intention, ses *Dernières Chansons* ne soient que des chansons et rien de plus. Mais pour laisser de côté une question de forme, ce qui blesse, c'est le fond même dont l'élévation est complétement absente. Béranger, il ne faut jamais l'oublier, avait vingt ans en 1800. Tout jeune encore, à l'âge où l'âme reçoit des impressions que toute une vie n'effacera pas, il avait été nourri de la philosophie de Voltaire, railleuse, légère, aride, évoquant avec un malin et injuste plaisir les faiblesses de l'homme sans tenir compte de ses grandeurs, le considérant au point de vue physique plutôt qu'au point de vue moral, absolument dépourvu de ces aspirations vagues, indécises, mais fort réelles qui lui font franchir l'espace entre la créature et le Créateur, prenant des sarcasmes pour des raisons ou échappant à un syllogisme par une bouffonnerie. Il semble que dans un coin de chacune de ces chansons, on entende éclater le méchant rire de Micromégas. En ce sens Béranger a pu être justement appelé le dernier des poëtes du passé. Non, quoi qu'il dise, une chanson de cabaret ne vaudra jamais les efforts ardus, fussent-ils sans résultat, de la métaphysique [1]. Quand celle-ci, *installée dans un grenier, à jeûn, parvient au sommet des lois éternelles*, malheur à qui ose lui reprocher de *marcher pieds nus!* Elle peut se vanter à juste titre *d'avoir des ailes* [2]. Railler la philosophie assaillie par

---

1. Voir *Dame Métaphysique*.
2. Voir *le Corps et l'âme*.

la misère, et, insensible à toutes les douleurs physiques, atteignant par la pensée aux grandes vérités morales, aux lois immuables qui régissent les mondes, c'est rire précisément de ce qu'il y a de plus élevé chez l'homme; c'est surtout ne pas le comprendre. Cette façon légère de toucher aux plus graves problèmes devient presque cruelle dans les vers suivants coupés par un si singulier refrain :

> Pétri de sang et de fange,
> Ce globe sent trop mauvais.
> Gaîté persévère;
> Amis, votre main;
> Lise, emplis mon verre,
> Eh! vite en chemin [1].

C'est-à-dire : Nous ne voyons que crimes et hontes autour de nous; réjouissons-nous, vive l'amour et buvons frais! Plus loin, dans *Notre Globe*, les plus redoutables questions philosophiques sont formulées dans une poésie des plus châtiées et dans un style remarquablement ferme; mais malheur à l'esprit que satisferait l'image du monde *pendant au bout d'un fil comme un nid d'araignée,* par laquelle Béranger remplace une solution demandée au passé, au présent et à l'avenir. Oui, le doute est permis; c'est la condition de notre humaine nature; mais autant je l'admire chez un esprit souffrant de cette inaction, s'en épouvantant, et s'efforçant d'y échapper par tous les moyens possibles, autant il me blesse et me paraît illicite

---

[1]. Voir *la Prédiction*.

dans une âme qui se regarde avec indifférence, l'accepte comme un lit tout fait pour sa pensée, et s'endort sur ce triste oreiller. Ah! ce n'est pas de cette façon qu'en ont agi avec le doute les grands esprits de tous les temps. Au lieu de rire de leur état, ils s'évertuaient à en sortir, et dans leurs efforts déplaçaient parfois des vérités. Le maître du doute moderne, Pascal, a autant fait pour la foi que Bossuet.

Le *Rêve de nos jeunes filles* présente, dans un autre ordre d'idées, une image des plus désagréables et des plus pénibles. Une jeune fille s'endort. Pendant son sommeil :

> Un ange vient du bout de l'aile
> Effleurer ce lac endormi.

Elle se réveille, et interrogée sur ce que murmurait à son oreille le bon ange qui la berçait. Le sort, répond-elle,

> Le sort me faisait des largesses;
> De bonheur je poussais un cri,
> Dans l'enivrement des richesses
> Que m'apportait un vieux mari.

Est-il possible d'allier une plus gracieuse image à une plus cupide pensée? Si l'or, aujourd'hui, vient souiller jusqu'aux rêves de la jeunesse, votre rôle, à vous poëte, n'est-il pas de réagir contre cette tendance en glorifiant le désintéressement, le dévouement et tous les généreux élans du jeune âge?

Plusieurs de ces chansons : le *Matelot breton*, les *Gages*, la *Fille du diable*, sont de véritables contes scandés par strophes et sans refrains. Leur lecture autorise à penser que Béranger a eu raison en ne s'abandonnant pas à ce genre, pour lequel la netteté de son imagination n'était pas faite. La bonhomie, le laisser-aller, l'imprévu lui manquent. Il avait l'haleine poétique courte, et, pour me servir de ses expressions, le refrain lui était un poteau fort utile pour venir rattacher sa pauvre nacelle qui n'eût pu voguer aussi librement qu'il le pensait au gré de tous les vents. Il est bien plus heureux quand il développe des idées ingénieuses comme *Ma canne*, charmant monologue (adressé au bâton qui soutenait le vieillard dans ses promenades) dont il a su faire un joyau poétique égal à *Mon habit* des bons jours. Ici les vers bien frappés abondent, parce que le sentiment est vrai ; et l'émotion gagne à chaque instant le lecteur parce que celle de l'auteur est naturelle.

> Mais, pour me reprendre aux Enfants trouvés,
> La Muse avait mis sa marque à mes langes...
> Tu gémirais trop de voir ajouter
> Au poids de mon corps tout le poids d'un monde...
> A mes premiers temps j'ai vécu fidèle.
> Tout au passé meurt, mourons avec lui.

Mais il faudrait tout citer ; j'y renvoie le lecteur. Il redevient surtout véritablement grand quand, lorsque dans la dernière chanson, *Adieu*, il retourne au sentiment de toute sa vie, et adresse à son pays sa dernière pensée, le dernier battement de son cœur. Tout est magnifique : noblesse d'inspiration, grandeur du mouvement, ampleur du rhythme. Je craindrais de déflorer ces beaux vers en transcrivant les commentaires qu'ils éveillent. En voici la dernière strophe, terminée par une des plus belles images de la poésie française :

> Demi couché, je me vois dans la tombe.
> Ah ! viens en aide à tous ceux que j'aimais.
> Tu le dois, France, à la pauvre colombe
> Qui dans ton champ ne butina jamais.
> Pour qu'à tes fils arrive ma prière,
> Lorsque déjà j'entends la voix de Dieu,
> De mon tombeau j'ai soutenu la pierre.
> Mon bras se lasse ; elle retombe. Adieu.

Malgré des fautes de goût dues au soin que Béranger a toujours pris de l'assonnance de la rime, comme :

> Dans les bois que l'automne épile [1],

Malgré des interversions trop violentes, comme :

> Mais pourquoi les vieillards me plaindre avec mystère ;
> Pourquoi les jeunes gens rire de ma pâleur [2] ?

la forme de ce recueil, en tant que versification, est des plus remarquables, quoiqu'elle n'ait pas été suffisamment remarquée. La langue, cet instrument rebelle d'abord aux mains du poëte, est devenue ductile et souple comme une cire entre ses doigts. Son bon sens et une étude approfondie des secrets de la prosodie lui avaient appris que si la fermeté de la rime est une entrave à l'indécision de la pensée, elle en est

---

1. *La Guerre à un ami*, p. 173.
2. *La Jeune fille*, p. 160.

aussi l'appui et le nerf quand la pensée a été clairement résumée. Il n'a pas poussé l'idolâtrie de la rime jusqu'à l'esclavage de l'idée, et terminé ses vers par des calembours, mais il l'a religieusement respectée. Il ne rime pas follement; il rime richement; et ce n'est pas sans un vif plaisir que l'on retrouve chez ce chansonnier classé volontiers parmi les indifférents à la forme prosodique, cette recherche, cette exactitude, ce besoin de netteté dans les sons rhythmiques, dont les poëtes de notre temps réclament trop exclusivement le privilége.

Si donc les *Dernières Chansons* ne doivent rien apprendre de nouveau sur la pensée du poëte, elles sont précieuses du moins pour lui donner sa conclusion. Elles le montrent se relevant sous la main de la mort pour adresser son dernier hymne au dieu de ses premiers chants : la patrie. Je ne saurais trop insister sur ce point. Comme philosophe, comme politique, comme poëte, Béranger peut mériter beaucoup de reproches. L'influence de son père littéraire, Voltaire, avait détruit en lui la foi religieuse. Mais comme la plupart des hommes de son âge, je parle des hommes de cœur, il remplaça bien des qualités absentes par une vertu civique de premier ordre : le patriotisme. Il brûla pour son pays de cet amour enthousiaste, généreux, sans arrière-pensée, qui, irréfléchi chez beaucoup, mais mûri chez lui par l'expérience, jeta la France entière sur le champ de la Fédération. Pendant soixante ans cette flamme généreuse brûla avec la même intensité. « Lorsque le canon annonça la reprise de Toulon, dit-il dans *Ma Biographie*, j'étais sur le rempart, et, à chaque coup, mon cœur battait avec tant de violence, que je fus obligé de m'asseoir sur l'herbe pour reprendre ma respiration. » Toute sa vie son cœur a battu aussi fort. C'est un patriote de 92 mort en 1857.

Ma Biographie exprime, du reste, comment il garda cet enthousiasme intact. Placé à douze ans à l'institut de M. Ballue de Bellenglise où, sous une forme ridicule, on apprenait du moins à aimer la France ; appelé un peu plus tard à voir de près les incroyables prétentions, l'aveuglement sans nom des émigrés ; la jeunesse vint mûrir chez lui les vagues instincts de l'enfance ; et les premières impressions de l'homme justifièrent l'élan de l'écolier. Les événements extérieurs comme ses propres réflexions, comme la tendance innée de son esprit, tout alimenta ce sentiment qu'il trouva, comme un fonds solide, quand il entra dans la vie militante.

Malheureusement, une discrétion exagérée enlève à *Ma Biographie* une partie de l'intérêt historique qu'elle eût pu présenter. Quand l'auteur a joué un rôle important il ne l'avoue qu'avec une extrême difficulté. Loin de proclamer son importance, il la laisse à peine deviner et s'efface derrière les autres. Conseiller respecté d'un parti pendant quinze ans, il est resté dans la coulisse malgré les observations et souvent les prières des chefs prêts à lui abandonner le premier rôle. Il a tout fait pour conserver devant la postérité l'obscure indépendance qu'il avait si habilement sauvegardée pendant sa vie. Il a même poussé trop loin cette discrétion. Plus que personne, Béranger pouvait fournir des documents curieux sur les personnes et les choses de 1815 à 1830. L'histoire en eût profité; et avec son extrême habileté à ménager les nuances; on peut être certain qu'en engageant la vie publique des personnages, il n'eût pas touché à leur vie privée. Il s'imposa cette mission pendant quelque temps, et finit par la décliner en jetant au feu le *Dictionnaire biographique*. Il mourut tel qu'il avait vécu : un chansonnier, rien de plus, rien de moins. « Dans cette notice ne doivent trouver place que les faits qui me sont particuliers; faits de peu de valeur et souvent très-vulgaires. Quant à la part d'influence que mes relations m'ont fait avoir dans la politique active, je m'en rapporte à ce que voudront en dire les historiens, s'il s'en trouve qui soient tentés de la chercher dans les derniers événements dont la France a été le théâtre. En lisant ces souvenirs, on sera convaincu que mon caractère méditatif a dû, le plus souvent, me réduire au rôle de spectateur. Aussi, lorsqu'à cinquante ans j'ai vu de près le pouvoir, je n'ai fait que le regarder en passant, comme dans ma jeunesse indigente, devant un tapis vert chargé d'or, je m'amusais à observer les chances du jeu, sans porter envie à ceux qui tenaient les cartes. Il n'y avait de ma part ni dédain, ni sagesse à cela : j'obéissais à mon humeur... Aux grands hommes les grandes choses et les grands récits! Ceci n'est que l'histoire d'un faiseur de chansons. »

En complétant la *Biographie* par l'excellent travail de M. Édouard Fournier publié par la *Revue française*, on peut suivre facilement Béranger depuis sa naissance jusqu'à sa vingtième année. On le voit se développer comme un moineau franc de Paris, depuis l'impasse de la Bouteille et la pension de la rue Saint-Antoine, où il connut le vieux Favart et d'où il assista à la prise de la Bastille, jusqu'au grenier du boulevard Saint-Martin; après avoir traversé l'auberge de Péronne, le lycée de M. Ballue de Bellenglise, l'imprimerie de M. Laisney, le comptoir de son père et le cabinet de lecture de la rue Saint-Nicaise. Depuis M. E. Fournier, qui avait précisé ces détails sous une forme des plus ingénieuses, ils étaient suffisamment connus. Le document nouveau qu'y a joint Béranger sont les pages où il raconte les deux années passées dans la maison de son père, M. Béranger de Formentel.

Garçon d'auberge, imprimeur et commis, avait-il dit dans sa chanson du *Tailleur et la Fée*. Nous savons maintenant qu'il était commis d'une espèce de comptoir royaliste dirigé par son père sous le Directoire. Si ce comptoir n'a pas prospéré, la faute n'en n'est pas au fils, qui apportait dans les opérations financières un ordre et une aptitude dont il était loin de trouver l'exemple au-dessus de lui. Mais n'est-il pas curieux de voir agent commercial et politique d'un parti, l'homme qui trente ans plus tard en deviendra le plus redoutable ennemi? La fortune et l'imagination se plaisent à ces contradictions. M. Béranger de Formentel est un de ces types très-communs pendant l'imbroglio social du Directoire, un de ces aventuriers de bas étage, mais sincèrement dévoués à la cause royale, comme la petite cour de Mittau en employa tant jusqu'au 18 brumaire. Son portrait est parfaitement tracé et doit être ressemblant. J'avoue seulement que ce n'était pas au fils à tenir le crayon. Il faut laver son linge sale en famille. Quand le hasard nous donne de semblables parents, ce n'est pas aux enfants à en faire les honneurs au public. La conscience peut gémir, mais le sentiment filial doit se taire. Une autre faiblesse d'esprit de Béranger est son affectation à nier sa noblesse. Qu'il descendît ou non des comtes de Toulouse, peu importe! Par son père, par son grand-père il appartenait à la noblesse, au moins de nom. Pourquoi vouloir le nier? Il n'y avait pas lieu d'en être fier, ni honteux. Mais il est aussi ridicule de rejeter son nom que d'en prendre un qui ne vous appartient pas. Il sentit lui-même cette faiblesse quand il reprit la particule nobiliaire. Seulement j'eusse désiré qu'il avouât son erreur de bonne grâce; et surtout qu'il ne consacrât pas plusieurs pages à entretenir le lecteur de semblables puérilités.

Toute la partie qui comprend ses années pendant le Directoire ne manque pas d'intérêt historique. On y touche du doigt le désordre d'idées qui caractérise cette triste période de notre histoire. L'étrange anecdote du descendant du Masque de fer en est un des plus saillants exemples. Par contre, le biographe a été des plus réservés sur l'époque suivante, terminée par son entrée comme expéditionnaire dans les bureaux de l'université. C'est le temps du grenier, de la misère héroïquement supportée et égayée par la présence de Lisette, des francs amis, des modestes parties de plaisir pour lesquelles on mettait vingt fois sa montre en gage. Dieu me garde de blâmer cette réserve ; mais je crois que quelques indiscrétions, en satisfaisant la curiosité publique, eussent rencontré une indulgence suffisante pour les faire absoudre. Béranger fait quelque part ce singulier aveu : « Peut-être n'ai-je jamais connu ce que nos romanciers anciens et modernes appellent l'amour. Je n'ai jamais vu dans la femme qu'une amie que Dieu nous a donnée. » Je crois cet aveu sincère. L'ensemble de la figure de Béranger n'est pas celle d'un amoureux ardent, passionné, tout d'une pièce tel que les femmes aiment à se les imaginer. Toutefois, quelques preuves à l'appui de cette assertion lui eussent apporté plus de poids. Il faut s'en tenir aux conjectures ; et la matière est trop délicate pour que j'y insiste.

Ne nous plaignons pas, du reste. Il a donné à notre curiosité un admirable dérivatif dans l'*Histoire de la mère Jary*, épisode de treize pages dont il a fait un chef-d'œuvre de simplicité, d'émotion et de style. C'est l'histoire d'une pauvre vieille femme de ménage réduite, dans sa jeunesse, à mettre aux Enfants-trouvés un fils, fruit illégitime de ses amours avec un ouvrier mort lui-même épuisé par le travail. Depuis le moment où la mère Jary a été séparée de son enfant jusqu'à sa mort, pendant quarante ans, elle n'a qu'un but : retrouver cet enfant. Elle ne le quitte pas de la pensée ; elle le voit grandir, se former, devenir homme, se débattre dans les luttes de la vie ; elle le suit du regard intérieur, elle souffre de ses malheurs, elle est fière de ses succès imaginaires, de toutes les vertus physiques et morales dont son cœur se plaît à le parer. Vingt fois elle a cru le reconnaître, elle a été trompée vingt fois, et vingt fois, à la suite d'une désillusion, elle s'est retrouvée plus persévérante et plus âpre à la recherche. Enfin ses facultés intellectuelles s'obscurcissent sous la pression de cette idée fixe ; sa tête se trouble, elle devient folle ; et sur le grabat d'hôpital où elle vient mourir, Dieu lui envoie la suprême consolation de croire reconnaître son fils dans un malade qui agonise auprès d'elle. Tel est cet épisode, qui restera dans le genre narratif comme un modèle de précision, de condensation. Je n'y vois pas un mot à retrancher. L'écrivain qui a fait une telle rencontre, s'en fût-il tenu là, mériterait d'être inscrit parmi les maîtres de la langue. M. Émile Montégut l'a dit avant moi et mieux que moi : il y a dans cette simple histoire la matière de dix romans et d'autant de mélodrames pour nos charpentiers littéraires.

Cet art est le fruit d'un travail ardu qui se rapporte précisément à cette période de la vie de Béranger. Il y a peu d'auteurs qui se soient livrés à une étude plus active, plus approfondie des difficultés de la langue et des secrets du style. Parmi ceux qui s'y sont soumis, je n'en connais pas qui l'aient avoué avec cette sincérité et cette bonne grâce. Béranger a tenté tous les genres : poëmes épiques, élégies, comédies, vaudevilles, tragédies, drames, critique. On connait, de nom du moins, *Clovis* et les *Hermaphrodites*. On doit aux recherches de M. E. Fournier d'avoir retrouvé une églogue intitulée *Glycère* insérée dans l'*Almanach des Muses* de 1805, et dont mademoiselle Pauline de Meulan (Mme Guizot) rendit un compte élogieux. On sait qu'il collabora pendant deux ans au recueil artistique de Landon. Il n'est pas jusqu'à l'archéologie antique qui n'ait sollicité cette imagination laborieuse, et M. Perrotin possède le manuscrit de nombreux articles d'érudition sur Achille, Diomède, Thésée et Hercule. Mais de bonne heure le sang-froid de son jugement lui servit de guide au milieu de ces tentatives multiples. « Je m'avouai que je pourrais être un homme de style, d'imagination même, mais que je ne serais pas un écrivain dramatique. A l'âge des présomptions, il est rare qu'on découvre ainsi ses côtés faibles : je me suis toujours su un gré infini de cet acte de bon sens. » La préoccupation du style, de la forme matérielle de la pensée, reparaît à chaque page. Mais ce qui préoccupe avant tout Béranger, c'est la pensée même ; c'est de dire quelque chose avant de tout dire, et à ce point de vue ses opinions peuvent passer pour de véritables préceptes. « Je ne suis pas de ceux qui pensent que le poëte remplit aujourd'hui un sacerdoce. Il a tort, suivant moi, tout à fait tort. Si le poëte n'entrevoit pas un but élevé à ses efforts ; s'il ne se sent pas investi, dans la mesure

13.

de ses forces, d'une mission supérieure, il n'est plus un poëte, mais un banal faiseur de vers. » Mais, ajoute-t-il immédiatement et comme correctif, « pour n'être plus guère qu'un objet de luxe dans le monde actuel, le poëte n'en doit pas moins tâcher d'offrir assez d'unité morale pour que sa bonne foi ne puisse être mise en doute dans les opinions qu'il veut servir et propager. » C'est alors, continue-t-il un peu plus loin dans un passage que devraient apprendre par cœur tous ceux qui touchent à une plume, « c'est alors que je fis les plus grands efforts pour perfectionner mon style ; les idées m'ont rarement fait faute, bonnes ou mauvaises ; mais je n'apportais pas un soin aussi judicieux au choix de l'expression. Quand on n'a que soi pour maître les études sont bien longues. Je m'appris à couver longtemps ma pensée, à en attendre l'éclosion pour la saisir du côté le plus favorable. Je me dis enfin que chaque sujet devait avoir sa grammaire et son dictionnaire, et jusqu'à sa manière d'être rimé ; car tout ce qui est élégiaque n'exige pas la grande exactitude des rimes. Je ne rapporte ces détails que pour les gens qui pensent que pour bien écrire il suffit de laisser tomber au hasard des mots sur le papier, et qui ne font cas ni de la réflexion ni des études préparatoires. Si cela continue, vous en verrez qui écriront sans savoir lire. »

« Les corrections que je fis à mon poëme pastoral, ébauche restée inachevée, furent le travail qui me révéla le plus les secrets de notre langue. J'avais fait des odes et des dithyrambes ; mais bientôt je crus m'apercevoir que, plantes exotiques transportées de l'antiquité chez nous, ces genres n'y avaient point de profondes racines, malgré tout le mérite de nos grands lyriques. Je n'ose dire que je raisonnais juste ; mais il me semble encore que l'ode, comme nous la faisons, pousse à l'emphase, c'est presque dire au faux ; et rien n'est plus contraire à l'esprit français, pour qui le simple est un des éléments nécessaires du sublime, ainsi que l'attestent l'éloquence de Bossuet et les plus beaux morceaux de Corneille. Chez nous le poëte est presque toujours en dehors de son œuvre pour le lecteur de sang-froid, ce qui devrait lui faire sentir le besoin d'un cadre pour tous ses sujets. C'est par l'invention de ces cadres que son génie devrait surtout se signaler, et non par un déluge de vers toujours beaux sans doute, mais qui font penser à cette princesse des contes de fées dont la bouche ne s'ouvrait que pour vomir des torrents de perles, de rubis et d'émeraudes : pauvre princesse ! » Je demande pardon de la longueur de cette citation qui, pour moi, résume en axiomes lumineux tout ce qu'ont dit de plus sensé Quintilien, Marmontel et La Harpe.

Béranger nous a conservé quelques pièces datant de ces années de gestation. Une surtout : *l'Aurore*, contient des strophes d'un lyrisme égale à *la Méditation* insérée dans les *Saisons du Parnasse* de 1802. En voici une, entre autres, empreinte d'un sentiment curieux à rencontrer chez le chantre futur de Frétillon, et qui fait penser à l'ode de Malherbe à Du Perrier :

> Pour chaque être souffrant qui crie à son oreille,
> L'homme est un faible appui;
> Et trouve tous ses maux, si matin qu'il s'éveille,
> Éveillés avant lui.

La plupart de ces essais ont été jetés au feu par l'auteur dans un moment de sévérité exagérée. Le spectacle de la formation, des vicissitudes et des progrès de son talent eût été une école où tous nous eussions trouvé d'utiles leçons. Par une coquetterie mal entendue, Béranger a caché les fleurs de son talent pour n'en montrer que les fruits.

Ce n'est qu'en 1815, à la seconde restauration, que Béranger, membre du Caveau depuis plusieurs années, auteur par rencontre de quelques chansons dont l'une, *le Roi d'Yvetot,* fut presque un événement, trouva enfin sa voie, et comprit le parti qu'il pouvait tirer d'un genre dédaigné jusque-là. La chanson du reste n'a pas été ingrate, et l'a largement récompensé de ce qu'il a fait pour elle. « Dès que je me fus rendu compte de la nature de mes facultés et de l'indépendance littéraire que la chanson me procurerait, je pris mon parti résolûment; j'épousai la pauvre fille de joie, avec l'intention de la rendre digne d'être présentée dans les salons de notre aristocratie, sans la faire renoncer pourtant à ses anciennes connaissances, car il fallait qu'elle restât fille du peuple, de qui elle attendait sa dot. J'en ai été récompensé au delà du mérite de mes œuvres, qui eurent au moins celui de faire intervenir la poésie dans les débats politiques, pendant près de vingt ans. » Et plus loin :

« Je suis peut-être, dans les temps modernes, le seul auteur qui, pour obtenir une réputation populaire, eût pu se passer de l'imprimerie. A quoi ai-je dû cet avantage? Aux vieux airs sur lesquels je mettais mes idées à cheval, si j'ose dire, et au bon esprit qui ne me fit pas dédaigner la culture d'un genre inférieur qui ne menait point aux honneurs littéraires. Parmi les hommes qui s'adonnaient aux lettres à cette époque, aucun, j'en suis convaincu, n'eût voulu suivre la même voie : je n'ai pris que le rebut des autres. »

A partir de 1815, Béranger joue un rôle très-actif, très-influent, très-considéré dans son parti. En se faisant l'écho harmonieux des rancunes du pays, il lui donna en quelque sorte le ton et la cadence. Son opposition se signale par une singulière ténacité, et pourtant chez lui l'hostilité ne troubla jamais la clairvoyance. Malheureusement la seconde partie de sa biographie, celle qui comprend la phase militante de sa vie, est aussi la plus discrète; et l'on est en droit de lui reprocher d'avoir privé l'histoire des renseignements que son récit eût pu fournir.

« Préoccupé sans cesse et avant tout des intérêts de mon pays, j'ai été poussé sans doute à approfondir bien des questions d'ordre général; homme de nature politique, j'ai pu donner mon avis dans des entreprises plus ou moins importantes. » *Homme de nature politique!* J'arrête ici l'auteur, et je lui demande si, une fois par hasard, son bon sens ne lui fait pas défaut, et s'il ne s'est pas trompé sur lui-même? Possédait-il, je m'adresse aux plus prévenus en sa faveur, la portée de vues, la science profonde et pratique des hommes et des choses, la connaissance des rapports moraux et matériels, des intérêts politiques et sociaux qu'exige ce titre? Un homme politique dans la véritable acception de ce mot pensa-t-il jamais à ébranler le sentiment religieux ou à pervertir le sens moral dans l'esprit des masses comme Béranger l'a fait dans le *Bon Dieu* et l'*Ange gardien*, dans les *Sœurs de charité* ou les *Clefs du paradis*? Ce n'est plus ici telle ou telle forme de gouvernement qui est en cause, c'est le cœur, c'est la base même de l'édifice social que l'on attaque ou que l'on ébranle. Un homme politique a-t-il jamais rêvé un gouvernement quelconque sans religion et sans morale? Sous prétexte de changer l'habit d'une société, un homme politique ne lui arrache pas la peau avec son vêtement. Sous ce rapport Béranger est inexcusable : la lutte ne lui a servi à rien, et l'on peut lui appliquer un arrêt tombé jadis de bien haut : Il n'a rien appris et rien oublié. Il a traversé la politique, il a donné des conseils judicieux pour en faire; mais en somme il n'en n'a pas fait, et s'est rendu justice quand, à plusieurs reprises, il a obstinément refusé d'y prendre une part active. Lorsque ses anciens amis, devenus *pilotes du royaume*, sont montés *au vaisseau par tous les vents battus,* il leur a *crié de loin: Heureux voyage!* il a *prié pour eux;* mais il *s'est endormi sur la plage.* Ce n'est pas là, ce me semble, le fait d'un homme politique.

Les anecdotes sont rares dans ce volume, dont cependant la lecture ne fatigue pas un instant, tellement le fonds était riche. J'indiquerai aux amateurs d'études de mœurs la jolie historiette de Piis chargeant les gendarmes de porter ses œuvres à domicile (huit volumes in-8°), et d'en toucher le prix. C'est un mode de souscription dont je ne connais pas d'autre exemple. Quant aux lecteurs plus sérieux, ils trouveront un document dont je ne puis que signaler l'importance aux pages 164 et 165. Outre l'intérêt historique qu'offre ce dialogue entre le roi Charles-Jean et le comte Pozzo di Borgo, il est bon de remarquer l'art, la rapidité et l'esprit avec lequel il est conduit. C'est une scène de comédie parfaite. Parmi les portraits je voudrais effacer celui du roi Louis XVIII, si faux au point de vue politique, mais je signalerai au contraire celui de M. de Talleyrand (page 243), exécuté en quelques touches, mais des touches de maître, rendant au mieux la physionomie du personnage. Béranger rend justice au mérite de second ordre du célèbre diplomate, tout en mettant le doigt sur les facultés qui lui manquaient dans le premier : « L'esprit, dit-il, n'était chez lui que la parure d'un grand bon sens, se résumant sous une forme brève et piquante. Il s'était fait oracle, et c'était ainsi qu'on l'interrogeait, attachant une pensée à son silence, qui souvent n'était que de l'ennui ou de la paresse. » Béranger ne s'est-il pas peint dans ces quelques lignes? Pour ma part, je le crois. Ceux qui ont connu le peintre et le modèle assurent que dans les dernières années de sa vie l'attitude du chansonnier, la manière moitié fatidique, moitié railleuse dont il répondait aux questions venues de tous côtés, rappelaient trop celles du prince de Bénévent pour que le hasard eût seul amené cette rencontre. Un vieil ami de Béranger, le docteur Bretonneau, et M. de Labesnardière, auraient apporté à l'un des reflets de l'esprit de l'autre [1]. Enfin ceux qui auraient le triste courage de soulever les voiles dont le chansonnier a pris la peine de couvrir sa vie privée, trouveront matière à exercer leurs recherches dans la singulière et mystérieuse réticence de la page 119. J'en ai peut-être moi-même trop dit.

En somme cette biographie, si elle laisse entrevoir le caractère de l'homme, n'apporte pas de renseignements précis pour juger de l'esprit du personnage. D'une forme singulièrement contenue et pleine de réticences, on sent à chaque instant que l'auteur a la main pleine de vérités ou d'indiscrétions et qu'il la retient pour ne pas les laisser échapper. On peut s'en plaindre, mais personne ne songera à l'en blâmer, en se rappelant surtout les attaques violentes qui dernièrement sont venues assaillir les grands noms de notre histoire et auxquelles la curiosité publique a eu le tort de faire un succès. Ces récits posthumes pourraient nous habituer à une licence de calomnies

---

1. A propos de M. de Labesnardière, une note de Béranger, si elle eût été développée et appuyée de preuves, eût éclairé d'un jour tout nouveau le rôle de M. de Talleyrand au congrès de Vienne en 1814. Il serait à désirer qu'elle fût reprise et commentée par un homme compétent dans ces matières.

dont la réserve de Béranger est la plus vive critique. L'esprit public se déprave à ce jeu immoral qui fait de la tombe une embuscade et de la mort un guet-apens. Béranger n'a pas voulu compter parmi les pamphlétaires d'outre-tombe. C'est peut-être, comme on l'a dit avec esprit, un grand homme de coin du feu, et sa biographie donne du poids à ce jugement ; mais cette biographie même ne me paraît pas suffisante pour le juger d'une manière définitive. Je crois prudent d'attendre des renseignements nouveaux et plus explicites. L'arrêt d'ailleurs, en voulant être sévère, eût, je le crois, singulièrement flatté Béranger. Il eût été regardé *in petto* par lui, qui n'aimait ni l'emphase ni l'enflure, comme son plus beau titre de gloire. Ne l'a-t-il pas sollicité dans les lignes suivantes : « Après leur génie, ce que j'ai le plus envié aux grands écrivains du siècle de Louis XIV, c'est l'espèce d'obscurité dont sut s'envelopper leur modeste existence ; ne se faisant pas du bruit de leur nom un besoin de chaque instant, ils savaient vivre dans le silence qui, chez nous, succède si vite aux applaudissements. La vie de plusieurs de ces grands hommes fut tellement obscure, qu'à peine a-t-il été possible de leur composer des notices de plus de vingt lignes, au grand déplaisir des marchands de biographies. »

Novembre 1857.

GEORGE SAND

Madame Sand a joué un rôle des plus importants et conquis une place des plus légitimes en tête du mouvement littéraire de 1830. Tandis que le groupe des écrivains romantiques cherchait à remplacer la tradition française par des éléments étrangers, l'auteur d'*Indiana*, dérobant à Jean-Jacques le secret de son style et l'appliquant comme lui à la défense de causes douteuses, se créait à côté de ceux-ci une position égale. Douée des facultés natives de l'écrivain, emportée par une inépuisable ardeur d'imagination, elle a eu nécessairement moins d'imitateurs ; mais, touchant à des questions morales, son influence sur son époque a été plus directe et plus active. Comme moyens, elle apportait au service de ses idées une entière foi dans leur justice, une fougue de prosélytisme qui entraîne avant de persuader, une forme littéraire d'un éclat et d'une ampleur qui font reconnaître les maîtres et leur soumettent l'attention ; enfin son sexe même, qui impose des devoirs de courtoisie plus délicats encore que les talents masculins. Ces causes ne sont d'ailleurs que subsidiaires. En dehors d'elles il faut surtout compter l'état de la société d'alors et l'attrait pour certaines thèses, plus vif à une époque d'agitation et de renouvellement.

Les femmes peuvent-elles penser et produire par elles-mêmes? La nature leur a-t-elle accordé les facultés intellectuelles nécessaires à cet usage? Leur imagination n'est-elle pas trop impressionnable et trop mobile pour permettre à leur intelligence de saisir le juste rapport entre les idées et les faits et de s'isoler d'influences étrangères? Sans parler des physiologistes qui n'ont pas osé résoudre la question, M. de Maistre ne résumait-il pas l'opinion de bien des philosophes ses prédécesseurs quand il disait : « Les femmes ne sont pas capables de faire ce que font les hommes? La vérité est précisément le contraire. Les femmes n'ont fait aucun chef-d'œuvre dans aucun genre. Elles n'ont fait ni l'*Iliade*, ni l'*Énéide*, ni *Phèdre*, ni *Rodogune*, ni le *Misanthrope*, ni Saint-Pierre de Rome, ni l'*Apollon*; elles n'ont rien inventé. » Aussi, quand elles produisent par elles-mêmes, l'équilibre nécessaire entre l'imagination et le raisonnement n'est-il obtenu qu'au détriment des qualités plus modestes constituant leur charme et leur puissance réelle. Elles délaissent la demi-teinte, où leur empire brille sans contrôle, pour le grand jour, où leurs imperfections paraissent dans tout leur relief. « Les femmes, pour continuer à citer M. de Maistre, n'ont rien inventé, mais elles ont fait quelque chose de plus grand que tout cela. C'est sur leurs genoux que se forme ce qu'il y a de plus excellent au monde : un honnête homme et une honnête femme. » Je ne crois donc pas téméraire d'affirmer que parmi les femmes dont les œuvres ont une portée quelconque, la grande majorité n'a été que l'écho d'influences masculines placées auprès d'elles. Serait-il très-difficile, pour ne citer qu'un exemple, de retrouver dans les *Considérations sur la Révolution française*, de madame de Staël, la part de MM. de Narbonne et Benjamin Constant ; dans l'*Allemagne* celle des Schlegel ; dans *Corinne* celle de M. de Châteaubriand ? Madame Sand, moins que tout autre, a échappé à cette loi. Elle a reçu d'une façon très-directe le contre-coup de toutes les intelligences gracieuses ou graves, douces ou élevées, légères ou puissantes, qui, à différents degrés, ont agité la France depuis trente ans. « Toute ma vie, dit-elle dans ses *Mémoires*, j'ai été le jouet des passions d'autrui, et par conséquent leur victime. » Littérairement parlant, rien n'est plus juste que cet aveu.

Une étude faite uniquement dans ce sens offrirait un vif intérêt et amènerait, je le crois, des rapprochements aussi piquants qu'inattendus, mais trop délicats pour être tentés. Nous serons donc sobre d'indications sur les influences du dehors qui ont entraîné madame Sand dans des voies qui n'étaient pas les siennes. Et tout d'abord il faut établir sa filiation avec le grand sophiste du siècle dernier : Jean-Jacques Rousseau. Elle-même a pris la peine de nous raconter dans quel trouble la jeta la lecture de l'*Émile*, de la *Profession de foi*, des *Lettres de la montagne* et du *Contrat social*. « La langue de Jean-Jacques et la forme de ses déductions s'emparèrent de moi comme une musique superbe éclairée d'un grand soleil... Pendant longtemps il fut l'apogée de mon admiration. » Cette action se retrouve dans le fond et dans la forme de ses ouvrages. Son style est un mélange de l'émotion de Rousseau et de l'emphase de M. de Châteaubriand, qui fut aussi au début un de ses initiateurs. Quant au fond, c'est le même genre d'esprit que Rousseau appliqué à des idées semblables modifiées par des différences d'époque. Même imagination emportée, même fausseté de jugement qui voit le monde à travers ses propres erreurs, et tire des déductions rigoureuses d'un principe radicalement faux. Comme Rousseau, comme tous les esprits extrêmes ou les cœurs ulcérés, elle ne se demande pas si le mal n'est pas le détail et l'exception, et si, dans l'impuissance de le modifier, il ne vaut pas mieux le souffrir que risquer de détruire le bien qui fait intimement corps avec lui. Seulement on ne trouvera jamais chez madame Sand, comme chez le rhéteur génevois, cette âcreté bilieuse, cet acharnement à renverser qui n'étaient que l'expression d'une vanité déclassée et féroce. C'est par haine des supériorités sociales que Rousseau veut les abaisser ; c'est au contraire par tendresse pour les petits et les souffrants que madame Sand veut les élever. Elle eût certainement adopté les enfants que son maître jetait à l'hôpital. Elle sent comme une sœur de charité et parle comme un rhéteur.

Une bonne moitié des œuvres de madame Sand n'est qu'un réquisitoire en faveur de telle ou telle cause. La forme dont elle s'est servie, le roman, ne comporte pas, selon moi, une pareille donnée. Les maîtres du genre, Richardson, Sterne, Lesage, l'abbé Prévost, Bernardin de Saint-Pierre, Walter Scott, ont fixé des règles dont on ne peut s'écarter impunément. Le roman a pour but la peinture de la vérité humaine, soit dans le développement des caractères, soit dans les élans de la passion, soit dans le jeu des ridicules, et non pas la défense de telles ou telles théories sociales. L'homme ne doit jamais être perdu de vue. Malgré l'*Utopie*, malgré la *Cité du Soleil*, malgré le *Voyage en Icarie*, Thomas Morus, Campanella et M. Cabet ne passeront jamais pour des romanciers. Pour moyen le roman possède l'observation. Que le romancier procède par synthèse, qu'il réunisse des traits épars dans une personnification unique comme l'abbé Prévost; ou qu'au contraire il agisse par analyse et peigne les nuances de tel ou tel caractère comme Lesage; l'intérêt excité par l'un ou l'autre viendra toujours de ce qu'ils auront peint d'après nature : leurs types seront éternels parce que les modèles auront été vrais. Madame Sand a adopté le procédé contraire. Elle a revêtu de costumes contemporains, entouré d'objets réels les rêves de son imagination ou les abstractions de son intelligence, sans se préoccuper de les rattacher par un lien quelconque à la société moderne. Êtres invraisemblables, espèces d'*homunculus* créés *à priori*, elle leur a soufflé une vie factice, et il ressort de leurs faits et gestes que si l'on ne rencontre jamais de femmes comme Lélia, comme Sylvia, comme Juliette; jamais d'hommes comme Trenmor, comme Jacques, comme Leone Leoni, la faute en est à la société et non au romancier. On comprend tout ce qu'un pareil système présente de difficultés. Je ne veux pas dire qu'elles soient insurmontables, mais pour les vaincre il faut plus que du talent, il faut du génie, il faut surtout le génie d'un homme. Les types pris en dehors du possible peuvent vivre dans la mémoire, témoin don Juan et Lara, mais c'est à condition que le monde où ils s'agiteront n'aura lui-même rien de commun avec la réalité, qu'ils n'auront d'autre but que de charmer, qu'ils ne se poseront pas en réformateurs d'une société à laquelle leur plus grand mérite est de ne pas appartenir. Je reconnais que le genre hybride dont se servait madame Sand était présenté par une main si belle, l'enveloppe était si magnifique qu'il devait surprendre et séduire; mais je doute que son effet puisse résister au temps, et qu'ici le fond même ne réagisse pas sur la forme, ce qui serait malheureux. Moitié philosophe, moitié avocat, moitié tribun, moitié romancier, on ne saura auquel entendre. *Age quod agis*, dit le proverbe latin. Les romans et les traités de science sociale ont leurs mérites, mais ce sont des mérites tellement différents, que leur mélange ne peut satisfaire personne et que celui qui s'en est servi risque de payer cher son erreur.

Outre les œuvres où madame Sand s'efforce de réformer la morale ou la société, elle en a composé d'autres dans lesquelles, abandonnant les idées impraticables et les phrases sonores, elle se montre conteur plein de grâce et de poésie, observateur fin et vrai, écrivain soutenu et attachant, peintre de paysages égal à Rousseau. C'est cette seconde partie de son œuvre qui appellera sur son nom l'attention de l'avenir bien plus, j'en suis convaincu, que ses vains réquisitoires contre l'organisation sociale. De là dans les œuvres de madame Sand deux divisions très-tranchées : d'une part les romans-plaidoyers, de l'autre les romans-narrations, qui demandent chacune un examen spécial.

I

La première œuvre de madame Sand parut vers 1831 sous le titre de *Rose et Blanche*; elle fut composée en collaboration avec M. Jules Sandeau, un compatriote. L'auteur n'y prenait encore que la moitié du nom qu'il devait illustrer et signait J. Sand. On peut croire que la part du collaborateur se borne à quelques descriptions et à quelques portraits assez lestement dessinés dans les scènes qui se passent au château de mademoiselle Cazalès. Quant à la tendance générale, aux caractères des personnages principaux, on y reconnaît déjà la main du futur auteur de *Lélia*. Tous les types s'agitent en dehors de la réalité et posent déjà pour la révolte. Horace Cazalès promenant à vingt ans un découragement sans motif, violant des idiotes et respectant des comédiennes, deviendra plus tard Trenmor et Leone Leoni. Rose Primerose est la sœur de Lélia; Blanche, malgré ses malheurs, ne réussit pas à intéresser un instant; la mère de Rose conseillant froidement le déshonneur à sa fille est d'un odieux repoussant. Laorens et la sœur Olympie, personnages secondaires, offrent seuls quelques vestiges de vérité. Les scènes juxtaposées, sans raison d'être, se déroulent au milieu d'une froideur que les sujets les plus scabreux ne parviennent pas à réchauffer. Les invraisemblances les plus fortes, les peintures les plus étranges, les péripéties les plus mélodramatiques ne peuvent avoir raison de la fatigue du lecteur et démontrent précisément le contraire de ce qu'avance l'auteur dans son épilogue : « qu'on ne peut faire un livre amusant qu'avec des caractères d'exception et des événements invraisemblables. » Dans cette œuvre se prononce déjà d'une manière très-marquée cette tendance à ne tenir compte ni des lois mises par la société comme un frein à nos passions, ni même des convenances qui atténuent les effets de ces passions. Tout cependant n'est pas à condamner; çà et là se rencontrent des descriptions où circule un souffle de ce naturalisme auquel madame Sand devra les plus beaux mouvements de son style. Ce roman est, en somme, un sacrifice fait au goût du jour, avide de désabusés, de désillusionnés, de Renés, d'Obermanns au petit pied, êtres inutiles, impuissants, ridicules, cerveaux mal portants, vanités farouches dont le bon sens a depuis longtemps fait justice.

Indiana fut la seconde publication de l'auteur, la première où figure le nom de George Sand et celle qui inaugura sa réputation d'écrivain. Le progrès est incontestable sur *Rose et Blanche*. Ici l'intérêt soutenu, l'enchaînement des scènes dénotent chez un débutant une remarquable aptitude narrative et promettent tout ce que l'avenir a tenu. Un long retentissement accueillit ce roman. L'opportunité y entra pour une bonne part, mais c'est déjà un talent que de savoir saisir l'occasion. Ce n'est pas la contexture littéraire, c'est la vérité morale et humaine qui laisse à désirer dans *Indiana*. Les caractères de Ralph et d'Indiana étant donnés, tous deux y sont peu conséquents : la première en se sacrifiant, sans l'excuse de l'entraînement, à Raymon de Ramière, qu'elle sait être inférieur à son mari ; le second en favorisant la passion d'une femme ardemment aimée pour un homme indigne d'elle, et contre lequel son propre amour lui faisait un devoir de la défendre. Il est donc facile de montrer combien cette œuvre s'éloigne du but que se proposait l'auteur.

Dans *Indiana* il a voulu, si je comprends bien les deux préfaces de 1832 et de 1842, indiquer les obstacles élevés par notre société contre les élans de la passion, et combien, suivant nos lois, les rapports sont mal établis entre les sexes. Or une lecture attentive d'*Indiana* prouve que la première condition pour traiter une aussi délicate question, l'impartialité, manque à l'auteur : tout l'intérêt est concentré sur Indiana; M. Delmare et M. de Ramière lui sont complétement sacrifiés. Pour que la cause eût été débattue avec quelque chance d'amener une solution, n'était-il pas juste de mettre des forces égales en présence et de donner à M. Delmare, le mari, le mauvais ange des livres de madame Sand, un cœur, une imagination, une intelligence, une passion semblables à celles de sa femme? Et cette femme elle-même, Indiana, à quel monde appartient-elle? Quels sont les éléments de vie, de réalité, d'observation qui la composent? Si c'est une créature de pure fantaisie, comme il faut bien en convenir, que devient l'argumentation de l'auteur contre la société? Celle-ci ne doit-elle pas sauvegarder précisément les intérêts du plus grand nombre et doit-elle tenir compte des phénomènes? L'auteur, d'ailleurs, ne se contredit-il pas lorsqu'il nous montre Indiana traversant les mers à l'appel de Raymon, non par passion, mais par devoir? Puisque dans un pareil moment cette grande idée du devoir pouvait lui venir, comment se fait-il que sa conscience ne lui montre pas le devoir bien autrement impérieux de soutenir un mari dans sa lutte contre la mauvaise fortune et de rester auprès de son enfant? car Indiana, il ne faut pas l'oublier, est mère. Madame Sand, en suivant les péripéties de la passion, aurait usé d'un droit incontestable si elle n'avait eu pour but que l'analyse de la passion même. Mais il n'en est rien, et l'on se défie de la véracité de son analyse quand on s'aperçoit qu'elle ne sert qu'à défendre des lieux communs philosophiques érigés en système et uniquement pour les besoins de la cause. En agissant ainsi, madame Sand a mélangé deux éléments incompatibles et enlevé toute autorité à son analyse sans donner plus de poids à ses doctrines.

Quelle est enfin la conclusion de ce livre? Faut-il que la société permette aux femmes le libre exercice de leurs passions? Faut-il, quand elles reconnaissent que leur union n'est pas parfaite et que leur mari n'est pas un ange, qu'elles aillent chercher des consolations où elles ont l'espoir d'en rencontrer? Soit, je l'admets. Mais les consolations demandent un consolateur; et si elles se trompent, si leur Raymon de Ramière les abandonne, si elles n'ont pas un vrai Ralph sous la main, à combien de faux Ralph devront-elles porter leur faiblesse à protéger avant d'avoir rencontré le véritable? Où faudra-t-il qu'elles s'arrêtent? et, question terrible, que ferez-vous des enfants? qu'aurez-vous à leur répondre, qu'auront-ils à se répondre eux-mêmes quand ils vous demanderont compte de leur héritage de déshonneur? Cruelle alternative : le cœur absoudra la mère, mais la conscience condamnera la femme. Et c'est là ce que l'on appelle relever la femme de son esclavage! On l'arrache au devoir pour la livrer à la honte! Toutes ces graves questions ont évidemment obsédé l'auteur à la fin de son drame, et, faute de pouvoir y répondre, il l'a suspendu plutôt que terminé.

Enfin était-il prudent de plaider un pareil procès devant le public? N'existe-t-il pas pour les causes sociales un huis clos comme pour les causes judiciaires? Ne devait-on pas craindre « d'éveiller des sympathies funestes dans les âmes aigries, d'envenimer les plaies déjà trop cuisantes que le *joug social* imprime sur des fronts impatients et rebelles? » L'auteur peut se retrancher derrière ses bonnes intentions. Hélas! l'enfer en est pavé. Une seule excuse peut être alléguée, et, malgré les honorables dénégations de madame Sand, je crois que c'est la vraie. Elle plaidait une cause individuelle et attribuait à la société la faute d'un malaise dont une organisation exceptionnelle la faisait souffrir. Mais, même à ce point de vue, *Indiana* a-t-il apporté une modification quelconque à la condition de la femme? Je ne le pense pas. En a-t-il égaré plusieurs? Que la conscience de chacun réponde. Le jugement est là.

Après *Indiana* parurent successivement *Simon*, *Valentine*, *Leone Leoni*, *Jacques*, *Lélia* qui firent à madame Sand une réputation d'écrivain méritée et qui ne devait pas décroître. Ce succès était dû autant au mérite littéraire qu'à la curiosité publique, suivant avec intérêt la lutte d'un esprit paradoxal et d'une imagination sympathique contre le sens commun. Le but de ces contes est toujours le même : c'est non pas tant la réhabilitation de la femme, que la défense de la passion en révolte contre la société. Le défaut d'*Indiana* reparaît dans chacune de ces productions et enlève toute portée au plaidoyer. On y retrouve ces types impossibles créés par une imagination ardente et n'offrant aucun point de contact avec la vie réelle. Les détails si remarquablement traités de *Valentine*, ses fraîches descriptions, ses paysages d'une grâce et d'une poésie si pleine de charme ne réussirent pas à protéger Bénédict, le héros principal, contre le ridicule qui s'attache à un homme adoré simultanément par trois femmes. Athénaïs est une étude d'après nature ; c'est la transformation de la paysanne en bourgeoise infatuée de sa richesse, rougissant de son origine, envieuse des élégances natives auxquelles elle ne peut atteindre, bonne au fond, et qui plus tard deviendra la Sévère du *Champi* moins le cœur. Madame Sand a laissé voir dans cette création tout ce qu'elle eût pu faire si elle se fût adressée plus souvent à ses facultés d'observateur.

Je ne puis considérer *Leone Leoni* que comme un défi jeté à la vraisemblance. Malgré la meilleure volonté, il est impossible de se rendre compte de la passion de Juliette pour un aventurier qualifié, voleur et assassin, et qui finit par vendre sa maîtresse à beaux deniers comptants, comme un veau ou une mesure d'avoine. Madame Sand a cherché à expliquer cette erreur dans sa lettre à M. Nisard : « Dans *Leoni*, j'ai essayé, dans un but tout artistique, de faire une sorte de pendant à *Manon Lescaut*. » Ce but a-t-il été atteint ? Il est permis d'affirmer le contraire. Ce qui fait le mérite et en somme la moralité de cette magnifique et douloureuse histoire de Manon Lescaut, c'est qu'à travers toutes ses erreurs, toutes ses chutes, toutes ses faiblesses, Desgrieux garde toujours l'espoir de relever Manon de son avilissement, de gouverner sa tête par son cœur, et d'arriver à la rendre digne de son amour; il ne désespère jamais de l'élever jusqu'à lui. Les rôles au contraire sont intervertis dans *Leone Leoni* : supérieure à son amant par sa nature, par sa position, par ses sentiments, Juliette se précipite dans la fange où il s'agite sans faire un effort pour l'en retirer et pour le relever de sa faute à ses yeux et aux yeux des autres. Non, quelle que troublée que soit la tête, il est impossible qu'une femme bien douée comme Juliette fasse un aussi complet abandon de sa volonté en faveur d'un escroc. De pareils égarements ne peuvent s'expliquer que par le magnétisme et rentrent dans le domaine de la médecine physiologique. La conclusion de ce livre, si ce livre pouvait avoir une conclusion, serait diamétralement opposée, ce me semble, à la thèse favorite de l'auteur. Il faut que la domination masculine soit bien profondément inscrite dans le cœur des femmes, pour amener l'une d'elles à sacrifier si facilement les forces de son cœur et les facultés de son intelligence. Me sera-t-il permis de dire que madame Sand a peut-être manqué là une belle occasion de défendre sa théorie favorite et qu'elle eût trouvé matière à d'intéressants développements en nous montrant Juliette en dehors de la loi du monde, forte seulement de son amour pour Leone Leoni, et s'en servant pour relever peu à peu son amant de son abjection morale. Je ne prétends pas qu'une pareille donnée n'eût pas choqué le sentiment de la dignité, mais, comprise ainsi, elle pouvait offrir des situations dont eût certainement profité la vérité humaine.

Jacques repose sur une fable qui ne supporte pas mieux l'examen. C'est l'histoire d'un mari qui, par dévouement pour sa femme, prête les mains à sa liaison avec un amant et finit par lui assurer l'impunité de son adultère en se précipitant dans un glacier. En espérant faire passer Jacques pour le type du sacrifice, madame Sand me paraît avoir confondu l'exagération avec la grandeur et l'impossible avec la rareté. Dans toutes les langues, Jacques est un misérable. A moins d'avoir complétement perdu tout sens moral, il ne viendra à l'idée de personne de se faire le proxénète de sa femme par amour pour elle. Les maris complaisants seront toujours une vile espèce, et encore chez eux le cœur n'est jamais en jeu; mais de quel nom nommer ceux qui jettent aux bras d'un autre l'objet de leur amour? Cette adoration, dira-t-on, sert précisément d'excuse à la conduite de Jacques. Mais tous les nobles instincts protestent contre une pareille objection. L'amour, chez les natures élevées, ne peut vivre qu'à la condition d'un mutuel respect, et quand il se déshonore, il n'est plus digne de ce nom. Ce ne sont que les âmes immaculées qui viennent briser sur cet autel les divines hosties du bonheur. Madame Sand n'a-t-elle pas pris la précaution d'accorder à Jacques une intelligence qui lui permet de discerner le bien du mal, la dignité du déshonneur? Rien ne peut donc l'absoudre de la honte dont il se couvre et qu'il essaye vainement de laver dans le sang de deux pauvres diables qui n'en peuvent mais de la façon dont il entend le dévouement. Lorsqu'il est saisi de cette frénésie de meurtre qui s'empare de lui à Tours, on est tenté de lui crier : Et Octave, que vous oubliez! Quelle belle occasion de vous passer cette fantaisie massacrante! Le caractère de Jacques ne peut donc s'expliquer que par un complet oubli du sens moral. Sa profonde sérénité en lisant les lettres dans lesquelles sa sœur Sylvia, qu'il aime, dit-il, comme son enfant, lui raconte ses singulières amours ou lui dépeint son amant, s'accorde parfaitement avec sa conduite future à l'égard de sa femme. Le frère et la sœur ont, il est vrai, pour excuse de prétendre que la société ne peut les comprendre. En vérité la société n'a pas tort. Je me borne à citer ces invraisemblances. Cette œuvre en contient bien d'autres, comme l'oubli dans lequel Jacques et Fernande tombent à l'égard de leurs enfants. Mais *Indiana* nous avait déjà familiarisé avec cette manière d'envisager la paternité. Inconséquences, contradictions, bizarreries, types impossibles, telles sont, en résumé, les créations de madame Sand pour soutenir un sophisme moral ou répondre à une mode du temps. Si l'asservissement de la femme était encore en question, quelles armes elle a forgées pour un adversaire de sang-froid! Un compatriote disait d'elle : « C'est un écho qui double la voix; » et, plus tard, M. Sainte-Beuve ajoutait ce jugement à la prévision de M. Delatouche : « Elle reçoit et prend l'idée de gens qui en vérité lui sont inférieurs, et fait passer leurs ennuyeux paradoxes à l'état de magnifiques lieux communs. » *De magnifiques lieux communs*, c'est en effet le caractère de toute cette phase du talent de madame Sand ; et je ne vois pas de meilleure explication à toutes les étrangetés que je viens de signaler. Comme il arrive toujours en pareil cas, l'auteur soutient ses théories avec d'autant plus d'acharnement qu'elles ne sont pas siennes. Les néophytes ont une ardeur qui surprend souvent les initiateurs.

Lélia fut la conclusion et comme le couronnement de ces théories paradoxales. Une strophe de M. Alfred de Musset, servant d'épigraphe, indique le sujet du roman et l'influence sous laquelle il fut composé. Rien ici n'est réel, tout se passe dans le domaine de la philosophie, ou du moins en affiche la prétention. Ce ne sont pas des caractères, mais des états de l'âme. Nous sommes au milieu d'un monde fantastique dont le mirage n'est pas sans attrait pour l'imagination, mais qui est loin de satisfaire à ce besoin de vérité qui est en nous. Lélia personnifie, si je ne me trompe, l'épuisement du désir et son impuissance à réaliser les rêves; le prêtre Magnus, la révolte des sens contre l'ascétisme chrétien; le poëte Sténio, l'ardeur et les défaillances de la jeunesse dans une nature molle et effacée : il s'appelle Henryet dans *Leone Leoni;* André dans le roman de ce nom; Anzoletto dans *Consuelo*; Octave dans *Jacques*. C'est l'avocat du diable dans le procès de la femme contre l'homme. Enfin, Trenmor, l'homme fort du roman (on aimait beaucoup les hommes forts à l'époque de *Lélia*), c'est la sérénité que donne l'expérience de la vie, c'est le soldat à l'épreuve des événements, c'est enfin une profonde indulgence arrivant, ce qui est faux, par une profonde satiété.

Le développement de ces diverses abstractions offrait de quoi intéresser, si madame Sand les eût liées autour d'un sentiment vrai, ou les eût placées au milieu d'actions possibles. Mais c'est précisément ce lien qui manque. Machines à raisonnements et à sophismes, rien ne remue, rien ne palpite sous ces visages de marbre, que leur propre vanité. Lélia a beau jeter Sténio aux bras de la courtisane Pulchérie, Sténio a beau repousser, dans une tirade magnifique d'ailleurs, les offres amoureuses de la jeune Claudia, Magnus a beau poursuivre Lélia de sa passion sacrilége, Trenmor a beau raconter ses joies au bagne, Pulchérie est encore la seule figure douée de quelque sensation vivante. On écoute en vain chez tous ces personnages l'écho d'une émotion quelconque. Tout se tait, et l'impression que l'on emporte de ce livre est celle d'un grand froid au cœur. Je n'ai pas à m'appesantir sur chaque personnage en particulier; je n'ai pas à faire sentir tout ce qu'il y a de pénible dans cette glorification du bagne faite par l'ancien galérien Trenmor. Evidemment l'auteur a sacrifié à la mode de l'époque, qui tentait de réhabiliter tous les vices physiques ou moraux. Elle a senti elle-même cette inconvenance en faisant, lors de la seconde édition de *Lélia*, un prisonnier politique de l'ancien condamné aux travaux forcés. C'est un peu plus noble. Mais je veux dire seulement que, si c'est là l'idéal de la société rêvée alors par madame Sand, entre la forme réelle et la forme proposée l'hésitation ne peut être douteuse.

Le succès même de ce récit eut dû, ce me semble, être un avertissement pour l'auteur. Il n'avait pas, on doit le croire, l'intention de fournir des exemples à suivre et des types à imiter; il ne voulait que donner un corps à des songes. Cela ne suffit pas pour l'absoudre. Quand un écrivain est doué d'un aussi grand talent, il doit en user avec réserve, mesurer son action aux forces sur lesquelles il agit, et en redouter les conséquences sur la masse des esprits faibles et des intelligences vacillantes. Dans le domaine des idées pures, la maxime de Salluste : *Scribitur ad narrandum non ad probendum*, ne peut avoir que de funestes conséquences. Eût-on d'ailleurs toutes les vérités dans la main, il ne faudrait l'ouvrir qu'après s'être bien convaincu des dispositions du milieu où elles doivent tomber.

Une dernière observation se présente à propos du procès soutenu par madame Sand contre le sexe masculin. Je vois bien dans ces divers types de femmes la passion et l'orgueil en jeu. Mais est-ce donc là toute la femme? La piété et la maternité ne jouent-elles pas dans sa vie un rôle aussi important que la passion? et en négligeant ces deux puissants mobiles, l'auteur ne s'est-il pas privé de ressources infaillibles pour le relief des caractères et l'action d'un drame?

Tout ce lyrisme à froid, toutes ces peintures d'exceptions n'ont pas réussi à donner gain de cause aux théories de madame Sand. Si dans le monde moderne, tel que l'expérience des siècles l'a constitué, les femmes sont réellement esclaves, ce n'est pas par la révolte qu'elles arriveront à secouer le joug. Madame Sand s'est complétement trompée sur leur génie. En leur enlevant la prérogative de la faiblesse, elle les dépouille également de ce rôle d'abnégation, de sacrifice par lequel elles se relèvent et finissent toujours par dominer les hommes. L'effort intellectuel ne leur sied pas mieux que l'effort physique. Vouloir le revendiquer pour elles, c'est vouloir fausser leur nature, et en dernière analyse, rendre leur faiblesse plus évidente. La femme est l'ange de la famille. En dehors du foyer domestique, tout est péril pour elle. Filles dévouées, sœurs tendres, épouses prévoyantes, mères attentives et aimantes, influences toujours voilées et toujours actives, elles jouent dans la société le rôle du cœur dans l'organisme humain. S'il en est un plus beau, le monde ne le connaît pas encore.

Cette première campagne terminée, madame Sand en entreprit d'autres, et selon le vent qui soufflait près d'elle, mit son talent au service de théories religieuses ou politiques aussi singulières que celle de l'émancipation de la femme par la passion. Il est facile de reconnaître M. de Lamennais dans le personnage principal de *Spiridion*; et l'on peut croire que dans les phases successives par où passe ce moine, qui d'israélite se fait catholique, puis protestant, puis déiste, puis, comment dirai-je? *joachimiste*, l'auteur a voulu expliquer, telles qu'il les comprenait, les transformations successives de l'auteur de l'*Essai sur l'indifférence*. Au fond, et en laissant de côté M. de Lamennais, ce roman ne conclut pas. Lorsque, dans les dernières pages, le père Alexis donne le contenu de l'évangile de Joachim de Flore, qui pendant tout le récit est désigné comme devant révéler une religion nouvelle supérieure au christianisme, on a affaire à de tels lieux communs, on est en présence d'aperçus philosophiques si vagues et si puérils, on assiste enfin, qu'on me passe le mot, à un tel *fiasco*, que le père Alexis peut passer pour une véritable dupe; et qu'au lieu d'admirer les évolutions d'un puissant esprit à la recherche de la vérité, on ne peut que plaindre un moine orgueilleux d'avoir abandonné sa foi première. Ces critiques ne portent pas sur la forme, sur le style qui, dans ce roman, est souvent admirable. Quand l'auteur a la force de s'isoler, il trouve des épisodes d'une grâce charmante et des descriptions d'une grande magnificence. Je veux surtout parler du court incident du jeune ami d'Alexis; de la rencontre du général Bonaparte, hors-d'œuvre dont l'auteur a su faire pardonner l'invraisemblance à force d'art; et enfin de l'apparition du spectre de Spiridion sur la mer, tableau admirablement peint plein de grandeur, de soleil et d'éblouissement, comme le peintre sait en trouver quand il veut bien voir par ses propres ye u

On retrouve dans le *Compagnon du tour de France* l'écho des maximes et des théories qui préoccupaient un certain parti vers 1844. Ce n'est plus une réforme partielle dans le domaine des idées, une discussion sur un sujet philosophique circonscrit, au service de laquelle madame Sand met son talent : c'est toute une révolution sociale qu'elle prêche dans ce roman. Ici se fait sentir l'influence des chefs de cette école dont le gouvernement de juillet eut le tort de ne pas surveiller sévèrement les discussions subversives. Dans le *Compagnon du tour de France* comme dans ses précédentes plaidoiries, il me semble que madame Sand a manqué son but. Elle a beau donner à ses héros, *l'Ami du trait* et *le Corinthien*, des noms vulgaires et des vestes d'ouvriers; par la délicatesse aiguisée des sentiments qu'elle leur prodigue, par l'élégance de leurs manières, par cette urbanité, par cet usage du monde qu'elle leur prête, elle en fait des enfants de cette aristocratie contre laquelle son factum est dirigé. Est-ce à dire qu'on ne puisse rencontrer parmi les prolétaires, parmi ceux qui demandent le pain de chaque jour au travail de leurs bras, de nobles cœurs, de beaux sentiments, des intelligences élevées, des caractères fermes et droits? Si une aussi cruelle supposition pouvait être faite, mille consolants exemples lui donneraient à l'instant même un éclatant démenti. Mais si les sentiments ne se mesurent pas à l'échelle sociale, il n'en est pas de même de la manière dont ils s'expriment et se manifestent ; et c'est là où se fait sentir l'influence de l'éducation et du milieu dans lequel on a été élevé. Un compagnon charpentier peut avoir le cœur et l'intelligence aussi nobles qu'un descendant des croisés ; mais il ne possédera jamais ses manières : et si une femme de ce monde s'éprend de lui, grâce à ce cœur, grâce à cette intelligence, il lui fera comprendre qu'elle est folle, et qu'elle doit porter ailleurs sa frénétique passion. Madame Sand a été forcée d'anoblir, autant que possible, les manières des deux ouvriers menuisiers, pour rendre moins choquant l'amour d'Yseult de Villepreux et de la marquise pour eux. Mais quoi qu'elle ait pu faire, elle n'en a pas moins placé ses héroïnes dans l'humiliante position de faire les premières avances, et a manqué ainsi aux plus simples notions de la dignité et de la vérité sociales. Quant à une argumentation quelconque, je doute que l'on puisse en trouver trace dans *le Compagnon du tour de France*. Accorder toutes les vertus à des prolétaires, ne prouve pas plus en faveur des classes populaires que réserver tous les vices pour les hautes classes ne prouve contre elles. Créer des types imaginaires n'est pas chercher des solutions. L'opinion opposée se démontrera également bien par le procédé contraire, sans faire avancer la question d'un pas. Y a-t-il d'ailleurs une question ? N'existe-t-il pas plutôt des nuances que des divisions sociales entre les classes, et est-il bien généreux d'entretenir la haine entre elles en préconisant injustement l'une au détriment de l'autre? Flatteur en haut ou flatteur en bas, le rôle n'est-il pas toujours le même? L'opinion a répondu pour nous, et madame Sand a du moins le mérite d'avoir accepté son arrêt en laissant inachevée une œuvre dont la conclusion n'eût pu satisfaire personne, et l'auteur sans doute moins que qui que ce soit.

Ce salutaire avertissement fut vite oublié, et n'empêcha pas madame Sand de continuer ses prédications ultra-politiques dans le *Péché de M. Antoine*, dans *le Meunier d'Angibaut*, dans *Jeanne*. Le public fut plus sévère cette fois; et il faut bien avouer qu'avec les défauts du *Compagnon du tour de France*, les deux premiers romans que je viens de citer n'avaient aucune des qualités de style de leur aîné. Ce mélange de mœurs villageoises et d'utopies politiques blesse le lecteur comme une déconvenue. Le sentiment de l'harmonie qui est en nous fut choqué de cette idée de donner de gracieux paysages pour cadres à des discussions irritantes, à des lieux communs révolutionnaires, comme l'oreille est blessée par des notes fausses et des tons discordants. *Jeanne*, par sa pensée première, doit être rangée dans la même classe de compositions; elle s'en sépare toutefois par la façon dont les éléments y sont combinés. La description et l'étude morale y dominent de beaucoup la discussion philosophique. Le personnage principal, espèce de Jeanne d'Arc vulgaire et contemplative, paraît dessiné d'après nature, et ne manque ni d'originalité, ni d'intérêt. La tendance personnelle de l'auteur, la veine première, la veine berrichonne de *Valentine* et de *Geneviève*, reprend heureusement le dessus. A ce titre, *Jeanne* pourrait servir de transition entre les romans-plaidoyers et les romans-contes, et figurerait en tête des attachantes bucoliques publiées quelques années plus tard.

Horace, dans le roman de ce nom, est un type vrai, un caractère bien étudié, intéressant, non pas par lui-même, mais par les développements de l'auteur. Dans cette étude d'une infirmité morale, il a fait preuve d'une habileté, d'une pénétration critique, d'un sens d'observation qui font regretter que leur possesseur n'en fasse pas plus souvent usage. J'aime moins, je l'avoue, les personnages secondaires de *Marthe la limonadière* et de *Laravinière, le président des bousingaults;* non pas qu'ils soient faux par eux-mêmes, mais ils le deviennent dans le milieu où ils sont placés. Marthe est une de ces femmes fortes de cœur, faibles de morale, hautes d'intelligence, que l'on retrouve dans tous les romans de madame Sand. Laravinière et Pierre Marteau du roman d'*André* sont le même personnage sous des noms différents. Or, je crois que ces types étant donnés, ils ne resteront pas dans la position inférieure où l'auteur les laisse, et chercheront à leurs facultés un emploi plus noble que celui de maîtresse d'étudiant ou de chef de barricades. Il s'échappe en outre de tout ce récit, surtout dans la première partie, je ne sais quel mur-

mure de conciliabule, quelle fantasmagorie de société secrète; un ferment d'envie et de haine contre l'ordre social, opposé, je l'espère, à l'intention de l'auteur, mais qui fait voir jusqu'à quel point peut s'égarer l'esprit quand il accepte trop facilement des impressions étrangères.

Consuelo est l'œuvre sous laquelle cette facilité se laisse mieux apercevoir. Commencée comme un conte, avec une simplicité, une grâce, une poésie qui en font une des meilleures compositions de madame Sand, elle tourne bride inopinément et devient un long et diffus plaidoyer en faveur de l'illuminisme, de la franc-maçonnerie allemande, de Jean Sizka, de Weihshaupt, de toute une société souterraine et mélodramatique médiocrement attrayante. Toute la vie de la jeune bohémienne à Venise, ses chastes amours avec Anzoletto, ses laborieux travaux avec le vieux Porpora, peuvent passer pour un modèle de narration. Chaque caractère est mis en relief d'une façon ferme, bien tranchée, et cependant bien en harmonie avec l'ensemble. Les scènes vives, touchantes, gaies, se succèdent avec naturel et mesure. Si *Consuelo*, par l'élévation et la perfection de sa nature, appartient plutôt à l'imagination qu'à l'observation, elle offre du moins une création pleine d'attrait, et fait d'ailleurs opposition aux personnages d'Anzoletto, de Porpora, du prince, de Corilla, types rentrant plus directement dans le domaine de l'observation et de la réalité. Les profils secondaires ne sont pas moins bien esquissés et concourent habilement à faire va-

loir les figures du premier plan. Mais tout s'arrête là.
Dès que la Porporina pénètre au château des Géants,
on entre, en franchissant la porte du donjon, dans
un monde d'Anne Radcliffe, dans un enchevêtrement de souterrains, de citernes, de revenants, de
fous, de cataleptiques, qui peut tenir une grosse curiosité en éveil, mais qui ne satisfera jamais une intelligence tant soit peu délicate. Le courant est complétement changé. C'était l'époque des romans à tiroirs ; il fallait une grosse péripétie au bas de chaque
feuilleton. On peut croire que madame Sand a voulu
s'essayer dans ce genre, et a soudé toute une suite de
surprises fantastiques à un premier récit à peu près
terminé. La fuite de *Consuelo* sert de soudure. A partir de là, il n'y a plus de roman, mais une suite de
scènes sans aucune relation réciproque. Et comme
les écarts du talent restent toujours marqués d'un cachet ineffaçable, au milieu de ces scènes incohérentes, madame Sand a placé de charmants épisodes
comme celui de la rencontre de Consuelo et d'Haydn,
au milieu des retraites du Bœhmerwald. Pourquoi
faut-il que ces repos vivifiants soient gâtés par le voisinage des scènes où Marie-Thérèse et Frédéric II
sont travestis d'une façon si peu convenable et si
fausse. En appuyant avec insistance sur les ridicules
du roi de Prusse, madame Sand fait du pamphlet rétrospectif et peut encourir le reproche de n'avoir pas
su apprécier la puissante intelligence de ce monarque qui, par une faveur peut-être unique, sut
allier le génie d'un grand capitaine au sens pra-

tique de l'homme d'État. Les *Mémoires de la margrave de Bayreuth*, qui lui ont servi pour cette partie de son roman, donnent du roi de Prusse une idée opposée à celle qu'en garde le lecteur après les scènes où madame Sand le met en jeu. Les bergerades de Florian faisaient désirer la présence d'un loup; de même *la Comtesse de Rudolstadt* et toutes les manœuvres des sociétés secrètes auxquelles elle sert de cadre, font regretter l'absence d'un agent de police. Le roman est interrompu mais non terminé; cependant le talent de l'auteur, éclipsé par des détails d'initiations puériles, brille de tout son éclat dans les dernières pages. La scène où Consuelo veuve, ne pouvant faire reconnaître son identité, et acceptant avec résolution cette dernière épreuve, reprend sa vie première de bohème, et, après une halte, charge ses enfants sur ses épaules et s'enfonce avec ce doux fardeau dans les profondeurs des forêts allemandes, est un tableau complet, un paysage d'une sobriété et d'une grandeur dont la mémoire garde un ineffaçable souvenir.

Consuelo marque la limite de la première partie de l'œuvre de madame Sand. Jusqu'ici la tête a parlé à peu près seule pour préconiser d'impraticables systèmes. Certes l'époque d'apaisement que nous atteignons a rendu l'opinion aussi indulgente à l'égard de ces doctrines qu'elles-mêmes sont devenues inoffensives. Elles méritent cependant qu'on s'y arrête et qu'on les examine comme l'expression d'une maladie qui, à une époque, a affecté l'esprit français et qui, sans effet sur les masses, peut encore troubler quelques imaginations isolées. Ces romans-prédications avaient fini par lasser l'attention. Déjà s'élevaient des insinuations sur l'épuisement de son talent et sur l'uniformité fatigante de ses paradoxes. Il y avait du vrai dans ces reproches. Il semble que madame Sand l'ait compris. L'auteur disparut quelques années de la scène littéraire, ou du moins n'y joua qu'un rôle secondaire, se débarrassant des idées d'emprunt, et demandant à ses impressions personnelles, à son sentiment si profond et si délicat de la nature, le secret de succès moins bruyants mais plus durables.

II

Valentine révéla un talent narratif et descriptif d'un genre nouveau, comme on n'en n'eût pas trouvé de semblable chez les écrivains d'alors, et dans lequel madame Sand restera un modèle. En littérature elle a découvert le paysage français comme Jean-Jacques avait trouvé le paysage alpestre. Elle ne l'a pas seulement inventé, ce qui est déjà un mérite, elle l'a peint avec des touches d'une rare habileté. Quand elle est en présence de la nature, devant les horizons du Berry, l'avocat se tait, le cœur parle, et parle une langue opulente, nombreuse, pleine d'une séve vigoureuse, tantôt humide comme la rosée, tantôt lumineuse comme le soleil, se jouant de l'image sans la forcer, peignant bien plus à l'imagination qu'aux yeux et lui laissant l'empreinte de tableaux complets, une langue des plus belles qu'ait entendu notre âge. A côté de ce premier mérite, *Valentine* en découvre un second qu'*Indiana* avait fait pressentir : celui de la narration. En relisant ces deux ouvrages, on est frappé par une manière toute différente des procédés de l'école romantique, alors fort en faveur, et de ceux de l'école analytique, dont Balzac était à peu près le seul représentant. Si les uns surprennent l'esprit par une diversion aux formes consacrées ; si les autres agacent l'attention par des détails infinis, j'avoue que la simplicité avec laquelle madame Sand pose ses personnages et déroule ses drames entretient l'intérêt d'une façon plus élevée, plus égale et plus durable. Ce n'est pas non plus un conteur de cape et d'épée à la façon de M. Dumas. Elle n'en n'a pas la facile hâblerie. Elle marche plus lentement et plus sûrement à son but ; et là où l'auteur des *Mousquetaires* se contente de tenir la curiosité éveillée par une succession d'événements matériels de plus en plus bizarres, madame Sand intéresse l'esprit et captive l'imagination en creusant un caractère ou un type.

André continue d'une façon charmante cet ordre de productions. C'est une églogue dans laquelle se confondent et s'équilibrent l'observation et l'invention, le sentiment de la nature et l'étude de la vérité. Le caractère faible et contemplatif d'André, fort pour l'amour, inhabile à la résistance, est mis en relief avec un art infini. Celui de Geneviève, espèce de sensitive au physique et au moral, doit moins à l'observation. Mais si Geneviève blesse parfois la vraisemblance, l'auteur a su l'envelopper dans une atmosphère de poésie si douce et si communicative que l'esprit d'analyse reste sans action devant cette gracieuse fleur. Les personnages du vieux marquis de Morand, de Pierre Marteau, d'Henriette, intéressent parce qu'ils sont vrais. Chacun de nous en a connu de pareils au fond de sa province et peut mettre un nom sur ces costumes. Madame Sand, qui excelle dans les expositions, n'en n'a pas composé de supérieures à celle d'André ; il y a là une dizaine de pages dont pas un mot n'est à retrancher. J'en dirai autant du dénoûment, rempli d'une émotion simple, naturelle, et qui vous gagne doucement comme celle de *Paul et Virginie*. Une tache bien facile à faire disparaître, c'est l'indication imprévue de l'amour de Pierre Marteau pour Geneviève. Ce sentiment n'augmente pas l'intérêt pour la jeune fleuriste, et dément le caractère franc mais rude de Pierre. C'est une fausse note. Enfin il y a de tous côtés des échappées de paysages qui encadrent délicieusement les scènes et leur donnent leur originalité et leur effet. Ce sont des bouquets de fleurs des champs que madame Sand agite devant l'imagination pour la reposer et la rafraîchir.

Mauprat est un roman dans la meilleure acception de ce mot, et le plus remarquable parmi ceux de madame Sand. Jamais elle n'a mis plus de suite, plus de tenue, plus d'observation dans l'étude des caractères aux prises avec les passions. La tâche était d'autant plus difficile qu'elle a pris ses modèles dans un monde non pas invraisemblable mais exceptionnel, et qu'avant de les rendre intéressants il fallait les faire acceptables. Le succès a dépassé les espérances que la modestie de madame Sand pouvait lui faire concevoir. Bernard de Mauprat intéresse dès qu'il entre en scène, et son caractère n'est pas démenti un seul instant pendant la durée de l'action. Nature farouche et violente douée d'instincts honnêtes, en lutte ouverte avec l'ordre social, habituée mais non assouplie au crime par ses premières années passées dans le repaire de la Roche-Mauprat, il se relève peu à peu de sa dégradation et dépouille successivement ses habitudes de violence, grâce au persévérant amour de sa cousine Edmée. C'est la même donnée que *Leone Leoni*, mais ici du moins la tendresse féminine joue le rôle auquel elle est appelée; et Edmée ne consent à épouser son cousin qu'après de longues épreuves qui le conduisent graduellement jusqu'à le rendre digne du cœur qui s'est donné à lui. La peinture des scènes et des habitants de la Roche-Mauprat, toute étrange qu'elle paraisse à nos mœurs, est exactement vraie. Il n'y a pas de province qui n'ait gardé le souvenir d'actes semblables à ceux racontés par madame Sand, exécutés en plein dix-huitième siècle par de petits hobereaux moitié nobles et moitié détrousseurs de grands chemins, et auxquels l'impuissance du gouvernement assurait l'impunité. A la fin du dix-septième siècle, les Grands Jours d'Auvergne n'eurent pas d'autre but que la répression de brigandages qui passent toute idée ; et le livre de M. de Tocqueville a démontré pièces en main que quatre-vingts ans plus tard le souvenir de ces assises était complétement perdu dans l'esprit de la petite noblesse de province. Le caractère d'Edmée de Mauprat n'est pas moins bien tracé que celui de Bernard. Forte et courageuse pour la lutte, conservant toute sa présence d'esprit en face du danger et fidèle, sous ce rapport, au sang dont elle sort, elle sait être tendre et dévouée quand son cœur parle, et employer au besoin toutes les ressources de la coquetterie pour défendre sa dignité contre les mouvements de son cœur. Les scènes d'amour entre elle et son cousin après l'assaut de la Roche-Mauprat, cette nature forte et élégante aux prises avec un soupirant à demi sauvage, sont analysées avec une délicatesse digne de Balzac. Je n'ai qu'un reproche à faire à Edmée : il porte sur les opinions politiques que l'auteur lui prête inutilement. C'est une fausse note qui ne s'explique que par le besoin bien connu chez madame Sand de mêler la politique à tout. « Au temps des actes de la Montagne, dit quelque part l'auteur, Edmée ne prononça jamais devant l'abbé Aubert certains noms qui le faisaient frémir, et qu'elle *vénérait* avec une force de persuasion que je n'ai jamais vu chez aucune femme. » J'avoue que cette vénération intempestive gâte quelque peu la figure si pure d'Edmée. Le personnage épisodique de Marcasse le vieux dénicheur de taupes est indiqué en traits rapides, saillants, originaux, qui en ont fait un type. J'aime moins celui de Patience, espèce de bonhomme Richard mélangé d'Anacharsis Clootz, paysan raisonneur et philosophe échappé à l'école de l'abbé Raynal. J'ajouterai toutefois que ce type, tout faux qu'il paraisse, me semble étudié sur le vif, mais étudié et exagéré dans le sens des idées de l'auteur. A la fin de *Rose et Blanche* Horace Cazalès rencontre un ermite philosophe qui pourrait bien être le père de Patience. Tous deux sont évidemment des portraits d'un personnage réel qui aura frappé l'auteur et qu'elle se sera plu à peindre en outrant ses originalités. Ces taches d'ailleurs n'infirment en rien le mérite de ce roman rapide, bien lié, intéressant, coupé d'incidents et de scènes reposant l'attention par leur diversité même, basé enfin sur cette grande idée de la réhabilitation par l'amour d'une nature déclassée. Pris en masse, c'est un livre d'une lecture saine, et plût à Dieu qu'on pût en dire autant de toutes les œuvres de madame Sand!

Les *Maîtres mosaïstes,* la *Dernière Aldini,* l'*Uscoque* rentrent dans la catégorie des contes proprement dits. Le sujet de tous trois est emprunté à l'histoire de Venise. Ils portent la trace de l'impression causée à l'auteur par un séjour dans cette ville vers 1833, par la beauté de son climat, la facilité de sa vie, les mœurs de ses habitants, la vivacité de leurs passions et l'abandon poétique avec lequel ils s'y livrent. Dans le premier elle a fait revivre d'une façon plus intéressante pour l'imagination qu'exacte au point de vue de l'histoire, les passions, les rivalités qui agitaient les artistes vénitiens du seizième siècle. *La Dernière Aldini* est l'histoire d'un homme inspirant successivement de l'amour à une mère et à sa fille. Le thème n'est pas neuf et personne ne songera à s'en plaindre, grâce aux développements dont madame Sand s'est servi pour le rajeunir. La vie d'aventures des chanteurs italiens, ce mélange de mœurs aristocratiques et d'indépendance bohémienne, beaucoup moins choquant en Italie qu'en France, le caractère bien suivi de la jeune Alezia Aldini, si dédaigneuse d'abord pour l'amant de sa mère, et arrivant par degrés à l'amour sans rien perdre de sa morgue de patricienne, forment des oppositions qui ne laissent pas suspendre un instant l'intérêt qu'un conte doit éveiller. Dans l'*Uscoque*, madame Sand a usé d'un droit incontestable. On sait que le Conrad et le Lara de Byron sont le même personnage reparaissant sous deux noms différents, sans que l'illustre poëte ait songé à nous raconter les événements qui séparent les deux époques de sa vie. C'est cette lacune qu'a tenté de combler madame Sand. Après la prise de son île et le dévouement de Gulnare l'auteur suppose que Conrad, sous le nom de Pier Orio Soranzo, devient Uscoque, c'est-à-dire *condottiere* de mer, tantôt au service de la sérénissime république, tantôt en hostilité contre elle, et nous raconte ses aventures sous cette nouvelle transformation, ayant bien soin de ne pas omettre dans Naam la figure dévouée de Gulnare. Il est à craindre que, toujours préoccupée des types de Leone Leoni et de Juliette, elle n'ait imité de son modèle que le côté melodramatique, les épisodes mystérieux ou terribles, sans songer à approfondir le caractère inquiet et sombre de Lara, à dévoiler une des faces de cette maladie morale, à s'appesantir en un mot sur la partie philosophique. C'est un tort, car l'imagination eût suivi avec intérêt les diverses modifications par lesquelles passe le farouche corsaire pour devenir le désolé Lara. L'*Uscoque*, c'est Leone Leoni moins vil et donnant un cadre plus vaste à ses crimes. Cependant la tentative, même à moitié réussie, est assez audacieuse pour qu'il faille en savoir gré à l'auteur. Il faut se sentir une force peu commune pour essayer de continuer Byron.

La *Mare au Diable*, le *Champi*, la *Petite Fadette* constituent une espèce de renaissance dans la carrière littéraire de madame Sand. Ils présentent son talent sous une face à peine entrevue jusqu'alors. La simplicité de l'action et du récit forment, avec les publications qui occupaient alors l'attention publique, une opposition tout à leur avantage. M. Eugène Sue, madame Sand elle-même, s'étaient servis, pour réveiller la curiosité, du procédé mélodramatique administré à haute dose. Toutes les excentricités morales, tous les bas-fonds sociaux étaient examinés, approfondis, décrits avec une ardeur humiliante et une recherche désastreuse pour le goût public. La *Mare au Diable* fut une oasis où se précipita une société altérée par les épices du *Juif errant* et du *Péché de M. Antoine*. Avoir arraché le public à ce cauchemar de galériens, de princes philanthropes, de jésuites, de filles perdues et de paysans socialistes, est un incontestable service rendu au goût et à la littérature élevée. On se rafraîchit avec enivrement à cette source courant sur des cressons au fond d'une forêt du Berry; et l'on ne s'inquiéta pas de savoir si elle était bien naturelle et si Florian n'y avait pas déjà fait boire ses bergères.

En examinant de près ces récits on reconnaît en effet que si les fonds de tableau sont vrais, si les paysages sont admirablement rendus, les caractères des personnages, les sentiments qui les animent sont loin de posséder le même degré de vérité. Sous d'autres noms, avec des goûts différents, et d'autres prétentions, ils appartiennent à la même famille que les créations de La Calprenède, de Racan et de Florian. Cette exquise délicatesse de sentiment qui fait le charme et la séduction de la petite Marie, de François le Champi, de Fanchon Fadet, la forme si contenue et si discrète sous laquelle ils se manifestent, ne peuvent résulter que d'une éducation artificielle. Au moral comme au physique il y a de bonnes manières; et là où un paysan fera brutalement une belle action, un homme du monde saura l'envelopper dans une forme polie qui lui donnera non pas plus de prix, mais plus d'éclat. C'est la différence d'un diamant brut à un diamant monté. De là un défaut d'harmonie entre les personnages et leurs costumes dont on se rend difficilement compte tellement le costume est bien adapté, mais qui préoccupe involontairement l'esprit et ne le laisse pas satisfait. Je parle là pour les délicats, car la masse des lecteurs trouve ces invraisemblances charmantes. Notre société devait s'éprendre de tous ces sentiments non pas faux, mais portant à faux, comme celle de Louis XVI se jetait sur les bucoliques de Florian, ou celle de la Régence sur les aventures de l'*Astrée* ou de Clélie. Madame Sand d'ailleurs, en tacticien consommé et pour occuper l'attention de la plupart des lecteurs, a semé ces trois romans d'expressions berrichonnes, de mots de terroir qui donnent à son style une naïveté quelque peu prétentieuse. Des mots naïfs peuvent exprimer des idées fort alambiquées et réciproquement. Le mouvement dans le genre simple ne se borna pas à madame Sand : il faillit un instant faire école. Les récits bucoliques tentèrent plusieurs auteurs qui, privés du tact de madame Sand, tombèrent dans le ridicule si habilement évité par elle. Elle présentait du lait dans une jatte de sèvres; ils renversèrent de la piquette dans de la terre de pipe. Cet engouement fut d'ailleurs de peu de durée, et l'insuccès des *Maîtres sonneurs* a prouvé une fois de plus combien il est rare de savoir s'arrêter à temps.

Il est à craindre que le prestige du nom de madame Sand n'ait été singulièrement atténué par la publication des mémoires intitulés : *Histoire de ma vie*. On comprend l'opportunité de ces publications lorsque l'auteur s'est trouvé mêlé à de grands événements, ou lorsque le ciel lui a accordé un de ces génies qui résument une époque. Tout alors intéresse, tout s'augmente du milieu même où est placé le lecteur. Les faiblesses et les grandeurs de l'écrivain deviennent un sujet d'étude et de profit perpétuel. Mais j'avoue qu'une biographie composée dans le but de poser sa propre personnalité devant la postérité, précisément à cause de cette préoccupation, ne pourra pas m'intéresser. A chaque instant et malgré moi je suspecterai la bonne foi de l'auteur, quelque sincère qu'on le suppose. Forcément il aura pallié ses défauts et donné plus de relief à ses qualités. Ou, s'il s'est peint tel qu'il était, comme l'a fait Rousseau, il aura été forcé, pour excuser ses fautes, de commettre sur les autres des indiscrétions que l'avenir lui reprochera à juste titre comme une vilaine action.

A juger le caractère des poëtes et des écrivains de nos jours par les confidences dont quelques-uns d'entre eux nous ont donné communication, il faut bien reconnaître qu'il gagne peu à de semblables confessions. L'espèce de rayonnement dû aux facultés exceptionnelles et supérieures de leur imagination disparaît devant les petitesses de leur caractère, les défauts de leur esprit ou les misères de leur cœur. L'homme fait tort au poëte. Le masque tombe, la vanité reste.

Ce n'est pas que l'on puisse adresser ce reproche à l'*Histoire de ma vie*. La vanité n'y tient aucune place. Sobre de détails sur les événements matériels de sa vie, madame Sand s'étend sur les impressions produites sur son imagination par les événements. Aussi l'attente des amateurs de scandale, espérant des révélations sur une existence jetée souvent en dehors de la loi commune, a-t-elle été singulièrement déçue. On ne peut que féliciter l'auteur de cette réserve. Femme, sa manière de vivre ne regarde qu'elle seule; écrivain, elle ne doit compte au public que de l'histoire de son imagination et de la formation de son talent. Sous ce rapport elle a été des plus explicites. Pourquoi faut-il qu'elle n'ait pas usé de la même réserve à l'égard de personnes dont la mémoire devait lui être sacrée, et qu'elle ait pris le public pour confident de secrets qui ne lui appartenaient pas et devaient rester à jamais enfouis dans les archives de la famille! Chacun a le droit de se confesser, mais personne n'a celui de divulguer les confessions des autres. Dans les premiers livres de l'*Histoire de ma vie,* madame Sand a malheureusement imité Rousseau livrant à la publicité les faiblesses de sa bienfaitrice; et la douloureuse impression de ces confidences ne quitte plus le lecteur pendant le reste de l'ouvrage. Le ver du bourgeon a gâté le fruit. Je n'insisterai pas : madame Sand est juge de son droit, mais la critique a des devoirs qui paraissent différents de ceux de certains enfants.

Madame Sand s'était déjà essayée dans le genre autobiographique en publiant, vers 1837, les *Lettres d'un voyageur,* et tous les admirateurs de son talent regretteront qu'elle ne s'en soit pas tenue à cet essai. Sous prétexte de lettres adressées à ses amis de divers endroits d'Italie, de France et de Suisse, elle dépeint ses douleurs morales à une certaine époque, dans un style dont elle a rarement égalé le mouvement lyrique. Je ne crois pas que ce livre puisse jamais servir de renseignement à ceux qui étudieront la maladie morale dont il prétend donner le tableau. Présentée ainsi à l'état abstrait, il n'est pas possible de retrouver les causes de la souffrance, d'en suivre les progrès et la décroissance, et de déduire de cette étude quelques préceptes thérapeutiques. Mais on est en présence d'un être qui souffre et qui sait, pour exprimer sa douleur, trouver des élans magnifiques. Tel est le passage commençant par ces mots : *Ah Dieu ! à cette heure mes ennemis s'éveillent*, dans la lettre au Malgache ; et plus loin celui : *En remontant la Rochaille, j'ai pris par habitude le chemin de Nohant*. Comme sentiment exquis de la nature, je citerai encore le tableau qui débute par ces mots : *On vient d'ouvrir l'écluse de la rivière*, et que termine un mouvement religieux d'un si puissant effet ; et enfin dans la lettre à Everard toute la page à partir de la phrase : *Le rossignol a envoyé une si belle modulation...* Ému par ces cris de souffrance, fasciné par ces amollissantes et douces images, dominé par toutes les forces et toutes les grâces de la matière que l'auteur appelle si habilement en témoignage, on n'a plus le courage de se demander si une douleur aussi éloquente n'est pas le châtiment d'une faute ou la punition d'une imagination déréglée. Faire disparaître l'homme devant l'âme, généraliser un cas particulier, émouvoir le lecteur au point d'annuler chez lui les facultés de la réflexion, c'est le comble du talent, et madame Sand l'a atteint dans les *Lettres d'un voyageur*.

Depuis l'*Histoire de ma vie* le talent de madame Sand paraît être entré dans une période décroissante. Plusieurs œuvres : *Lucrezia Floriani*, le *Château des Désertes*, *Evenor et Leucippe*, le *Mont Revêche*, *Daniella*, dissimulent mal la faiblesse de leur action, l'étrangeté de leurs personnages et la banalité de leurs épisodes sous un style fatigué, traînant, et que relèvent à de bien rares intervalles les mouvements de *Lélia* et des *Lettres d'un voyageur*. Cette fatigue vient-elle de l'auteur ou du public ? Évidemment le compte doit être partagé. Si le talent de madame Sand se lasse, le goût dominant s'est tourné vers des sujets différents et moins littéraires. Les créations de l'esprit ou de l'imagination ne jouissent plus de la même faveur que jadis. Toutefois cette sève généreuse est plutôt fatiguée qu'épuisée. Il me paraît hors de doute que si madame Sand consentait à produire moins rapidement, à concentrer sur un seul objet les facultés qu'elle dissémine à tous les vents de la publicité, elle retrouverait bien vite ses inspirations premières, et regagnerait d'un seul coup ce qu'elle a perdu en détail. Quand de vieux lutteurs descendent dans l'arène, c'est pour y étonner leurs jeunes successeurs par la vaillance et la supériorité de leurs coups.

Le théâtre a sollicité madame Sand comme il a tenté tous les écrivains de notre époque : Balzac, Alfred de Musset, M. de Lamartine. J'ai expliqué ailleurs pourquoi. Madame Sand avait déjà donné la forme dialoguée à quelques romans comme les *Américains*, les *Sept cordes de la lyre*, *Gabriel*, *Aldo le Rimeur*. Ce sont plutôt des récits divisés par scènes que des pièces proprement dites. Ses essais dans le genre dramatique n'ont pas répondu à l'attente générale. Après avoir échoué dans le drame avec *Cosima*, elle n'a pas été plus heureuse avec quelques pièces de paravent comme les *Vacances de Pandolphe* et *Flaminio*. Ses succès les moins contestés sont encore dus à ses églogues le *Champi*, la *Petite Fadette*, le *Pressoir*, dont elle a fait pour le théâtre des vaudevilles sans couplets. L'amour-propre de madame Sand n'a pas à souffrir de cet insuccès. La mise en scène littéraire demande, surtout de nos jours, un coup d'œil, un certain tact qui se donne plutôt qu'il ne s'acquiert. Il faut savoir placer les scènes, les caractères, les situations, le dialogue, à un point de vue intellectuel; comme il faut peindre les décorations sous un certain angle visuel pour leur donner tout leur effet. Un peintre de talent deviendra rarement un bon décorateur, comme un romancier se pliera difficilement au métier de charpentier dramatique. C'est ce qui faisait il y a trente ans l'incontestable supériorité de M. Scribe; c'est ce qui explique de nos jours le succès de M. Alexandre Dumas fils. Tous deux connaissent à fond les lois de la perspective et de la construction scénique; et là où un talent supérieur et réel aboutira à une chute en combinant les éléments les plus heureux, MM. Scribe et Dumas fils bâtiront cinq actes avec rien et les feront tenir en équilibre sur la pointe d'une aiguille. Ce don de prestidigitation dramatique a été refusé à madame Sand, qui s'en console, je l'espère, facilement. Enfin, en signalant les excursions faites sur le domaine de la critique, quand nous aurons pris les articles intitulés: *Autour de la table* comme preuve d'une universelle bienveillance, mais aussi d'une absence complète de facultés critiques, nous aurons passé en revue les divers genres de travaux auxquels s'est livrée madame Sand depuis 1830, et nous pourrons sans crainte de rien laisser derrière nous donner une conclusion à cet examen.

La première partie des œuvres de madame Sand ne devait pas survivre aux années qui leur ont donné naissance. Chaque époque a ses modes littéraires, ses manies intellectuelles comme ses formes de costumes, dont sourira l'âge suivant. C'est le courant d'esprit d'une société suivie volontiers par la masse du public, que réfléchissent les œuvres faites dans ce sens, mais qu'il faut se garder de prendre pour le véritable génie d'un temps. Les grandes organisations littéraires, celles dont la postérité tient compte, se dressent contre ce courant, l'entendent murmurer de toutes parts, lui résistent et le voient bientôt disparaître en écume légère. Une autre époque survient, le courant change et laisse sur le sable de l'histoire l'œuvre qui flottait si heureusement la veille. Elle y reste jusqu'à ce qu'un curieux, un archéologue, en fouillant les catacombes de l'esprit, la retrouve, s'en éprenne, la remette en lumière et s'en serve pour expliquer les tendances, les ridicules ou les malaises de telle ou telle société. L'*Astrée*, *Clélie*, les *Contes moraux*, *Estelle et Galatée*, *Werther*, *René*, *Corinne*, *Notre-Dame de Paris*, *Indiana* ont dû leur succès à ces modes passagères. Se faire le chroniqueur de ces engouements, c'est se condamner à ne plus être compris au delà de deux générations. C'est ce qui arrive pour madame Sand. Séduite par une mode, l'ayant elle-même suivie, elle a étudié l'enveloppe; mais le cœur qui battait dessous lui a échappé. Le sujet éternellement intéressant, l'homme, a changé de vêtement et se reconnaît à peine sous les dehors qu'elle lui a prêtés. Ses héros tant prônés jadis, ses héroïnes qui ont fait tourner tant de têtes : Indiana, Ralph, Juliette, Lélia, Trenmor, Fernande, Jacques, Valentine font sourire aujourd'hui. La mode en est passée. Son influence toutefois a été incontestable à un moment où l'on ne discutait pas, par la bonne raison que toute discussion eût été inutile. On ne raisonne pas contre un engouement : le temps se charge de ce soin. Plus froide sur ces matières, la critique de notre temps lui reprochera d'avoir pris des sophismes pour des idées, des paradoxes pour des sentiments, et d'avoir remplacé les élans du cœur par des cris de révolte. Echo harmonieux d'attaques puériles ou de déplorables convoitises, elle a peut-être, sans s'en rendre compte, apporté des arguments victorieux à la tyrannie, si de nos jours la tyrannie n'était pas un mot vide de sens. Enfin, dans sa thèse de l'émancipation féminine, loin de servir la cause dont elle s'était fait le défenseur : en enlevant la finesse à son client sans lui donner la force, en remplaçant les sentiments par les passions et la tendresse par l'orgueil, on peut assurer que les femmes n'auront jamais eu de plus éloquent, mais aussi de plus maladroit ami. Heureusement que ses contes protégeront madame Sand contre l'oubli. En les composant, peut-être a-t-elle encore trop cédé à des modes transitoires, mais elle n'a pas du moins voulu faire de ses récits des machines de guerre. En les lisant on n'est pas dans une appréhension continuelle de trouver une déclaration de principes embusquée au tournant d'une phrase ou se dressant au sommet d'une période. L'imagination se repose sans crainte d'être réveillée par une péroraison emphatique ou une objurgation tribunitienne. Observateur suivi et sympathique, admirable peintre de paysages, narrateur souvent ému et toujours émouvant, lyrique de cœur autant que de tête, magicien consommé qui sait cacher d'étranges fautes de goût sous les plis d'un style abondant et sonore, ses contes le réconcilieront avec le lecteur aigri par ses plaidoyers : Geneviève fera excuser Lélia, Mauprat intercédera pour Leone Leoni ; on pardonnera à Fernande et à Jacques en faveur de madame Blanchet et du Champi. Les décorations aux flammes du Bengale de Bernica, de Monteverdor, de Venise, du château des Géants, disparaîtront devant les longues saulées et les traînes pleines de fraîcheur de la Vallée noire.

C'est un des signes de notre époque que cette inégalité dans le talent ; et sans vouloir déprécier mon siècle, j'avoue que les œuvres des âges précédents, quelle que soit leur valeur relative, offrent une unité et une cohésion absentes des nôtres. Jamais l'homme de Montaigne n'a été plus ondoyant et plus divers. Cette observation ne s'adresse pas seulement à madame Sand. Si l'on veut porter un jugement équitable sur tous nos écrivains depuis trente ou quarante ans, il faut, au préalable, faire la même division dans leurs ouvrages. Aucun n'offre un génie d'un seul jet autour duquel ses productions viennent se rattacher comme les branches autour du tronc. Ce manque de parti pris qui tient malheureusement à un manque de conviction, cette absence de quartier général pour chacun de nous, sera le caractère de toutes nos productions, et nous sera infailliblement reproché par la postérité. Espérons, toutefois, qu'elle nous tiendra compte de cette hésitation même, triste héritage de quatre-vingts ans de révolutions qui ne nous a permis de rien affirmer, qui nous a jeté dans mille sentiers divers à la recherche de la vérité, et qu'elle saura gré à notre siècle de s'être tant tourmenté pour dégager des prémisses dont le siècle suivant pourra seul tirer la conclusion.

Août 1859.

LES
NOTABILITÉS LITTÉRAIRES

DEPUIS DIX ANS — 1848-1859

Ceux qu'intéressent les choses de l'intelligence et qui attachent du prix aux évolutions de la pensée, se plaignent souvent de l'infériorité des productions littéraires et de la médiocrité des talents nouveaux. Le niveau littéraire, suivant eux, décroît d'une façon sensible, l'ombre s'amasse dans les esprits, et la décadence pousse à grands pas la France sur la pente au fond de laquelle disparaissent les nations. Une des causes les plus actives de cet affaissement serait la fièvre de jouissances dont est saisie notre époque, la tension de l'esprit vers les moyens les plus rapides de se les procurer, l'industrialisme qui fait dévier toutes les forces de notre être vers la recherche des plaisirs grossiers, et offre leur satisfaction comme but suprême aux élans de l'intelligence.

Sans vouloir nier ce qu'il y a de fondé dans ces

craintes et de spécieux dans cette manière de voir, je ferai observer que l'argument retourne la question sans la poser d'une façon plus nette. Si l'industrialisme fait de si tristes progrès, c'est qu'il trouve les voies des intelligences préparées par l'absence d'idéal. C'est donc un effet et non une cause ; et la cause reste toujours à découvrir. J'espère, pour moi, que ces craintes tiennent à un manque d'élévation dans le jugement, et à un défaut d'espace pour apprécier l'ensemble de l'époque dont nous sommes à la fois acteurs et spectateurs. Mais je crois aussi qu'en y réfléchissant, on peut trouver de nombreuses restrictions à faire, et porter en définitive un jugement moins sévère sur une époque qui aura aussi sa part de grandeur aux yeux de la postérité.

Les dix premières années du règne du roi Louis-Philippe, qui virent l'épanouissement de l'école romantique, et pendant lesquelles la mode fut la complice inavouée mais puissante des écrivains d'alors, sont toujours citées comme l'âge d'or de la littérature, comme le type d'une ère où les productions intellectuelles jouissaient de toute leur faveur. Peu s'en faut qu'on ne les place au niveau du siècle d'Auguste ou du siècle de Louis XIV. Cette période, en effet, a été assez heureuse pour présenter un rapport direct entre les fantaisies du public et les talents qui leur ont donné le ton et en ont été les échos ; mais qui ne sait aussi combien tout cela était superficiel, quelle inanité se cachait sous ce brillant édifice ! Et, si l'on veut pénétrer plus au fond des choses, ne reconnaîtra-t-on pas que nous assistons à la réaction légitime contre ce mouvement, dans ce qu'il eut d'excessif et de faux; que stérile dans son essence, il devait être stérile dans ses conséquences; et que, si nous sommes pauvres, c'est à lui qu'il faut en demander compte. Ayant affirmé la toute-puissance de l'imagination dans ses écarts les plus déréglés, il devait amener la souveraineté de la critique dans son analyse la plus audacieuse : manquant de racines dans le génie français, il faut déblayer le sol des plantes parasites dont il l'a couvert pour retrouver le courant de notre art national.

Entendons-nous donc sur la portée de cette décadence, et rendons-nous compte du genre de productions dont il est question. Si l'on circonscrit la littérature au mouvement romantique, aux petits groupes qui s'en sont détachés, mais subissent encore son influence, il est certain que nous assistons à une décadence complète. Pour trouver trace d'une pareille perversion dans le goût, d'un égal dédain des formes élevées du langage, il faut remonter jusqu'à l'époque où Chapelain et Saint-Amand étaient sérieusement lus et plus sérieusement discutés, c'est-à-dire jusqu'à une des plus tristes phases qu'aient traversées les lettres. Si c'est de cette littérature dont l'on veut parler, oui, nous sommes en décadence. Que d'autres le regrettent; quant à moi, je n'en ai pas le courage!

Mais ne sent-on pas toute la fausseté de ce point de vue? L'effervescence romantique prise dans son ensemble n'a été qu'un accident, une déviation du génie français dont elle n'a fait que comprimer l'expansion. Le véritable courant était ailleurs ; il était dans l'esprit de critique, dans ce besoin de discipline dans la pensée et de netteté dans l'expression, qui est l'essence même de notre génie, et que rien ne pourra détruire. Là était l'ennemi. Éclipsé par le brillant du romantisme, il n'avançait pas moins. Les romantiques le sentaient bien quand ils poursuivaient la critique de leurs anathèmes les plus exagérés, de leurs plus retentissantes métaphores. La critique continuait sa marche, remettant en place les idées éparpillées par cet enfant terrible, arrêtant les écarts de son imagination, séparant la fantaisie du baroque, et lui indiquant les prochains écueils où sa coquette embarcation allait bientôt se perdre. Cela est si vrai, l'influence de la critique était au fond si puissante et si sérieuse, que c'est à elle seule que d'anciens adeptes du romantisme ont dû de conserver, voire même d'augmenter jusqu'à la prépondérance, la notoriété que leurs débuts dans un autre genre avait acquise à leurs noms. A quoi, seul parmi les romantiques, M. Sainte-Beuve doit-il son autorité, si ce n'est à la critique ? Que tente de faire avec plus de courage que de bonheur M. de Lamartine dans *le Cours de littérature,* si ce n'est de la critique ? Se rendant compte de l'action à laquelle ils obéissaient, ces deux esprits distingués ont compris que pour se maintenir il fallait se transformer ; et si la transformation a mieux réussi à l'un qu'à l'autre, c'est précisément qu'il a apporté au service de la critique une imagination mieux réglée, moins vague, plus pénétrante, plus critique en un mot.

Prise dans ce sens, dans le sens que tous les bons esprits ont attaché de tout temps au mot *littérature*, qui oserait dire que la littérature soit en décadence? Jamais la critique a-t-elle été exercée d'une façon plus ingénieuse, plus impartiale, plus féconde en résultats et en enseignements? Jamais l'esprit d'investigation a-t-il porté la lumière d'une main plus sûre et plus délicate, plus empressée et plus active sur les problèmes qui exercent la sagacité de l'homme? A tous les degrés, dans toutes les questions, au fond de toutes les énigmes, vous trouvez un critique. Pareil à ces mineurs fouillant le sol à d'immenses profondeurs, il éclaire de sa lampe ou entame de son pic un de ces problèmes qui, transportés au grand jour, aideront l'intelligence humaine à marcher d'un pas plus sûr dans la voie de l'avenir. Car, il faut le remarquer, cet esprit de critique, caractère propre des temps modernes, n'a rien à voir avec cet autre esprit du dix-huitième siècle, aveugle, injuste, inconséquent, dont Voltaire est l'admirable et antipathique expression, avec cette fièvre de dissolution qui a tout ébranlé et n'a rien élevé. Non, Dieu merci! c'est tout autre chose! C'est une critique respectueuse, sympatique, cherchant à améliorer, à soutenir, pénétrant avec respect à tous les étages du monument, et cherchant à le consolider dans les parties où il menace ruine. C'est, en un mot, une critique de reconstitution. Nos pères ont assisté à de douloureux écroulements ; nous ne nous sentons pas capables de rebâtir ; mais nous apportons avec une ardeur sans pareille et un ordre remarquable des matériaux dont se serviront nos enfants du vingtième siècle, pour asseoir sur des bases solides le monument que nos aïeux n'ont pas su préserver.

L'écrivain qui personnifie le mieux cet avénement de la haute critique est un des plus jeunes membres de l'Académie des inscriptions, M. Ernest Renan. Les débuts de M. Renan ont été très-remarqués — *Averroës et l'Averroïsme* — et méritaient de l'être. Depuis lors, chacun de ses travaux a laissé une trace dans le public : on sent, en le lisant, qu'on est en présence d'une intelligence réfléchie, demandant à une exégèse hardie le soin de mettre d'accord sa foi et sa raison sur les points où précisément la foi et la raison se livrent les plus douloureux combats. Le volume dans lequel M. Renan a réuni, sous le titre d'*Etudes d'histoire religieuse*, ses travaux disséminés dans plusieurs recueils, est celui où il laisse le mieux entrevoir sa pensée et qui la résume de la façon la plus précise et la plus favorable. Elevé à l'examen par des ecclésiastiques, M. Renan a pris de cette éducation première une instruction solide, une témérité de dialectique d'autant plus remarquables que c'est souvent par l'instruction et par l'exercice du raisonnement que pèchent une foule d'auteurs contemporains. Sa nature, en outre, comme pour prouver que l'imagination et le raisonnement peuvent se combiner ensemble, l'a doué d'un sens poétique remarquable. Le charmant portrait de Gerson écrivant l'*Imitation*, dans le chapitre intitulé *De l'auteur de l'Imitation de Jésus-Christ*, en est la preuve. Il écrit bien ; et, si sa phrase manque parfois d'accent et de relief, quoiqu'elle soit trop hérissée de mots techniques qu'un goût délicat désapprouve, on le sent cependant maître de sa pensée, et ne la jetant pas au hasard dans une forme plutôt que dans une autre. Comme critique, M. Renan doit beaucoup à l'Allemagne. Personne avant lui n'avait porté sur des matières d'un ordre aussi relevé cette hardiesse d'investigations, cette audace de recherches dont Kant a été le promoteur de l'autre côté du Rhin, et dont l'ouvrage de M. Strauss est le résultat le plus connu en France.

M. Renan est un apôtre du libre examen. Il revendique les droits de la pensée humaine, et croit qu'il n'est pas de matière sur laquelle elle ne puisse exercer son action. La première de toutes, le sentiment religieux, est celle qui le sollicite le plus vivement. Ses travaux sur *les religions de l'antiquité*, sur *l'Islamisme*, sur *Jésus-Christ, Calvin, Channing*, sont sa déclaration de principes. En tenant compte des différences que, selon les climats et le génie des peuples, les mœurs ont dû apporter à l'expression de ce sentiment, l'auteur croit cependant que la tendance moderne est de les effacer de plus en plus et de réunir dans un syncrétisme religieux les divers groupes qu'un égal degré de civilisation rassemble sous une même bannière politique. Mais l'étude des facultés de l'homme est trop familière à M. Renan pour ne pas lui avoir appris que l'imagination a besoin de foi comme l'esprit de discussion. La lutte entre deux principes si contraires fait le malheur et aussi la grandeur et la supériorité de l'homme. De là un compromis nécessaire dont M. Renan essaye en vain de trouver les termes. Si loin que sa puissance d'induction et son esprit critique puissent le conduire, l'homme trouvera toujours la foi en face de lui, sur un sommet opposé, ouvrant ses larges ailes, et prête à s'élancer dans les profondeurs de l'infini. M. Renan reconnaît lui-même la perennité de cet antagonisme, dans ce passage qui contient le résumé et la critique de sa doctrine : « Est-ce là un signe (la tendance à l'unité religieuse) qui doit nous montrer dans le déisme le terme final des révolutions de l'humanité? Cela pourrait être si l'esprit humain, à côté de la raison, ne renfermait pas des instincts beaucoup plus capricieux. Sa religion n'est pas seulement philosophie, elle est art ; il ne faut donc pas lui demander d'être trop raisonnable. Le besoin de croire à quelque chose d'extraordinaire est inné dans l'homme : une religion trop simple ne le contentera jamais. La foi veut l'impossible : elle n'est satisfaite qu'à ce prix. »

Je ne saurais mieux faire comprendre les idées de M. Renan et indiquer en même temps leurs côtés faibles. L'auteur élargit le combat entre la foi et la raison, il le transporte dans les plus hautes sphères, mais il n'apporte aucun moyen de le terminer. Est-ce à dire que ses efforts doivent rester inutiles? Qui le sait? Mais pourquoi ne se plairait-on pas à espérer que le combat poussé à ses dernières limites, que l'impossibilité d'une conclusion au profit de l'un des deux combattants ainsi démontrée; l'espérance d'une conciliation deviendra un besoin général et amènera entre la religion et la philosophie, entre la foi et la raison, un rapprochement dont nul ne peut prévoir les conséquences. Si c'est un rêve, on conviendra du moins que c'est un beau rêve.

Une dernière observation. En transportant dans la littérature française, comme l'a fait M. Renan, cette outrance de mise en Allemagne, je crains qu'il ne se soit pas exactement rendu compte du milieu sur lequel ses procédés devaient agir. L'Allemagne est familiarisée avec cette témérité d'examen. Les plus audacieuses spéculations ne l'effrayent pas; tout se passe dans le cerveau; et en quittant son cabinet, le vieux Kant redevenait le bourgeois le plus débonnaire de Kœnigsberg. Il n'en est pas de même chez nous. Dès qu'une idée nous séduit, l'imagination s'en empare et veut la traduire quand même en action. M. Renan proteste de son profond respect pour les dogmes qu'il examine avec tant d'intrépidité : malgré cette protestation dont personne n'a le droit de contester la sincérité, est-il bien sûr de ne pas porter le trouble dans une seule âme? ne craint-il pas que son livre mal compris ne suscite des adeptes qui, poussant les idées à l'extrême, en exagérant les côtés faibles, finiront par former une secte de fous dont la négation la plus absolue sera le fonds et le but? Pour ma part, je n'oserais pas en répondre; et j'avoue que dans ce cas, M. Renan me paraîtrait bien à plaindre.

M. Thiers n'est pas un écrivain nouveau. Voilà quarante ans qu'il a commencé à donner à sa pensée la forme littéraire, et la vogue des premiers volumes de l'*Histoire de la Révolution* prouve combien avaient été prompts ses succès dans les lettres. Toutefois, les qualités en germe dans son premier ouvrage : la précision, la clarté, l'image, la souplesse du style qui se plie aux matières les plus ardues et les plus dissemblables ; ces qualités, mûries par les affaires publiques, développées par la réflexion et l'exercice du pouvoir, n'ont jamais brillé d'un plus vif éclat que dans ces derniers temps, depuis que la politique a fait à M. Thiers des loisirs qui lui ont manqué pendant vingt ans. En ce sens, l'auteur de l'*Histoire du Consulat et de l'Empire* doit figurer dans cette rapide revue. Et c'est, pour le dire en passant, un spectacle fait pour inspirer un légitime orgueil à tous les hommes de lettres, que de voir un homme d'État éminent, après avoir pris une part des plus actives au gouvernement de son pays ; quand la mauvaise fortune arrive, lorsqu'il lui faut dire adieu aux sympathies de toute une vie ; revenir avec bonheur au culte de sa jeunesse, demander aux lettres qui avaient bercé ses premières espérances l'oubli des regrets de son âge mûr, la consolation de ses affections brisées, et finir par trouver dans ce culte la gloire la plus légitime d'un nom célèbre à tant d'autres titres.

Le style des derniers volumes de l'*Histoire du Consulat et de l'Empire*, s'il est permis dans un récit de si graves événements de remarquer la forme, est un modèle, et le modèle que je proposerais aux futurs historiens de notre époque. Tout y est précis, net, clair, raconté sans emphase et sans puérilité (M. Thiers avoue qu'il a le fanatisme de la simplicité); les événements s'y déroulent sans confusion : le lecteur les voit comme à travers cette glace sans tain dont parlait M. Thiers. On croit suivre l'auteur de plein gré, lorsqu'au contraire on est entraîné par l'intérêt du récit. Pour ma part, je ne connais pas d'œuvre d'imagination dont, depuis vingt ans, la lecture m'ait captivé autant que celle de cette histoire malheureusement trop romanesque. Immortelle et douloureuse époque où tant de génie se perdit par tant de fautes, où tant de gloire aboutit à tant de malheurs! C'est le style de Voltaire, le véritable style français appliqué à l'histoire.

Je sais bien ce que l'on peut reprocher à M. Thiers : il manque d'élévation. Comme chez Tacite, on ne sent pas assez chez lui l'indignation de l'honnête homme pour le crime, ou l'admiration d'un esprit enthousiaste pour la vertu. Cela tient, je crois, au système de l'écrivain : c'est un défaut plus apparent que réel. M. Thiers compare l'histoire à la glace sans tain qui figurait à l'exposition de 1855, à travers laquelle on apercevait sans la moindre atténuation de contour ou de couleur les innombrables objets du palais de l'Industrie. C'est-à-dire qu'il veut avant tout raconter les faits dans leur scrupuleuse exactitude, et laisser au lecteur le soin de conclure, et d'absoudre ou de condamner. Ce serait là un renouvellement du fameux adage : *Scribitur ad narandum non ad probandum*, dont M. Thiers est trop sensé pour ne pas sentir la fausseté. Si c'est là le fonds de sa théorie, il y manque, Dieu merci, à chaque instant dans la pratique. L'esprit d'un écrivain n'est pas un inerte morceau de cristal ; il a son intelligence, son cœur, son âme, que le bien ou le mal agitent en sens divers ; et à ce compte, M. Thiers, nature méridionale et impressionable, est agité plus que personne. Aussi a-t-il été moins avare qu'il ne le dit de réflexions morales, toutes les fois qu'un grand événement les lui a inspirées. Seulement on les voudrait plus fréquentes, plus accentuées, moins *glace sans tain*. Il est inutile d'insister. La moralité du récit ne ressort-elle pas de sa tendance même, de la façon dont les faits sont présentés et racontés, de l'ensemble de l'œuvre où la voix du sens commun et de la modération parle un langage si simple et donne d'aussi éclatantes leçons ?

Un des mérites les plus reconnus de M. Thiers est son admirable faculté d'assimilation, faculté dont il possède le corollaire : l'art de se faire comprendre des autres. Avec lui, vous êtes surpris de vous trouver puissant politique, diplomate consommé, tacticien éminent, organisateur accompli, légiste exercé, financier plein de ressources. Cette faculté de vulgarisation qui se formule dans un style si clair, tient elle-même à une rare qualité : la clarté de l'esprit. Avant de dire quelque chose, M. Thiers veut savoir ce qu'il aura à dire ; avant de faire comprendre à son lecteur, il veut comprendre lui-même. Aussi n'avais-je pas besoin de l'affirmation de l'auteur pour être certain que tous les documents lui passent par les mains, et que souvent des mois entiers de recherches ont abouti à la transcription d'une seule phrase. L'intérêt de chacune des pages de l'*Histoire du Consulat et de l'Empire* avait depuis longtemps démontré cette vérité jusqu'à l'évidence. La clarté du style résulte de la lucidité de l'intelligence, et n'a pas l'intelligence lucide qui veut.

M. de Carné, au contraire, est un écrivain nouveau. Membre des assemblées délibérantes avant 1848, quelques articles sur des questions politiques spéciales avaient été remarqués dans la *Revue des Deux-Mondes;* mais ce n'est que depuis cette époque qu'il a songé à relier ses travaux par une idée commune. Comme pensée et comme manière, il est l'opposé de M. Thiers. Autant celui-ci aime à circonscrire un point de vue, à ne rien laisser dans le vague, à procéder du détail à l'ensemble, à analyser, autant M. de Carné se plaît à ouvrir à l'esprit de larges perspectives, à négliger les objections contre son système, à ne voir que la tendance et l'ensemble des faits : à synthétiser. L'un n'examine que les faits et laisse à qui de droit le soin d'en tirer les conséquences ; l'autre ne songe qu'aux idées et suppose chez son lecteur la connaissance des faits par lesquels elles se sont exprimées. L'un fait de l'histoire, l'autre de la philosophie politique. On voit de suite les avantages de cette seconde manière. Entre un point de départ fixe et un but qui se laisse entrevoir, l'esprit se lance à toutes ailes au milieu des espaces ouverts devant lui. Il s'élève, il plane, il saisit dans son harmonieux ensemble cette unité que l'auteur donne à son récit. L'histoire apparaît alors comme un fleuve roulant à travers le temps ses ondes lentes et majestueuses vers un but désigné à l'avance par le doigt de Dieu. Et si l'on songe que ce but est l'unité nationale et la liberté politique, c'est-à-dire le thème le plus généreux que puisse se proposer un historien ; si l'on remarque que ce thème a été développé dans un style plein, nombreux, soutenu, se détendant quand il le faut par un terme familier ou s'accentuant d'une expression énergique, on concevra qu'il soit difficile d'échapper à tant d'entraînements, et l'on s'expliquera le succès qui accueille les deux ouvrages de M. de Carné.

Mais si cette manière offre des avantages et flatte les instincts généralisateurs de notre esprit, ai-je besoin d'en signaler les côtés défectueux ? En négligeant les détails, l'auteur néglige les objections qu'ils soulèvent et s'expose à les voir se dresser devant lui et harceler son système comme une bande de guerillas désorganise un corps d'armée. Pour l'économie de son récit, il donne aux faits, tantôt une portée, tantôt une couleur au moins discutable ; ou aux personnages déjà bien loin de nous, des idées dont la naissance ne remonte pas à plus de cinquante ans. M. de Carné est Breton, et, si je n'ai pas la force de le blâmer d'avoir fait de son compatiote Du Guesclin un précurseur politique de Louis XI et de Richelieu, en me rappelant les singuliers exploits de ce chef de bandes, je ne puis qu'avoir bien des doutes sur la certitude d'un système qui ouvre l'accès à d'aussi hasardeuses fantaisies. Quand il soutient de pareils paradoxes, le style de M. de Carné l'abandonne; il devient flasque, gonflé, métaphorique; sa phrase ne trouve plus de saillie où s'arrêter; le vague de la pensée se traduit par le vague de l'expression. M. de Carné est un écrivain dans toute l'acception du mot; mais je crains que, malgré tout son talent, en voulant prendre l'histoire comme une arme pour la défense d'un système construit *à priori*, il n'échoue dans une entreprise que Bossuet malgré tout son génie, Voltaire malgré tout son esprit, Châteaubriand malgré toute sa rhétorique, n'ont pu faire réussir. Succès ou non, il resterait toujours de M. de Carné d'ingénieux et d'éloquents plaidoyers. Pourra-t-on en dire autant de beaucoup de nos auteurs contemporains?

Ce que ces dix dernières années ont vu éclore de vers est considérable; ce qu'elles ont produit de poëtes est peu de chose. Ce sera la gloire du mouvement littéraire de 1830 et ce qui fera excuser ses ridicules et ses fautes. S'il a péché, ç'a été par excès d'imagination. Ne tombe pas qui veut dans un pareil excès. Si ce mouvement n'a pas porté de fruits, il a donné une floraison charmante, pleine des plus séduisantes promesses; et les noms de Lamartine, d'Alfred de Musset, de Victor Hugo, de Barbier, de Brizeux, sont désormais inscrits à côté des plus illustres de la France. La séve, aujourd'hui, est épuisée : elle le serait à moins. L'arbre se repose. L'imitation s'est substituée à l'originalité; les versificateurs ont remplacé les poëtes, et l'habileté l'inspiration. Le seul poëte ayant une valeur propre et un sentiment personnel, M. Victor de Laprade, a dû son succès à l'opposition existant entre la forme et le fond de sa pensée, et la forme et le fond des pensées de ses prédécesseurs.

Que l'on m'entende bien. Je ne veux pas dire que les idées poétiques fassent défaut à notre époque. Il y en a tout autant que jamais, mais dispersées aux quatre vents de la littérature, devenant le domaine de tous. En un mot, il y a autant de poésie : il y a moins de poëtes. Je ne puis accorder le titre de poëte à un écrivain qui, après avoir trouvé une idée et lui aura donné tous ses développements, en sera resté là, ne cherchant à la faire fructifier au profit de personne. C'est une rencontre heureuse; ce n'est pas une vocation. Ces rencontres sont très-fréquentes de nos jours. Nous avons tous été poëtes à notre heure, nous avons trempé nos lèvres à la coupe sacrée, mais personne ne l'a complétement vidée, personne n'a eu la force d'y revenir. Il y a trente ans, on s'y enivrait.

Le talent de M. de Laprade est élevé, immobile et froid. Ce n'est ni l'émotion ni le mouvement qui le caractérisent. Pour être nouveau après les poëtes auxquels il succède, il fallait prendre le contre-pied de leurs tendances. M. de Laprade l'a fait et l'événement lui a donné raison. Esprit contemplatif, les grands spectacles de la nature le frappent plus qu'ils ne l'émeuvent, et encore pourvu que l'homme n'y paraisse pas; ses passions détruiraient les majestueuses symphonies et le silence des solitudes où se plaît M. de Laprade. Je ne puis mieux comparer son vers qu'à des gouttes d'eau roulant sur un glacier. On l'a félicité d'avoir introduit le lyrisme dans l'élégie. Si par lyrisme on entend cette poésie qui s'abandonne tout entière à l'inspiration, en suit les bonds désordonnés et s'élève aux plus hautes régions où puisse atteindre l'âme humaine, cet éloge sera un compliment académique plutôt qu'une vérité clairement démontrée. Qui dit lyrisme dit mouvement. Pour l'idylle, au contraire, il en a élevé le ton, élargi singulièrement l'horizon, et, en y faisant passer un souffle venu des Alpes, en a balayé les bergeries et les puérilités. Le titre d'*Idylles héroïques* donné à son dernier recueil est la preuve de cette préoccupation de M. de Laprade.

Compatriote de Ballanche, M. de Laprade a comme lui le goût des mythes de la cosmogonie grecque; mais, comme son maître et comme tous ceux qui se lancent sur la pente dangereuse des symboles, à force de vouloir les généraliser il en perd et le sens primitif et le caractère poétique : c'est une faute de goût. De plus, en en reculant démesurément les contours, il empêche l'esprit d'en saisir la portée d'une façon bien précise : c'est une faute philosophique. S'il est une fable gracieuse parmi toutes celles transmises par le génie hellénique, c'est à coup sûr celle de Psyché; s'il est un enseignement moral, c'est celui caché sous ses voiles. Jusqu'ici cet enseignement avait paru suffisant aux rêveurs comme aux philosophes, aux poètes comme aux artistes. Raphaël avait daigné s'en contenter. C'est l'histoire de l'âme, heureuse dans son ignorance première, achetant la science au prix de sa félicité ; puis condamnée à poursuivre à travers les épreuves de la vie ce rêve évanoui et ne devant le retrouver que dans le sein de Dieu. Ce magnifique symbole n'a pas suffi à M. de Laprade. En substituant l'humanité à l'âme, il se pourrait qu'au lieu d'élargir son sujet il l'eût amoindri ; je suis sûr du moins qu'il n'a pas évité ces lieux communs qui défrayaient vers 1845 les poètes humanitaires. Le poëme de *Psyché* est un sacrifice à une mode passagère; en le lisant il est facile d'ajouter au bas la date de sa composition. Ce qui le relève et lui donne sa valeur, c'est la forme déjà savante, respectueuse de la prosodie et de la langue, pure, tranquille et froide comme Psyché avant la fatale nuit.

C'est un symbole aussi que M. de Laprade a développé dans *Hermia*, mais un symbole si peu précis que le sens en échappe continuellement. Autant qu'on peut s'en rendre compte, Hermia et son amant expriment les forces mystérieuses de la nature animées par l'esprit. Mais pourquoi Hermia meurt-elle quand les premiers mouvements de l'amour commencent à l'agiter? L'homme est-il à ce point antipathique à M. de Laprade, et faut-il conclure d'*Hermia* qu'il est incapable de féconder la création et qu'il tue la nature quand il y touche? Ce ne doit pas être là la signification d'*Hermia*, mais je n'en trouve pas d'autre. Ici le symbole ressemble trop à un énigme.

Les *Odes et Poëmes* sont le meilleur des recueils de M. de Laprade ; c'est celui qui contient la pièce à laquelle est attachée sa réputation et son originalité : le *Poëme de l'arbre*. Une seule pièce, dira-t-on, trois ou quatre cents vers ? C'est bien peu pour mériter le titre de poëte. J'en souhaite la moitié à ceux qui taquinent la poésie en faisant des vers. Le *Poëme de l'arbre* se divise en trois parties : *A un grand arbre, la Mort d'un chêne, le Bûcheron*. Dans la *Mort d'un chêne*, toutes les divinités antiques, toutes les forces latentes de la nature se réunissent pour déplorer la chute de l'arbre ; dans *le Bûcheron*, tout le sentiment moderne, toutes les puissances de l'intelligence se concentrent pour se consoler de cette chute en songeant à l'avenir. Le *Poëme de l'arbre* est une œuvre complète, bien pensée, d'un mâle sentiment, et où l'on rencontre à chaque instant des vers bien frappés, faisant image et se gravant dans la mémoire, chose rare chez M. de Laprade. On se trouve sous la double impression d'une sensation antique et matérielle et d'un sentiment moderne et idéaliste. C'est sans doute pour répondre à ceux qui l'accusaient de manquer de chaleur et de mouvement que M. de Laprade a composé *la Coupe*, pièce où ces deux qualités se trouvent en effet réunies dans une juste mesure. Malheureusement une fois n'est pas coutume, et, après *la Coupe*, M. de Laprade est revenu à sa froideur accoutumée dans ses *Idylles héroïques*.

Toutefois dans les *Poëmes évangéliques* il semble avoir voulu répondre aux accusations de naturalisme et d'idolâtrie, et faire une profession de foi orthodoxe. Cette tentative, des plus respectables au point de vue religieux, ne me paraît pas heureuse au point de vue littéraire ; c'est une médiocre idée de dépenser en élégies, en idylles ou en satires la grandeur de l'Évangile. On se condamne à l'avance à des amplifications faisant triste figure en face de la simplicité et de l'énergie des paroles divines. L'ensemble des *Poëmes évangéliques* est d'une lecture difficile ; cependant, quand on l'entreprend, on rencontre dans de certains passages de quoi se féliciter de sa persévérance ; tel est le paragraphe 2 de la pièce intitulée *Larmes sur Jérusalem*, rempli d'honnêtes et vigoureux sentiments exprimés dans une forme qui rappelle par instants celle des *Iambes* de Barbier. La péroraison de cette prière, où le poëte dit que les vieux arbres chantés par lui prendraient une voix pour défendre le sol envahi, est peut-être le plus beau mouvement lyrique de M. de Laprade.

M. de Laprade n'est pas un grand poëte : c'est un vrai poëte ; il a su se conquérir une place auprès des maîtres de 1830 ; il manque de chaleur et de mouvement, mais il possède du style et de l'élévation : il respecte sa pensée et sa langue. Son principal défaut, et malheureusement il est grand, c'est qu'on ne sent pas l'homme dans ses poésies ; la séve y court plus que le cœur n'y bat. Évidemment M. de Laprade suit sa vocation, et vouloir lui demander autre chose serait un non-sens. Il pourra donc améliorer sa manière, lui donner plus de portée et de grandeur, lui prêter pour interprète une langue plus châtiée et plus large encore : jamais il ne sera un poëte complet. Le plus petit mouvement d'émotion du rimeur le plus obscur sera plus prisé que ses images les plus sonores ou ses symboles les plus ingénieux. « Les grandes pensées viennent du cœur. »

Je regrette de ne pas partager l'enthousiasme que les vers de M. Théodore de Banville inspirent à ses amis ; malgré ma bonne volonté, plus je les lis, plus ils me laissent froid. Je cherche le poëte, je ne trouve que le versificateur; versificateur qui en est arrivé à regarder des calembours et des jeux de mots pour des rimes, et dont l'habileté tient plus de la prestidigitation que de la littérature. M. de Banville a pris le contre-pied du précepte de Boileau : chez lui la rime commande et la pensée est esclave. Ce paradoxe, soutenu avec esprit, amuse un instant à la condition de n'être qu'un passe-temps; prolongé outre mesure, il fatigue et fait regretter d'autant l'absence de la pensée. Le poëte est avant tout un cœur qui bat, un esprit qui cherche, un créateur, ποιϵθης. Vouloir en faire une machine réfléchissant indifféremment les images les plus diverses et les plus incohérentes, c'est borner son rôle à l'office de miroir. Ce rôle paraît avoir tenté M. de Banville. La mission d'un poëte est cependant plus haute : élevez-moi au-dessus des intérêts, des préoccupations ou des divertissements de tous les jours, réveillez en moi les instincts du beau et du bien, du grand et du vrai ; en m'emportant dans l'air pur du monde idéal, donnez l'accent et le rhythme aux nobles aspirations qui s'agitent en moi ; soutenez, fortifiez, glorifiez les généreux sentiments de l'homme ; ouvrez son cœur, et au milieu de ses défaillances et de ses faiblesses, montrez-moi cette inquiétude qui est le cachet de son origine céleste, et je vous proclamerai poëte de toute la force de mon admiration. Mais si, sous prétexte de me ravir dans l'empyrée, vous me conduisez le long des rues de Paris, si vous célébrez sur la lyre à sept cordes les charmes transcendants des grisettes, les merveilles incomparables des magasins de nouveautés ou des boutiques de confiseurs, si vous embouchez la trompette épique pour chanter les turlupinades de Jocrisse ou les coq-à-l'âne de Bobèche, ce n'était pas la peine de vous donner tant de mal ; je connais cela comme vous, et c'est pour échapper à ces pauvretés que j'ai ouvert votre livre. Ma désillusion devient douloureuse et j'ai quelque peine à n'en pas accuser l'auteur.

M. de Banville ne cherche à duper personne ; le mal est plus sérieux, il est dupe de lui-même. Il croit de très-bonne foi que des mots pompeux peuvent cacher des images vulgaires ou faire accepter des pensées bizarres. Il a eu le malheur de rencontrer dès son début une camaraderie aveugle dont il est devenu la victime. Sous la phraséologie sonore de son poëme récent, *les Cariatides*, il était facile de reconnaître un pastiche de MM. Sainte-Beuve, Victor Hugo et Alfred de Musset. On se donna bien de garde de lui signaler ce défaut, et l'on exalta l'heureuse précision des rimes de ce recueil ; c'était en effet sa seule originalité. A partir de ce jour, l'emploi de M. de Banville fut marqué : il devint ciseleur de vers, et la pensée, l'accent, l'émotion s'en allèrent où elles purent. Qu'on relise les six livres des *Poésies complètes* de M. de Banville, et l'on sera frappé du vide de ces formes prosodiques dont les coupes les plus difficiles ne rhythment que du phœbus. La précision de la rime l'entraîne quelquefois si loin, qu'elle lui fait commettre de singulières fautes de français, comme de faire *atmosphère* du genre masculin.

>   Et libre d'être gueux et de tenir son rang
>   Sous ce *tiède atmosphère,*
>   Sans écrire de prose, et sans verser de sang,
>   Y vivre à ne rien faire.

Cependant la grammaire a des droits comme la rime.

Les poëtes de *la Pléiade* ont perdu M. de Banville. Leur tentative de détourner la langue de son véritable génie, de la noyer dans une érudition pédantesque et barbare n'a pas réussi en 1570, et je doute que le moment soit venu de la renouveler. En repoussant tout le clinquant qu'après Ronsard M. de Banville voudrait ajouter au dictionnaire, le génie français est conséquent avec lui-même : il demande de la clarté dans l'idée et se montre indulgent sur la forme. Que l'esprit soit satisfait, il fait bon marché de l'oreille.

Je ne voudrais cependant pas être taxé d'injustice à l'égard de M. de Banville et laisser croire que je lui dénie toute espèce de talent. Un recueil de vers publié sans nom d'auteur sous le titre d'*Odes funambulesques* indique une veine satirique sans méchanceté, mais non sans malice, qui gagnerait à être exploitée plus en grand. Notre siècle attend encore un satirique, et le poëte qui rompu, comme l'est M. de Banville, à l'escrime des vers, se lancerait dans cette carrière, y trouverait une moisson égale à celle de Juvénal et supérieure à celle de Boileau. Ce qui plaît dans ses *Odes funambulesques*, c'est la gaieté dont elles sont empreintes. M. de Banville aime l'esprit gaulois, les belles filles, les bons vins, le franc rire, les chansons joyeuses : ce n'est pas moi qui lui en ferai un crime. Notre époque a bien assez de prétentions au sérieux pour justifier dans un coin la présence d'un groupe d'enfants joyeux, éclatant de rire au nez du siècle et défendant résolûment le trésor si amoindri de la gaieté française. Mais je voudrais que M. de Banville le fît avec plus de goût et de simplicité, ne noyât pas un enthousiasme très-sincère sous un déluge de chevilles, d'épithètes et d'adjectifs, et surtout ne s'exaltât pas au point de faire rouler des clowns dans les étoiles ou de faire accrocher les soleils par des danseuses de corde. Ces images forcées nuisent aux soleils, aux danseuses de corde et à M. de Banville. Tout cela est affaire de goût; les sauts de carpe ne s'exécutent pas au son des théorbes, et la *Prière de Moïse* dite sur le fifre produit un triste effet. Ce qui manque à M. de Banville, c'est le naturel, pour lequel il paraît professer une sainte horreur. Dans ce genre, un modeste chansonnier, M. Nadaud, lui est fort supérieur. Il n'a pas, il est vrai, cassé les reins à la prosodie ni désarticulé la rime ; son inspiration ne prétend pas s'élever à des hauteurs *funambulesques*, mais elle est vraie, naturelle, sincère, elle émeut par des moyens extrêmement simples et réveille sans effort et sans soubresauts tous les frais souvenirs de la jeunesse. On a dit de Béranger que c'était un chansonnier qui faisait des odes ; M. de Banville au contraire est un lyrique qui fait des bouts-rimés.

S'il y a décadence dans une branche de la littérature, c'est certainement dans le roman. Que l'on compare ses destinées en France avec son essor en Angleterre, et l'on sera forcé de reconnaître que chez nous le niveau s'est considérablement abaissé. Non-seulement on ne sait plus emprunter à l'homme, à la nature, aux mœurs, des traits que l'on condense et qui deviennent des types généraux comme Manon Lescaut, Paul et Virginie, Gil Blas, don Quichotte, mais encore on a perdu le secret de créer des types exceptionnels animés par l'imagination d'une vie factice plus durable que l'autre et sur lesquels cherche à se modeler toute une société, comme l'Astrée, Saint-Preux, Werther, René, Adolphe. Cette dernière manière prévalut dans la période romantique ; la mode était aux exeptions : c'était sur la mode que s'appuyait le talent de madame Sand et celui de Victor Hugo ; c'était grâce à la mode qu'ils parvenaient à faire vivre pendant dix ans des fantômes comme Claude Frollo ou Quasimodo, des monstres comme Jacques ou Leone Leoni. Depuis dix ans je ne vois personne qui s'apprête à recueillir l'héritage de ces maîtres. Je rencontre des imitateurs; les continuateurs font défaut.

Balzac, malheureusement pour sa gloire, est devenu le drapeau d'un petit groupe de romanciers qui, sous le nom de réalistes, ont exagéré ses défauts, et, dans un langage barbare, ont réduit le roman aux proportions d'un procès-verbal. Balzac décrivait, il décrivait trop. Parmi ses nombreuses imperfections c'est une des plus regrettables. Mais ce qui rend en somme ses descriptions si amusantes, c'est que, quoi qu'on en ait dit, il invente beaucoup plus qu'il n'observe et que son imagination supplée à l'observation et anime ses personnages de l'existence poétique; si bien que dans l'ensemble de son œuvre ils viennent tous se ranger à leur plan exact, et que telle figure dont il a isolément creusé les lignes avec une fatigante attention, comme *Gaudissart*, fuit plus et disparaît presque derrière telle autre figure indiquée au premier abord avec moins de précision, comme *le Curé de Tours* ou *la Vieille fille*, mais trouvée et par conséquent inventée. Les réalistes n'ont pas d'imagination, ils n'inventent rien; ils regardent, je doute qu'ils voient.

En vertu même de la dénomination sous laquelle ils sont connus et qu'ils ont acceptée, ils semblent repousser non-seulement l'intervention de l'imagination, mais celle du goût, de la réflexion, du caractère. Copiez la réalité, transcrivez-la littéralement, telles sont les suprêmes conditions de l'art, tout le reste n'est qu'erreur; c'est-à-dire ne sentez pas, ne pensez pas, ne réfléchissez pas, comprimez votre cœur, éteignez votre intelligence, étouffez votre goût, faites de votre cerveau un objectif de daguerréotype, et tout ira bien. C'est en parler bien à son aise. Si encore les réalistes étaient fidèles à leur programme, on pourrait voir chez eux un système dont la sincérité me ferait respecter la puérilité; mais il n'en est rien, et c'est ici que le réalisme apparaît pour ce qu'il est réellement : un plaidoyer préparé pour les besoins de la cause, une escobarderie qui ne fait illusion à personne. Un miroir n'a pas de parti pris, il réfléchit indifféremment tous les objets, les beaux et les laids, les grands et les petits. Il n'en est pas de même chez les réalistes; ils savent parfaitement choisir et choisissent parfaitement : le vulgaire et le trivial les occupe et les retient. Voyez ce beau cheval dont on admire les jarrets nerveux et la peau frémissante, pensez-vous que les réalistes consentent à l'admirer? Non pas; ils iront chercher à côté, pour l'exposer en triomphe, cette rosse efflanquée bonne à conduire à l'abattoir. Voilà une femme élégante, distinguée, respirant la grâce et le charme; soyez tranquilles, ils ne la regarderont pas, mais examineront minutieusement cette maritorne qui la croise, fétide, souillée, laissant derrière une traînée de cuisine et de cabaret. Que si encore ils détaillaient le moral de cette malheureuse, s'ils disaient la façon dont l'instinct se comporte sous cette épaisse enveloppe, dont l'âme s'y manifeste, peut-être finiraient-ils par surprendre la sympathie due à toute créature humaine. Par un de ces jeux d'esprit qu'il ne faut pas renouveler, Balzac a intéressé pendant deux volumes aux tribulations d'un parfumeur imbécile qui fait faillite. Mais ils se donneront bien de garde d'aller si loin. Quand ils auront décrit un à un les tares d'une mazette ou les défauts d'un laideron, ils se tiendront pour satisfaits. On est donc en droit de dire aux réalistes : Vous nous trompez; vous savez parfaitement choisir dans la réalité; seulement vous choisissez la laideur, la trivialité, tout ce qui est en dehors du domaine de l'art. Vous soutenez un paradoxe, et la première condition pour soutenir un paradoxe, l'esprit, vous manque totalement. Vous n'êtes sincères ni envers vous-mêmes ni envers les autres; ne pouvant vous élever jusqu'à l'idée du beau, vous voulez faire un culte du laid; ne pouvant atteindre au vrai, vous érigez le faux en système; incapables de devenir des artistes, vous prétendez que les manœuvres leur sont égaux. Que les lettres et les lettrés vous le pardonnent!

M. Champfleury a été le propagateur et un instant le seul adepte du réalisme. Dépourvu d'imagination, observateur superficiel, singulièrement inhabile au maniement de la langue, le succès de *Chien Caillou*, des *Bourgeois de Molinchart*, des *Aventures de mademoiselle Mariette*, des *Trios de Chenizelles*, des *Amoureux de Sainte-Périne*, est dû à deux causes : d'abord l'isolement même et l'originalité relative de l'auteur, puis un peu de ce goût de scandale qui est une des plaies de notre époque. On a regardé les créations de M. Champfleury à travers ses romans comme on regarde une scène de cabaret à travers une porte entre-bâillée. La déconvenue a été grande et le résultat médiocre. Une réunion de ridicules ou de grotesques, des êtres qui ne vivent pas ou vivent mal, contrefaits au moral, infirmes d'intelligence, boiteux du côté de l'âme : voilà le singulier spectacle qui a frappé les lecteurs de ses romans. Que si, comme dans les scènes de Henri Monnier, un vif sentiment de la vérité, un trait rapide et lestement tracé avait donné la silhouette de ces êtres vulgaires, on aurait pu sourire au spectacle toujours amusant d'un ridicule rendu avec esprit et exactitude. La forme eût sauvé le fond. Malheureusement M. Champfleury manque de goût et du sens des proportions. C'est un Prud'homme romantique. Au lieu de faire saillir les ridicules, il les étouffe sous des prétentions sans résultat, ou les écrase sous des détails sans intérêt. Une caricature amuse quand elle est grande comme la main : elle devient insupportable si on lui donne les proportions d'un tableau d'histoire. C'est ce qu'a tenté M. Champfleury sans posséder les qualités d'exécution qui peuvent sauver un mauvais tableau. Avec son style lourd et flasque, plein de solécismes grammaticaux et de barbarismes de goût, je me demande ce qui pourra rester de lui dans quelques années? Rien ; et ce sera justice.

Si M. Champfleury a été l'introducteur du réalisme, M. Gustave Flaubert en est devenu, du premier bond, le chef et le représentant le plus accrédité. Un roman, *Madame Bovary*, a suffi pour lui conquérir cette place. Preuve, soit dit en passant, qu'elle n'était pas difficile à emporter. La tendance de *Madame Bovary* et celle des romans de M. Champfleury sont les mêmes, les procédés sont identiques; mais l'exécution de M. Flaubert est bien supérieure. M. Flaubert veut et sait écrire; et bien que son style soit encore pénible et sente le travail, bien qu'il n'évite pas suffisamment le précieux et l'entortillage, certaines pages de *Madame Bovary* pourraient rendre fier plus d'un écrivain reconnu. C'est justement ce talent ou du moins l'emploi de ce talent que je blâme. Lorsque l'on a été si bien doué on est responsable de ses dons envers soi-même et envers les autres, et l'on ne doit pas s'en servir pour des œuvres qui rentrent presque dans les attributions du bureau des mœurs. Que les personnages décrits dans *Madame Bovary* aient existé : c'est possible; qu'ils existent au point de vue philosophique : je le nie. La littérature n'a pas plus pour but de s'occuper de certaines organisations dépravées, de ce qui se passe dans les bas-fonds de la débauche des sens et de l'esprit, que les habitants d'une ville n'ont mission de visiter leurs égouts ou d'inspecter leurs voiries. Le milieu même où M. Flaubert a placé ses personnages leur enlève tout caractère de vérité. Dans ce que l'on appelle le *demi-monde*, au milieu de ces natures chez lesquelles les sens ou la vanité ont remplacé le cœur, madame Bovary eût pu être une étude curieuse quoique repoussante : placée au milieu des horizons verts et des saines émanations de la Normandie, elle hurle comme une fausse note. C'est là ce qui manque à la plupart de nos romanciers : c'est le sentiment de l'harmonie dans les images comme dans la pensée, c'est le respect de la mesure, c'est ce goût en un mot qui fait des romans de madame de Lafayette, de madame de Tencin, de Lesage, de Voltaire, de Prévost, de Bernardin de Saint-Pierre, de Benjamin Constant, des œuvres classiques auxquelles il faut revenir comme au quartier général du beau et du vrai ; et, j'en suis bien fâché pour M. Flaubert, du réel. Quand il me tombe sous la main une de ces innombrables productions au fond desquelles on trouve toujours une étincelle de talent, je me demande ce qu'en eussent pensé ces immortels écrivains, quels eussent été leurs impressions et leurs jugements. La réponse est prévue. Si ce travail de critique était seulement tenté par les auteurs eux-mêmes avant de se mettre à l'œuvre, s'ils interrogeaient par la pensée l'opinion de leurs maîtres, la plume, je l'espère, leur tomberait des mains. Il y aurait moins d'œuvres et plus d'écrivains.

Après avoir blâmé la tendance de *Madame Bovary*, je blâme sa conclusion ou plutôt son absence de conclusion. Quelle est la moralité à tirer de ce roman ? Madame Bovary a-t-elle bien ou mal fait d'introduire aussi effrontément le déshonneur chez elle ? Charles

Bovary a-t-il eu tort ou raison de fermer les yeux sur la conduite de sa femme? Je n'en sais rien; et malgré la triste fin d'Emma, je crois l'opinion de l'auteur fort peu arrêtée sur ce point. On ne sent pas sous la narration la présence d'un principe à la défense duquel celle-ci vienne en aide. Aussi emporte-t-on de ce livre une impression semblable à celle causée par la lecture d'un ouvrage de médecine expérimentale. Hélas! les *Contes de Fées* avec la naïveté de leur contexture et leurs quatre vers de moralité, sont plus savamment composés et donnent plus de satisfaction à l'intelligence et à l'imagination que ces œuvres où l'inconvenance des peintures n'est égalée que par l'incohérence des idées.

C'est au réalisme, j'en ai bien peur, qu'appartient une petite nouvelle de cinquante pages : *Lucien S...*, par M. Charles Asselineau, publiée dans la *Revue française*. Elle lui appartient par le genre, et je le regrette; mais par la tendance, elle s'en détache complétement, et par la forme littéraire, elle fait un complet disparate avec les œuvres des réalistes. Sans péripétie, sans coups de théâtre, en nous racontant simplement les douleurs d'une âme tendre dirigée par une volonté faible, en ménageant les nuances avec délicatesse, M. Asselineau finit par nous intéresser à un héros en somme médiocrement intéressant. Le pinceau qui a tracé les traits de Lucien S... et de l'horrible mégère dont la méchanceté finit par tuer Lucien, n'est pas encore celui qui a indiqué en touches ineffaçables les portraits de Gardeil et de mademoiselle de La Chaux dans *Ceci n'est pas un conte ;* mais la palette est la même et les couleurs ont plus d'un rapport entre elles. Tout en tenant compte du genre, que je ne puis accepter, j'ai lu *Lucien S...* avec un véritable plaisir. J'y trouve une originalité incontestable, une faculté d'observation pénétrante sans être méticuleuse, une émotion contenue qui révèle l'homme chez l'écrivain, un style simple ne dédaignant ni ne repoussant les images ; en un mot, sur bien des points de forme, des qualités qui ne seront jamais du domaine des réalistes. Que M. Asselineau veuille bien prendre, non pas des exceptions, mais des généralités ; non pas des types réels, mais des types vrais ; qu'il choisisse, au lieu de rencontrer, des héros dont les traits rappellent chacun de nous, et je crois que sa place est prête parmi nos plus ingénieux et nos meilleurs romanciers.

Je sais un grand gré, je l'avoue, à M. Octave Feuillet, de nous conduire à travers ses *Romans et nouvelles*, ses *Scènes et proverbes*, dans le monde de tout le monde ; de nous faire échapper à cette bande de bourgeois et de drôlesses que depuis dix ans on voudrait nous donner comme le modèle de la société française. Ses romans ne sentent ni le suif, ni le musc : c'est certainement à cet éclectisme qu'il doit une bonne partie de son succès. Je sais que les types que l'on y rencontre ne se font remarquer ni par une originalité bien tranchée, ni par des passions bien fougueuses, ni par des qualités bien marquées, ni par des défauts bien saillants. Ce qu'ils ont retenu d'Alfred de Musset a été trop délayé par ce qu'ils ont appris de Jules Sandeau; mais tout édulcorés qu'ils soient, je reconnais du moins chez eux le caractère général de mon temps. Ils ont d'ailleurs un mérite qui ferait vivre les types les moins originaux : ils ont du cœur. Aucuns des bons sentiments placés dans notre âme comme une couronne de lumière, ne sont éteints en eux : le dévouement, l'abnégation, le respect du devoir. L'auteur n'en tire pas, je le sais, des accords bien puissants; mais si ces sentiments sont faibles, du moins ils sont vrais, et, comme tout ce qui est vrai, ils finissent par captiver.

Des gens naïfs ont reproché à M. Feuillet de faire des romans moraux. Ce reproche est trop flatteur pour que je rende à M. Feuillet le mauvais service de l'en disculper. C'est une simple question de forme. Si l'on parvient à donner à tous les nobles instincts de l'âme un intérêt aussi puissant que certains écrivains en ont donné aux mauvais; si l'on sait en envelopper les péripéties dans une fable bien construite, au point de vue littéraire, romans moraux et romans immoraux offriront la même valeur. Seulement les premiers auront un mérite de plus. Intéresser avec l'attrait de notre nature pour le mal, c'est le pont aux ânes; mais captiver avec ce que le bien a de calme et souvent d'austère, c'est un résultat qu'il faut une certaine dose d'originalité pour rechercher, et une certaine élévation de talent pour atteindre. Un reproche plus sérieux à adresser à M. Feuillet, c'est de ne pas toujours accepter franchement la donnée choisie, de reculer devant son système ; et, pour le rendre agréable, de tomber dans l'afféterie et le marivaudage. Ses expositions ont une vivacité et un charme rares. Il n'y a pas une note fausse, pas un mot de trop. Puis en plein nœud, au milieu du drame, l'auteur hésite, balbutie, semble plier sous son sujet ; et s'il n'y a pas de romanciers qui sachent entrer plus résolûment dans leur fable, j'en sais beaucoup qui en sortent plus heureusement. Un reste d'éducation romantique a en outre laissé à M. Octave Feuillet le goût de l'étrange, presque du fantastique, en désaccord complet avec sa propre simplicité. Le juif Isaac Zaphara de *Rédemption* n'est pas si bien mort depuis dix ans qu'on ne l'ait facilement reconnu, quoique déguisé sous les habits du capitaine Laroque du *Roman d'un jeune homme pauvre*. C'est un sacrifice au bizarre qu'il faut blâmer, mais qui rappelle à la génération présente de trop décevants souvenirs pour que j'aie la force de le condamner. En somme, je souhaite au devoir, s'il a besoin de défenseurs, d'en rencontrer souvent d'aussi spirituels, d'aussi poétiques, et parlant une langue aussi élégante que M. Octave Feuillet.

M. Edmond About n'appartient à aucune école et ne représente aucun système. C'est un voltigeur de l'armée des romanciers. Ses romans n'ont d'autre but que de distraire, et comme il a de l'esprit, beaucoup d'esprit, comme il le dépense entièrement en faveur du public, le public lui en a tenu compte et lui a rendu en succès ses premiers déboursés. Parmi les romans contemporains, il y en a peu de plus alertes, de plus gais, de plus amusants que *les Mariages de Paris*, que *le Roi des montagnes*, que *Trente et quarante*. Écrits d'un style clair et dégagé qui emprunte parfois à celui de Voltaire son incisive précision, égratignant les ridicules d'une balafre rapide et superficielle, cherchant l'ironie et n'atteignant qu'au persiflage, ces livres n'offrent aucune fatigue pour l'intelligence et aucun danger pour l'imagination. Ce sont de véritables compagnons de voyage : ils amusent sans lasser ; ils taquinent et réveillent sans blesser. Montez dans un wagon, et sur huit personnes, je gage que quatre au moins auront entre les mains les œuvres de M. About. C'est là un succès s'il en fut jamais.

Je ne vois guère qu'une personne à qui tout cet esprit ne profite pas : c'est M. About lui-même. Je crains qu'il ne soit médiocrement flatté de sa réputation, et qu'il n'ambitionne une renommée plus sérieuse et plus grave. *La Grèce contemporaine, les Échasses de maître Pierre, la Question romaine*, affichent des prétentions peu en rapport avec les productions légères de M. About. Si ces prétentions sont réelles — ce qui serait fâcheux pour les plaisirs du public — M. About se trompe. On reste confondu, après la lecture de ces trois ouvrages, de leur futilité et de l'inanité de leurs solutions, et l'on ne sait ce qui doit étonner le plus de la légèreté ou de l'outrecuidance de l'auteur. M. About a visité la Grèce et l'Italie ; mais s'il se fût bien rendu compte de la gravité des questions qui se débattent à Rome et à Athènes, il eût été moins affirmatif, plus circonspect, et eût compris que ces questions ne se résolvent pas par des plaisanteries et des caricatures. Comparés à *la Grèce contemporaine* et à *la Question romaine*, *Trente et quarante* et *Germaine* sont des œuvres aussi sérieuses qu'un rapport à l'Académie des sciences.

De ce malentendu dont M. About est l'unique cause, découlent une foule de quiproquos impossibles à débrouiller maintenant. On lui a jeté à la tête des épithètes ronflantes et des personnalités mal sonnantes; on a pris pour de la méchanceté ce qui n'était que du manque de savoir; on a presque fait un schismatique d'un chroniqueur léger. A quoi servent donc l'esprit et le bon sens! Malheureusement, M. About a eu un premier tort. Son début dans les lettres a été un scandale, et ses œuvres postérieures n'ont pas fait oublier cette première faute. En continuant dans cette voie, il n'a pas hésité, toutes les fois qu'il en a trouvé l'occasion, à semer le scandale à larges mains. L'esprit n'est chez lui que le passe-port de personnalités plus ou moins déguisées. Il récolte ce qu'il a semé, et l'opinion, qui rend à chacun selon ses mérites, accueillera toujours avec curiosité les scandales dont M. About sera l'objet, verra en lui un amuseur plein d'entrain, lui demandera de lui conter de ces jolis contes qu'il conte si bien; mais pour être pris au sérieux, M. About doit y renoncer.

Ce que j'ai dit du roman s'applique également au théâtre. Dans ce genre également, ce qui fait défaut, c'est le génie créateur. Personne ne songe à rien tirer de son propre fonds et à donner la vie aux rêves de son imagination : et je doute que des créations purement idéales comme celles de Shakespeare, de Corneille et de Goethe, fussent favorablement accueillies de nos jours. Sous ce rapport, il faut le reconnaître, il en allait autrement il y a vingt ans, et quelque blâmables que soient à tant d'autres égards certaines pièces de MM. Victor Hugo, Alexandre Dumas, Eugène Scribe, Alfred de Vigny, il faut avouer que les personnages de Hernani, de Ruy Blas, d'Antony, de Bertrand de Rantzau, de Chatterton sont doués d'une vie artistique que l'on chercherait vainement dans les créations du théâtre contemporain.

Si encore l'observation remplaçait l'imagination, il n'y aurait pas lieu de se plaindre. Ces deux facultés dominent à tour de rôle dans la littérature d'un peuple, suivant le flux et le reflux intellectuel. Mais si l'on entend par observation ce don de pénétration qui, sous les ridicules, sait découvrir le mal éternel de l'humanité, cette faculté d'analyse des faits isolés et de synthèse de leurs symptômes généraux, il ne me paraît pas possible d'accorder à nos auteurs contemporains qu'ils en soient doués. On décalque assez bien et très-promptement des ridicules transitoires, on esquisse d'une manière très-satisfaisante ; on n'observe pas. Les déplorables procédés de la photographie sont appliqués avec adresse aux œuvres dramatiques. De là cette quantité de vaudevilles qui, presque tous, offrent un germe de comédie avorté faute d'avoir été suffisamment mûris. Avec un millier de ces pièces de circonstance on ferait une comédie, comme on pourrait découper cent vaudevilles dans une comédie de Regnard, et mille dans une pièce de Molière.

De là une transformation singulière dans l'art dramatique. La forme a gagné toute la place perdue par le fond. Jadis les scènes se passaient dans un endroit banal. Une place publique, un carrefour de forêt, un vestibule de palais, servaient aux entrées et aux sorties des personnages. L'illusion était dans l'esprit du spectateur. Maintenant la mise en scène envahit tout. Nos auteurs rendraient des points à Molière et à Racine en fait de charpente dramatique. Les costumes sont d'une exactitude scrupuleuse ; un tapissier n'aurait pas d'observations à faire sur l'ameublement d'une chambre à coucher, ni un jardinier sur la décoration d'un parterre. On ne fait plus illusion à l'esprit ou au cœur, mais aux yeux. Cette première déviation en a amené une autre plus regrettable encore : ce n'est plus le personnage qui intéresse, c'est l'acteur. Ce n'est plus la pensée de l'auteur dont on aime à suivre les évolutions, c'est la façon dont la rend son interprète, qui excite la curiosité d'une salle entière. L'auteur donne le canevas, la fantaisie de l'acteur y brode les dessins que le hasard lui inspire. La lecture des pièces les plus applaudies depuis dix ans est là pour prouver la vérité de ce que j'avance. Privées du jeu des acteurs et de la lumière de la rampe, elles deviennent d'une extrême monotonie à la lecture.

M. Alexandre Dumas fils est l'auteur qui sait avec le plus de talent délayer un grain de sel dans une carafe d'eau. Convenablement placées et éclairées par un certain jour, ses pièces de théâtre jettent de l'éclat et peuvent faire illusion ; mais l'inconvénient que je signale est palpable ici plus que partout ailleurs. Lisez *la Dame aux camélias*, *Diane de Lys*, *le Demi-monde*, les meilleurs drames de l'auteur, et vous serez surpris du peu de consistance de ces productions, de la légèreté de leur tissu, de la banalité de leurs moyens : défauts qui échappent à la représentation. L'optique de la scène a tout sauvé. C'est seulement quand l'esprit n'est plus la dupe des yeux qu'il reconnaît l'adresse à grouper les scènes en vue d'une situation parfaitement prévue, à rassembler les phrases du dialogue autour d'un mot souvent spirituel, mais toujours connu et toujours attendu. L'on nomme cela ménager ses effets ; et si c'est là un art, M. Dumas fils y excelle.

Ce sont là des péchés véniels, et l'on désirerait n'avoir pas de reproche plus grave à adresser à un écrivain aussi spirituel. Mais il en est un qui tient au fond même de son œuvre et aux mœurs de la société dont il a eu le malheur de devenir l'historien spécial. Qu'il nous conduise de l'alcôve de Marguerite Gautier au boudoir de la baronne d'Ange ou au salon de Diane de Lys, le monde qu'il déroule sous nos yeux est toujours cette collection d'êtres déclassés ou non classés à laquelle il a donné son véritable nom : le demi-monde. Or, s'il est curieux de jeter un coup d'œil dans cette banlieue de la société, personne n'en tirera jamais une induction sur les mœurs générales, pas plus qu'on ne juge des costumes des gens bien élevés d'après les gravures de modes. On traverse les faubourgs d'une ville, on ne s'y arrête pas. Ce ne paraît pas être l'avis de M. Dumas fils. Si l'on s'en rapportait à son théâtre, on pourrait croire que la société de notre temps était exclusivement composée d'amants complaisants, de femmes vénales, de filles faciles. Le plus triste de cette tendance, c'est la réaction qu'elle peut exercer sur les mœurs. Je ne connais rien de plus corrupteur. Le dénouement des pièces de M. Dumas amène toujours, je suis heureux de le reconnaître, le triomphe de la morale. Malheureusement, personne n'y prend garde, tandis que dans le développement, la morale reçoit d'innombrables accrocs, et les vices sont présentés sous une forme qui fait tout l'intérêt de l'action. On opposerait en vain à ce reproche certaines scènes de Molière. Quand le grand comique peint un vice ou un ridicule, il le fait franchement, sans teintes rompues, et avec un tel relief que personne ne peut s'y tromper. M. Dumas fils se sert, au contraire, d'une touche si amollie et si séduisante, il y a une opposition si tranchée entre les développements et la conclusion, qu'on ne sait plus auquel croire, et que l'on se demande s'il a voulu faire l'apologie ou la satire de la situation dépeinte. J'ai affaire à des gens vicieux beaucoup plus qu'au vice, et je ne sens pas assez dans ces créations ce parti pris qui fait l'incontestable supériorité des pièces de second et de troisième ordre de Lesage, de Dancourt et de Destouches.

Les trois œuvres que M. Louis Bouilhet a données au théâtre : *Mademoiselle de La Vallière, Madame de Montarcy* et *Hélène Peyron*, procèdent d'une manière complétement différente de celles de M. Dumas fils. Pour me servir d'un mot philosophique, c'est la manière subjective. C'est-à-dire que M. Bouilhet, continuant la tradition de MM. Dumas père et Victor Hugo, tire tout de son propre fonds, s'efforce de créer des types et de les animer de la vie de l'art. Cette manière, selon moi, très-supérieure à l'autre, donne à l'esprit de plus pures jouissances, et est susceptible d'une élévation incomparablement plus grande. Aussi le public, en écoutant avec attention les œuvres de M. Bouilhet, lui a-t-il prouvé qu'il tenait compte de ses efforts. Cependant, jusqu'à présent, aucun véritable succès n'est venu affermir l'auteur dans sa voie et le convaincre que ses moyens étaient en rapport avec ses efforts. M. Bouilhet a des visées plus hautes que M. Dumas fils, plus d'idéal et d'aspiration ; mais une forme lourde, un style embarrassé et prétentieux où se contrarient sans se confondre ceux de Victor Hugo et d'Alfred de Musset, le retiennent captif à la terre. Aussi, comme talent, peut-on affirmer que M. Dumas fils est supérieur à M. Bouilhet.

Une pièce qui causa une vive impression, et que je regarde comme la meilleure de toutes celles jouées depuis dix ans, c'est *Mercadet*. Après avoir à plusieurs reprises tenté d'aborder le théâtre, et avoir vu jus-

avoir vu justement tomber *Vautrin, les Ressources de Quinola, la Marâtre,* M. de Balzac avait enfin trouvé dans *Mercadet,* je ne dis pas sa véritable voie, mais la véritable voie dramatique de notre temps. Je doute fort que l'auteur eût pu rencontrer une seconde fois un sujet aussi heureux. Le théâtre ne convenait pas au tempérament de son talent. Mais cela importe peu, et *Mercadet,* dans son genre, n'en est pas moins un chef-d'œuvre descendant en ligne directe du théâtre de Beaumarchais *Mercadet* est un type, un personnage original dont nous avons depuis vingt ans coudoyé trop de copies dans le monde réel. Certaines scènes, celle des créanciers au premier acte, celle de la duperie réciproque du père et du gendre au second, sont de la franche comédie, et rappellent les meilleurs passages du *Mariage de Figaro.* Reste l'effet produit ; et ici encore, je ne puis que préférer *Mercadet* à toutes les œuvres de M. Dumas fils. Certes la conclusion n'est pas morale, — la morale et M. de Balzac n'ont jamais eu grand'chose à démêler ensemble ; — mais du moins elle n'est pas corruptrice. Elle n'enveloppe pas des instincts bas et pervers dans des phrases confites en beaux sentiments. Mercadet est un franc coquin, son enseigne ne trompe pas ; il prévient suffisamment ses dupes qu'ils sont à deux de jeu, et le comique ressort précisément de cette franchise avec laquelle un fripon se défend contre d'aussi fripons que lui. Le soleil de Mercadet est un écu de cent sous et son dieu un billet de banque ; mais du moins il le dit tout haut, il le proclame ; et il faut reconnaître dans cette franchise un certain genre d'honnêteté relative. Mercadet est un coquin, je le répète, ce n'est pas un hypocrite; et j'ai tout lieu de croire que qui voudra suivre M. de Balzac, c'est-à-dire déchirer les voiles des vices, des ridicules et des travers de notre époque, et les jeter tout chauds sur la scène, y sera accueilli par les applaudissements les plus sympathiques. Jamais moisson ne fut plus belle.

Nous arrivons à la véritable forme littéraire de nos jours, à la critique. Sans revenir sur des explications données plus haut, je répéterai que c'est à la critique que notre époque doit non-seulement son véritable caractère, mais encore le maintien de son rang à l'égal des plus glorieuses ères littéraires de notre histoire. Que l'on se rappelle les relations de la critique avec ses justiciables il y a seulement vingt ans, l'aménité de leurs discussions, la suffisance et la vanité d'un côté, l'ignorance et l'âpreté de l'autre; les épithètes d'aliéné et de champignon vénéneux alternant comme dans une églogue antique; que l'on compare cet état d'hostilité à la position présente de la critique dans les lettres, et l'on pourra se faire une idée du chemin parcouru et du terrain gagné. Jadis un critique était une espèce d'ours mal léché sortant par moments de sa tanière pour dévorer d'innocents auteurs. Il était impuissant, cela va sans dire, et beaucoup de gens assimilaient volontiers ses fonctions à celles d'exécuteur des hautes œuvres. Gustave Planche est un peu mort avec cette idée. Les médiocrités dont il avait le tort impardonnable de s'occuper, le lui avaient répété sur tant de tons différents, qu'il avait fini par prendre cette plaisanterie au sérieux, par croire surtout que le public en faisait autant, et que cette pensée fatiguait son esprit dans les derniers temps de sa vie. Il a été le martyr et le héros de la critique moderne. Il est tombé au milieu du champ de bataille, mais comme Wolff à Québec, entouré de ses bataillons victorieux, voyant fuir l'ennemi, et pouvant mesurer d'un œil mourant tout le pays conquis par son intrépide et persévérante honnêteté. Gustave Planche a désormais un nom dans les lettres françaises; et quand on relit ses œuvres, on s'étonne que ce nom ne soit pas placé plus haut dans l'estime des hommes.

Lui mort, les héritiers se sont présentés en foule. Mais aucun n'était de taille à supporter ce lourd héritage; ils ont donc agi prudemment en se le partageant et en se cantonnant chacun dans une spécialité dont la réunion formait le domaine du vieil Alexandre de la critique. Tel a pris la philosophie, tel autre la morale; celui-ci s'est réservé la littérature, cet autre le théâtre, un dernier les beaux-arts. Tous du reste se sont montrés dignes de la part qui leur était échue par la conscience de leurs travaux, la convenance de leur polémique, la pureté de leur goût, leur respect de la tradition et leur sympathie pour les idées nouvelles. Si le pauvre Planche revenait, je crois qu'il aurait le droit d'être fier de la façon dont ses héritiers suivent ses préceptes et profitent de ses exemples.

Mais en dehors des critiques qui continuent la tradition de Gustave Planche, il en est deux dont la place est trop élevée dans les luttes journalières pour que nous ne nous y arrêtions pas avec déférence. Je veux parler de MM. Silvestre de Sacy et Sainte-Beuve.

M. Silvestre de Sacy n'est ni un jeune homme ni un écrivain jeune : c'est un écrivain nouveau. On ne peut réellement l'apprécier que depuis quelques années; depuis qu'en se présentant à l'Académie il a rassemblé les principaux articles publiés depuis trente ans sous le voile de l'anonyme par le *Journal des Débats*. Réunis sous le titre de *Variétés*, la lecture de ces articles a été une révélation pour beaucoup et un plaisir pour tous. En cherchant à analyser cette première impression, on peut l'attribuer aux trois causes suivantes agissant soit isolément, soit collectivement.

Seul peut-être parmi nos critiques modernes, M. Silvestre de Sacy possède un criterium de jugement. Ce criterium est immuable chez lui. C'est à la fois une affaire de tempérament et de raisonnement. Les anciens sont nos maîtres en tout, c'est le modèle auquel il faut forcément revenir. M. de Sacy n'accepte et n'admire les écrivains du dix-septième siècle que parce qu'ils sont rapprochés de ceux de l'antiquité; il supporte assez patiemment le dix-huitième; quant au dix-neuvième, en dehors de Châteaubriand que le libéral de 1827 était bien forcé de louer, il ne le connaît pas et ne veut pas le connaître. On lui a bien assuré qu'il se trouvait parmi nos contemporains des écrivains de talent, il ne le nie pas, il en est même convaincu; mais il est également si persuadé qu'il ne comprendrait rien à leur langage, qu'il aime mieux le croire que d'y aller voir. Tous nos auteurs sont des gens de génie si l'on veut ; mais il en préfère d'autres et retourne à ses dieux ! Eh bien, cette inflexibilité qui n'est ni violente ni agressive, cette discipline à une règle préétablie, fait l'unité du livre et donne un singulier repos à l'esprit. Au milieu du désordre qui a caractérisé notre littérature pendant tant d'années, on éprouve à parcourir ces pages, où le jugement ne vacille jamais, la sensation qu'on ressentirait en quittant un club pour pénétrer dans un salon de bonne compagnie; et l'on applique à M. de Sacy ce qu'il dit en parlant de M. de Féletz : « Ces articles ont un mérite plus durable que l'à-propos. Ce mérite, je vais l'exprimer en un mot : c'est qu'ils reposent sur des principes. Ils subsistent parce qu'une connaissance profonde de l'art se cache au fond de ces plaisanteries légères, préside à ces jugements rapides, et que l'art est immortel! On a pu les réunir et en composer de bons et solides livres, parce que, malgré la diversité des sujets, ils forment un corps de doctrines littéraires invariables. Qu'importe que Dussault s'acharne avec sa logique impitoyable sur quelque pauvre traducteur, ou que M. de Féletz, avec sa verve malicieuse, mette en pièces le plus poliment du monde un livre dont le titre même a péri! La leçon de goût n'en n'est pas moins bonne. Il y aura toujours de mauvais livres et des auteurs ridicules; la satire a son éternelle postérité comme l'esprit et le talent; on pourrait dire à certains écrivains : Je vous connais, monsieur, il y a cent cinquante ans vous vous appeliez Scudéry ou Chapelain! Le nom ne fait rien à la chose. La critique, quel que soit le sujet auquel elle s'attache, petit ou grand, ne périt pas lorsqu'elle est l'interprète du code immuable de la raison, et le goût n'est pas autre chose que la raison appliquée aux arts. »

En second lieu, sans qu'elle ait rien de pédant, on sent chez lui l'instruction robuste et saine des vieux universitaires formés à l'école de Rollin. Rien de ce qui touche aux choses de l'esprit ne lui est étranger. Il les aime, les respecte, et défend cet amour comme un des plus beaux priviléges de la créature humaine. Le goût de l'étude l'a préparé sur toutes les questions, même les plus ardues, qui touchent à la morale, à l'histoire, à la littérature : de sorte que lorsqu'il traite ces matières, loin d'avoir à puiser dans le livre même cette érudition du quart d'heure que l'on retourne ensuite contre le malheureux auteur, il domine son sujet, en parle avec mesure et politesse, mais *ex professo* et comme un homme aussi renseigné sur ce chapitre que l'auteur lui-même. C'est un guide tranquille et modeste; mais suivez-le, et dès les premiers pas vous reconnaîtrez à qui vous avez affaire; il a gagné votre confiance, et vous pouvez être sûr que quelque soient les dédales où il vous conduira, il saura vous ramener à la lumière et mettre en plein relief un fait ou une idée confusément entrevue avant lui.

Enfin, pour ne traiter que la question de forme, le talent de M. de Sacy, qui manque sans doute des qualités qui font les grands écrivains : le nerf, l'audace, la couleur, l'accent, se compose de toutes les qualités charmantes de l'art d'écrire : le goût, l'esprit, l'urbanité, la justesse, une pointe de raillerie contenue et délicate prête à jaillir à chaque mot. Cette politesse, cette mesure toujours maîtresse d'elle-même, constitue l'originalité de M. de Sacy et lui fait une place unique au milieu de ses confrères parfois plus puissants, jamais aussi élégants. Ses modèles et ses amis les écrivains classiques lui ont largement rendu en habileté consommée ce qu'il leur avait prêté en déférence respectueuse. Le mot propre lui arrive toujours, le mot technique et prétentieux jamais. La phrase exprime ce qu'elle veut dire avec la nuance précise du sujet; la pensée frappe au but sans aller au delà, sans rester en deçà. Retournez-la de mille manières, et vous reconnaîtrez qu'on ne saurait mieux l'exprimer. Il y a des périodes, des articles entiers où il n'y a pas une expression à changer, pas un mot à déplacer ou à transposer. Le goût par excellence, tel est le caractère du style de M. de Sacy, et c'est le seul écrivain auquel on puisse adresser un pareil éloge. Il est donc original dans le meilleur sens du mot, et j'espère avoir fait comprendre à quelle cause j'attribue le charme qu'il a exercé sur moi.

Il est difficile de rencontrer deux talents plus dissemblables, je ne dis pas plus opposés, que MM. de Sacy et Sainte-Beuve. Autant l'un est soumis à une doctrine, autant il est en possession d'un type auquel il rapporte tous ses jugements, autant le second s'échappe dans toutes les directions, côtoie et aborde les genres les plus divers, manque en un mot de quartier général et de drapeau. Si l'unité est absente d'une œuvre, c'est de celle de M. Sainte-Beuve. Dilettante littéraire auquel tous les genres sont bons, il brodera des mélodies charmantes sur n'importe quel thème ; mais demandez-lui en vertu de quels principes il formule ses arrêts, il sera peut-être embarrassé pour répondre. Très-adroit à prendre le vent, très-fin à masquer ses évolutions, il a été tour à tour un des coryphées du romantisme avec le cénacle, un des thuriféraires de M. de Châteaubriand avec l'Abbaye-au-Bois, un de ses railleurs les plus mordants après le scandale des *Mémoires d'outre-tombe.* Il a fait de la poésie phthisique dans *Joseph Delorme*, de la critique très-ferme et très-variée dans les *Causeries du lundi*, et présente tant de faces diverses, que l'on peut parcourir dans la même heure l'*Histoire de Port-Royal*, écrite dans un esprit aussi janséniste que celui de Racine, et l'éloge d'un livre presque graveleux comme *Fanny*.

Les *Causeries du lundi* sont le livre où M. Sainte-Beuve a déployé le plus de véritable talent. Après avoir mis son empreinte sur tant de sujets, c'est encore le cachet du critique qui sera le plus profondément appuyé et le plus persistant. Commencé en 1850 et non encore terminé, c'est là où l'on peut le mieux saisir ce caractère. Si M. Sainte-Beuve n'a pas de goût tranché pour tel ou tel genre, il possède un penchant décidé pour tout ce qui intéresse les belles-lettres, pour tout ce qui y touche de près ou de loin. Joignez à cela une incomparable habileté à exprimer les nuances, les demi-teintes, les sentiments et les effets vagues, à grouper en faisceau les qualités de second et de troisième ordre, et vous aurez une idée de l'impression complexe que procure la lecture des *Causeries du lundi*. Pris dans une acception élevée, M. Sainte-Beuve n'est peut-être pas un éminent écrivain ; mais c'est le premier de nos hommes de lettres ; et c'est là une place assez belle pour en être fier, et assez glorieuse pour mériter le respect Il y a dans les *Causeries du lundi* tels articles, comme celui de *la Comtesse de Caylus*, qui sont de véritables chefs-d'œuvre de finesse et de légèreté. Il y en a d'autres, comme celui de *Madame de Genlis*, qui peuvent servir de modèle de raillerie mordante et contenue. Il me paraît impossible de dire aussi bien sur *Rivarol ;* et je crois difficile de penser plus juste et plus haut que dans l'article intitulé *les Regrets*. Peut-être, à la longue, ces phrases à deux têtes cherchant à rendre deux pensées, finissent-elles par fatiguer ; mais prises modérément et à petites doses, ces études offrent un imprévu et une ingéniosité charmante, et les jugements qui en ressortent sont presque toujours justes, parce qu'ils sont modérés. Ce qui manque à ces *Causeries du lundi*, c'est, je le répète, un lien commun, un dessin général donnant une forme et un contour à cette mosaïque dont chaque pierre prise séparément est charmante, et dont beaucoup sont précieuses. Qu'importe, d'ailleurs ! Le recueil de ces articles n'en est pas moins un livre indispensable à qui, pressé par le temps, veut se former, sans les lire, une idée rapide et juste d'une foule d'écrivains et d'ouvrages qu'il est toujours de bon goût de paraître avoir lus. Les *Causeries du lundi* sont un dictionnaire de jugements, et comme ces jugements sont bons, c'est un bon livre.

Les révolutions ont fait à M. Cuvillier-Fleury des loisirs qu'il emploie à défendre ses sympathies. Seulement, comme c'est un esprit plus littéraire que politique, c'est dans la littérature qu'il a établi son champ clos. Par un compromis tacite entre le public et lui, il est admis que tout livre devient pour M. Cuvillier-Fleury un prétexte de glorification de ses tendances libérales ; et, comme il discute avec convenance et conviction, comme il apporte en faveur de sa cause un goût exercé, un noble sentiment du droit et de l'honnête, et parfois une dialectique assez embarrassante, personne ne s'en plaint. Au milieu de l'ébranlement de 1848, quand les droits les plus sacrés et les principes les plus élémentaires de l'ordre social étaient mis en question par des convoitises plus ambitieuses que réfléchies, M. Cuvillier-Fleury se donna la mission de revendiquer ces droits et de défendre ces principes lorsqu'ils étaient attaqués sous un déguisement littéraire. On a oublié maintenant l'attaque et la défense, et l'on ne se souvient plus du courage qu'il y avait à montrer un peu de sens commun. M. Cuvillier-Fleury en déploya beaucoup. Sentinelle vigilante, il surveillait les défilés de l'histoire et de la littérature ; et toutes les fois qu'un rhéteur ou un sophiste essayait de pénétrer dans le camp, il donnait l'alarme en lui envoyant dans le feuilleton des *Débats* un coup de feu dont plusieurs gardent encore la cicatrice. Il est resté fidèle à cette mission. Seulement, comme ce ne sont plus les droits de tous et le pacte social qui est en question, il la continue en faisant bonne garde autour du goût et de la délicatesse nationale. La forme de M. Cuvillier-Fleury n'est ni légère ni brillante. Il appartient par ses précédents, ses sympathies et ses habitudes, à cette école, j'ai presque dit à cette secte universitaire dont le *Journal des Débats* est l'organe et M. Saint-Marc Girardin le type : école qui apporte dans son argumentation le ton dogmatique et dur du professorat, compte dans ses rangs un grand nombre d'esprits distingués, et fait preuve de beaucoup de science, mais détruit toutes ces qualités par un grand défaut : la suffisance. Ses membres enseignent plus qu'ils ne causent, ce sont des docteurs plutôt que des littérateurs. Ils prouvent quelquefois, ils persuadent rarement, ils ne touchent jamais. On aime mieux avoir tort avec d'autres que raison avec eux. C'est peut-être un éloge que j'adresse à M. Cuvillier-Fleury — et j'en suis heureux — mais c'est certainement un fait que personne ne contredira.

Le nom de M. Armand de Pontmartin était peu connu en 1850. Depuis quelques années, par sa fidélité aux principes dont il s'est fait le défenseur, par une verve toute méridionale, par l'imprévu de certains aperçus, surtout par un talent incontestable, celui qui le porte a marqué sa place d'une façon très-distincte parmi nos critiques contemporains, et a donné une valeur des plus sérieuses à plusieurs de ses arrêts. M. de Pontmartin est un critique catholique et royaliste. Il prend son criterium d'examen dans le principe du droit divin. Le trône et l'autel, voilà les deux flambeaux qui éclairent sa marche. On voit de suite ce qu'il y a de hasardeux et même d'injuste dans une pareille méthode, les préventions et les sympathies qui en découlent; mais on comprend d'un autre côté l'unité et l'ensemble qui en résultent pour le lecteur. M. de Pontmartin part d'un point de vue diamétralement opposé à celui de M. Sainte-Beuve; il fait de la critique de tendance. Mais les méthodes ne valent que par la manière dont elles sont exercées et par la main qui les applique. Or, comme M. de Pontmartin est avant tout un esprit poli et cultivé, qu'il sait parfaitement que le temps des opinions extrêmes et des formules tranchantes est passé, l'usage de cette méthode n'a rien de blessant chez lui; le caractère dément à chaque instant les principes d'une façon pleine de conciliation; l'homme de lettres corrige et contient l'homme de parti.

Toutes les opinions sont respectables lorsqu'à la modération elles joignent la sincérité; et je n'ai pas l'intention de mettre en doute la sincérité de M. de Pontmartin. Je veux seulement faire la supposition suivante : Si après 1848, quelqu'un se fût dit : « Toutes les avenues de la littérature sont encombrées, chaque maître a derrière lui un cortége d'élèves traînant eux-mêmes à leur suite un troupeau d'imitateurs. Je veux pourtant arriver, et je ne veux arriver derrière personne. Prenons le contre-pied des opinions admises depuis trente ans. Le sentiment religieux perd de son intolérance : rendons-la-lui ; le principe monarchique chancelle, soutenons-le ; les idées de liberté gagnent du terrain, repoussons-les ; une tolérance dans les questions élevées, une bienveillance dans les opinions courantes semblent devenir la règle générale, résistons-y ; de grands talents se sont fait accepter malgré leurs faiblesses, leurs erreurs ou leurs négligences ; mettons en plein jour ce qui, jusqu'à présent, était resté dans l'ombre ; l'ancien d'il y a trente ans sera le nouveau d'aujourd'hui ; *instauratur quod abiit;* on ne restaure que ce qui s'en va. » En laissant le côté chevaleresque de ce projet, n'offrait-il pas, par son originalité même, de grandes chances de succès ? Que si cet esprit original eût été doublé de talent et de persévérance, le succès ne devenait-il pas certain ? M. de Pontmartin n'a pas songé à ce calcul, j'en suis sûr. Il a mieux fait : il l'a exécuté. C'est ce que je voulais dire.

Les principes de M. de Pontmartin lui donnent une puissance d'argumentation à laquelle il est difficile de se soustraire, si l'on n'élève pas le débat, et si l'on n'oppose pas les droits de la liberté de penser au dogme de l'autorité divine. Seulement, à de pareilles hauteurs, la question deviendra insoluble. En se plaçant à un pareil point de vue, il est facile, non-seulement de dresser un acte d'accusation contre les grands noms littéraires du gouvernement de juillet, mais encore de les condamner sans réplique et sans appel. Le mal qu'ont fait ces écrivains en se dérobant à la règle et en proclamant l'omnipotence de l'imagination, ce mal, nous en avons vu les effets et nous en avons subi les conséquences en 1848. Ce n'est pas moi qui blâmerai M. de Pontmartin de cette croisade, mais chaque médaille a son revers, et quand il loue, par exemple, *Madame de Maintenon*, je vois bien plus dans cette apologie la complaisance de l'homme de parti ou la faiblesse de l'homme du monde, que l'impartialité de l'historien ou l'indépendance du juge. De pareils compromis sont rares dans les cinq volumes de M. de Pontmartin, et sont largement rachetés par l'honnêteté morale, l'élévation des sentiments, le dévouement courageux à une noble cause, qui en remplissent les pages et en font une lecture saine. Une lecture saine! cela n'est pas si commun, et c'est un éloge qui a son prix. Je n'en trouve pas de meilleur à adresser à M. de Pontmartin.

M. Émile Montégut a hérité, dans la *Revue des Deux Mondes*, de la plus grosse part de succession de M. Gustave Planche. Plusieurs des travaux qui lui ont mérité cet honneur avaient déjà été publiés sous le titre de *Libres opinions sur l'époque actuelle*, et depuis la mort de son maître, de nouveaux articles,

comme ceux sur M. Gustave Planche lui-même et sur
Béranger, ont attiré l'attention sur le jeune Aristarque. C'est une lourde charge qu'a acceptée M. Montégut ; et, bien que jusqu'à présent il ait fait preuve
d'autant de talent que de bonne volonté, on ne reconnaît cependant pas encore en lui cette sûreté et ce
calme qui caractérisent un écrivain complétement
maître de son sujet et ayant pris possession souveraine de sa pensée. Que cela tienne à la différence
des temps ou à la dissemblance des tempéraments,
M. Émile Montégut paraît avoir dans l'esprit plus
d'étendue et d'horizon, mais un goût moins pur, une
esthétique moins sévère, plus de condescendance
pour les défauts que son maître. Les grands coups
d'œil historiques le sollicitent plus vivement et lui
réussissent mieux que les délicates discussions sur
telle ou telle nuance de l'éternelle beauté. Certains
fragments des *Libres opinions*, comme *la Monarchie
universelle*, sont remplis d'aperçus tout à fait nouveaux, très-justes et parfois très-profonds. M. Montégut traite avec sérieux des questions très-sérieuses ; il
a un grand mérite : il fait penser. Avec lui, l'esprit
s'élève et découvre au delà de questions secondaires
des lointains qu'il ne soupçonnait pas. Ce que l'on
peut reprocher à M. Montégut, c'est de manquer de
perspective, de donner une égale importance à des
considérations d'une valeur fort diverse, et de se noyer
parfois dans des raffinements d'ingéniosité. Lorsque,
par exemple, dans un travail sur le seizième siècle, il
veut représenter la Réforme comme ayant été un

mouvement plus catholique que le catholicisme de Rome, j'avoue que, quelle que soit la souplesse de sa dialectique, je ne comprends pas trop, et ne suis nullement convaincu de la solidité de l'objection. Les travaux littéraires auxquels depuis quelque temps se livre exclusivement M. Montégut me semblent inférieurs à ceux contenus dans ce premier recueil. Je crois toutefois qu'il faut encore réserver son jugement sur un talent qui traverse une période de formation. Il se cherche encore, et sur bien des points n'a évidemment pas dit son dernier mot. Vouloir l'apprécier d'une manière générale et absolue, serait s'exposer plus tard à de piquantes erreurs. Son premier recueil lui impose le devoir de surveiller sévèrement sa pensée, et a donné au public le droit d'être difficile.

Forcé par la loi de renoncer à sa puissance anonyme, le journalisme s'est singulièrement amélioré depuis dix ans. Devenus responsables de leurs œuvres, et tenus d'accepter personnellement les charges de leur polémique, les journalistes se sont mis en mesure de bénéficier de cette nouvelle position; et par des études moins frivoles, par une tendance d'esprit plus bienveillante et plus impartiale, par un ton de politesse dont les exceptions deviennent de plus en plus rares, font un grand contraste avec leurs devanciers de 1821 et de 1834. Jadis les luttes des journaux entre eux ou contre le pouvoir dégénéraient rapidement en injures ou en calomnies ridicules; aujourd'hui, la forme s'est sensiblement améliorée. Ce sont des gens bien élevés qui discutent et non des énergumènes qui se gourment.

Il existe toutefois deux exceptions à cette règle. On peut citer deux journalistes d'un incontestable talent, mais dont le talent est une affaire de tempérament plus que d'intelligence, qui se distinguent de leurs confrères par leurs défauts bien plus que par leurs qualités, qui sont beaucoup plus à part qu'au-dessus d'eux : MM. Louis Veuillot et Proudhon.

MM. Louis Veuillot et Proudhon sont frères, ou tout au moins cousins germains. Leur genre d'esprit est le même, la nature de leur intelligence offre de grandes similitudes : ils sont malades de la même intempérance de logique, de la même tendance aux extrêmes. Ils s'expriment avec une égale virulence ; ils pensent de même : seulement ils pensent sur des sujets opposés et entre lesquels toute transaction est impossible. L'un violent, emporté, écrivant *ab irato*, dans un style plein d'incorrections, mais traversé d'éclairs d'une rare éloquence, est plus spécialement un écrivain : l'autre également violent, mais sachant mieux se contenir et écoulant sa colère dans l'ironie, émonde sa phrase, la tourne avec plus d'habileté, lui donne moins de force et plus d'art, et représente surtout l'homme de lettres. Tous deux profondément artistes, tout en affectant de mépriser leurs confrères, ont porté la peine de leurs violences en produisant l'effet opposé à celui qu'ils cherchaient, et en faisant à leur cause un mal dont on n'eût pas cru capables leurs plus redoutables adversaires. On rougit d'être de la religion de M. Veuillot, et l'on devient sceptique ; on a horreur du pyrrhonisme de M. Proudhon, et l'on excuse les catholiques extrêmes.

Voilà douze ou quinze ans que M. Veuillot s'est constitué le champion des doctrines ultramontaines, et s'est élevé dans le journal *l'Univers* une tribune devenue à force de talent une puissance redoutée. Peut-être pourrait-on se demander si cette mission était bien opportune, et s'il n'était pas plus profitable au bien de la religion de la laisser se défendre elle-même par la science de ses docteurs et de ses évêques, par la dignité pleine de noblesse et d'indépendance du clergé français. M. Veuillot en a jugé autrement. Il avait le droit de le faire, et je ne prétends apprécier que la façon dont il en a usé. Sa tactique a été habile et spirituelle. Elle consiste à prévenir les attaques au lieu de les attendre, et à se servir contre les libres penseurs et les philosophes, des armes dont ceux-ci s'étaient servi jusque-là contre les catholiques. Avant que les adversaires de M. Veuillot aient eu le temps de se remettre et de reformer leurs rangs, il a pu faire contre eux plusieurs campagnes heureuses. Les rieurs ont été de son côté, et le public a pu s'amuser à voir les petits-fils de Voltaire rudement houspillés par un Voltaire catholique doué d'une verve au moins égale à celle de son devancier, d'une plume aussi bien acérée, d'une science plus solide, et, ce qui vaut mieux que tout cela, d'un caractère privé beaucoup plus honorable.

Mais pendant que les libres penseurs et *les plaisan-*

tins enterraient leurs morts et pansaient leurs blessés, le public, le vrai public impartial dans la question, se demandait s'il était bien convenable de se servir pour une bonne cause des arguments indispensables à la défense d'une mauvaise, si des intérêts aussi sacrés ne perdaient pas de leur prestige à quitter l'intérieur des temples pour tomber dans un bureau de journal, et être débattus au milieu des discussions et des aigreurs de la presse quotidienne. Peu importait à M. Veuillot; il n'en continuait pas moins avec un imperturbable sang-froid la mission qu'il s'était imposée. Passant successivement du persiflage à la raillerie, de la raillerie à l'agression, de l'agression à l'emportement, tombant de l'emportement dans la trivialité, rebondissant de la trivialité à l'éloquence : inégal, incomplet, grotesque et presque sublime, plein de contrastes, faisant succéder à vingt lignes d'intervalle un mouvement à la Bossuet à un lazzi de mardi-gras; mais toujours en scène, brûlant les planches, ne restant jamais court, il ameutait les curieux autour de lui, et finissait toujours par trouver dans son auditoire un naïf troublé par tout ce bruit, pénétrant derrière le rideau et regardant ce qui se passait à l'intérieur.

Quel mécompte! Ce qui était en question, ce n'était pas la religion dans ses principes éternels de mansuétude et de pardon, dans ce qu'elle a d'élevé, de doux, de tendre et de fort tout à la fois, de grave et d'affectueux, telle enfin que notre époque a l'insigne honneur de la comprendre; c'était une doctrine étroite et aigre, jalouse et malveillante, taquinant l'intelligence, gourmandant l'esprit, étouffant le cœur et lui enlevant tout ressort à force de pratiques idolâtriques et repoussantes, je ne sais quel système pharisaïque, s'attachant à la lettre bien plus qu'à l'esprit, catholique plutôt que chrétien, ultramontain plutôt que catholique, défendant les intérêts temporels du Saint-Siége beaucoup plus que les droits spirituels de l'Église, ne tenant compte ni des temps nouveaux, ni des mœurs différentes, ni des hommes dissemblables, et regrettant avec une amertume que je ne puis croire sincère, que l'Europe ne se soit pas immobilisée au temps des croisades contre les Albigeois, de l'inquisition et des auto-da-fé, et prêt à apporter un fagot de bois bien sec au bûcher d'un nouveau Jean Huss, s'il s'en présentait. Le spectacle était tellement bizarre en plein dix-neuvième siècle, que l'on se demandait si ce n'était pas une tactique de l'écrivain qui, hésitant sur la bonté de sa cause, se fermait à lui-même le chemin de la résipiscence, brûlait d'une main fougueuse les vaisseaux qui l'eussent ramené à l'incrédulité; et si, en somme, l'on n'avait pas affaire plutôt à un tempérament extrême qu'à une conviction bien sûre d'elle-même. Les spectateurs revenaient amusés, éblouis, désopilés, mais fort perplexes sur la réponse à se faire.

Pendant ce temps, les adversaires de M. Veuillot, abandonnant leurs arguments surannés, s'apprêtaient à lui rendre les leçons qu'ils en avaient reçus, et se saisissaient des armes abandonnées par lui, la modération, la politesse, la convenance dans la discussion, l'étude parfois approfondie des matières du débat. En sorte que si l'on admet que la vérité fut du côté de M. Veuillot, et l'erreur du côté de ses adversaires, on a pu, dans ces dernières années, voir l'erreur défendue avec les armes de la vérité, et la vérité avec celles du mensonge. N'y a-t-il pas dans ce seul fait de quoi faire réfléchir ? Le fond n'emporte t-il pas toujours la forme avec lui, et les causes ne trouvent-elles pas en somme les avocats qu'elles méritent ?

Que l'on isole les travaux de M. Veuillot de l'atmosphère de lutte où ils étaient composés, que l'on se place à trente ou quarante ans en avant, quelle opinion laissent-ils dans l'esprit des lecteurs ? Une triste idée, je le crains, de l'urbanité des discussions et de la politesse du style. A en juger par ce qui en restera, on pourrait croire que tous les journalistes étaient des enragés, écrivant une plume dans une main et un sottisiana dans l'autre. Et cependant rien ne serait plus faux que cette manière de voir. J'ignore ce qui se passe dans les replis des cœurs, et je ne veux pas chercher quels trésors de colère la discussion amasse au fond de certains esprits ; mais j'en appelle à tous mes contemporains : jamais la forme a-t-elle été moins acerbe, plus polie, plus douce, plus convenable ? Jamais la dignité réciproque, qui est de règle entre les gens bien élevés quand ils diffèrent d'opinions, a-t-elle été plus strictement gardée ? La polémique de M. Veuillot détone au milieu de celle de ses confrères, et ses idées sont à l'unisson de sa polémique.

Elle retarde de soixante ans sur l'horloge du siècle : c'est une curiosité. C'est précisément là l'originalité ; c'est aussi la punition de M. Veuillot.

M. Proudhon est un produit de la révolution de Février ; c'est même le seul. Son nom, peu répandu avant 1848, a surgi tout à coup et s'est fait connaître lors des luttes du socialisme et de la réaction. Partisan des mesures les plus extrêmes et par conséquent les plus impraticables, M. Proudhon s'est jeté au fort du combat avec l'ardeur d'un débutant et les façons d'un paysan du Danube. Mais sa violence même, autant que la bizarrerie de ses conceptions, lui ont vite aliéné ceux qu'il venait servir et qui eussent pu lui servir ; et, loin de devenir le chef de son parti, il n'en a été que l'enfant terrible. Plus franc que ses coreligionnaires en politique, il n'essayait pas comme eux de cacher le but sous l'appât de réformes doucereuses, et ne leur ménageait ni les railleries ni les coups d'étrivières quand ils embarrassaient son chemin. Jamais enfant perdu ne fut plus indiscipliné. M. Proudhon n'est du parti de personne, et du sien moins encore que de qui que ce soit. D'un autre côté, ses antagonistes eurent vite démêlé ce qu'il y avait de peu dangereux dans ce caractère, et de peu sérieux dans cet esprit avide avant tout de jouer le rôle de Croquemitaine et de faire les gros yeux à la bourgeoisie. Supporté plutôt qu'accepté par ses partisans, objet d'étonnement plutôt que de crainte pour ses ennemis, il ne pouvait être pris au sérieux dans aucun des deux camps.

Après avoir tiré des feux d'artifice de paradoxes, on put croire qu'établi solidement sur le terrain des problèmes économiques, son audacieuse manière de voir tirerait de cette science des résultats aussi nouveaux que féconds. Une discussion publique avec un économiste nullement brillant mais instruit, Frédéric Bastiat, réduisit tous ses sophismes à néant, et prouva deux choses : que sa science en ces matières était fort superficielle, et qu'en face d'un dialecticien solide, il désertait la controverse et tachait d'échapper par des bouffonneries à la puissance d'un dilemme. Ce rude jouteur parut fort peu soucieux de continuer la discussion, et, afin de s'éviter les embarras d'une retraite, la laissa tomber à plat. Il était habitué du reste à de pareilles mésaventures, et paraît préférer avoir tort tout seul à avoir raison avec tout le monde.

Le dernier ouvrage de M. Proudhon, *la Justice dans la Révolution et dans l'Eglise*, résume ses idées philosophiques et permet d'apprécier exactement la valeur de son style. Comme système, il ne supporte pas la discussion, et il faudrait chercher longtemps pour rencontrer un pareil chaos de contradictions et de démentis. La forme de l'esprit de M. Proudhon est surtout ironique ; il manie l'ironie d'une façon remarquable. Il n'a pas été ingrat du reste envers cette figure de rhétorique qu'il a qualifiée de sainte dans une péroraison demeurée célèbre. Mais il est à craindre qu'elle lui ait fait plus de tort que de profit. Emporté par son penchant, il lui donne carrière et passe au fil d'une moquerie sanglante tout ce qu'il rencontre sur son chemin. Mais que l'on rassure : trois pages plus loin, il rencontrera des doctrines diamétralement opposées et ne leur fera pas plus de quartier. C'est un artiste en scepticisme. Il fait d'admirables variations d'ironie sur n'importe quel thème. Son système est la négation de tous les systèmes ; négation complète, radicale, absolue. En morale, il affirmera que Dieu c'est le mal ; en économie sociale, que la propriété c'est le vol ; ses principes politiques reposent sur l'anarchie, ses principes religieux sur l'absence de toute foi. Il semble exercer sa manie de démolir avec la joie maligne d'un enfant qui casse ses poupées. C'est le même besoin, et l'événement a prouvé que cela n'avait pas plus de portée. Je ne vois pas que l'on se dispose à adorer le diable, le partage des terres ne me paraît pas près de se réaliser, la centralisation du pouvoir est plus forte que jamais ; et, si l'Eglise se transforme, ce n'est pas, on en conviendra, dans le sens préconisé par M. Proudhon. A côté de pareils vices de l'esprit et de si grandes lacunes dans l'intelligence, placez beaucoup de finesse et de bon sens dans le jugement quand il s'exerce sur des choses vulgaires et pratiques, une vie privée entièrement consacrée au travail, pleine d'honneur et de droiture, je ne sais quoi dans le caractère particulier d'honnête et de sympathique, et vous aurez l'ensemble d'une des plus singulières physionomies littéraires de notre temps.

Le style est celui qu'on doit attendre d'un pareil esprit : bourru plutôt qu'emporté, hâtif, imprévu, polémique, procédant par images rapides et par familiarités directes, manquant de charme et de nombre, mais d'une vivacité singulière quand il attaque des ridicules ou qu'il rencontre des antipathies. Il y a des pages entières de portraits et de jugements littéraires auxquelles je ne vois rien à retrancher comme fidélité d'expression et comme justesse d'appréciation. Lisez ces portraits, vous connaissez le personnage mieux que si vous aviez vécu de longues années dans son intimité. Toute proportion gardée, M. Proudhon fait l'effet du Saint-Simon du socialisme.

Les noms de MM. Proudhon et Veuillot resteront plutôt que leurs œuvres. En dehors de ces deux noms, la presse n'a pas révélé depuis dix ans de talent de premier ordre. Si la réserve qu'elle doit mettre à la discussion des événements politiques rend plus difficile l'éclosion de talents nouveaux, elle ne la rend pas impossible, et l'on peut attribuer cette pénurie moins aux lois qu'aux mœurs mêmes, qui n'encouragent plus personne dans cette voie.

D'un côté, cette difficulté de traiter des sujets politiques, et de l'autre, ce besoin de plus en plus général de savoir ce qui se passe, ont créé sous le nom de *Chronique* une espèce de moyen terme entre la narration et la discussion, dont toute la presse a compris la nécessité et a rapidement régularisé l'usage. Par sa nature même, assez mal définie, ce genre, pour être traité convenablement, exige autant de souplesse dans l'esprit que d'habileté dans le maniement de la parole. Il faut rester dans les limites de la loi, et, tout en ayant l'air de raconter, donner assez de relief au récit pour que les lecteurs (et Dieu sait si les lecteurs de journaux sont blasés!) se laissent affriander, et assez de caractère pour qu'ils puissent non-seulement entrevoir l'opinion de l'écrivain, mais encore la partager. C'est donc surtout un talent de nuances, de demi-teintes et de demi-mots que doit posséder un chroniqueur pour se faire lire avec fruit. Sous ce rapport, le *Journal des Débats* a eu la main plus heureuse qu'aucun de ses confrères ; et quand la mort est venue frapper, au début d'une carrière qui s'annonçait sous les plus brillants auspices, le regrettable M. Rigault, il a eu la bonne fortune de rencontrer dans M. Prevost-Paradol, sinon une intelligence aussi élevée et un écrivain aussi ferme, du moins un talent des plus alertes et des plus brillants. M. Prevost-Paradol réveille et amuse, et le cas est trop peu fréquent au *Journal des Débats* pour ne pas mériter une mention et un éloge.

A côté de la chronique politique, il s'est formé, — et c'est là un des inconvénients les plus fâcheux des nouvelles restrictions sur la presse, — il s'est formé, dis-je, un autre genre de chronique qui, sous prétexte de mettre le lecteur au courant de ce qui se fait et se dit dans le monde, répète tous les cancans et ramasse toutes les banalités qui conviennent à un public plus badaud encore que blasé. C'est sur ce terrain que l'on rejette tout ce qui ne vaut pas la peine d'être dit dans le corps du journal. La forme vaut le fond. Trop heureux quand la médisance ou la calomnie ne viennent pas faire diversion à la banalité et ne sont pas mises en coupe réglée. Arrivé dans de pareils bas-fonds, on touche à la police correctionnelle plus qu'à la littérature, et j'ai hâte d'en sortir.

A plus forte raison ne dirai-je rien d'un genre de littérature plus dégradant encore, qui se complaît dans la description des charniers et des égouts, ou qui prend pour thème des sujets lascifs jusqu'à l'obscénité. Ce sont là de véritables infirmités morales, des maladies parfaitement caractérisées dont les victimes ne sont pas plus responsables de leurs méfaits que des gens contrefaits ne le sont de la déviation de leurs vertèbres. On les plaint, on ne les blâme pas. J'en ai même trop dit sur ce triste sujet.

Il faut une conclusion à ces longues pages. En examinant les divers genres de la littérature contemporaine, nous avons dû faire la part du blâme plus grande que celle de l'éloge, et l'on pourrait croire que nous regardons les lettres françaises comme arrivées à un état de décadence complet. Il n'en n'est rien, et quelques mots éclairciront la question, qui est double, et serviront de conclusion. Le siècle se fait vieux, et vieille aussi la littérature née avec lui : le romantisme. La plupart des auteurs qui, depuis 1848, sont devenus des notabilités, forment la troisième et dernière génération du romantisme. Adoptant les écarts les plus singuliers de l'imagination comme une règle, ou regardant la reproduction la plus vulgaire de la réalité comme le dernier mot de l'art, ils possèdent les mêmes défauts que leurs aïeux sans avoir les mêmes excuses. Frappés en venant au monde des lettres d'un cachet de vétusté inhérent à toutes les modes surannées, ce sont les Épiménides d'un art qui n'est plus. Hommes de lettres plutôt qu'écrivains, praticiens plutôt qu'artistes, si c'est leur littérature que l'on désigne quand on prononce le mot de décadence, on a pleinement raison : la décadence est sans remède. Campistrons du romantisme, leur manière porte avec elle un caractère de sénilité qui la condamne par avance à l'oubli. Ils n'ont pas su marcher avec leur époque. Amusés par les bagatelles du départ, ils s'y sont attardés. Le flot passait et les a laissés sur la rive, allant féconder d'autres terres et porter ailleurs la fertilité.

Si le siècle vieillit, il se transforme en approchant de sa fin. A la jeunesse succède la virilité, à la période de l'imagination l'âge où la critique est souveraine. Il y a trente ans, on était avide de fantaisie et de mensonges; aujourd'hui, on veut de la vérité à tout prix. Dégager la vérité de l'erreur, c'est la mission de la critique. Jamais, j'y insiste en terminant, mission ne fut exercée d'une façon plus impartiale, plus élevée que de nos jours. Si le besoin de savoir est général, si la nécessité de faire reposer ses croyances sur une base inébranlable est devenue universelle, ceux qui se sont chargés de donner satisfaction à ce besoin ne l'ont jamais fait d'une manière plus délicate, plus respectueuse envers la tradition, plus ménagère envers les erreurs ou les préjugés existants. Qu'on s'en afflige ou que l'on s'en réjouisse, c'est la critique qui domine aujourd'hui dans les lettres; et cette prépondérance s'augmentera pendant le reste du siècle. Ce sera là l'honneur et la grandeur de l'époque que nous nous plaisons à calomnier. Sur ce terrain, parler de décadence, c'est pousser la partialité jusqu'à l'aveuglement. Nous ne concluons pas, il est vrai. Hélas! qui a jamais pu se vanter de conclure ici-bas? Dieu seul juge en dernier ressort; mais s'il a permis à l'homme d'arriver à un degré de solution relative, c'est au vingtième siècle qu'échéra cette faveur, et les matériaux ne lui feront pas faute. Nous ne la verrons pas. Qu'importe! nos enfants sont là qui profiteront de nos travaux, s'instruiront de nos fautes, béniront nos succès, et défendront notre mémoire en songeant au prix de quels efforts et de quels sacrifices nous leur aurons transmis intact et accru l'héritage de nos pères et la plus noble part de la France dans l'histoire du monde.

Février-juillet 1859.

ART

TOUSSAINT CHARLET

SA VIE, SES LETTRES, PAR M. DE LA COMBE

I

Depuis quelques années, le goût des monographies est entré dans les habitudes des écrivains et du public. L'histoire véritable s'en est trop bien trouvée pour que l'on ne s'applaudisse pas du succès de cette forme. Faites la plupart du temps par des esprits consciencieux, qui, tout en s'éprenant d'un personnage, peuvent dépenser assez de loisir à l'étude d'une physionomie unique pour que l'impartialité résulte de la critique même des documents, elles ont ce mérite d'apporter une masse de faits assez solides pour permettre d'y baser une appréciation équitable. Grâce à ce système, bien des jugements faux, bien des erreurs singulières ont déjà été relevées ; et l'on peut constater dans le domaine de l'histoire l'influence plus profonde de jour en jour de cette parole de M. de Châteaubriand : « En histoire comme ne physique, ne décidons que d'après les faits. »

C'est ce mode dont s'est servi M. de La Combe dans le volume qu'il vient de publier sur Charlet. Il faut lui en savoir d'autant plus de gré, que les quelques pages de lui servant de points de suture à la correspondance, prouvent qu'il eût pu y substituer ses appréciations sans que le public y eût rien perdu. Comme presque tous ceux à qui le hasard met la plume à la main, son style est simple et naturel ; et j'avoue que pour ma part ce sont là des qualités auxquelles je me laisse facilement prendre. Mais la modestie de l'auteur ne lui a pas permis de partager la place qu'il réservait à son ami. Il s'est contenté de le présenter au public dans une suite de lettres non interrompue de 1819 à 1845, et s'est retiré ensuite. Lié pendant de longues années avec Charlet, attaché à cet artiste par le goût des arts, par le souvenir d'une carrière militaire dignement remplie, M. de La Combe a voulu montrer que chez son ami l'homme était à la hauteur de l'artiste, le caractère égal au talent. Il aura réussi au delà de ses espérances.

Mais, par un heureux hasard, ce pieux monument révèle un côté de Charlet d'autant plus intéressant qu'il était à peu près inconnu jusqu'à ce jour. Je veux dire l'écrivain. Oui, Charlet était un écrivain, un écrivain d'un talent original. Incorrect, débraillé, plein de taches que le goût réprouve, son style n'est certes pas académique, et je ne le recommande pas aux faiseurs de cours de littérature ; mais il est doué d'une personnalité qui n'a rien de bizarre, et n'en est que plus vive ; il est clair, coloré, non surchargé, animé, rapide. La phrase procède souvent par bonds, jamais la pensée. C'est un cerveau droit qui a réfléchi avant d'écrire, qui sait à l'avance vers quel but il marche, et qui y marche fermement, mais sans dédaigner les ornements naturels du chemin. Oui, j'ai pris un vif plaisir à lire ces lettres. Ç'a été une heureuse surprise dans un genre où les surprises sont si souvent malheureuses, et à un moment où la pauvre langue française reçoit de si tristes accrocs. C'est si bon et si rare d'entendre parler français ! Mais pour en revenir au livre de M. de La Combe, c'est Charlet homme, artiste et écrivain qu'il nous fait connaître.

Charlet, comme artiste, grandira-t-il dans la postérité, ainsi que le dit son biographe ? Je ne le pense pas ; mais il se pourrait qu'ici l'amitié se fût trompée de terme. Fin observateur, dessinateur habile et prompt, peintre par rencontre, mais non d'une manière suivie (bien que sa *Retraite de Russie* soit empreinte des plus sérieuses qualités), Charlet est avant tout un artiste sincère, et c'est, je crois, ce mérite qui le distinguera aux yeux de ce juge sévère invoqué par M. de La Combe. Il ne grandira pas, du moins je le crois, mais il se séparera de la foule, il aura une place bien à lui, et qui, pour ne pas être au premier rang, n'en sera que plus tranchée dans la foule qui l'entoure. Charlet a créé un type : il a fait revivre à nos yeux, sous une forme aussi héroïque que vraie, ces hommes de fer qui, pendant vingt ans, ont promené nos drapeaux victorieux sur les routes de trois mondes. Le soldat de la république et de l'empire, le *grognard,* ce bourru bienfaisant militaire, est un personnage qui, grâce à lui, ne périra plus. Charlet a saisi le soldat-homme, tandis qu'Horace Vernet n'a reproduit que le soldat-uniforme. L'un observe, l'autre décalque.

Mais ce n'est pas le seul type qui soit sorti de l'imagination de l'artiste, et je ne sais si la façon dont il a représenté les enfants n'est pas supérieure à celle dont il a peint nos vieux soldats. Qui mieux que lui, qui aussi bien que lui a saisi toutes les délicieuses inconséquences, tous les soubresauts charmants de caractère qui font de ces petits êtres une matière si précieuse à l'observateur? Leurs malices si endiablées, leurs élans de cœur si touchants, ont trouvé en lui un historien dont personne n'a encore égalé la science et la bonhomie.

Nicolas-Toussaint Charlet est né à Paris, le 20 décembre 1792. Son père, qu'il perdit étant encore enfant, était un vieux dragon de Dumouriez, qui ne lui laissa pour héritage « qu'une culotte de peau et une paire de bottes fatiguées par les campagnes de Sambre-et-Meuse, et son décompte de linge et chaussures, montant à neuf francs soixante-quinze centimes. » Sa mère, qu'il conserva de longues années, était une paysanne énergique et dévouée. « C'est juste la mère de Gérard Dow, » dit Charlet dans une de ses lettres. En 1813, il entra comme commis de greffier dans une mairie de Paris, où il était attaché au bureau du recrutement. C'est là qu'il put étudier *de visu* ces types de *Jean-Jean* et de *Chauvin* qu'il reproduisit plus tard avec tant de vérité et de caractère. En 1814, il figurait au nombre des volontaires de la garde nationale qui, sous le commandement de M. Odiot, s'illustrèrent par leur énergique défense de la barrière de Clichy. Accusé, non sans motif, de bonapartisme par la restauration, et privé de son humble gagne-pain, il se livra entièrement à sa vocation, et entra chez « un croûton nommé Lebel, élève racorni de David, alors que la rotule des Atrides se montrait même à travers les pantalons dans les tableaux d'un grand nombre des victimes du grand maître. » Que diable aussi allait faire Charlet chez un élève de David? Il ne resta pas longtemps dans cette cage, et en 1817, à vingt-cinq ans, il fut reçu dans l'atelier de Gros, où il trouva pour camarades Bonnington, Bellangé, Roqueplan, Eugène Lamy, Barye, etc.

C'est à l'atelier de Gros, où il passa trois années, que Charlet commença ces croquis et ces lithographies qui ont fait sa réputation. Delpech, son éditeur, racontait à M. de La Combe que plusieurs fois Gros s'était écrié, en voyant ses dessins : « Je voudrais avoir fait cela. » Souvent à son atelier, se plaçant à côté de son élève, sous prétexte de corriger sa composition, il lui disait : « J'ai vu telle composition de vous, c'est bien, très-bien, continuez. » De pareils encouragements étaient bien faits pour soutenir l'artiste et l'aider à supporter les mécomptes du début. Enfin, en 1820, après trois années pendant lesquelles il produisit une foule de croquis et de dessins édités par Lasteyrie et Delpech, et dans lesquels l'on remarque déjà la suite des *Costumes militaires français* et de la *Garde impériale*, le *Grenadier de Waterloo*, qui fut à lui seul un succès retentissant, la *Vieille armée française*, et plusieurs autres recueils, Charlet quitta l'atelier de Gros, qui lui dit en se séparant de lui : « Allez, travaillez seul, suivez votre impulsion, abandonnez-vous à votre caprice, vous n'avez rien à apprendre ici. »

Le désir de suivre une vocation vers laquelle il se sentait impérieusement entraîné ne fut pas le seul motif qui le détermina à abandonner Gros. L'envie de voir du pays et d'accompagner un nouvel ami y entra aussi pour une bonne part. Géricault partait pour l'Angleterre, et avait décidé Charlet à l'accompagner. Voici en quels termes M. de La Combe raconte la connaissance des deux artistes et leur séjour à Londres. C'est un chapitre peu connu de l'histoire artistique de notre temps; et c'est au consciencieux ami de Charlet que l'on en devra la divulgation : « En 1818, Charlet, obligé de faire tous les métiers pour vivre, était employé pour le compte de *Juhel, peintre barbouilleur philosophe*, à la décoration d'une auberge[1]. On pourrait voir probablement encore à Meu-

---

1. Voici un trait entre mille qui pourra faire juger de l'excellent cœur de Charlet. Peu de temps après avoir fait peindre les panneaux

don, aux *Trois Couronnes*, lapins, lièvres, canards, brioches, etc., peints sur des volets, ainsi qu'un homme debout, indiquant de la main l'écurie. Ce sont là les premières peintures de notre artiste.

« Voici comment, plus tard, il me racontait un épisode si intéressant dans sa vie, certain jour qu'il m'avait mené dîner à Meudon, pour se souvenir, disait-il :

« J'étais dans tout le feu de ces compositions,
« quand l'aubergiste vint me prier de monter au pre-
« mier étage, où l'on m'attendait ; j'y trouvai de
« joyeux convives attablés, et au milieu d'eux, un
« compagnon qui, après m'avoir dit qu'il s'appelait
« Géricault, ajouta : Vous ne me connaissez pas, mon-
« sieur Charlet ; mais moi je vous connais, et je vous
« estime beaucoup ; j'ai vu de vos lithographies, qui
« ne peuvent sortir que du crayon d'un brave ; et si
« vous voulez vous mettre à table avec nous, vous
« nous ferez honneur et plaisir. — Je me mis donc à
« table, et tout se passa bien, et même si bien, que
« de ce jour date une amitié que la mort seule a con-
« trariée. Pauvre Géricault, excellent cœur d'honnête
« homme et de grand artiste ! »

« Les deux amis firent, en 1820, un voyage à Londres ; ils avaient pour compagnon Brunet, célèbre

de son auberge par Charlet, ce Juhel mourut pauvre, laissant après lui un fils sans ressources. Il le confia à son ami, aussi pauvre que lui. Charlet accepta résolûment le legs, éleva l'enfant, en fit un artiste qui promettait un bel avenir, et ne cessa de l'entourer des soins les plus affectueux jusqu'à sa mort, arrivée vers 1838.

économiste. A ce voyage se rattache l'exhibition du *Naufrage de la Méduse*, cette toile de Géricault aujourd'hui placée parmi les chefs-d'œuvre de l'école française, mais qui, exposée au salon de 1819, n'avait eu aucun retentissement.

« Le public de Londres était admis à voir le tableau de Géricault moyennant un schelling de droit d'entrée; on distribuait dans les premiers jours aux visiteurs une petite vignette à la plume retraçant le tableau. On a cru longtemps qu'elle était l'œuvre de Géricault; mais nous savons de Charlet lui-même que ce dessin lui appartient.

« Charlet nous a souvent répété qu'il avait écrit des notes sur Géricault, et qu'il nous les destinait si nous lui survivions. A sa mort, on n'a trouvé aucune trace de ce travail. Mais qu'on se tienne pour averti, et si jamais il paraissait sur Géricault quelque chose d'aussi bien pensé que vaillamment écrit, on ne saurait en méconnaître l'auteur.

« Les premières études lithographiques de Géricault prouvent qu'il avait peu l'usage du crayon sur la pierre; il a dû consulter Charlet, qui maintes fois lui a apporté sa collaboration. Deux pièces à la plume, entre autres, lui appartiennent presque entièrement, quoiqu'elles soient classées dans l'œuvre de Géricault, dont, il est vrai, elles ne portent pas le nom.

« On sait que Géricault était d'un caractère difficile et malheureux. A Londres, le climat sembla influer sur cette organisation maladive, et plusieurs fois il voulut attenter à ses jours.

« Charlet, rentrant à l'hôtel à une heure avancée de la nuit, apprend que Géricault n'est pas sorti de la journée, et qu'on a lieu de craindre de sa part quelque sinistre projet. Il va droit à sa chambre, frappe sans obtenir de réponse, frappe de nouveau, et comme on ne répond pas davantage, enfonce la porte. Il était temps ! un brasier brûlait encore, et Géricault était sans connaissance étendu sur son lit ; quelques secours le rappellent à la vie. Charlet fait retirer tout le monde, et s'assied auprès de son ami.

« Géricault, lui dit-il de l'air le plus sérieux, voilà
« déjà plusieurs fois que tu veux mourir ; si c'est un
« parti pris, nous ne pouvons l'empêcher. A l'avenir,
« tu feras comme tu voudras, mais au moins laisse-
« moi te donner un conseil. Je te sais religieux ; tu
« sais bien que mort, c'est devant Dieu qu'il te faudra
« paraître et rendre compte. Que pourras-tu répondre,
« malheureux, quand il t'interrogera ?... Tu n'as seu-
« lement pas dîné. »

« Géricault, éclatant de rire à cette saillie, promit solennellement que cette tentative de suicide serait la dernière[1]. »

La trace de cette intimité des deux artistes se retrouve ailleurs encore que dans les souvenirs de la vie privée. Leurs œuvres en gardent le caractère bien sensible. Plusieurs des lithographies de Géricault sont traitées dans ce genre facile et prime-sautier dont

---

1. M. Gustave Planche avait déjà parlé de cette singulière anecdote dans son remarquable travail sur Géricault. (*Revue des Deux-Mondes.* — Mai 1851.)

Charlet possédait le secret; et la couleur énergique
et sobre, le dessin violent et plein de caractère de
Géricault se reconnaissent dans beaucoup d'esquisses
de Charlet qui, au premier coup d'œil, semblent des
ébauches du peintre de la *Méduse* [1].

Rentré en France à la fin de 1820, Charlet y retrouva un ami, M. de Rigny, colonel de lanciers, et frère du futur vainqueur de Navarin, dont il avait fait la connaissance en même temps que celle de Géricault, dans les plus mauvais jours de ses luttes contre la pauvreté. C'est dans le livre de M. de La Combe qu'il faut lire les détails donnés par M. de Rigny lui-même sur la pénurie de la mansarde habitée par Charlet, rue Neuve des Petits-Champs. Dès lors toutefois ses compositions militaires commençaient à être accueillies avec faveur par le public, et, le succès aidant, de 1820 à 1823, il put amasser de quoi faire un voyage aux Pyrénées à l'époque où les troupes françaises se disposaient à pénétrer en Espagne.

On a accusé Charlet de *chauvinisme*, c'est-à-dire, si je me rends bien compte de la valeur de ce néologisme, d'un goût exclusif, inintelligent et exagéré pour les héroïques débris des guerres de l'empire que la Restauration rejetait violemment dans la vie civile. Cette accusation porte à faux. Fils d'un vieux soldat, Charlet était surtout sensible à la gloire militaire,

---

[1]. « Tiens, la mère, disait-il à sa femme quelques instants avant sa mort en lui montrant une aquarelle à laquelle il voulait encore travailler; je crois que cela ressemble à un Géricault. »

mais il la respectait sous quelque drapeau qu'elle brillât, à quelque opinion qu'elle appartînt. Dès que l'on avait versé son sang pour son pays, on était noble à ses yeux. A ce compte il était *Chauvin, Chauvin* comme tous ceux qui sentent encore battre leur cœur au récit des magnifiques faits d'armes de nos soldats. « Serrons-nous pour emboîter la patrie, qui ne s'importe guère quelle fut notre cocarde, » fait-il dire à un de ses héros. Si c'est là du chauvinisme, Dieu fasse qu'il y en ait beaucoup de semblable en France! C'est ce noble sentiment qui le poussait à accompagner son ami M. de Rigny en Espagne. Mais on ne lui permit pas d'aller plus loin que Bayonne. « Désespéré de ce contre-temps, il s'arrêta une quinzaine de jours à Saint-Jean-de-Luz, et y fit quelques bonnes études dont il a tiré parti depuis[1]. »

Marié en 1824, les six années qui s'écoulèrent jusqu'à la révolution de juillet furent occupées par lui à la composition de nombreux dessins, qui, réunis en albums, paraissaient annuellement chez son dernier et son meilleur éditeur, Gihaut. Ces albums, tout le monde les connaît, tout le monde les a feuilletés et refeuilletés. Enfants, ils ont fait notre joie; hommes faits, le mérite des nombreuses compositions qui les remplissent n'a pu que grandir à nos yeux ; et la continuité de ce succès obtenu à des époques si différentes est la preuve irrécusable du talent de leur auteur. Impression vive et vraie, exécution facile et

---

1. Lettre de M. de Rigny.

originale, tels sont les deux caractères principaux qui expliquent cette faveur auprès de l'enfance et de l'âge mûr.

Veut-on se faire une idée de la manière dont notre artiste envisageait le mariage? « Un jour, dit-il dans une de ses lettres, on avait réuni (chez madame Adélaïde, sœur du roi Louis-Philippe) plus de monde qu'à l'ordinaire, et de très-belles dames; on mit à jour une conspiration contre moi. A la sortie de table, et au moment où je cherchais à disparaître, ces dames m'appellent... « Monsieur Charlet, monsieur Charlet... « venez donc nous mettre d'accord. » Et une petite duchesse continue de sa voix flûtée : « Dites-nous donc, « monsieur Charlet, la vertu que vous préférez dans une femme. » — Moi, madame, je juge d'une femme « par la qualité de son bouillon. » Et faisant un demi-tour sur la jambe gauche, je me donnai un air Louis XV. » Sous une forme brutale et nullement poétique, Charlet ne résumait-il pas les qualités sérieuses que tout honnête homme doit demander à sa compagne?

II

Opposé à la Restauration par son origine, par le caractère même de son talent, par sa nature et ses sympathies, Charlet applaudit à la révolution de juillet. Il ne faudrait pas penser cependant que cette opposition eût une couleur politique quelconque et abritât derrière la lutte des pensées d'ambition ou d'intérêt personnel. Aucun peut-être, parmi les adversaires du gouvernement de 1815, n'eut moins d'arrière-pensée, moins d'âpreté à l'attaque. Il avait raillé la Restauration sans fiel, il la vit tomber sans regrets.

Nommé chevalier de la Légion d'honneur en 1831, pour des services où il risqua plusieurs fois sa vie en comprimant les émeutes de cette époque, il adressa en 1832 une demande au ministre de l'intérieur pour obtenir le logement que la mort de Lethière laissait vacant à l'Institut. Ses prétentions n'étaient pas bien élevées, et c'est à sa dignité qu'il faut en faire honneur, car Charlet était lié avec tous les hauts fonctionnaires d'alors, et s'il eût consenti à faire la moindre démarche auprès d'eux, nul doute qu'il eût réuss au gré de ses désirs. Il échoua cependant, malgré la bonne volonté de M. Vitet, à qui Charlet s'était adressé pour appuyer sa demande. Il s'en consola en accompagnant, l'année suivante, au siége d'Anvers, son ami M. de Rigny, nommé général de brigade. « J'ai de bons matériaux, écrivait-il d'Anvers à sa femme ; j'ai vu de bonnes choses que tout le monde ne peut pas voir. » En effet, en 1833 il publia, sous le titre de *Souvenirs de l'armée du Nord,* une série de vingt pièces très-remarquables comme dessin et comme verve, mais où l'idée générale, que M. de La Combe me permette cette critique, n'est pas assez suivie. C'est le siége au point de vue d'un caporal ; et ce n'est pas précisément ce qu'il faut pour faire connaître au public l'ensemble des opérations de ce mémorable fait d'armes. Sous ce rapport, les lithographies de son élève Raffet ont une valeur historique bien autrement importante, en même temps qu'un mérite artistique supérieur. L'un dessinera parfaitement des groupes isolés, il y mettra toujours un reflet heureux de la gaieté et de la bonhomie françaises, tandis que Raffet sent et fait comprendre à merveille l'ardeur, l'entraînement, la poésie sombre et terrible d'un combat. Le siége d'Anvers fut son début dans ce genre, et ce début n'est pas un fait isolé : ses planches des deux expéditions de Constantine, celles inachevées, mais si belles, du siége de Rome, prouvent suffisamment la vérité de ce que j'avance. Indiquons en passant quelques lithographies qui parurent vers le même temps dans l'*Artiste,* et que l'on retrouve avec intérêt dans les livraisons de ce recueil à cette époque.

Depuis longtemps, ses lettres en font foi, Charlet se préoccupait de la peinture à l'huile, mais il n'osait s'y livrer qu'avec une extrême défiance de lui-même. Il faisait dans le recueillement de l'atelier des essais fort remarquables, mais ce n'étaient que des ébauches qu'il cachait avec soin à ses amis les plus intimes. Il comprenait que tant qu'il n'aurait pas abordé ce genre difficile, son dernier mot ne serait pas dit, et sentait en lui l'étoffe d'un artiste sincère et sérieux. Jusque-là il n'était, à tout prendre, qu'un caricaturiste de talent. Enfin, après bien des hésitations, des doutes, des défaillances dont le récit presque incroyable fait l'éloge de sa modestie, il se décida à exposer l'*Épisode de la retraite de Russie* (Salon de 1836). Ne se rattachant à aucune des deux écoles alors en lutte, cette composition n'eut qu'un succès d'estime. On s'était en outre tellement accoutumé à ne considérer l'auteur que comme un amusant dessinateur, qu'on se mettait en garde contre sa propre opinion, et que l'on cherchait avidement des défauts là où les plus solides qualités brillent dans tout leur jour. Placée maintenant au musée de Lyon, cette œuvre est d'autant plus remarquable qu'en laissant de côté la composition et l'effet, des plus heureux, l'exécution matérielle, par sa simplicité, fait contraste avec cette déplorable habileté manuelle où l'art est arrivé de nos jours. Sauf un dessin qui manque de précision, et certaines parties point assez terminées, c'est un chef-d'œuvre dans son genre, et un chef-d'œuvre qui frappe très-vivement dans le milieu où il figure. Pour ma part, j'ai entendu à plusieurs reprises des indifférents s'écrier, après avoir visité le musée de Lyon : « Mais savez-vous que ce Charlet avait beaucoup de talent! » C'est vingt ans plus tôt qu'il eût fallu faire cette belle découverte.

« En 1837, dit son biographe, Charlet fit pour le musée de Versailles le *Passage du Rhin par le général Moreau;* en 1843, il exposa un assez grand tableau : un *Convoi de blessés dans un ravin,* aujourd'hui au musée de Valenciennes. Ces deux tableaux sont sans aucun doute inférieurs à l'*Épisode de la retraite de Russie*, mais n'en sont pas moins remarquables par des qualités éminentes, et surtout par la composition, l'énergie et la vérité. Peut-être leur reprochera-t-on, comme dans les autres peintures de Charlet, l'abus des tons bleus et violacés. » Cette dernière remarque est parfaitement juste. Charlet, habile aquarelliste, habitué à la transparence des couleurs à l'eau, voulait arriver au même résultat avec des couleurs à l'huile, et exagérait l'usage des laques et des gommes, qui, au moment même, donnent une agréable transparence à la peinture à l'huile, mais qui, par l'action du temps et celle des vernis, finissent aussi par produire un effet diamétralement opposé.

Le demi-succès de son tableau égara Charlet et lui fit commettre la seule faute, le seul *lapsus* de bon sens dont sa vie fasse mention. Le 10 décembre 1836, il écrivit à MM. de l'Académie des beaux-arts pour poser sa candidature en remplacement de Carle Vernet. C'était une faute, et l'Académie en eût commis une plus lourde encore en l'accueillant. Avec son talent si libre, si indépendant, si complétement en dehors de toute tradition d'école, Charlet eût été condamné à l'impuissance par son titre même. Forcé par esprit de corps de marcher dans l'ornière commune, je ne doute pas qu'il s'y fût refusé; et pour ne pas paraître un faux frère, il serait resté dans une complète inaction. Quant à l'Académie, il est évident qu'elle ne pouvait pas accepter un pareil candidat. Gardienne de doctrines que je crois funestes à l'expansion de toute originalité, instituée pour perpétuer un moyen terme entre le bon et le pis, toute personnalité formée en dehors d'elle doit la choquer, toute allure franche et vive blesser ses sympathies et ses convictions. Heureusement pour lui et pour le public, Charlet échoua dans cette malencontreuse candidature. Une lettre adressée par lui à M. Heim nous fait connaître l'amusante anxiété dans laquelle il attendait le résultat de sa démarche.

Le gouvernement de juillet, où plusieurs de ses amis occupaient toujours de hautes positions, le consola de cet échec en le nommant, deux ans plus tard, officier de la Légion d'honneur et professeur de dessin à l'École polytechnique. Le choix ne pouvait être meilleur. Charlet, dans cette position, allait trouver du même coup à satisfaire ses goûts militaires et artistiques. Son enseignement à l'école fut marqué au coin d'un rare bon sens, et les réformes qu'il apporta dans cette partie des études sont autant l'œuvre d'un esprit judicieux que d'un artiste pénétré de son art. Il ne chercha pas un instant à faire des artistes de jeunes gens destinés à remplir des carrières où la peinture n'a rien à voir; mais il voulut que cet élément fût entre leurs mains un auxiliaire leur épargnant des tâtonnements et des essais infructueux. Aussi se servit-il du principal instrument de ses élèves, de celui que, dans la suite, ils devaient avoir le plus fréquemment sous la main, de la plume. Il composa lui-même en ce genre cinquante-deux dessins, qui furent l'une de ses dernières révélations au public [1]. Quand on les regarde attentivement, on y retrouve, peut-être à un moins haut degré, la bonhomie et la franchise de ses œuvres précédentes ; on est gêné par je ne sais quelle tournure rogue et sévère de certains groupes; mais il ne faut pas oublier qu'ici Charlet est un professeur, et que, malgré toute sa simplicité, il pose un peu devant ses élèves.

Ce recueil de dessins est précédé d'une espèce de préface où, sous le titre de *la Plume, causerie artistique*, Charlet développe en peu de mots aussi clairs que justes les ressources offertes par cet outil, les règles auxquelles il est soumis, les résultats qu'il peut donner. C'est une manière de cours où, tout en restant dans les limites de son sujet, il donne des conseils généraux les plus judicieux et les plus élevés, les entremêlant avec une grâce charmante de digressions qui enlèvent toute pédanterie à la leçon. Ce n'est pas un savant qui professe, c'est un artiste qui cause ; c'est une expérience consommée, tantôt se cachant sous une bienveillance des plus sympathiques, tantôt se manifestant dans une conversation où les plus habiles peuvent trouver à apprendre. On dirait un morceau détaché des *Menus propos* de Töpffer. « Les ficelles, dit-il, sont la triste ressource des gens qui n'ont que des bras, mais de tête et de cœur point. Arrière donc les ficelles! On doit chercher à être fort sans cesser d'être simple. » Que d'artistes célébrés de nos jours pourraient trouver matière à ré-

---

[1]. Publiés chez Gihaut, 1839.

flexion dans ces simples observations d'un modeste dessinateur !

En joignant à cette remarquable préface les quelques pages que M. de La Combe nous a conservées (p. 101 et 119), et un chapitre extrêmement concis, qui est à lui seul un cours complet d'aquarelle (p. 89 et suivantes), on se fera une idée exacte de la façon dont Charlet considérait son art, du rôle qu'il le croyait appelé à jouer, des principes qui le réglementaient, et enfin de quelle manière et dans quelles limites il le trouvait susceptible de figurer dans une éducation bien entendue.

En 1840, il donna sa démission du grade de chef de bataillon de la garde nationale, qu'il occupait depuis 1834. Cette démission, des plus honorables pour le caractère de l'artiste, était justifiée par des motifs politiques qui ne doivent pas nous occuper ici, mais que l'on trouvera déduits tout au long dans les lettres publiées par M. de La Combe. Ces lettres, où les événements, où la marche du gouvernement d'alors sont jugés avec trop peu de modération sans doute et avec un sens politique médiocre, sont toutefois empreintes d'une telle sincérité et d'un si vif sentiment de la dignité nationale, elles laissent passer des éclairs de prévision si prophétique, elles sont écrites d'un style si rapide, si franc du collier, si accentué, que l'on regrette la réserve de M. de La Combe à les distribuer dans ce volume. Nous savons que Charlet en a écrit un grand nombre dans ce genre, et nous sommes convaincu qu'une publication exclusive de ces appréciations politiques le montrerait sous un jour aussi nouveau que favorable à sa réputation.

Deux années après (1842), Charlet publia l'*Histoire de Valentin* en cinquante pièces, espèce de petit roman militaire en lithographie, où il se donne libre carrière dans ses sympathies pour les enfants et les soldats, et qui est resté comme sa dernière et sa plus attachante communication avec le public. C'est là où il a le mieux développé son idéal du soldat : brave au feu, gai au bivouac, doux au foyer, modeste dans ses goûts, héroïque dans sa résignation, véritable et grand Jacques Bonhomme des camps. M. de La Combe a retrouvé dans les papiers de Charlet la préface de ce recueil. C'est dans son genre un morceau achevé, et qu'on lira avec d'autant plus de plaisir qu'il est terminé par la touchante anecdote où l'artiste a puisé le sujet de son histoire.

Les dernières années de sa vie furent occupées à soigner une santé négligée jusque-là, et devenue de our en jour plus mauvaise. Dans les intervalles que la maladie lui laissait de libres, Charlet se rejetait au travail avec ardeur. Les cinq cents dessins dont il illustra le *Mémorial de Sainte-Hélène*, publié par Bourdin, les nombreux essais au vernis mou catalogués soigneusement par M. de La Combe, quelques essais de *tissierographie*, un vaste projet de recueil de tous les costumes militaires depuis 1792, une grande quantité d'aquarelles, et enfin son tableau du *Ravin* (1843), occupèrent pendant cinq ans les trêves que lui laissaient ses souffrances. Enfin les forces manquèrent à son courage, et le 30 octobre 1845, voulant terminer un dessin commencé, et se faisant soutenir par son fils, il se sentit frappé : « Adieu, mes amis, dit-il, je meurs, je ne puis plus travailler. » N'était-ce pas mourir sur la brèche, les armes à la main, et fidèle à la devise qu'il s'était composée : Travail et résignation ?

Charlet laissait derrière lui sa femme, deux fils, dont un, je crois, est maintenant lieutenant dans un régiment de ligne, et quelques amis qui ont conservé pour sa mémoire un culte dont l'œuvre de M. de La Combe est la plus sincère et la plus touchante expression. Ses meilleurs élèves sont MM. Raffet et Hippolyte Bellangé, à qui nous devons, entre autres, un excellent tableau de la bataille de l'Alma.

M. de La Combe, possesseur d'une grande quantité de dessins et d'aquarelles de son ami, a réuni un œuvre complet de ses lithographies et en a dressé un catalogue détaillé qui forme la seconde partie du volume. Après avoir fait connaître et aimer l'homme en le peignant dans la vie privée, il a voulu rendre le même service à l'artiste en recueillant tous les documents de sa vie active. Cet œuvre ne se compose pas de moins de mille quatre-vingt-neuf pièces, divisées en dix sections. Nous ne nous appesantirons pas sur le mérite de ce travail tout spécial. Avec le goût des collections qui a saisi les amateurs, c'est le *vademecum* indispensable de qui voudra apprécier en connaissance de cause la variété et la fécondité du talent de Charlet. Nous pensons toutefois que M. de la

Combe s'est montré trop réservé, et qu'un supplément comprenant toutes les pièces gravées *d'après* Charlet n'eût apporté aucune ombre à sa gloire. Dans ce supplément pourraient figurer les gravures au burin et le beau portrait sur bois de Béranger, publié dans la première édition de Perrotin, Nous nous permettrons enfin de regretter qu'aux trois tables alphabétiques, méthodiques et parémiologiques du catalogue, l'éditeur n'en ait pas joint une dernière par ordre chronologique. Celle-ci serait, je crois, la plus importante pour l'étude comparée des débuts, des modifications et des progrès du talent de Charlet. Par son intérêt, le livre de M. de La Combe est destiné à avoir plusieurs éditions, et je crois que ces deux adjonctions donneraient encore plus de valeur à une nouvelle édition, revue et considérablement augmentée. C'est un souhait rare à adresser par le temps qui court, et qui n'est que justice pour l'ouvrage de M. de La Combe.

Février 1857.

EUGÈNE DELACROIX

I

Dans la séance du 8 janvier dernier, M. Eugène Delacroix a été nommé membre de l'Académie des beaux-arts. Cette nomination, accueillie avec une vive satisfaction par l'opinion publique, est devenue un événement dans le monde des arts.

Depuis trente-quatre ans que le nom de M. Delacroix a été prononcé pour la première fois, chacune de ses nouvelles apparitions a soulevé des tempêtes de discussions. Sa renommée, commencée au milieu d'une espèce de scandale, s'est continuée entre la frénésie de ses admirateurs et les railleries de ses critiques, sans que l'artiste ait pu se reposer dans l'espoir d'une conciliation. Apologie exagérée et dédain plein de sarcasmes, tels ont été les sentiments de la foule quand il l'a interrogée sur la valeur de son talent.

Dans une contradiction aussi tranchée, il y a évidemment un fait dont il faut tenir compte. Un homme ainsi discuté ne peut être médiocre. Si le nom de M. Delacroix n'avait occupé la foule que pendant peu d'années, on pourrait croire à une surprise de l'opinion publique ou à une de ces précocités aussi rapidement oubliées qu'inopinément apparues. Mais il n'en est rien. Depuis 1822, M. Delacroix n'a jamais abandonné une lutte qui a été sa vie même. A la longue, il a bien fallu lui reconnaître une originalité naturelle ; car on ne se déguise pas pendant un pareil laps de temps. Aussi, si l'on peut, dans la carrière de l'artiste, regretter de pénibles inégalités ; si chaque œuvre isolée ne progresse pas régulièrement sur la précédente, leur ensemble du moins donne à cette existence cette unité soutenue à travers laquelle les grandes organisations s'avancent vers leur idéal. La foule est sujette à des surprises, mais ses erreurs ne sont pas de longue durée. Elle les fait payer cher à ceux qui en sont l'objet. L'opinion, un instant agitée, reprend son niveau, la vérité se dégage, et avant le jugement de l'avenir, il se fait déjà un premier travail à travers lequel on entrevoit l'arrêt définitif. C'est ce qui est arrivé pour M. Delacroix. Pendant trente ans il a été simultanément bafoué et préconisé outre mesure ; et il n'a fallu rien moins que l'Exposition universelle pour donner raison au petit nombre de ses défenseurs, reconnaissant chez lui un des plus beaux talents de notre époque et un des plus légitimes héritiers de la tradition française.

J'ai prononcé plus haut le mot de conciliation. En y réfléchissant, je doute qu'il soit applicable au talent et au caractère même de M. Delacroix. Tempérament nerveux, imagination aussi active que féconde, esprit très-exercé et très-alerte, un travail égal et tranquille eût été funeste à son développement. Il lui faut la lutte, et il est incapable de s'astreindre aux ménagements imposés par une conciliation. Sous ce rapport, sans être insensible aux sympathies, il a vu avec plus de plaisir que de peine, j'en suis convaincu, les critiques soulevées par sa marche. En suivant ces hostilités d'un œil railleur, en remerciant ses ennemis d'attiser la flamme, il s'y est fortifié et achevé, pareil au bronze qui doit passer par la fournaise pour devenir statue.

M. Delacroix est né à Charenton le 26 avril 1799. Il reçut en naissant les prénoms de Ferdinand-Victor-Eugène. Ne faisant pas une étude biographique, nous franchirons, sans nous y arrêter, ses premières années. Après avoir, comme tout le monde, passé quelque temps au collége Louis-le-Grand, où, par parenthèse, il fit d'excellentes études, et dont la forte instruction littéraire a laissé chez lui des traces que nous retrouverons plus tard, sa vocation était décidée. Il entra vers 1815 à l'atelier de Guérin, l'auteur de *Phèdre et Hippolyte*, de *Marius Sextus* et de l'*Offrande à Esculape*[1]. Il avait alors un peu moins de dix-sept ans.

1. La *Didon* et la *Clytemnestre* ne furent exposés qu'au salon de 1817, bien que le premier de ces deux tableaux soit daté de 1813.

Il ne pouvait pas mieux choisir. Si les idées dont il est devenu le représentant fermentaient déjà dans cette jeune tête, elles devaient trouver dans les leçons de Guérin un auxiliaire à leur éclosion. Les destinées se développent par les contraires autant que par les semblables. Les hommes éminents en tout genre ne le sont qu'autant qu'ils possèdent en eux ce qu'aucun maître n'apprend. M. Delacroix passa quatre ans à l'atelier de Guérin, et en sortit en 1820 sans avoir perdu son temps. Mal vu par son maître, exposé à une sévérité souvent injuste, le jeune homme fit à cet atelier une ample provision d'énergie patiente que ne devaient pas épuiser trente ans de luttes. De seize à vingt ans, à l'âge où la persévérance est la qualité la moins commune, il ne se passa pas de jour où M. Delacroix n'eût à roidir ses forces contre la malveillance de Guérin. On comprend, lors des batailles en règle livrées autour de lui, sa persistance, attribut d'un âge plus avancé. Il y était rompu, et l'a victorieusement prouvé.

A l'atelier de Guérin, M. Delacroix trouvait pour condisciples MM. Léon Coignet, Champmartin, Henriquel-Dupont, Scheffer, qui tous, à l'exception peut-être de Léon Coignet, ont si peu profité des leçons de leur maître. Sa liaison avec Géricault date de ce temps. Plus âgé de huit ans, et déjà connu par son *Hussard chargeant* et par son *Cuirassier blessé de* 1812, le peintre rouennais fréquentait de loin en loin l'atelier de la rue de Lille. Une conformité de goûts et de caractères, des tendances pareilles, un besoin égal de rompre avec la routine de David et de reprendre la tradition au point où l'auteur des *Horaces* l'avait brisée, rapprochèrent l'élève et l'artiste, et établirent bientôt entre eux une intimité de rapports continués jusqu'à la mort de Géricault. A proprement parler, Géricault est le vrai maître de M. Delacroix, c'est l'initiateur. La connaissance, commencée en 1817, se consolida en 1818, au retour d'Italie de Géricault. Elle était assez intime, et le premier appréciait assez justement les facultés du second pour lui confier l'exécution de travaux commandés par le gouvernement et que l'état de sa santé, profondément altérée, ne lui permettait pas d'entreprendre. M. Villot, dans sa notice des tableaux de l'école française, rapporte le fait suivant : « M. le comte de Forbin, directeur des musées royaux, frappé de la grandeur et de l'originalité du *Naufrage de la Méduse*, commanda un tableau à Géricault. Il devait représenter une *Notre-Dame des Douleurs*, et était destiné à la maison du Sacré-Cœur de Nantes. Géricault, trop malade déjà pour entreprendre cette tâche, en confia l'exécution à M. Eugène Delacroix, son ami, dont il signa l'œuvre. » Ce tableau figure encore aujourd'hui à Nantes, dans la chapelle pour laquelle il fut composé. Avec celui ornant le maître-autel de l'église de Pontoise, c'est la première œuvre de M. Delacroix. Vers la même époque, sur la recommandation de M. Duponchel, il avait fait quelques trumeaux dans la maison d'un M. Lottin de Saint-Germain, située dans la Cité. Enfin, en 1821, après avoir quitté l'atelier de Guérin, Talma lui demandait, pour la salle à manger de son hôtel de la rue de la Tour-des-Dames, quatre dessus de porte existant encore. Composées assez habilement, mais d'une exécution timide et sèche, ces toiles sont loin de faire pressentir la fougue et l'éclat du peintre de la *Médée* et du *Trajan*.

En 1822, M. Delacroix exposa sa fameuse *Barque de Dante*[2]. Au point de vue pittoresque, c'est une révolution complète dans l'art, tel qu'il était compris alors. Pris isolément, ce tableau offrait une réunion de qualités que l'artiste dans sa carrière n'a pas toujours égalées. Du premier coup, M. Delacroix rompait, non pas avec la tradition, — il en reprenait au contraire la trace, — mais avec la routine, et appuyait cette scission d'une œuvre capable de forcer les indifférents à compter avec lui. A ce moment, le culte professé par David pour les Grecs et les Romains d'atelier était le cheval de bataille de tous les artistes. Une absence complète de caractère et de sentiment de la vie, un dessin froid et vide, et aussi maniéré dans sa sécheresse que celui de Boucher dans son laisser-aller, une composition compassée et méthodique, une couleur blafarde et neutre, tels sont les caractères généraux transmis scrupuleusement par les artistes les uns aux autres. La *Barque de Dante* s'adressait à d'autres idées. Tout à l'impression sombre et grandiose de la poésie de l'*Enfer*, le jeune

---

1. Le livret du salon de 1822 désigne ce tableau par la notice suivante : « 309. *Dante et Virgile, conduits par Plégias, traversent le lac qui entoure les murailles de la cité infernale de Dité.* »

homme la reproduisait sur la toile toute chaude encore. La composition s'explique clairement. Les figures des deux poëtes gardent le caractère propre à leur poésie : sombre chez Dante, doucement triste chez Virgile. La vigueur nécessaire dans un semblable sujet s'harmonise heureusement avec l'ensemble du coloris. Le mouvement, d'une grande justesse, indique, surtout dans le torse du damné attaché à la barque, à gauche, des études singulièrement approfondies chez un jeune homme. La touche, posée avec une grande sûreté, est si vigoureuse par places, que beaucoup de personnes attribuent encore ce torse de damné à Géricault. L'anecdote du tableau de Nantes réfute victorieusement cette tradition erronée. Le dessin, enfin, n'offre pas cette sécheresse de silhouette de toutes les productions contemporaines; il est enveloppé et fait tourner les figures en les détachant suffisamment et sans dureté sur leurs voisines. Mais ce qui dut frapper dans cette composition, c'est l'impression générale, ce sont ces grands mouvements de l'imagination auxquels elle donnait carrière, et que peu de personnes alors pouvaient être en état de comprendre.

Jusque-là le régime littéraire de la restauration avait été assez médiocrement nourrissant. Les belles œuvres des littératures étrangères étaient peu connues de ce monde nouveau qui avait oublié ou n'avait pas eu le temps d'apprendre. Cependant un sourd mouvement d'émancipation se manifestait déjà; et il faut reconnaître que M. Delacroix dut au hasard d'arriver juste au moment précis pour donner une expression et un symbole à ce mouvement dans l'art plastique.

Toujours est-il que son tableau fit sensation. L'Académie, dont il fait aujourd'hui partie, s'émut, dit-on, devant cette bombe qui tombait des nues. Cependant le baron Gérard ne vit pas sans sympathie l'œuvre du jeune audacieux. Il exprimait son opinion en y mettant le correctif suivant : « C'est bien ; mais il court sur les toits. » Voilà trente ans que la prédiction est faite, et M. Delacroix n'est pas encore tombé.

Par un singulier hasard, la révélation de ce talent en découvrit un autre qui depuis a largement tenu aussi toutes ses promesses. Je veux parler de M. Thiers, alors journaliste inconnu, commençant sa carrière par les fonctions de critique d'art, et rédigeant au *Constitutionnel* le feuilleton du Salon. Il remarqua l'œuvre du débutant et en rendit un compte des plus élogieux. Le passage de son Salon de 1822 est maintenant connu de tout le monde. Nous ne le reproduirons pas. Mais, soit hasard, soit véritable goût, ces éloges amenèrent entre les deux jeunes gens une liaison qui, quinze ans plus tard, procura à M. Delacroix les peintures du salon du roi à la Chambre des députés.

Mis ainsi hors de page, le peintre ne devait pas laisser refroidir l'attention. Apportant au travail une ardeur fébrile, il reparut au Salon de 1824 avec le *Massacre de Scio*.

On retrouve dans cette composition les qualités de

la *Barque de Dante* dans une plus vaste proportion, mais doublées déjà du défaut, de l'inséparable ennemi de M. Delacroix : l'incorrection du dessin. Cette belle page est dans la mémoire de chacun. Mais la manière même dont le sujet était compris devait soulever contre l'artiste tous les moutons de Panurge de 1824, qui en étaient encore aux batailles à l'eau de rose. En choisissant les scènes dont les armées turques ensanglantèrent l'île de Scio, l'auteur avait voulu peindre un véritable massacre avec toutes ses horreurs, et profiter des ressources et des contrastes offerts par un pareil sujet. Celui-ci n'est certes pas gai ; mais la peinture n'est pas vouée à un vaudeville perpétuel ; et les scènes sanglantes ont produit assez de chefs-d'œuvre pour justifier de jeunes impatiences.

Certaines parties offrent des taches dont est exempt la *Barque de Dante*. Cela est fâcheux, et pour la gloire du peintre il vaudrait mieux sans doute n'avoir pas à les lui reprocher. La couleur de tout le premier plan manque de transparence et de rayonnement. Mais ces défauts rendent peut-être plus saisissantes encore les scènes retracées par son pinceau. Il semble que, placé en face même de l'action, l'artiste en ait décalqué le mouvement rapide et fugitif aussi promptement qu'il s'est produit. Oui, son dessin est incorrect ; mais lorsqu'une captive est attachée sur la croupe d'un cheval en fureur, lorsqu'au milieu d'une bataille un roi fait une trouée dans les rangs ennemis, lorsqu'un peuple en fureur décapite un doge, égorge un évêque ou escalade l'enceinte d'une assemblée, quand des naufragés se tordent dans les convulsions de la faim, quand une mère éventre ses enfants, quand un triomphateur entre dans une ville conquise ou s'avance au milieu des acclamations d'une foule enthousiaste, croit-on que les lignes de tous ces personnages puissent garder la correction particulière au repos? Mille accidents divers, mille passions sans frein les agitent et les brisent à l'infini. Ce qui est toujours juste dans la nature, ce qui est toujours correct chez M. Delacroix, c'est le mouvement. Il le saisit et le fait comprendre avec une rapidité dont lui seul, jusqu'à présent, a connu le secret.

En communication intime et fréquente avec la nature, il ne pouvait manquer d'être frappé par les grands effets d'ensemble et de devenir un paysagiste hors ligne. Ses travaux postérieurs ont fait voir avec quelle majestueuse sérénité il a rendu le paysage. Cette aptitude se révèle pour la première fois dans le *Massacre de Scio*, dont le fond vaut mieux que les premiers plans. On n'a pas assez remarqué, ce me semble, la beauté du ciel, la fuyante perspective de ces horizons, dont de larges zones d'air et de lumière marquent les dégradations successives. Ce paysage vaut cependant la peine d'être étudié en détail.

La *Barque de Dante* pouvait être attribuée à l'ardeur d'une jeune imagination; le *Massacre de Scio* était une œuvre calculée : c'était tout un système, une véritable déclaration de principes. On ne s'y trompa pas. M. Delacroix ramassait le drapeau échappé aux mains mourantes de Géricault. Dès lors la lutte s'établit et se régularise. D'une part, une presse hostile et un public qui ne comprend guère et raille volontiers ; de l'autre, une nature énergique, façonnée au combat, souple et ferme, et dont l'isolement rallie autour d'elle des sympathies d'autant plus vives qu'elles sont plus rares.

Au Salon de 1827, on put apprécier ses progrès comme souplesse et maniement du pinceau. A côté du *Christ du jardin des Oliviers*, placé maintenant dans l'église Saint-Paul, rue Saint-Antoine, M. Delacroix exposait la *Mort de Farino Faliero*, divers tableaux de chevalet, et la *Mort de Sardanapale*, grande esquisse qui faillit soulever une émeute. M. Delacroix voulait rendre avec la couleur seulement l'effet interprété par l'Anglais Martinn avec la perspective linéaire. Au milieu de son travail, emporté par son sujet, rêvant les éblouissantes splendeurs de Ninive ou de Khorsabad, il avait fait une œuvre d'une richesse de tons singulière, mais où le dessin était étrangement négligé. C'était un régal de couleurs, mais non un tableau. Un *tolle* général s'éleva contre le jeune enragé et arriva jusqu'à M. de Larochefoucauld, alors directeur des Beaux-Arts. Celui-ci fit appeler M. Delacroix, espérant le calmer. Mais il avait affaire à forte partie ; et l'on assure qu'avec cette urbanité qui ne l'abandonne jamais, il défendit les principes d'après lesquels son œuvre était composée, de façon à enlever à l'honnête directeur tout espoir de plus de modération artistique.

A la même époque se rapporte une anecdote qui montre M. Delacroix sous un aspect peu connu, mais assez remarquable chez lui : celui de critique. M. Delécluze, le critique des *Débats*, considérait tout bonnement la *Mort de Sardanapale* comme l'œuvre d'un fou. Il s'était même, je crois, exprimé en ce sens dans un article du journal. Peu de temps après, assistant à une soirée chez madame de Mirbel, il se disposait à se retirer, lorsque le hasard plaça auprès de lui un inconnu dont l'esprit observateur et charmant, le bon sens, le jugement ferme et froid, l'érudition variée, le frappèrent si vivement, qu'il oublia l'heure du départ et ne s'en aperçut que par la solitude complète du salon. Madame de Mirbel était seule et le regardait en souriant. M. Delécluze lui fit toutes ses excuses sur son indiscrétion involontaire, et, interrogé par elle s'il connaissait son intéressant interlocuteur :

— Non, répondit-il, je ne le connais pas, mais je le reconnais : c'est Boileau jeune.

— Je vous présente M. Eugène Delacroix, dit madame de Mirbel.

Il est juste d'ajouter que cette favorable impression n'a eu aucune influence sur le jugement du critique, et qu'il a continué à apprécier les autres productions du peintre, à peu de chose près, comme la *Mort de Sardanapale*.

Cette facilité à émouvoir vite et juste dont j'ai déjà parlé est le plus grand mérite du peintre ; c'est par là qu'il reste un artiste supérieur. Doué d'un sentiment littéraire fort élevé, il demande aux grands poëtes les sujets de ses compositions. Le livre sacré de l'Évangile, et surtout les scènes de la Passion de Notre-Seigneur, Dante, Shakspeare, Goethe, Byron, Walter Scott, lui ont fourni les données de ses plus beaux tableaux. Cette élévation de goût est un premier mérite ; mais c'en serait un ordinaire s'il était impuissant à faire passer chez les autres les impressions de ses lectures. Ici le peintre devient créateur à son tour ; il n'explique pas, il rend. Devant Hamlet considérant le crâne d'Yorick, devant le naufrage de don Juan, le massacre de l'évêque de Liége, la mort de Valentin, il est impossible de s'imaginer ces scènes sombres ou terribles autrement qu'il les a représentées. Tout le monde se rappelle une tête de femme mourante, d'un pied carré, exposée au Salon de 1845, et intitulée la *Madeleine dans le désert*. Le dessin n'était certes pas des plus sévères ; mais quelle navrante douleur, quel sincère repentir, quels poignants regrets du passé, quels reflets avant-coureurs des béatitudes célestes illuminaient cette pâle et belle figure ! Quelle âme, que de pensées dans ce morceau de toile couvert en quelques heures ! Le curieux le plus blasé s'en allait pensif et troublé.

Le moment, d'ailleurs, était bien choisi pour enlever la peinture aux mains d'une oligarchie sans racines et sans passé, et pour la ramener dans les voies traditionnelles. De toutes parts, dans les arts d'imagination, éclatait un mouvement de progrès dirigé par des personnalités d'un rare mérite et d'une singulière audace. Les barrières ne résistaient plus que faiblement, et beaucoup, en 1827, étaient franchies. Seulement, par une singulière opposition, le mouvement littéraire s'inspirait surtout aux sources étrangères, tandis que la réaction plastique se dressait contre l'école pseudo-grecque de David et reprenait par Géricault la tradition nationale au point où Boucher l'avait laissée. Non pas, Dieu m'en garde, que je veuille donner Boucher comme un modèle et préconiser les fadeurs tourmentées auxquelles il eut le tort de consacrer trop exclusivement son pinceau; mais, en tenant compte du siècle où il se développa, il possédait les qualités inhérentes à tous les peintres français : l'impression vive et rapide, le dessin facile, incorrect sans doute, mais expressif; la couleur franche, harmonieuse, expéditive ; mais il prenait ses inspirations au milieu même des mœurs de son pays et de son temps. Il était malheureusement sincère et vrai dans ses fadeurs érotiques; David ne l'était pas dans son archéologie d'emprunt. Émeute donc dans la littérature, mais révolution dans les arts pittoresques, ou plutôt restauration. M. Delacroix passait naturellement pour le chef de cette dernière, et, grâce à sa persévérance, devait la conduire à des conquêtes sérieuses et durables.

En 1827, M. Delacroix ne luttait plus seul. Un tableau bien connu de M. Deveria, exposé cette même année (*Naissance de Henri IV*, Musée du Luxembourg), relève directement de sa manière. M. Deveria, certainement, ne s'en est pas rendu compte; mais cette imitation, pour être involontaire, n'en est pas moins évidente, et rend d'autant plus remarquable l'influence de l'élève de Guérin, cinq ans seulement après ses débuts. Il est inutile de remonter plus haut. Cependant, quand on examine la *Mort de Gaston de Foix*, de M. Ary Scheffer (palais de Versailles), on y trouve une similitude singulière avec les procédés de la *Barque de Dante*. Or, la *Mort de Gaston de Foix* est de 1824. Ce rapprochement de dates donne, il me semble, à réfléchir. Ce qui relève directement de sa manière, ce sont les *Femmes souliotes*, du même artiste, exposées en 1827 (Musée du Luxembourg); c'est enfin le *Larmoyeur*, de 1834 (même Musée), qui prouve que, même à cette époque, M. Ary Scheffer n'avait pas encore dégagé son originalité de celle bien autrement franche de M. Delacroix. Ces rapprochements démontrent que dès lors il faisait école et réunissait des adeptes ou des imitateurs.

De 1827 à 1831, il n'y eut pas d'exposition publique. Ce temps ne pouvait être perdu pour une imagination de cette trempe. A ces années se rapportent les innombrables études de bas-reliefs antiques, ces copies de statues et de bronzes, ces dessins de la colonne Trajane dont sont remplis ses cartons, et dans lesquels il a su rendre d'une manière si originale et si vraie la force et la grandeur de l'art romain. Les élèves de David copiaient aussi des antiques; mais quelle différence entre leurs froides études et ce mouvement, ce rayonnement de la vie qui agite les moindres muscles des dessins de Delacroix! Les uns trahissent, l'autre traduit. C'est aussi de cette époque que date la publication des lithographies du *Faust*.

Séduit par le drame de Goethe, M. Delacroix reproduisit sur pierre dix-sept des principales scènes de cette pièce. Éditées par M. Motte, et accompagnées d'une traduction de M. Stappfer, ces lithographies n'eurent aucun succès et ne trouvèrent pas d'acquéreurs. Leur originalité même passa pour de la monstruosité. Aujourd'hui les exemplaires en sont devenus fort rares et se payent fort cher. Elles ne sont pas toutes bonnes, tant s'en faut. Dans beaucoup d'entre elles se reconnaît l'inexpérience de l'artiste. Privé de la ressource de la couleur, il ne pouvait noyer dans le flamboiement des tons les incorrections de son dessin. Mais toutes se recommandent par un caractère à travers lequel se retrouve le sentiment du drame lui-même. Dans toutes, il a su donner au procédé lithographique un accent, un effet, une vigueur dont personne ne l'eût crut susceptible. Les planches réussies sont fort belles. Telles sont : la Marguerite dans sa chambre, laissant échapper le fuseau de ses mains distraites; la Marguerite à l'église, accablée sous ses remords soufflés par Méphistophélès, et la Marguerite en prison, retrouvant une lueur de raison pour repousser le salut offert par son séducteur. Cette publication valut à M. Delacroix le succès le plus flatteur pour l'amour-propre d'un artiste. Le vieux Goethe lui adressa une longue lettre de remerciments et de félicitations sur la manière dont il avait interprété son drame.

Quinze ans plus tard, vers 1842, il a publié dans le même format une nouvelle série de lithographies sur *Hamlet*. Préoccupé à diverses reprises de ce personnage, frappé de la poétique tristesse, du désenchantement douloureux du jeune prince de Danemark, il a voulu reproduire les principales scènes de la pièce de Shakspeare, et cette suite en est, en effet, la meilleure interprétation. Aussi poétiques que ceux du *Faust*, ces dessins leur sont bien supérieurs comme exécution. La main de l'artiste s'est assouplie, la fièvre s'est calmée, les contours sont plus corrects et plus rendus. Plusieurs peuvent, dans ce genre, passer pour des chefs-d'œuvre d'illustrations. De ce nombre sont Hamlet et le spectre sur la plate-forme du château d'Elseneur, et la mort d'Ophélie. Ce dernier surtout peut servir d'argument à ceux qui accusent l'ignorance de M. Delacroix en fait de dessin. Jamais un contour plus pur et plus chaste ne s'est allié à une simplicité plus émouvante. Bien des artistes ont tenté de rendre la scène si gracieusement triste de la mort d'Ophélie, aucun n'est arrivé à cette puissance d'émotion. Le mouvement du corps, l'affaissement de la tête et des bras, le douloureux caractère du masque, la fraîcheur du paysage, tout indique la main d'un maître et d'un maître consommé.

L'Exposition de 1831, la première après la révolution de juillet, s'ouvrit au milieu de l'agitation intellectuelle occasionnée par le changement de dynastie. De tous côtés on demandait une rénovation dans l'art à quelque prix que ce fût. Cet état des esprits devait être favorable, non pas au talent de M. Delacroix, mais à sa réputation. La fièvre pittoresque concordait avec l'agitation intellectuelle. Toutefois, il faut reconnaître que l'enthousiasme de ses admirateurs était en retard. M. Delacroix arrivait à ce Salon avec des œuvres plus mûries que les précédentes. Son audace était incontestée, les hardiesses de sa couleur avaient fait leur effet; il pouvait et il allait vivre sur cette renommée. La *Liberté* et *le Massacre de l'évêque de Liége* marquent ses débuts dans ce que l'on pourrait appeler sa seconde manière. A partir de cette époque, il ne se sert plus seulement de tons isolés d'une grande transparence et d'une belle harmonie, mais souvent mal reliés entre eux, il dispose avec plus de sûreté de la gamme de ses tons; il connaît, et il a approfondi leurs rapports réciproques, adoptant des teintes diverses pour des sujets divers, et gardant cependant son originalité générale. De là cette variété d'effets, cette souplesse d'exécution, qui donnent tant d'attrait à l'ensemble de son œuvre, et qu'aucun contemporain n'a égalé. L'unité dans la variété, c'est le caractère du génie.

La composition connue sous le titre de la *Liberté* ne portait pas ce nom au Salon de 1831. Le livret la désigne ainsi : « 28 juillet 1830. » Exposée en 1855, la nouvelle génération a pu se convaincre qu'aucun des éloges décernés vingt-cinq ans plus tôt n'était exagéré. L'enivrement farouche et sanguinaire de cette femme à peine vêtue, agitant un drapeau et escaladant une barricade dont chaque degré est un cadavre, les figures de combattants qui l'entourent, ces faces étranges qu'on voit apparaître lors de tous les mouvements anarchiques, la sèche atmosphère d'un soleil de plomb enveloppant la composition, toute la poésie sauvage et terrible d'un pareil sujet sont réunis dans ce tableau.

On a pu, toutefois, faire deux remarques fort justes. D'abord le ton général manque de transparence. Est-ce le temps qui a amené cette opacité? N'est-ce pas plutôt le résultat de l'effort même de l'artiste qui, croyant corriger un de ses défauts, aura sacrifié une de ses qualités? La réponse n'est plus possible maintenant. Puis, soit que l'auteur ait prétendu personnifier la Liberté telle que l'entendaient les combattants de Juillet, soit qu'il ait simplement voulu représenter un fait dont il avait été le témoin oculaire, comme l'indiquerait le titre, cette œuvre est dépourvue d'enseignement. Est-ce une apothéose ou une philippique, un éloge ou une satire? L'esprit reste indécis, comme l'était sans doute le peintre; mais, dans un pareil sujet, l'indécision est blâmable.

II

Toutes les expositions annuelles de 1833 à 1848 virent l'artiste leur apporter fidèlement son contingent. C'est là un des plus beaux éloges à lui adresser. Prenant complétement possession de lui-même, discuté par une polémique dont la violence même prouvait son talent, il eût pu, comme tant d'autres moins fiers et plus vains, bouder contre le public, et, en se retirant sous sa tente, enlever à la critique le droit de parler de lui. Mais, soit appréciation élevée des devoirs de l'artiste, soit, comme je l'ai déjà dit, amour de la lutte, soit enfin foi entière dans la puissance de ses théories, l'artiste ne recula jamais devant la publicité. Chaque Salon le trouva fidèlement sur la brèche, répondant aux attaques par des œuvres nouvelles, défendant son drapeau avec une imperturbable assurance, renouvelant le combat sous toutes les formes, rendant coup pour coup, toujours harcelé, jamais amoindri, forçant enfin ses adversaires à admirer sa constance, sinon son talent.

Ils lui avaient reproché quelquefois d'appliquer à des toiles de petite dimension une exécution acceptable seulement dans des compositions décoratives. M. Delacroix savait sans doute parfaitement à quoi s'en tenir à cet égard, et depuis longtemps cherchait l'occasion de justifier ces critiques. Elle lui fut offerte en 1833, quand son ami, M. Thiers, alors ministre, et se souvenant avec bonne grâce de ses admirations de 1822, lui donna à décorer le salon du roi à la Chambre des députés. Bien que les portions destinées à la décoration fussent plus restreintes et ne permissent pas au peintre de donner libre carrière à son génie, il n'était pas homme cependant à laisser échapper cette bonne fortune, et se mit vaillamment à l'œuvre dans les premiers mois de 1833. Trois ans après, en 1836, la salle était ouverte au public.

Les portions décorées se composent d'une frise fort étroite et de huit panneaux oblongs. La disposition même ne permettant pas de songer à des sujets historiques, M. Delacroix se rejeta sur l'allégorie. Il divisa sa frise en quatre séries, qui représentent autant de sujets se rapportant à la Justice, à la Guerre, à l'Industrie, à l'Agriculture. Dans les principaux panneaux latéraux, il symbolisa les principaux cours d'eau de la France : l'Océan, la Méditerranée, la Loire et le Rhin, la Seine et le Rhône, la Garonne et la Saône. La frise est traitée avec une hardiesse, un ensemble, une sûreté, une adresse à esquiver les difficultés qu'elle présentait, remarquables chez un débutant, et auxquelles en ce sens on n'a pas assez rendu justice. Les groupes se lient entre eux par les lignes les plus heureuses. Rien n'y rappelle cette platitude de silhouette, ce vide ou cette banalité de composition dont les plafonds du musée Charles X sont le plus triste exemple. Si l'on avait un reproche à lui adresser, ce serait d'être trop pleine, de surabonder de groupes. Parmi les plus saillants, je me bornerai à indiquer dans la frise de l'Agriculture un homme en tunique blanche et buvant, d'une incroyable fierté de contour, et, sur l'archivolte de la fenêtre centrale, une femme dont le ton est d'une délicieuse harmonie. Les figures en grisaille personnifiant les mers et les cours d'eau de la France sont la partie faible de cette décoration. D'un caractère et d'une énergie qui, dans le Rhin, rappellent plutôt Puget que Michel-Ange, ils pèchent évidemment par la pureté du contour. Le dessin ne possède pas cette précision roide, mais tranquille, nécessaire aux figures isolées de la peinture monumentale, et surtout à celles qui doivent prétendre à l'imitation de la sculpture. Ce qui choqua le plus alors, je me le rappelle encore, ce fut le sans-façon de l'auteur, rompant avec la tradition de trompe-l'œil des voûtes en grisaille du Louvre et de la Bourse. Avant de songer à abuser les sens des badauds, l'artiste avait voulu mettre la teinte de ces figures en harmonie avec le reste de la décoration, et donner à chacune un caractère avec son symbole. C'était vif. Ce crime de lèse-grisaille eut cela de bon, qu'il fit comprendre toute l'inanité des enfantillages dont nous venons de parler.

Ces travaux sur place n'empêchaient pas M. Delacroix de mettre à profit les heures rares de l'atelier, et de présenter au concours de 1834 la *Bataille de Nancy* et *Melmoth;* en 1835, le *Prisonnier de Chillon;*

en 1836, *Saint Sébastien.* Un voyage fait au Maroc en 1831 et 1832 avait rempli ses cartons d'études orientales. A cette époque, tous les regards étaient tournés vers l'Orient. Ce n'était pas l'éclat de la couleur qu'il allait chercher sous un soleil plus ardent, mais bien un cadre où son pinceau pût se développer plus à l'aise et une justification à l'éblouissement de sa palette. Il était dans son droit ; mais il se donnait, suivant nous, une peine inutile. Sa magnifique couleur est un de ses mérites, mais c'est un mérite de forme possédé par d'autres au même degré. Son originalité tient à une cause plus élevée : à l'émotion profonde dont toutes ses toiles sont empreintes, à sa rapidité communicative de perception. Or l'Orient, avec son éclat immobile, ne pouvait lui apporter de bien fécondes ressources sous ce rapport. Aussi ce voyage n'a-t-il pas influé sur son talent d'une manière considérable. A part deux œuvres remarquables comme couleur, mais privées d'émotion, les *Femmes d'Alger* et la *Noce juive,* exposées maintenant au Luxembourg, les divers sujets traités sous l'influence de ce voyage ne valent pas ceux qu'il a puisés dans sa propre imagination.

Les six années écoulées de 1836 à 1842 marquent l'apogée de son talent. Jamais l'éclat de sa brosse, jamais la puissance saisissante de ses conceptions n'ont produit des œuvres d'un plus magnifique caractère. Ses œuvres postérieures ont égalé, mais n'ont pas surpassé la *Bataille de Taillebourg* de 1837, la *Médée furieuse* de 1838, l'*Hamlet* de 1839, la *Justice de Tra-*

jan de 1840, la *Prise de Constantinople* de 1841. Pour ma part, si j'avais à choisir, parmi tant de productions, celle qui peut donner la plus haute idée de son talent, je n'hésiterais pas, je prendrais la *Justice de Trajan*. Là, par la simplicité et la grandeur de la composition, par l'éclat, la vigueur, l'harmonie de sa couleur, par le mouvement de ses personnages, par cette séve qui circule jusque dans les groupes les plus secondaires de son œuvre, il s'est montré le rival, et le rival redoutable, de Rubens. Que dirai-je de l'impression que l'on ressent devant cette merveilleuse page, de ces draperies flottantes, de ces colonnes de porphyre, de ces étoffes éclatantes ajoutant la richesse de leurs tissus au miroitement du soleil à travers la poussière d'un triomphe, de cet enthousiasme de la foule contrastant avec la douleur de la mère qui jette le cadavre de son enfant sous les pas du triomphateur? Quand la peinture peut arriver à de tels effets avec des moyens si restreints, c'est le premier art du monde.

La *Prise de Constantinople*, tableau inférieur au *Trajan*, et traité dans des gammes un peu sourdes et où dominent les tons violacés, mit le sceau à la réputation du peintre. Les attaques ne devaient pas s'arrêter, mais elles devinrent plus circonspectes, plus mesurées, et cherchèrent enfin à s'appuyer sur des raisons. Il n'était pas plus difficile d'en trouver qu'il ne l'est de les indiquer. Artiste incomplet, il a les défauts de ses qualités. Sa main n'obéit évidemment pas en esclave soumise aux ordres de son cerveau. Saisi

d'une espèce de fièvre au moment de l'exécution, il
ne songe pas à chercher la forme qui pourrait rendre
le plus purement sa pensée, mais celle qui l'interprète le plus rapidement. Il est douteux, d'ailleurs,
qu'il atteignît à cette pureté de contour dont l'art grec
et l'école de Rome resteront les types éternels. Son
dessin n'est jamais faux, mais souvent incorrect et
quelquefois choquant. Orateur véhément, impétueux.
plein de feu, il n'a pas le temps de choisir ses expressions, et laisse à l'ensemble de son discours le soin
de faire oublier ce que les détails peuvent offrir de
défectueux. Aussi est-on en droit de croire que M. Delacroix serait inhabile à un enseignement raisonné.
C'est à d'autres qu'est réservé le soin de suivre et
d'expliquer les procédés par lesquels il donne une
forme palpable à sa pensée. Il ne pourrait en rendre
compte; et ses élèves, s'il en laisse, se formeront bien
mieux par l'étude de ses œuvres que par l'enseignement de ses leçons. Son mérite aux yeux de l'avenir
sera d'avoir reproduit plus que pas un, et par des modifications successives d'une incroyable variété, le
caractère de son pays et de son époque. Il a été agité
de tous les grands mouvements de notre siècle, il en a
connu toutes les misères et toutes les grandeurs; et
la France du dix-neuvième siècle n'aura pas eu d'interprète plus pénétré de ses aspirations et de ses défaillances.

De 1843 à 1847, M. Delacroix fut désigné pour décorer la bibliothèque de la chambre des pairs et celle
des députés. Maître d'un plus large espace, il pouvait

y formuler plus librement sa pensée; et par la manière dont il l'a interprété, il s'est placé auprès des plus célèbres peintres monumentaux de l'Italie et d'Anvers. La décoration de la chambre des pairs se divise en deux parties : une coupole centrale, et un tympan demi-circulaire dont le milieu est percé par une fenêtre qui éblouit la vue et laisse dans l'ombre les deux côtés latéraux : la plus déplorable condition pour faire et pour voir de la peinture. Sur le tympan, le peintre a représenté *Alexandre faisant placer dans des coffres d'or les poëmes d'Homère* trouvés dans la tente de Darius après la bataille d'Arbelles; dans la rotonde, les *Champs-Élysées*. On ne peut qu'approuver le choix du premier sujet pour la décoration d'une bibliothèque. Je n'en dirai pas autant du second. Bien que les personnages soient pour la plupart des héros immortalisés par la poésie, ou des poëtes eux-mêmes, et offrent ainsi un rapport légitime avec la destination de la salle, ce rapport n'est cependant pas assez direct : la réflexion prend trop de détours pour y arriver; il est philosophique plutôt que pittoresque; et la peinture demande surtout à être rapidement et clairement comprise.

En faisant face à la fenêtre, on a devant soi un groupe assis au milieu duquel on remarque Orphée symbolisant la poésie rudimentaire et anté-historique. Au-dessus de lui descend doucement la Muse. Il est impossible de rendre la légèreté élégante, les lignes pures et gracieuses de cette figure, une des plus heureuses conceptions du maître. Cela se sent et ne se décrit pas. Bien que le paysage environnant soit d'un bleu glacé de reflets lilas et jaune pâle, cette partie de la coupole la moins éclairée a le tort d'être traitée dans des tons sourds où s'absorbe encore le peu de lumière qui y parvient. L'artiste eût dû employer une gamme plus claire, et ne pas ménager, comme il l'a fait, les tons blancs qui eussent illuminé cette obscurité. A droite est placé le groupe des Grecs illustres. Sous les ombrages épiques des lauriers et des orangers, Alexandre cause avec Aspasie, la beauté grecque par excellence. Le peintre a lutté avec bonheur contre les difficultés que ce nom et ce souvenir apportent à l'imagination : il a enveloppé le type de l'hétaïre dans ces beaux plis dont la sculpture hellénique nous a conservé la tradition. A gauche sont placés les poëtes romains ; et enfin, dans le centre de la composition, faisant face à la fenêtre, Virgile présentant le Dante à Homère sert de trait d'union entre les temps anciens et l'ère moderne. Toute la scène est enveloppée par un paysage d'une sérénité élyséenne, ombragé de lauriers verts tranchant sur des horizons d'un bleu éthéré où se joue la lumière d'un ciel d'une légèreté, d'une douceur, d'une chaleur indescriptibles. Au point de vue de la couleur, on ne peut qu'admirer chacune des parties de cette composition. La composition elle-même demande plus de réserve. Il y a trop de personnages et pas assez de groupes, ce qui enlève à cette assemblée de purs esprits ce calme, ce recueillement que l'idée même du lieu où se passe la scène apporte à l'imagination, et que Raphaël a si heureusement rendus dans l'*École d'Athènes*.

Occupé à ce travail de 1843 à 1847, il menait de pair la décoration de la bibliothèque de la chambre des députés. Comme ensemble, cette œuvre est la plus importante de toutes celles exécutées par M. Delacroix; et, bien que l'espace ne lui ait pas permis de développer sans interruption tout un ordre d'idées comme dans la coupole de la chambre des pairs, c'est cependant par les peintures de la chambre des députés qu'il faut le juger. C'est là que se montrent dans toute leur liberté la souplesse et la fécondité de son imagination, l'élévation de ses facultés et aussi les défauts de son exécution. Chargé seul de la décoration de cette salle, il n'avait pas à redouter que d'autres peintures vinssent faire discord avec la sienne, tirer l'œil, éparpiller l'attention et amener des comparaisons fâcheuses.

Le plafond de cette galerie, divisée en cinq travées, se termine par deux culs-de-four. La retombée des voûtes à l'intersection de chaque travée, en s'appuyant sur les tympans des colonnes, forme vingt pendentifs. C'étaient donc vingt-deux tableaux parfaitement distincts dont l'artiste avait à approprier les sujets aux lieux mêmes où ils sont placés. A cet égard, j'adresserai à M. Delacroix le même reproche que je lui ai fait pour la chambre des pairs. Il n'a pas mis les sujets de la plupart de ses compositions en rapport direct avec la salle qu'ils décorent. Les relations qui existent entre les *Bergers chaldéens, Adam et Ève,* l'*Éducation d'Achille*, la *Captivité de Babylone* et une bibliothèque ne me semblent pas suffisamment indiquées. Cette remarque ne s'adresse pas aux deux culs-de-four. Le premier représente *Orphée enseignant aux Grecs les arts de la paix*, c'est-à-dire la naissance des lettres et des travaux de l'intelligence. Le second a pour sujet *Attila et ses hordes foulant aux pieds l'Italie et les arts*, c'est-à-dire l'éclipse momentanée de l'intelligence.

Nous ne pouvons ici étudier dans ses détails cette décoration. Malgré les défauts qu'on y peut reprendre, surtout dans *Attila*, elle est, dans son ensemble, d'un fier caractère. Cela se tient bien. C'est vigoureux sans charger le plafond. Le premier coup d'œil impose. La vue du ciel de l'*Orphée* produit une délicieuse impression. Le bleu des lunettes, centre de chaque travée, a une intensité judicieusement choisie et qui met bien en rapport chaque groupe de pendentifs avec le suivant.

Ces deux importantes commandes eussent dû occuper tous les moments de l'artiste. Cependant sa passion pour son art, qu'il aime, suivant sa propre expression, comme un jeune homme aime sa première maîtresse, lui permit d'exécuter en vingt jours, pour l'église de Saint-Denis-du-Saint-Sacrement au Marais, une *Mise au tombeau* placée dans une des chapelles latérales. M. Delacroix était souffrant alors, et je me le rappelle sur son échafaud, pâle, défait, la tête enveloppée de quatre ou cinq foulards, grelottant de fièvre et travaillant avec fureur à une de ses œuvres les plus impressionnantes. Toutes les fois qu'il a touché aux scènes de la passion du Christ, il y a mis un singulier mélange de terreur mystérieuse et de majesté divine. Sous ce rapport, la *Pietà* de Saint-Denis-du-Saint-Sacrement est encore supérieure au *Christ aux Oliviers* de Saint-Paul. La tristesse morne du paysage, la douleur noyée de larmes de la Vierge, la noblesse qui illumine le cadavre de son fils, le recueillement pieux des disciples, tout concourt à vous agiter l'âme du frisson des choses divines.

Ce fut au milieu de ces occupations multiples que la révolution de février surprit M. Delacroix. Ce mouvement où les artistes et les hommes de lettres eurent une assez grande part modifia considérablement le jugement public en faveur de M. Delacroix. La mode était à la réhabilitation des méconnus, au succès des déclassés ; et tout irréfléchie que fut cette propension, elle fut juste du moins pour M. Delacroix. La masse qui la veille le niait sans le connaître, l'admira le lendemain sans le comprendre. Dès 1848, la restauration du Louvre avait été décrétée, et M. Delacroix fut appelé comme le plus illustre à remplir, dans le plafond central de la galerie d'Apollon, la place réservée jadis à Lebrun, mais non couverte par lui. Le panneau en forme de voûte a vingt-quatre pieds de haut sur vingt-deux de large. Le sujet, indiqué par le nom même de la galerie, représente *Apollon vainqueur du serpent Python*. Voici comment M. Delacroix lui-même explique la façon dont il a compris sa composition : « Le dieu, monté sur son char, a déjà lancé une partie de ses traits; Diane, sa sœur, volant à sa suite, lui présente son carquois. Déjà percé par les flèches du dieu de la chaleur et de la vie, le monstre sanglant se tord en exhalant dans une vapeur enflammée les restes de sa vie et de sa rage impuissante. Les eaux du déluge commencent à tarir et déposent sur les sommets des montagnes ou entraînent avec elles les cadavres des hommes et des animaux. Les dieux se sont indignés de voir la terre abandonnée à des monstres difformes, produits impurs du limon. Ils se sont armés comme Apollon. Minerve, Mercure s'élancent pour les exterminer, en attendant que la sagesse éternelle repeuple la solitude de l'univers; Hercule les écrase de sa massue; Vulcain, le dieu du feu, chasse devant lui les vapeurs impures de la nuit, tandis que Borée et les zéphyrs sèchent les eaux de leur souffle et achèvent de dissiper les nuages. Les nymphes des fleuves et des rivières ont retrouvé leur lit de roseaux et leur urne encore souillée par la fange et par les débris. Des divinités plus timides contemplent à l'écart ce combat des dieux et des éléments. Cependant du haut des cieux la Victoire descend pour couronner Apollon, et Iris, la messagère des dieux, déploie dans les airs son écharpe, symbole du triomphe de la lumière sur les ténèbres et sur la révolte des eaux. »

Commencé en 1849, ce plafond fut découvert le 5 juin 1851 en présence du président de la république, et accueilli je ne dirai pas avec sympathie, mais avec enthousiasme. L'opinion tenait compte à l'artiste de ses dédains de trente années, et reportait d'un seul coup sur cette œuvre la faveur dont elle s'était montrée si avare à chacune de ses manifestations. A l'en croire, le plafond d'Apollon était la plus belle page sortie du pinceau de M. Delacroix. On allait même jusqu'à n'y trouver aucun défaut. Une pareille exagération, on le comprend, est loin de la vérité. Autant que personne je suis sensible aux grandes qualités de cette toile. Je rends une entière justice à la hardiesse fougueuse des chevaux de Phébus, à l'énergie du mouvement d'Apollon où le peintre a osé sortir de cette tradition banale qui immobilise le dieu du jour dans les formes contestables de l'Apollon du Belvédère, à l'éclat harmonieux du groupe des Olympiens, à la grâce exquise de ce corps de nymphe bercé si doucement par les eaux au second plan ; je reconnais volontiers que dans aucun tableau du maître il n'y a des détails plus heureux. Mais je trouve à celui-ci un défaut qui ne permettra jamais de le regarder comme l'œuvre la plus remarquable de M. Delacroix. La composition linéaire manque de cohésion. Ce défaut est ici d'autant plus saillant qu'il est rare dans les pages de M. Delacroix. Quand on regarde attentivement le plafond d'Apollon, on est forcé de reconnaître que chaque groupe est isolé de son voisin, qu'il ne fait pas corps avec lui, et ne concourt pas absolument au sujet principal. Le fleuve de gauche appuyé sur son urne et vu de dos, le lion d'un si audacieux raccourci, le groupe de Junon, celui de Mercure, celui d'Hercule, pourraient être remplacés par d'autres sans que l'économie de la composition en souffrît. C'est pour cette raison que, tout en admirant l'habile exécution de ce plafond, je ne puis le placer en première ligne parmi les compositions de M. Delacroix. Cet isolement des groupes ne se retrouve ni dans le *Trajan*, ni dans le *Baudouin*, ni dans l'*Orphée* de la chambre des députés. Quant à l'impression, elle est des plus saisissantes et des plus élevées. L'épouvante d'une lutte surhumaine y domine. Ce sont bien là des dieux se frayant un passage à travers les éléments révoltés ; c'est l'intelligence qui livre son premier, son plus terrible combat à la matière inerte ; c'est le soleil dans toute la force de sa jeunesse ; et, derrière ces montagnes mal assises sur leurs bases, au-dessus de ces flots furieux encore, mais déjà soumis, dans un ciel où disparaissent les dernières ténèbres, s'élargit et s'allume la première aurore du monde.

En 1852, M. Delacroix fut chargé de décorer le salon de la Paix à l'hôtel de ville. C'est son dernier travail de ce genre. Il se compose d'un plafond circulaire de dix-huit pieds de diamètre, de huit caissons faisant bordure au sujet principal, et de onze dessus de porte en forme de tympans. Le sujet central représente la *Paix ramenant l'abondance du ciel*. Au bas de la composition, la France épuisée soulève ses regards vers le ciel et implore le terme de ses douleurs. A sa droite, un soldat écrase une torche sous son pied. Plus loin, un homme relève des blessés. A gauche, des parents, des amis s'embrassent ; Mars et Némésis s'enfuient foudroyés par Jupiter ; et du haut des airs des vols de génies répandent à pleines mains des fleurs et des fruits.

Quelques figures heureuses du grand plafond, un choix de couleurs dont l'intensité même semble favoriser l'harmonie, la beauté du ciel, la légèreté des vols ne rachètent pas le défaut principal de cette composition : elle est beaucoup trop vide. Craignant sans doute de surcharger de figures et d'alourdir une toile placée trop près des regards, le peintre n'a pas su éviter un autre écueil et s'est montré trop avare de personnages. C'est le défaut contraire à celui que je signalais dans la coupole de la chambre des pairs. Les regards et la pensée flottent indécis dans le bleu du ciel, et ne considèrent les groupes dispersés que comme des accessoires, au lieu d'y chercher le sujet principal. Pour une composition décorative, c'est un grave défaut. Au contraire, les caissons et les dessus de porte sont on ne peut mieux appropriés à leur destination. Ils sont remarquables surtout par la finesse, la fraîcheur de leurs teintes ménagées avec ce soin, cette entente de la décoration intérieure que les artistes du dix-huitième siècle apportaient à leurs travaux. Malheureusement l'ornementation lourde et sans goût de cette salle leur fait un tort considérable. Des boiseries blanches relevées de moulures dorées répandues sobrement leur donneraient toute leur valeur décorative: Il serait temps, pour le dire en passant, que l'on rentrât dans l'ordre des choses, et que l'on comprît que les ornements d'une salle doivent faire valoir les peintures, et non les peintures les ornements. La peinture est le principal, les ornements sont l'accessoire. Tant que le goût de l'artiste ne présidera pas à l'ornementation de la salle où doivent être placées ses compositions, tant qu'il ne les dirigera pas, on fera des contre-sens de goût semblables à celui dont l'hôtel de ville de Paris offre le triste exemple.

Enfin, l'Exposition universelle de 1855 vint consacrer d'une manière définitive la réputation de M. Delacroix. De tous les artistes dont les œuvres figurèrent à de solennelles assises, il est peut-être le seul qui y ait autant gagné. Un moment de réflexion fait comprendre la raison de ce succès. Doué de puissantes facultés de synthèse, talent d'élan, s'adressant à l'imagination bien plutôt qu'à la réflexion, les trente-quatre œuvres de l'Exposition de 1855 permettaient de suivre et de comprendre l'ensemble de ses tendances, et noyaient, pour ainsi dire, dans un large courant les fautes de détail qu'il s'était vu si souvent reprocher. Ce courant était le véritable génie français, clair, rapide, communicatif, émouvant, comprenant et faisant comprendre rapidement; se préoccupant médiocrement de la correction de la forme pourvu qu'elle soit expressive; simple, varié à l'infini, empruntant souvent l'idée aux autres, mais, par le caractère dont il la revêt, la rendant familière à tous. Devant ces deux pans de murailles entièrement couverts des toiles de M. Delacroix, je n'affirmerais pas que tous comprissent; mais tous sentaient, tous étaient remués, émus, entraînés; et c'est là, si je ne me trompe, la véritable mission comme le véritable triomphe de l'art.

L'Exposition de 1855 fut donc un véritable triomphe pour M. Delacroix. Si l'on jette ses regards autour de soi, on reconnaît combien, parmi les débutants de 1822 et depuis, est minime le nombre des survivants. Je parle, bien entendu, de la vie de l'art. A quoi ont conduit ces débuts retentissants, ces triomphes pompeux, ces promesses audacieuses? Que de désenchantements! Quels sont les gens d'esprit que n'embarrassent pas un peu leurs admirations d'il y a quinze ans? Et combien y en a-t-il, parmi les célébrités d'alors, qui résisteraient à un examen semblable? Lorsque, à trente-trois ans de distance, on voit la foule émue s'incliner avec respect devant les premières œuvres, reviser d'elle-même des jugements téméraires ou précipités, et saluer d'une acclamation unanime ce que jadis elle méconnaissait, n'est-il pas permis de regarder cette épreuve du temps comme une préface du jugement de l'avenir? De tous ceux qui, à la même époque, ont surpris nos faciles engouements, M. Delacroix est le seul dont les œuvres actuelles me paraissent à la hauteur de l'enthousiasme qu'il soulevait jadis; il est le seul que l'examen attentif d'un âge plus mûr n'ait pas diminué, qui soit toujours resté jeune et vaillant comme aux beaux jours de la *Liberté*, du *Pont de Taillebourg*, du *Trajan*, du *Baudouin*. C'est la dernière étoile d'un temps où nous prenions tant de nébuleuses pour des planètes.

J'ai dit, au début de ce travail, que les études littéraires faites au collége Louis-le-Grand avaient laissé chez M. Delacroix une trace profonde retrouvée plus tard. Les rares travaux qu'il a publiés dans la *Revue de Paris* et dans la *Revue des Deux-Mondes* dénotent chez lui un esprit réfléchi, discipliné, discutant avec lui-même les principes de son art, en même temps qu'un écrivain soigneux de la politesse et de l'élévation du style. C'est un des côtés les plus curieux et les plus imprévus de M. Delacroix. Autant, le pinceau à la main, il sait faire bon marché des règles et dédaigne les théories, autant il est fiévreux, emporté, plein d'incorrections et de magnificences; autant, quand il écrit, il est châtié, contenu, précis, judicieux, autant il prêche le respect et l'étude des maîtres de l'art, dont il est le premier à secouer l'autorité. Ses travaux littéraires se réduisent à un bien petit nombre d'œuvres, dont voici les titres. Dans la *Revue de Paris : De la Critique en matière d'art, Michel-Ange et Raphaël* (trois articles), *Portrait du pape, par Lawrence*. Dans la *Revue des Deux-Mondes : Sur le Jugement dernier de Sigalon, Gros et Prud'hon* (deux articles), *Essai sur le Beau*. La précision et le goût dans le jugement, la netteté dans le style sont les caractères dominants de ces différents articles ; et parmi les écrivains qui, depuis quelques années, s'occupent avec tant d'ardeur de la critique d'art, je ne sache personne qui puisse être regardé comme supérieur à M. Delacroix. Pour répéter le mot de M. Delécluze, c'est Boileau jeune. Après avoir, dans son article sur la *Critique en matière d'art*, défini ce que l'on entend par cette dénomination ; après en avoir indiqué rapidement les devoirs et les droits, les principes et les tendances; après avoir signalé les services qu'elle est appelée à rendre, il a mis ses théories en pratique dans ses travaux sur Raphaël, Michel-Ange, Gros et Prud'hon. On pourra dire autrement que lui sur ces maîtres, on ne dira pas mieux, on ne donnera pas de raisons plus judicieusement déduites de l'admiration qu'ils nous inspirent ou du succès qu'ils obtiennent. Se servant pour peindre de la brosse des coloristes les plus fougueux, il semble qu'il écrive avec le crayon des dessinateurs les plus rigides. Si ses écrits sur l'art n'étaient pas seulement un accident dans sa vie, ce ne serait pas un classique en fait de critique d'art, ce serait le classique. Au siècle dernier, en Angleterre, Reynolds avait déjà donné l'exemple de ce singulier phénomène d'un coloriste faisant dans un style des plus corrects un dithyrambe en faveur des dessinateurs. La nature humaine se plaît à ces contradictions et retrouve par là son équilibre.

En dehors de l'artiste, M. Delacroix est une nature fine, élégante, spirituelle, un homme du monde dans ce que ce mot a d'élevé et de délicat. C'est en outre un des derniers causeurs d'une société où l'art et le goût de la conversation disparaissent de jour en jour. Causant bien, il aime naturellement à causer; il le fait avec vivacité et entraînement, et l'on se laisse aller au charme qu'exerce cet esprit orné, nourri de lectures variées et substantielles, évitant également le bavardage et le pédantisme, sachant toucher tous les sujets avec délicatesse et mesure, faisant en un mot un contraste singulier avec son talent pittoresque. Avec cette propension irréfléchie à confondre l'homme avec l'artiste, on est porté à s'imaginer M. Delacroix comme une espèce d'être farouche et chevelu, violent de ton, parlant rouge, et crevant, pour ainsi dire, des vessies de couleurs sur chacune de ses phrases. Il n'en est rien. La conversation est pour lui un allégement et un plaisir ; ses facultés s'y détendent, et ses interlocuteurs y gagnent en agrément autant que lui en repos.

Quelle sera, sur le mouvement de l'art français, l'influence de M. Delacroix depuis sa nomination à l'Académie? Pour répondre d'une manière satisfaisante à cette question, il faudrait entrer dans de trop longues considérations. Sans vouloir les aborder, on peut espérer qu'elle sera favorable aux progrès de nos artistes, et dire rapidement pourquoi. Depuis un nombre d'années trop long déjà, le mouvement de l'école se circonscrit de plus en plus dans la pratique des procédés matériels. L'habileté d'exécution, soit comme dessin, soit comme couleur, fait d'affligeants progrès. Il y a quarante ans, on composait un tableau d'après un *poncif* à l'usage de tout le monde. De nos jours, le *poncif* a passé dans l'exécution. L'adresse de la touche est tout, et la pensée peu de chose. Après cinq années d'atelier et de séjour à Rome, on fait un tableau comme on tourne un balustre ou comme on peint une persienne. Si l'on n'y prend sérieusement garde, cette invasion de la mécanique dans l'art, triste corollaire du débordement de l'industrie dans la littérature, le conduira à marches forcées vers sa décadence. En prêchant d'exemple, M. Delacroix peut l'arracher de cette ornière. Il apprendra aux débutants que, malgré une exécution incorrecte, on est un artiste vraiment digne de ce nom quand on sait mettre une pensée dans son œuvre; quand, ému soi-même, on parvient à agiter l'âme du spectateur, lorsqu'on y réveille les émotions ou les sentiments qui font la grandeur de l'homme, toutes les fois enfin qu'on élève l'intelligence au bien par le moyen du beau. Il pourra réagir utilement contre ce déplorable système, qui défend à l'artiste l'usage de la pensée et veut limiter l'exercice du cerveau à l'office de miroir. Si ce résultat était obtenu je m'inquiéterais peu des incorrections du maître; assez d'habiles praticiens sauraient en sauvegarder ses élèves, et l'on devrait remercier l'Académie d'avoir donné une chaire et l'appui du corps tout entier au peintre le plus agité, mais le plus penseur et le plus émouvant de notre siècle.

Avril 1857.

CÉLESTIN NANTEUIL

Il y a vingt-trois ans, en 1837, l'île de Bougival était l'endroit le plus solitaire et le plus tranquille des environs de Paris. Le dimanche, le repos était à peine troublé par quelques pêcheurs à la ligne, race silencieuse par excellence, ou par trois ou quatre familles de bourgeois promenant leurs figures réjouies dans les sentiers de l'île. Pendant la semaine, la solitude était complète : on pouvait se croire à cent lieues de toute agrégation de maisons.

La Seine, partagée en deux bras, avivait la végétation et lui donnait une force et une fraîcheur rares dans nos climats. En se plaçant au centre de l'île, le dos tourné au village de Bougival, on était entouré par de grands tapis d'herbe étincelants de marguerites et de boutons d'or qui s'étendaient jusqu'en face le village de Croissy, où commençaient à se bâtir de rares habitations. Au delà de la Seine, les cultures bordées par les bois du Vésinet venaient, vers la gauche, se rattacher au pied du coteau de Saint-Germain, dont la terrasse se perdait à l'horizon. Derrière, et se rapprochant de plus en plus de Bougival, l'amphithéâtre de collines dominées par les arcades de l'aqueduc de Marly abritait dans ses plis les clochers et les riches végétations de Voisines, de Marly, de Luciennes, et les blanches façades de quelques propriétés particulières, parmi lesquelles se faisait remarquer le château de Jonchère. A droite, les bois de l'île même. Au-dessus, un joli ciel bleu où glissaient, poussés par les brises printanières, de légers nuages : tel était l'aspect dont on jouissait des prairies de l'île vers le milieu du mois de mai. En pénétrant dans l'intérieur, le spectacle, pour être différent, n'était pas moins beau. Je n'ai jamais retrouvé une végétation plus énergique. Le limon de la Seine, déposé par les inondations, donnait à la séve une incomparable énergie. Le long des berges, les terres, retenues par des palissades d'aubépines et d'églantines, étaient ombragées par le feuillage des saules et des aunes. Dans les fourrés, les marronniers mêlaient leurs tyrses de fleurs blanches et roses aux pyramides des lilas et aux grappes des cytises. Parfois un grand platane filait dans l'air comme une fusée et allait épanouir à cent pieds de terre son parasol de feuillage. A sa base, l'herbe épaisse et drue laissait échapper ses feuilles de bardane d'une longueur monstrueuse et d'un vert bleu à force d'intensité. La nature, abandonnée à elle-même, s'en donnait à cœur joie. Enfin l'extrémité orientale de l'île, rattachée à celle de Chatou par une chaussée construite, dit-on, par Gabrielle d'Estrées, qui possédait une maison à Bougival, offrait des masses de verdure et d'arbres penchés sur l'eau qui, pendant dix ans, ont fait la joie de toute une génération de paysagistes. A l'époque dont je parle, ces splendeurs n'étaient guère appréciées que par huit ou dix apprentis peintres et littérateurs. Deux artistes, MM. Baron et Français, travaillaient ensemble, dans la combe la plus cachée de l'île, à leur premier tableau, *Chanson sous les saules* (salon de 1837); et Célestin Nanteuil, habitant Chatou, y venait fréquemment, tantôt poser des lignes, tantôt dessiner des études. Il possédait une embarcation, *la Grenouille*, restée célèbre dans les fastes de la canoterie parisienne, dont elle est en quelque sorte la mère. La connaissance fut bientôt faite entre les deux habitants de l'île et l'équipage de *la Grenouille*. Edmond Hédouin, Adolphe Leleux, Douët d'Arcq, Léon Clopet, se lièrent avec Baron et Français, et, depuis vingt-cinq ans qu'elle dure, le temps n'a fait que cimenter entre eux une amitié formée par le hasard et consolidée par le caractère de chacun.

De ce groupe, dont tous se sont fait une position honorable dans les arts et dans les lettres, un seul était alors connu du public : c'est l'artiste qui fait l'objet de ce travail.

Né en 1813, Célestin Nanteuil était en 1837 un homme de vingt-quatre ans. Sa famille avait accompagné le roi Joseph à Naples, et y était restée sous l'administration du roi Murat. Des relations d'intérêt appelant souvent sa mère de Naples à Rome, c'est au hasard d'un de ces voyages qu'il dut de venir au monde dans la ville éternelle. Les événements politiques ne tardèrent pas à rappeler la colonie à Paris, où elle s'installa au milieu de 1814. Sans fortune, Nanteuil dut demander de bonne heure au travail les ressources dont sa famille était dépourvue. Le voisinage du Louvre, où tout enfant il allait passer des journées entières, ses longues stations à l'atelier de son frère le sculpteur, devenu depuis membre de l'Institut, décidèrent de sa vocation. Il voulut être artiste ; et si, au début, il devait trouver le développement de l'indépendance de son caractère et de sa gracieuse imagination, il n'était pas destiné à y rencontrer la richesse. Mais il était jeune alors, et peu lui importait ; peu lui importe encore aujourd'hui. Il a vécu suivant ses goûts, trouvant dans son travail de quoi se mettre à l'abri du besoin : cela lui suffit.

Après avoir fréquenté quelque temps l'atelier d'un peintre nommé Langlois, oublié maintenant, il suivit pendant deux années les cours de l'École des beaux-arts, où il entra en 1827. C'était l'aurore du mouvement qui éclatait dans toutes les branches de l'art contre la tradition et les règles. Dans la littérature, les jeunes gens attaquaient l'Académie ; dans les beaux-arts, c'était l'Institut et l'enseignement de la quatrième classe que l'on battait en brèche. Le romantisme allait discipliner tous ces révolutionnaires et leur donner un chef, une charte et un drapeau. Sous beaucoup de légèreté et d'outrecuidance, il se cachait en somme un besoin légitime de voir entrer

dans le domaine de l'art un peu de fantaisie et de
liberté, une part quelconque de la personnalité humaine dont l'époque précédente n'avait pas suffisamment tenu compte. En dépassant le but, en prétendant faire une révolution là où une réforme était
seule nécessaire, le romantisme a perdu sa cause;
mais il n'en n'est pas moins vrai qu'au début sa légitimité n'était pas contestable. Il ne faut pas oublier
que ce qui nous paraît ridicule et vieillot à trente
ans de distance, était charmant alors sous le passeport de la jeunesse.

Ces idées de rénovation chimérique flattaient trop
les vœux secrets de Nanteuil pour qu'il ne se les assimilât pas. Aussi, tout en acceptant les conseils de ses
maîtres de l'École des beaux-arts, les trouvait-il au
fond retardaires, encroûtés, *perruques*, comme on disait, et rêvait-il un idéal qu'aucun parmi eux n'eût été
en état de comprendre et de satisfaire. A l'École des
beaux-arts, il se trouva bien vite en communion
d'idées avec ses condisciples, et devint un des chefs
tacitement reconnus du mouvement. Aussi lorsque
après deux années d'études assez suivies, pendant lesquelles il obtint une médaille de figure et une autre
de perspective, une manifestation tapageuse contre
je ne sais quel professeur força le conseil de l'École
à congédier quelques élèves, paya-t-il pour tout son
passé, et fut-il exclu, quoiqu'il ne suivît pas les cours
de ce professeur. Cette exclusion fut une ovation.
Regardé par ses camarades comme un martyr de ses
opinions, comme un confesseur de la foi nouvelle, il

reçut des félicitations qui eussent pu le faire passer pour un grand homme à ses propres yeux. Mais il n'avait pas de vanité, et sa carrière brisée lui faisait considérer cet événement sous un jour beaucoup moins souriant.

Il en était là de ses rêves, battant le pavé de Paris d'une façon assez lugubre, étudiant volontiers les côtés faibles de l'Institut et cherchant par où l'assaut serait le plus facile, quand éclata la révolution de Juillet.

Un pareil spectacle, qu'il suivit dans toutes ses péripéties avec la curiosité de son âge, n'était pas fait pour calmer ses idées indépendantes. Il roulait dans sa tête mille projets bizarres, et se persuadait volontiers que tout un peuple n'avait pris les armes et renversé une dynastie que pour proclamer la liberté absolue de l'art, lorsque sa famille, en quittant Paris pour Nantes, l'enleva à cette atmosphère trop capiteuse. Ce fut à Nantes que se décida sa vocation et où sa vie prit sa tournure définitive. Ayant fait l'acquisition de je ne sais quel objet, on le lui remit enveloppé dans une épreuve de la *Ronde du Sabbat*, de M. Victor Hugo. La lecture de cette versification endiablée, de ces mots baroques, de ces images violentes, de ces rimes retentissantes, de toute cette fantasmagorie creuse, mais pleine de couleur et d'effet, le transporta. Elle en a transporté bien d'autres, qui depuis ont brûlé sans pudeur tous les dieux de leur jeunesse, et qui rougissent d'avoir eu l'imagination vive à vingt ans! Nanteuil n'a jamais chanté la palinodie, il est resté ce qu'il était, et cette persistance dans ses goûts et ses préférences n'est pas une de ses moindres originalités.

Revenu à Paris en 1832, il se mit bien vite en relation avec les jeunes poëtes, peintres, sculpteurs, littérateurs, artistes de tout genre et de toute espèce qui formaient l'état-major du romantisme, et auprès de qui son exclusion de l'École des beaux-arts lui donnait un certain relief. Un des nombreux endroits de réunion du groupe était l'atelier d'un sculpteur, M. Jean Dusseigneur, situé rue de Vaugirard, au coin de la rue du Regard. Là se rencontraient, rapprochés par la même croyance littéraire et par la même exubérance de prosélytisme, MM. Théophile Gautier, Gérard de Nerval, Petrus Borel, Auguste Maquet, Léon Clopet, Adolphe Leleux, et plusieurs autres dont le nom m'échappe. M. Alexandre Dumas, déjà bien connu, et que quelques schismatiques opposaient secrètement à M. Victor Hugo, honorait de temps à autre l'atelier de sa présence. Avec le trouble où la révolution de Juillet avait jeté les esprits, je laisse à penser les motions incendiaires qui se succédaient dans ces réunions. Les noms des auteurs classiques et des membres de l'Institut y soulevaient des orages d'indignation. Racine et Delille, Lebrun et David, y étaient régulièrement voués aux dieux infernaux. Entraînés par leur zèle, vêtus de costumes hétéroclites, les néophytes se transportaient en pèlerinage devant le domicile de M. Hugo, situé rue Notre-Dame des Champs, et y faisaient des stations quasi religieuses.

Le quartier était en émoi, les bourgeois *stupides*, réveillés par le tapage et croyant à une émeute, se mettaient sur le pas de leurs portes, et montrant à la bande joyeuse des faces bouleversées par la surprise, recevaient à brûle-pourpoint les lazzi qu'on leur décochait en rentrant à l'atelier.

Nanteuil, on le pense bien, n'était pas le dernier à de pareilles fêtes. Mais, revenu chez lui, il se mettait au travail et s'efforçait de servir sa cause d'une façon plus sérieuse et plus efficace. Quatre dessins pour un drame en préparation de ce malheureux Gérard de Nerval, *Charles VII*, drame qui fut toujours en préparation et n'était pas destiné à voir le jour, furent montrés à M. Hugo et mirent en relation directe le pontife et le catéchumène du romantisme.

Être admis dans le salon de M. Victor Hugo était le dernier degré de l'initiation; pour le monde des lettres, c'était le premier échelon de la célébrité. J'ai connu d'honnêtes jeunes gens qui passaient des heures entières à la porte du temple à regarder descendre de fiacre et patauger dans la crotte les illustrations d'alors. C'était là, dira-t-on, des ridicules. Ridicules, soit; mais derrière cet enthousiasme exagéré se cachait un besoin des occupations les plus élevées de la pensée, un culte pour les nobles œuvres de l'esprit ou de l'imagination qui sont la marque indélébile de ce qui fut jeune à cette époque.

Il existait entre les romantiques une solidarité de petits à grands qui tend à disparaître de jour en jour de la république des lettres. C'était le fort du combat contre les classiques, on se savait en présence de l'ennemi, et on se serrait les uns contre les autres ; on avait formé une camaraderie d'autant plus puissante que ses statuts n'en étaient écrits nulle part. Tous avaient besoin de chacun, et chacun aidait à tous. Il est sans doute plus beau d'être seul à lutter et à vaincre, mais on voulait arriver à un but, la liberté de l'art, et il était plus utile, sinon plus glorieux, d'y employer l'effort collectif. C'est de l'instinct ; et jamais personnalités ne furent sacrifiées de meilleure grâce au besoin général. Nanteuil trouva donc dans l'entourage de M. Hugo des sympathies toutes prêtes à le soutenir, et des camarades ardents à le prôner. D'un autre côté, bien peu parmi eux consacrèrent plus de travail à la défense de la foi commune.

Ce fut un beau moment. Avec les deux frères Johannot, il devint le grand illustrateur des productions romantiques. Son imagination vive saisissait rapidement le côté original d'une œuvre, la scène à effet, et sa facilité de main l'interprétait avec une égale prestesse sur le cuivre ou l'acier. Un livre ne pouvait paraître chez Eugène Renduel sans que sa couverture beurre frais ne fût doublée d'une eau-forte signée *Célestin Nanteuil*. Les vignettes des drames de Victor Hugo, d'*Albertus*, de Théophile Gautier ; de *Résignée*, de Gustave Drouineau ; de *Venezia la bella*, d'Alphonse Royer ; de la *Tour de Londres*, d'Alphonse Brot, d'une foule de publications de 1832 à 1836, la grande eau-forte intitulée *la Jolie fille de la Garde*, faite pour les *Antiquités du Bourbonnais*, d'Achille Allier

(1836), celle — une des plus jolies de Nanteuil — composée pour le bal de l'Opéra-Comique (1835); celle du *Monde dramatique*, que publiait Gérard de Nerval, réjouissent encore tous ceux qui n'ont pas oublié leurs sympathies romantiques. Ce n'était pas la correction qui distinguait ces productions; mais, au milieu de leur bizarrerie, on reconnaît une science de l'effet, un imprévu absents des illustrations actuelles beaucoup plus savantes. Une fois ses travaux terminés, Nanteuil, fidèle au mot d'ordre, ne manquait aucune des fêtes intellectuelles données par les auteurs en crédit à la Jeune France. Aux premières représentations des pièces de MM. Victor Hugo, Alexandre Dumas, Bouchardy, Malefille, Célestin Nanteuil avait sa place marquée. Sa grande stature, les magnifiques camélias qui ornaient sa boutonnière, le désignaient à l'attention enthousiaste du parterre, composé d'amis plus chauds et surtout plus intelligents que les claqueurs payés qui le remplissent aujourd'hui.

Jusque-là exclusivement occupé de ses travaux, il n'avait jamais touché de pinceau. Encouragé par les conseils d'un vieil artiste classique, M. Dubois, esprit fin et indépendant que n'effarouchaient nullement les exubérances de la jeunesse, il concourut en 1831 pour l'esquisse du tableau de *Boissy d'Anglas,* commandé pour la chambre des députés, et dont l'exécution fut confiée à M. Vinchon. Son esquisse se ressentit de sa témérité, et la chute fut aussi lourde que le coup d'essai avait été audacieux. Mais cet échec, loin de le décourager, le retrempa, et deux ans après, il envoyait son premier tableau au salon de 1833. C'était *la Fuite en Égypte*. Ce que devint la tradition dans ce tableau, je n'ose pas le dire. L'artiste, cédant à ses tendances, s'était surtout préoccupé de la couleur locale, le dada de l'école, et au lieu de représenter la Mère d'un Dieu emportant son Fils, et avec lui la Rédemption du monde, à travers les mille dangers d'une persécution, il n'avait peint qu'une famille de bédouins traversant un torrent en bateau. L'idée d'ailleurs était originale, et l'on n'en demandait pas davantage. Aussi *la Fuite en Égypte* eut-elle un certain succès, et fut-elle reproduite dans tous les recueils artistiques qui pullulaient alors.

Depuis cette époque, Célestin Nanteuil n'a jamais manqué, quand il l'a pu, de figurer aux expositions de peinture. Voici la liste de ses envois, relevée sur les livrets officiels :

Années 1835. *Un Mendiant*, n° 1627 (musée de Boulogne).
— 1837. *Le Christ*, n° 1360 (église de Boissy-Saint-Léger).
A la suite de cette exposition, Célestin Nanteuil obtint une médaille de 3e classe.
— 1840. *L'Ermitage*, n° 1229 (à M. Delaunay).
— 1841. *Intérieur de forêt*, n° 1492.
— 1842. *Une Source*, n° 1414 (musée de Nantes).
— 1846. *Dans les vignes*, n° 1354 (à Lyon).
— 1848. *Un Rayon de soleil*, n° 3434 (au musée de Lille). Ce tableau obtint une médaille de 2e classe.
— 1850. *La Tentation*, n° 2291.
— 1853. *La Vigne*, n° 869.
— 1855. *Souvenir du passé*, n° 3721.

ANNÉES 1855. *Le Baiser de Judas,* dessin d'après le Van Dick du musée de Madrid.
— 1857. *Une Scène de Don Quichotte,* n° 1991.
— 1859. *Séduction,* n° 2242.
— — *Perdition,* n° 2243.
— — *Ivresse,* n° 2244.

A partir de 1840, on peut remarquer dans le choix de ses sujets comme dans sa manière une espèce de transformation. Abandonnant la figure et le poncif romantiques, la reproduction des aspects de la nature devient le motif principal de ses compositions, et la figure est reléguée à une place secondaire. Son imagination, doublée du souvenir de son séjour à la campagne, lui fait trouver dans le jeu de la lumière, dans les bois, des effets d'un indicible attrait. *L'Ermitage, une Source, un Rayon de soleil,* pèchent par l'exécution ; comme idées, ce sont des tableaux remplis d'une rêverie douce, dont la mémoire garde un attrayant souvenir. On peut reprocher à Nanteuil un dessin peu correct et trop lâché, des types lourds, une couleur manquant de transparence et tournant parfois au noir. Mais l'idée nous fait rapidement oublier ces défauts ; et le caractère de toutes ses productions est une fantaisie rêveuse et charmante.

L'influence de Nanteuil dans le cénacle a été occulte, mais elle est indiscutable. Son esprit fin, original et vif, sa nature très-naturelle et très-franche, le firent rapidement distinguer par M. Hugo de la foule des thuriféraires dont les défauts étaient tout opposés, et nouèrent entre eux une liaison qui se refroidit sans se rompre vers 1846. Ils firent ensemble, au printemps de 1836, un voyage en Normandie : et c'est à cette intimité, à cette vie côte à côte pendant deux mois, que je ferais remonter dans l'imagination du poëte les premiers linéaments de l'originale figure de Don César de Bazan de *Ruy Blas*. Les vives reparties du grand seigneur devenu bohème, l'étonnement tranquille et joyeux auquel il donne une forme si communicative, sont du Nanteuil tout pur. Ceux qui fréquentaient son atelier à cette époque retrouvent encore scandées en alexandrins les folles arabesques qu'y dessinait parfois la conversation. La couleur, le mouvement du romantisme, sont venus de différents côtés : Célestin Nanteuil en a été l'esprit.

A la suite de son excursion en Normandie, Nanteuil visita la Belgique et la Hollande ; j'ai pu voir quelques-unes des lettres écrites pendant son voyage, et j'ai été frappé par la vivacité de ses impressions, par leur horreur du lieu commun mélangée d'une dose bien rare de gaieté et d'humour. Elles sont accompagnées d'un certain nombre de croquis à la plume représentant les objets décrits. Je m'étonne qu'à ce moment un éditeur avisé n'en ait pas fait une publication illustrée. Ce serait un *Guide* qui en vaudrait bien un autre, et, en tout cas, un livre des plus amusants. Aujourd'hui, ces lettres sont dispersées et beaucoup doivent être détruites.

De retour de Hollande, Nanteuil s'installa rue de Seine, dans un atelier qui devint un des quartiers généraux de la jeune école, comme elle s'intitulait encore. C'est l'été suivant qu'il prit à Chatou ce pied-à-terre d'où nous l'avons vu partir pour exécuter à bord de la *Grenouille* un voyage de circumnavigation le long des côtes de l'île de Bougival. Les habitants de la commune en ont gardé le souvenir, et plus d'une fois, le jour de la fête patronale, le maire, entraîné par la gaieté des canotiers, leur demanda de contribuer aux divertissements en dehors de l'annonce du programme officiel. Ce qu'il se commit là d'éblouissantes excentricités, ce qu'il se dépensa de joyeusetés imprévues, n'est plus de notre temps et ne serait plus compris de nos générations plus gourmées, si je le leur racontais. Bougival devint un centre d'opérations si naturel, que quelques années plus tard, Nanteuil s'y fit construire un grand atelier. Le nom du village avait acquis d'ailleurs une certaine notoriété dans le monde des artistes : Français, Baron, Leleux, en avaient vanté les merveilleux points de vue et les splendides environs. Pendant la belle saison, toute une colonie de peintres y venaient planter leurs parasols ; et l'on reconnaît encore à un certain air de famille les artistes de l'école de Bougival, comme dix ans plus tard on devait distinguer un coloriste de l'école de Barbizon.

Dès 1833, en même temps qu'il illustrait d'eaux-fortes les romans de l'époque, Nanteuil avait rencontré dans la lithographie un moyen de publicité expéditif dont il s'appropria rapidement la pratique, et qu'il devait pousser à un rare degré de perfection. Ses premiers essais furent des encadrements pour le *Voyage de l'ancienne France*, de MM. de Cailleux et

Taylor, publié sous le patronage des chefs romantiques. De la même époque datent les têtes de romance pour les compositions de Monpou, l'*Andalouse* et *Lénore*, genre de travail auquel son nom a dû son retentissement.

Depuis Senefelder la lithographie était restée à peu près stationnaire ; se bornant à rendre avec une extrême sécheresse le dessin d'un tableau, les artistes lithographes traçaient sur la pierre des hachures plates et timides qui ne reproduisaient ni l'effet, ni la couleur ni le modelé. Ce furent ces précieuses qualités dont Nanteuil dota la lithographie. Sous son crayon les teintes diverses se juxtaposèrent auprès les unes des autres ; au lieu d'une touche uniforme et grise, on obtient à volonté des effets moelleux ou puissants, brillants ou sombres, voilés ou éclatants ; le graveur put suivre le peintre jusque dans les procédés les plus délicats des combinaisons des couleurs. Il élargit le domaine où Lenglumé et Lasteyrie n'avaient fait que des pas timides ; et si, de nos jours, nous avons pu admirer des œuvres où, comme dans la *Ronde de nuit*, Mouilleron peut accepter le combat avec Rembrandt, il ne faut pas oublier que c'est en grande partie à Nanteuil qu'on le doit. Voilà bientôt trente ans qu'il travaille pour les éditeurs de musique ; il n'y a guère de compositeur de romances, aux *Ombres du soir*, aux *Brises du matin*, aux *Balancelles*, aux *Sévillanes*, de qui il n'ait donné un corps. Si ces dessins ne se font pas remarquer par une justesse impossible à obtenir avec la rapidité de leur composition, il faut du moins y reconnaître l'étrange et féconde variété dont il fait preuve. Cette fécondité même fait regretter que les circonstances n'aient pas permis à l'artiste de se concentrer davantage et de donner à son talent une maturité égale à son originalité. S'il eût pu compter sur un avenir assuré, s'il n'eût pas été forcé par le hasard de demander le pain de chaque jour à un labeur incessant, il n'est pas douteux — et j'en appelle à tous ceux qui l'ont vu de près — qu'il n'eût développé les germes d'une suprême élégance. Il est inutile d'insister sur ce point. Il faut juger Nanteuil sur ce qu'il a été et laisser à ses amis le regret de ce qu'il aurait pu être.

Le nombre des lithographies courantes, des œuvres de commerce de Nanteuil, se monte à plus de cinq mille pièces. On comprendra qu'il ait eu le temps de produire autant, quand je dirai que je l'ai vu souvent se mettre à sa table de travail à la nuit tombante, et, le lendemain, porter à l'imprimeur trois pierres entièrement terminées. Et encore dans ce chiffre ne fais-je pas figurer une foule de publications plus étudiées qui sont ses véritables titres comme lithographe et dont voici les principales :

Les *Artistes contemporains*, publication de M. de Tournemine où Nanteuil figure pour plus de cent pièces ;

Le *Désert*, de Félicien David : six pièces ;

Le *Musée de Madrid*, publication faite par un éditeur de Madrid : vingt-cinq pièces ;

Don Quichotte, publication faite également en Espagne : vingt-cinq ou trente pièces;

Voyage au Caucase et *Sacre de l'empereur de Russie*, par le prince Gagarine : cinquante pièces. Ces deux ouvrages ne sont pas dans le commerce;

Les *Premières roses* et *Roses d'automne*, d'après M. Chaplin, deux pièces.

Et ce n'est pas encore là tout. A l'époque où les publications illustrées de gravures sur bois étaient devenues une véritable fureur, la facilité de Nanteuil fut une providence pour beaucoup d'éditeurs aux abois. Les ouvrages dont il a dessiné les bois ne me reviennent pas tous en mémoire, mais voici ceux qui furent le plus remarqués lors de leur apparition : *Télémaque; Jérusalem délivrée;* l'*Arioste;* les *Anciennes rues de Paris; Racine* (qu'a dû dire la muse du romantisme!); *Picciola,* par Saintine; le *Lion amoureux,* par Frédéric Soulié; *Mathilde*, par Eugène Sue.

Pour exécuter tous ces travaux, Nanteuil avait dû abandonner Paris où l'imprévu de chaque jour vient suspendre le labeur commencé, et l'atelier de Bougival espèce de pied-à-terre où il venait seulement passer les mois de la belle saison. En 1846 il se retira au Bas-Meudon, à Montalais, dans une petite maison à jardin, sur le penchant d'un coteau d'où l'on jouissait de la vue de tout le cours de la Seine depuis Grenelle jusqu'à Saint-Cloud. Le jardin, encombré de beaux arbres, mais complétement inculte quand il en prit possession, devint un paradis de fleurs et de verdure au bout de deux années, grâce aux soins des amis et des camarades de Nanteuil. Pendant cinq ans ils se réunirent une fois par semaine, et jamais manœuvres grassement payés n'ont été moins économes de leurs sueurs. Ce jour-là chacun s'emparait qui d'une pelle, qui d'une pioche, qui d'une brouette; on taillait les arbres, on sarclait les allées, on empotait les boutures, on échenillait les rosiers, on arrosait les carrés de légumes, on allait à la chasse aux limaces avec une rapière signée sur la lame *Sahagun in Toledo*; le jardin se transformait en atelier auquel huit ou dix ouvriers de bonne volonté donnaient la plus joyeuse animation. Les calembours répondaient aux chansons, les coq-à-l'âne aux bons mots, sans arrêter la besogne ni suspendre la métamorphose du jardin. Un jour il fallut faire disparaître un mouvement de terrain; un terrassier consulté demanda huit cents francs pour cette opération. Nanteuil avait d'excellentes raisons pour ne pas vouloir donner cette somme; il en référa à ses amis, qui furent d'avis de se passer du terrassier et se mirent immédiatement à l'œuvre. Il ne fallut que quatre jours pour faire disparaître cette verrue, et encore, pendant ces quatre jours, y en eut-il un où l'opération fut retardée par la pluie. Ce jour-là les travaux furent suspendus pour cause d'humidité publique.

La *Grenouille* avait suivi Nanteuil au Bas-Meudon. L'équipage se composait de tous ceux que nous avons vus au début à Bougival. Pendant plusieurs années, on exécuta régulièrement des voyages de découvertes sur tout le cours de la Seine, de Sèvres à Poissy. Au bout de peu de temps, il n'y avait pas d'endroit si retiré que l'équipage n'eût visité à plusieurs reprises. L'habitude de manier la voile et l'aviron lui avait donné une certaine assurance, et il fut sérieusement question de descendre dans la frêle embarcation la Seine du Pecq au Havre. Ce projet ne fut pas exécuté ou du moins changea de forme, et au lieu d'une barque que le moindre vent eût chaviré, ce fut un train direct de chemin de fer qui déposa un jour les marins d'eau douce sur la plage du Havre et les ramena le surlendemain.

C'est au milieu des douceurs de cette villégiature que la révolution de 1848 surprit Nanteuil. La commotion de février réagit sur lui comme sur tout le monde et révéla des facultés d'organisateur, un sens pratique, une persévérance d'idées qu'on ne soupçonnait pas dans une nature vouée jusque-là au culte exclusif de la fantaisie. Laissant libre le champ de la politique à de moins sensés qui s'y sont cassé le cou, il crut le moment venu d'obtenir pour les artistes une organisation plus libérale que celle qui jusque-là avait régi leurs rapports avec le public.

Tant de choses se sont passées depuis lors que l'on a oublié les récriminations auxquelles furent en butte, pendant tout le règne de Louis-Philippe, les membres de l'Institut composant le jury chargé d'examiner les œuvres présentées aux salons annuels. Les récriminations n'étaient pas toutes injustes. En laissant de côté l'utopie de l'admission sans jury, on prétendait que quelle que fût la modération des jugements de ce jury, il serait toujours soumis aux théories de l'Académie, et que, par esprit de corps, il admettrait forcément des œuvres, même mauvaises, composées dans le sens de ces théories, et en repousserait d'autres, même bonnes, traitées dans une donnée opposée. On disait également qu'après des preuves faites pendant un certain laps de temps et une certaine notoriété, un artiste acquérait des droits inviolables et devait être renvoyé sans intermédiaire devant le juge en dernier ressort : le public. L'expérience a prouvé tout ce qu'il y avait de fondé dans ces réclamations ; et l'administration, en enlevant au jury l'examen des œuvres des artistes décorés ou ayant obtenu une première médaille, a donné raison aux réformateurs de 1848, en même temps qu'elle a permis aux jurés de consacrer plus de temps à leur examen et de le rendre plus sérieux. Telles étaient, dans leur ensemble, les questions soumises à toutes les sociétés, à tous les clubs d'artistes éclos pendant les premiers mois de 1848.

Nanteuil fut fondateur de plusieurs de ces sociétés, membre de toutes, président de quelques-unes. Je l'ai suivi tour à tour à l'École des beaux-arts, au Conservatoire des arts et métiers, à l'Institut, à la Chambre des députés, partout enfin où l'on obtenait de l'administration du moment l'autorisation de planter sa tente ; et j'ai pu apprécier tout ce qu'il lui fallut de patience, d'autorité sur lui-même, de dévouement à la cause qu'il avait embrassée, pour ne pas jeter vingt fois le manche après la cognée et ne pas regarder tranquillement de sa fenêtre passer le curieux tohu-bohu du moment. J'ignore ce qui se faisait dans les autres clubs ; mais il me paraît difficile qu'il s'y soit produit plus de motions saugrenues, plus des projets hétéroclites, plus de théories grotesques, plus d'idées enfantines, plus de propositions futiles et inapplicables, dans une forme plus violente et plus excessive. La politique en fournissait le fonds, et au milieu de l'enfantement d'un projet d'organisation raisonnable, il fallait repousser les démarches des autres clubs cherchant à pousser les artistes hors de leur sphère d'action et à les jeter sur la place publique. Le sang-froid de Nanteuil au milieu de ces tempêtes n'en était pas le spectacle le moins intéressant. Un soir entre autres, aux Arts et Métiers, vers la fin du mois de mars, on reçut en grand cérémonial les délégués de deux ou trois clubs des plus avancés, venant proposer aux artistes de se joindre à une *manifestation de travailleurs* et de faire acte d'adhésion au gouvernement provisoire. Tout était réglé. Chaque corporation devait porter les instruments de sa spécialité et les emblèmes de la souveraineté du peuple, c'est-à-dire des armes ; les artistes auraient tenu une palette d'une main et un fusil de l'autre. C'était une petite proposition d'émeute nullement déguisée : elle fut acceptée, mais l'émeute avorta. Ce fut le coup de grâce ; le peu d'adhérents conservant encore l'ombre de sens commun donnèrent leur démission. Le reste se dispersa, et les journées de juin étant survenues,

Nanteuil put continuer son œuvre avec plus de calme et de suite.

Cependant un comité chargé d'élaborer un projet de règlement avait été nommé par un assez grand nombre d'artistes. Il se composait de soixante-douze membres, dont faisaient partie toutes les illustrations de l'art français. Des réunions nombreuses eurent lieu pendant lesquelles on put acquérir la triste certitude que toutes les facultés ne sont pas solidaires, que pour être un grand artiste on n'est pas un homme pratique, et que le génie de l'art peut parfaitement se passer de bon sens dans les choses de ce monde. Il fut joué là des scènes dont il est inutile de nommer les acteurs, mais qui n'eussent eu besoin que d'être sténographiées pour composer les plus amusantes comédies de mœurs que l'on puisse imaginer. Au bout d'une année, en 1849, on publia un projet de règlement qui alla rejoindre tous les projets d'alors; le comité des soixante-douze déclara sa mission terminée, et il n'en fut plus question.

Ce comité, il faut le reconnaître, s'était trouvé dès l'abord en présence d'une difficulté insurmontable en France, celle de donner aux artistes une organisation indépendante de l'action du gouvernement. Là était le nœud de la question, et il ne pouvait être tranché. Cela tient aux mœurs de notre pays autant au moins qu'au caractère des artistes. Il en va autrement en Angleterre, où ceux-ci savent trouver des ressources par eux-mêmes, se groupent en société, font à leur vanité des sacrifices qui profitent à tous, et se créent en s'agglomérant une existence indépendante. Chez nous, nos habitudes d'extrême centralisation devaient réagir sur les travaux de ce comité. Tout en faisant sonner bien haut sa liberté d'action, personne n'entendait *in petto* abandonner les chances de profiter des commandes dont dispose l'administration ; dès lors on se soumettait à son action, et cette sujétion implicitement admise, il fallait forcément laisser l'administration libre de répandre ses libéralités comme elle l'entendait. Avec cette arrière-pensée, les décisions des artistes ne pouvaient être que des vœux, et ne devaient être considérées que comme tels par l'administration supérieure. Aussi toute cette agitation n'aboutit-elle à rien dès que l'initiative gouvernementale eut retrouvé un peu de force. Il serait injuste toutefois de ne pas savoir gré de leurs efforts à ceux qui tentèrent de trouver un compromis entre deux antagonismes aussi mal définis, et cherchèrent un résultat qui eût donné plus de liberté aux uns en dégageant la responsabilité des autres.

A ce compte, personne ne mérita mieux la reconnaissance de ses confrères que Nanteuil. Pendant dix-huit mois, il consacra tout son temps à modérer la vanité des uns, à calmer les exigences des autres, à réveiller la bonne volonté de ceux-ci, à assoupir les emportements de ceux-là. Aucune démarche, même des plus difficiles, même des plus délicates, ne lui coûta. Il repoussa, pour pouvoir poursuivre exclusivement son entreprise, des travaux que son influence personnelle lui avait fait offrir par l'administration, mais dont l'acceptation eût pu paraître un engagement, et ne lui eût pas laissé une complète indépendance. En somme, ce que sa persévérance lui rapporta de plus clair, ce fut de voir son gagne-pain prêt à lui échapper, et d'entendre plusieurs de ceux même au service desquels il se dévouait, le poursuivre des accusations d'ambition et d'intérêt personnel, accompagnement nécessaire d'une pareille entreprise. J'ai entendu de pauvres diables l'accuser de viser à la dictature de l'art, sans pouvoir leur faire expliquer ce qu'ils entendaient au juste par là, autrement qu'en répétant cette phrase à effet.

A partir de 1850, déçu dans ses idées de philanthropie artistique, et froissé du peu de sympathie qu'il avait rencontrée parmi ses confrères, il est revenu avec plus d'ardeur à ses travaux de lithographie et de peinture. Appelé en Espagne en 1853, il y fit un séjour de deux années pendant lesquelles il reproduisit en lithographie les principaux tableaux du musée royal de Madrid, et en rapporta des copies d'après Velasquez, Rubens, Van Dick, Ribera, Titien, Véronèse, Jordaens, qui sont la reproduction la plus exacte des merveilles de cette collection. En 1859, le secret désir de revoir sa ville natale l'a poussé en Italie, dont il a exploré les musées avec le même soin et la même ardeur de travail qu'en Espagne.

Nanteuil est aujourd'hui un homme de cinquante ans, rempli d'énergie et de bonne volonté. Peu d'existences ont été plus laborieusement remplies ; et si le but atteint n'a pas été en raison de l'effort dépensé, il faut en accuser le hasard, qui ne lui a pas permis de développer toutes ses facultés. Ses amis seuls sauront tout ce que cette vive et charmante imagination eût pu produire si elle eût eu devant elle un peu de loisir et d'indépendance. Faute de mieux, il restera le chef de cette école de lithographie qui laissera dans l'histoire de l'art français au dix-neuvième siècle une trace ineffaçable.

Août 1860.

LES
NOTABILITÉS DE L'ART

DEPUIS DIX ANS — 1848-1858

I

Aujourd'hui que le bruit fait autour de l'exposition de 1857 est calmé, et que le public ne se passionne plus pour ou contre telle ou telle œuvre, on peut avec plus de certitude qu'il y a un an se demander quel est l'enseignement de ce concours, et essayer d'entrevoir le caractère et les tendances de la prochaine exposition. Un pareil travail, je le sais, n'offre rien de brillant. Il n'y a pas grand mérite à se prononcer sur une cause aussi longuement et aussi pertinemment discutée que celle-ci. Loin donc de moi la pensée d'aborder un terrain où je ne trouverais pas un épi à glaner. Je veux seulement, au milieu des noms cités à propos de l'exposition de 1857, insister sur les artistes dont le tempérament me paraît devoir résister au succès d'un jour, et que je crois capables de perpétuer les traditions françaises.

Dès l'ouverture de l'exposition, tout en rendant justice à la somme de talent répandue, tout en reconnaissant que cette somme s'élevait en s'élargissant, un point cependant a paru généralement admis : c'est que la grande peinture, celle qui a pour moyen la représentation des faits religieux ou historiques et pour but l'élévation des plus nobles sentiments du cœur ou des plus pures facultés de l'intelligence ; c'est que cet art, dis-je, allait disparaissant de plus en plus, et, si l'on n'y prend garde, serait avant peu totalement abandonné. Cette opinion, dont le public s'est fait le complice, a été le fond des principaux comptes rendus du Salon de 1857, et leur a invariablement servi de conclusion. Fond assez triste, conclusion pénible si elle est juste ; mais qui en l'examinant de près me paraît sujette à bien des restrictions. Si, en effet, la peinture et la statuaire ne s'occupent plus à reproduire les grandes scènes de l'histoire ou de la religion, n'est-ce pas la faute même de l'époque où nous vivons, de nos mœurs, de la tendance générale de notre esprit, qui trouve un plaisir de moins en moins vif dans la contemplation des sujets élevés? et est-il juste de s'attaquer à l'effet quand on passe sous silence une cause si directe? Puis, cette grave accusation ne tient-elle pas autant à l'esprit de ceux qui la portent qu'au talent de ceux sur lesquels elle est portée ? Les écrivains qui s'occupent de questions esthétiques, je parle des écrivains sérieux, n'ont-ils pas, dans l'exercice de ces fonctions, perdu cette fraîcheur d'impression, cet enthousiasme qui font découvrir de grandes vocations là où un regard émoussé n'apercevra qu'une médiocrité nouvelle ? Qu'un écrivain inconnu se lève dans la foule, et qu'aidé par des études préalables, soutenu par un sentiment vrai de la beauté et par une foi sincère dans la valeur de son temps, il apparaisse au milieu de nous ; il découvrira, j'en suis convaincu, dans l'art contemporain autant de gages de grandeur que la plupart de ses confrères y voient de déceptions et de motifs de découragement.

Est-ce donc enfin après l'exposition de 1857 qu'il fallait prononcer un aussi sévère arrêt ? Je ne le pense pas, et, pour ma part, j'eusse, je l'avoue, défendu une thèse toute contraire. Le moment, ce me semble, était mal venu pour reprocher à nos artistes de dédaigner les sujets nobles, lorsque, pour la première fois, on a été obligé d'ajouter au catalogue un supplément qui ne contient encore que la moindre partie des travaux exécutés dans les églises ou les monuments publics depuis l'exposition universelle. Pour ne citer que les principaux, n'est-ce donc rien que la décoration du Louvre, de Saint-Eustache, de Sainte-Clotilde, de l'hôtel de ville, du Luxembourg, de Saint-Séverin ? et, en reproduisant les plus belles scènes de la Passion et les plus hauts faits de notre histoire, MM. Riesener, Lehmann, Couture, Biennoury, Flandrin, Mottez, Barrias, Bouguereau et tant d'autres, ne font-ils donc pas de la grande peinture ? Je sais que le résultat est toujours discutable ; mais du moins le fait est là, l'effort est hors de doute, et pour l'apprécier en toute justice, peut-être faudrait-il plus d'éloignement que nous n'en n'avons.

Cette exposition de 1857 m'a paru très-importante, la plus importante depuis 1848, celle de 1855 exceptée, autant par les promesses qui y ont été tenues que par celles qui y ont été faites. Mais avant de développer cette opinion, je dois signaler un fait qui prouve une fois de plus la force et l'originalité de nos artistes. En 1855, l'école allemande et surtout l'école anglaise ont été un étonnement pour le public et pour une certaine quantité d'artistes. Des esprits extrêmes ont été jusqu'à placer l'école anglaise au niveau de l'école française. Un peu de goût, quelques instants d'étude et de comparaison suffisent pour réduire ces exagérations à leur juste valeur. Toujours est-il qu'à voir le succès de l'exhibition britannique, on était en droit de s'attendre en 1857 à des imitations, à des pastiches, à des réminiscences de MM. Millais, Hunt, Mulready, Paton. Avant l'ouverture de l'exposition, l'on croyait volontiers que son intérêt serait dans la lutte entre le génie anglais et le génie français, et l'on se préparait à chercher ce que celui-ci aurait pris ou laissé à celui-là. L'attente a été complétement déçue. Pas une seule influence étrangère ne s'est fait remarquer au milieu des cinq mille œuvres exposées. L'enthousiasme pour l'école anglaise, l'imposant ennui répandu par l'école allemande n'étaient qu'une surprise. Il semble que nos artistes se soient distraits quelque temps à ces spectacles étrangers, et soient revenus à leurs œuvres, à leur libre inspiration, à leur génie propre, avec une certitude plus grande de suivre la bonne voie et une conviction plus ferme qu'il y aurait péril à n'y pas marcher résolûment. On n'a pas assez tenu compte, selon moi, de ce péril évité, dans les sévères appréciations qui ont été portées sur l'exposition de 1857.

L'année 1830 détrôna Charles X, la chanson et l'école de David. Une nouvelle génération, qui bientôt devait former une nouvelle école, demandant des préceptes à un autre ordre d'idées, se révéla ou grandit de 1830 à 1848. Citer les noms de MM. Ingres, Delacroix, Decamps, Meissonier, Marilhat, Théodore Rousseau, Cabat, Corot, Paul Huet, Flandrin, Robert-Fleury, Couture, Muller, Diaz, Barye, Henriquel Dupont, c'est rappeler à la mémoire de chacun un des plus beaux moments de l'art français et une des plus glorieuses pléiades qui ait illustré ses annales. Ces maîtres étaient reconnus et acceptés en 1848, et si, jusqu'en 1855, quelques-uns d'entre eux ont produit des œuvres qui ont confirmé leur talent d'une manière plus positive, il n'en est pas moins vrai que dès 1848 personne ne songeait à le leur contester, et que l'exposition universelle, en rafraîchissant la mémoire du public, ne lui a cependant rien appris de nouveau. A partir de 1847, un œil attentif voit poindre une seconde génération qui, continuant dans les arts la tradition des maîtres de 1830, s'avance sous leur drapeau, et s'apprête à saisir d'une main plus ferme et plus ardente les armes que la fatigue de la lutte rendait pesantes à beaucoup d'entre eux. La première exposition de la plupart de ces nouveaux venus se place entre 1840 et 1848. Ils apprenaient en silence et dans une complète obscurité la partie technique de leur art, n'étant soutenus que par ces amitiés enthousiastes avec lesquelles la jeunesse remplace les acclamations de la foule, et acquérant une sûreté de main comme l'école même de Boucher n'en a pas produit de semblable. Le Salon de 1850 en dégage déjà quelques-uns ; celui de 1852 semble une petite renaissance, tellement on y trouve de noms nouveaux qui demandent leur place au soleil. En 1853, il y a un temps d'arrêt, mais nulle hésitation et nul recul. Le terrain est conquis, et l'on prend des forces pour en conquérir d'autre. En 1855 on laisse courtoisement passer les chefs et les maîtres de 1830. On s'efface comme des capitaines devant les généraux au jour de la bataille. Mais quand elle est gagnée, le succès réveille toutes les nobles ambitions, et l'on arrive en 1857 marchant d'un pas égal, tenant toutes les promesses du début, et sûrs désormais de pouvoir remplacer les maîtres quand le pinceau, le ciseau ou le burin s'échapperont de leurs doigts. Malgré les paroles de découragement que j'ai entendu prononcer autour de moi, et fussé-je le seul de mon opinion, je persiste à croire que le Salon de 1857 restera comme l'année climatérique de la génération de 1848. Non pas que beaucoup des artistes qui la composent ne puissent faire mieux ; mais à partir de cette exposition leurs noms sont acceptés, ils ont pris rang au soleil de la célébrité, ils ont conquis enfin cet immense avantage de pouvoir imposer leurs ouvrages au public au lieu de se borner à flatter ses goûts, à épier et à transcrire ses plus fugitives impressions ou ses manies les plus bizarres.

Le talent de M. Matout (1845)[1] prouve que l'entente des grandes *machines* n'est point un secret perdu, et que, lorsqu'on voudra lui confier des décorations monumentales, la jeune école sera de force à supporter l'héritage de sa devancière. Sa première exposition date de 1845, mais il ne fut remarqué qu'au Salon de 1851. Son *Épisode de la vie du désert* se signalait par une forte étude anatomique. En 1853, il envoya *Ambroise Paré appliquant pour la première fois la ligature*, tableau central d'un ensemble de trois parties. Ces deux autres parties ont figuré au Salon de 1857. Le sujet même imposé à M. Matout n'était pas de nature à lui concilier l'attention de la foule. Des opérations chirurgicales ne forment pas un spectacle attrayant, et l'artiste est forcément conduit à demander son succès aux qualités exclusivement esthétiques. A ce point de vue, les deux œuvres complémentaires me paraissent supérieures à l'*Ambroise Paré*, qui manquait d'effet, de grandeur et de parti-pris. Dans le *Cours de clinique de Desault*, le groupe des jeunes étudiants écoutant l'enseignement du maître, la fort belle figure de l'aide de chirurgie ver-

---

1. Les noms placés entre parenthèses sont ceux du maître de l'artiste; les dates, celles de leur première exposition. Ces noms et ces dates ont été relevés sur les livrets des salons.

sant de l'eau dans un bassin, rappellent, toute proportion gardée, certains groupes et certains contours de l'école romaine. M. Matout n'est point un coloriste, et je doute que la recherche de l'élégance le préoccupe jamais beaucoup; mais c'est un dessinateur qui a trouvé les caractères, qui cherche la sévérité et vise à la force. Il ne me paraît relever de personne dans les artistes contemporains; il n'avoue aucun maître, et devant ses œuvres, on convient que ce silence n'est pas un mouvement de vanité. Je le crois préoccupé des exemples de l'école romaine et de l'école florentine, et capable de les appliquer avec bonheur. C'est un talent sans aucun charme, mais sain et fort, nourri d'études sérieuses et remarquablement disposé pour la peinture murale. Je suis d'autant plus sincère en m'exprimant ainsi que j'avoue préférer aux qualités de M. Matout celles qui lui manquent, c'est-à-dire l'élan, le mouvement, la couleur, l'incorrection même quand elle réussit à me procurer une émotion vraie.

Le succès de MM. Yvon et Pils les destine à remplacer M. Horace Vernet dans sa spécialité et à le remplacer avec avantage. La *Bataille de Kolikowo*, le *Maréchal Ney dans la retraite de Russie*, la *Prise de la tour Malakoff*, dénotent chez M. Yvon (Delaroche. — 1841) une louable préoccupation de la composition, qualité que le peintre de la *Smala* a toujours traitée avec assez de sans-façon. Il sait, en outre, la valeur des sacrifices faits à propos, et tout en donnant aux détails du costume militaire l'exactitude suffisante pour satisfaire les gens spéciaux, il ne regarde pas leur importance comme égale à celle du mouvement ou de la physionomie. M. Yvon ne surmonte pas toujours les difficultés, mais du moins il ne les esquive jamais, il ne remplace pas les conditions pittoresques par les lazzi de pinceau, comme cela est trop souvent arrivé à l'heureux auteur de la *Bataille de Fontenoy*. Il cherche avant tout à rester dans les limites de son art, et s'il ne dédaigne pas l'approbation des majors et des capitaines d'habillement, il faut le féliciter de ne placer cette approbation qu'en seconde ligne. M. Yvon possède en outre un fonds d'études solide. Il connaît la structure du corps humain; et ceux qui ont encore présents à la mémoire ses dessins inspirés par *l'Enfer* de Dante reconnaîtront la vérité de ce que j'avance. M. Pils (Picot. — 1846) voit surtout la guerre et l'art militaire au point de vue anecdotique. Premier grand prix de Rome en 1838, la tournure de son esprit lui a fait abandonner assez vite — ce n'est pas moi qui l'en blâmerai — le genre académique, dans lequel, grâce à ses premières études, il eût rencontré des triomphes faciles, mais peu flatteurs. En 1852, il envoya des *Soldats distribuant du pain aux indigents*. En 1855, ses *Zouaves dans la tranchée* obtinrent un succès incontesté auquel le *Débarquement en Crimée* a mis le sceau. Comme coloriste harmonieux, M. Pils est supérieur à M. Yvon. Sa touche est d'une remarquable franchise et d'une grande fermeté. Il paraît aussi très au fait de l'équipement du soldat, petit mérite; mais ce qu'il recherche, c'est la physionomie particulière à chaque homme et générale à chaque ensemble. Dans un genre plus relevé, je rapprocherais volontiers M. Pils de M. Raffet. Le *Débarquement en Crimée* était placé à côté de la *Bataille de l'Alma*, de M. Vernet. Il était de la même dimension. Certainement, il ne possédait ni l'esprit artistique de son voisin, ni sa clarté de procès-verbal ; mais il lui était supérieur comme harmonie, comme profondeur aérienne, comme distribution de lumière, comme disposition des groupes, comme allure martiale et robuste des personnages. C'était de la vérité, mais c'était de l'art aussi. On ne peut que souhaiter à M. Pils de continuer dans cette voie, dans laquelle il n'égarera ni lui, ni les amis de son talent.

Les dix années qui viennent de s'écouler auront vu les débuts, les progrès, et, je le crois bien, la décadence d'un petit groupe d'artistes que l'on pourrait appeler les néo-académiciens. Grâce à eux, l'on a pu espérer que l'enseignement de l'École des beaux-arts ravivé par un sang plus jeune, soutenu par une foi plus ardente et par un chaleureux élan, allait sortir de la médiocrité où il s'égare de plus en plus. Formés à l'atelier de M. Delaroche ou de M. Picot, MM. Hébert, Barrias, Cabanel, Benouville, Jalabert, Bouguereau, après avoir obtenu chacun à leur tour un premier grand prix, ont été étudier pendant cinq ans à la villa Médicis. Jeunes, laborieux, rompus à la pratique de leur art, doués d'une originalité plutôt générale que personnelle et d'une distinction de surface, ils ont rapporté d'Italie comme un dernier souffle des maîtres de ce pays. Le souffle malheureusement a peu duré. Comme leur précepteur Delaroche, leur talent est tout extérieur et à fleur de peau. Il perd à être examiné; mais on s'y trompe facilement au premier abord. Tous se sont fait connaître par une composition habile, une adroite élégance dans le choix des sujets et l'agencement des groupes. Mais, en même temps, trop dédaigneux de la couleur, et ayant de bonnes raisons pour cela, inhabiles à rendre l'effet, leurs œuvres se confondent facilement et sont bien mieux exprimées par le crayon que par la brosse. Ce sont d'adorables rhétoriciens de l'art.

Je placerais volontiers M. Hébert (Delaroche. — 1849) en tête et à part de ce groupe. Son tableau de *la Malaria* était empreint, dans une mesure assez poétique, de cette tristesse maladive qui caractérise les habitants de la campagne de Rome. La fièvre des marais Pontins, telle est la muse qui a inspiré M. Hébert; et si le choix peut paraître étonnant, il faut avouer que jusqu'à ce jour il est heureux. *Les Filles d'Alvito. Crescenza, les Fenarolles* sont toutes traitées dans ce sentiment. Je crois cependant que si M. Hébert veut affermir sa réputation, il devra à l'avenir être plus sobre de fiévreux. La maladie peut être un épisode, mais c'est la santé qui est le récit. Je me rappelle son tableau de 1853, *le Christ au jardin des Oliviers*, dans lequel la figure du Sauveur était d'une belle expression, et fut justement remarquée. N'y a-t-il pas dans ce succès une indication dont M. Hébert devrait profiter?

MM. Barrias (Cogniet. — 1847), Cabanel (Picot. — 1850), Benouville (Picot.—1838), possèdent un genre de talent qu'il est permis de confondre. Après des débuts remarqués, l'inspiration leur a manqué. Ils ont trouvé la véritable application de leur talent en composant des tableaux d'une dimension restreinte, plus ingénieux que forts et plus spirituels que sérieux, tels que ceux qui ont figuré au Salon de 1857. Je n'en dirai pas autant de M. Bouguereau (Picot. — 1853), un des derniers venus de cette petite église. Ses panneaux de décoration exposés en 1857 offraient un heureux mélange d'originalité et d'études d'après les chambres de Raphaël. Il a l'instinct naturel et la science du contour. L'eurhythmie du corps humain le préoccupe, et en se rappelant les heureux résultats auxquels, dans ce genre, sont arrivés les anciens et les artistes du seizième siècle, on ne peut que féliciter M. Bouguereau de s'essayer sur leurs traces. Je suis loin de croire que l'étude du nu ait dit son dernier mot il y a trois cents ans. La grâce, l'élégance, les enroulements heureux, les lignes harmonieuses sont de tous les temps, et les applaudissements sont tout prêts pour l'artiste qui rapporterait à l'art contemporain ces ressources trop négligées. Raphaël s'est inspiré des anciennes arabesques quand il a tracé le dessin de ses chambres ; et personne ne l'accusera de ne pas s'être montré original. De même, en prenant Raphaël pour point de départ, M. Bouguereau a montré que le sentiment moderne pouvait s'accommoder d'une forme ancienne.

M. Jalabert (Delaroche. — 1847) a suivi plus directement les préceptes de son maître. Comme lui il conçoit timidement et exécute habilement. Dépourvu de cette patience qui est parvenue à composer l'hémicycle de l'École des beaux-arts, il possède de plus que M. Delaroche un sentiment poétique faible mais bien conduit, et qui a été le principal motif du succès de *la Villanella* de 1842, de *l'Annonciation* et des *Nymphes et Orphée* de 1853. Je ne serais pas surpris que les compositions où M. Delaroche a rapetissé les scènes de la Passion jusqu'aux proportions d'un drame bourgeois ne fissent école. C'est évidemment au même ordre d'idées que nous avons dû *l'Atelier de Rembrandt*, *l'Atelier de Michel Ange*, *l'Atelier de Raphaël*, *l'Atelier de Palissy*, *le Moïse du Poussin* de 1857. Or M. Jalabert me semble doué de la somme et du genre de talent nécessaires pour continuer cette série que la gravure est appelée à vulgariser. Quelques portraits, notamment celui de M. A F., ont laissé voir chez M. Jalabert un interprète fidèle, élégant, suffisamment correct de la physionomie humaine, mais auquel échappe le sentiment de la force et celui de la vie. En somme, c'est encore dans des sujets comme *la Villanella* que M. Jalabert se trouve le plus à l'aise pour développer son léger et gracieux talent.

M. Baudry (Drolling. — 1857), par ses études, par son origine, appartient à l'école néo-académique. Il en est le dernier venu, et si, comme ses confrères, il n'a pas mis tout son talent dans ses débuts, il pourra en devenir le chef. Sa première exposition, celle

de 1857, lui a, de premier abord, conquis les suffrages
de la foule. Quand on examine ses œuvres, on ne
tarde pas à reconnaître la trace de deux influences
inégalement réparties. Dans *la Fortune et l'Enfant,
Léda, Saint Jean enfant*, le dessin du Titien cherche à
s'allier avec la touche du Corrége. M. Baudry n'a évidemment pas perdu son temps à Rome. Il l'a employé
à pénétrer les secrets des deux artistes vers lesquels
il se sentait porté. La foule devait applaudir à ces réminiscences. Quant à nous, tout en rendant justice à
ces souvenirs, nous ne pouvons y voir que des préli-
minaires de talent, qu'une partie des éléments dont
se compose une véritable vocation, que des études,
en un mot. Dans le *Portrait de M. Beulé* et dans le
Supplice d'une Vestale, M. Baudry est au contraire plus
personnel ; il ne relève que de lui-même ; il cherche
à appliquer les préceptes qu'il a reçus, et sous ce rapport ces deux œuvres offrent un intérêt plus réel. Ce
n'est pas par la composition que brille le *Supplice
d'une Vestale*. Les groupes s'y mêlent, mais ne s'y
ordonnent pas : il y a confusion. Le cadre est plein,
mais non rempli. Certains détails, je le reconnais,
méritent des éloges : tels sont la tête de la Vestale et
la figure du grand prêtre ; mais ces détails ne pouvaient suffire à sauver des reproches de la critique
une œuvre si insuffisante à tant d'autres égards. La
faculté la plus saillante, que l'on a plaisir à y signaler, est un sentiment de la couleur trop précieux chez
un élève de Rome pour que l'on n'y applaudisse pas.
Sentiment mal discipliné encore, goût extrême et

violent; mais ces exagérations sont des signes de jeunesse bien doux à retrouver chez un disciple de l'École des beaux-arts. Le portrait de M. Beulé est la meilleure œuvre de M. Baudry. Eût-il été seul exposé, il justifierait pleinement les espérances qu'a fait concevoir son auteur à tous ceux qui s'occupent de l'avenir des arts.

II

M. Chaplin (Drolling. — 1845), dont le *Portrait de femme* de 1852 promettait un remarquable peintre de portraits, a eu le malheur de voir la vogue recueillir ses œuvres trop facilement et trop vite. Fort de ce genre de succès, il a négligé l'étude pour la facilité, et ne s'est pas montré plus sévère que le public envers lui-même. Depuis 1852, il s'est contenté d'un à-peu près attrayant pour les gens inexpérimentés, mais dont l'insuffisance frappe tout œil exercé. Succéder dans l'engouement des personnes du monde à M. Dubuffe ou à M. Pérignon, n'est pas, je l'espère, le but de l'ambition de M. Chaplin. Son talent est digne d'un meilleur usage et d'un plus noble but. Il a prouvé, dans son *Portrait de femme* vêtue de gris. qu'il savait user des facultés que la nature lui a départies, et, tout récemment encore, dans le *Portrait d'homme* exposé au Salon de 1857. La foule allait aux *Premières roses* et à la *Jeune fille endormie*, études excellentes, mais qui ne devraient jamais quitter les murs d'un atelier, tandis que les connaisseurs rendaient justice à la franchise avec laquelle les difficultés du *Portrait d'homme* étaient abordées. Il y avait là une lutte intéressante avec la réalité, avec la vie, avec la pensée, dont tout masque humain est empreint. L'étude consciencieuse et persévérante du modèle, la lutte franche avec les difficultés qui y sont inhérentes, sont les seuls moyens dont M. Chaplin doive se servir pour développer les éminentes qualités dont il a fait preuve. Il retrouvera ainsi sa valeur réelle; il ramènera à lui les gens de goût, et pourra apprécier quelle distance sépare la véritable réputation des énervantes surprises d'une vogue passagère ou d'une mode stérile.

Ce n'est pas la facilité expéditive qui distingue M. Gérôme (Delaroche. — 1847). Que ceci soit dit à son éloge : dans un temps où l'absence de talent se cache si souvent derrière la prestesse d'exécution, personne moins que lui n'a sacrifié à l'à-peu-près. Depuis les *Jeunes Grecs faisant battre des coqs*, qui le firent connaître au public, chacune de ses œuvres a été travaillée avec un soin particulier. Ne manquant pas d'inspiration, poussant fort loin le respect de son art, assoupli d'ailleurs à la pratique, mais ne la considérant que comme un accessoire à la pensée, ce qui lui manque, c'est le charme, c'est cette faculté de rayonnement qui gagne les yeux comme le cœur et l'esprit. M. Gérôme me fait l'effet d'un doctrinaire en peinture. Il sait beaucoup, il est habile, il est convaincu ; mais il ne convaincra personne. La peinture lui a refusé le secret qu'elle ne livre qu'à ses élus : la couleur. Sa touche est aigre et rebelle, et, comme les artistes allemands, ses tableaux gagneront toujours à être gravés. Après avoir interrogé l'antiquité grecque, qui ne lui a répondu d'une manière bien satisfaisante ni dans le *Combats de coqs* de 1847, ni dans l'*Intérieur* de 1850, il ne paraît pas avoir dérobé à l'Égypte le secret de sa lumière. Son meilleur tableau de 1857 était la *Prière chez un chef arnaute*. Tous les personnages juxtaposés offraient un beau caractère plutôt sculptural que pittoresque, mais manquaient d'effet général, et eussent aussi bien figuré dans un intérieur français ou allemand que dans une salle égyptienne. Si la comparaison entre deux talents si divers était permise, nous rappellerions que ce n'est pas ainsi que M. Delacroix a rendu la *Noce juive* du musée du Luxembourg. Jetez sur ces figures les costumes que vous voudrez, placez sur les murailles tels meubles qui vous plairont, ce sera toujours la lumière d'Afrique qui les éclairera et se jouera autour d'elles ; tandis que sans la fustanelle et les dolmans des soldats en prière, il serait impossible de dire sous quelle latitude se passe la scène. C'est un défaut grave qu'une étude suivie peut seule faire disparaître. A ce compte, et la question du travail posée, il ne m'étonnerait pas que M. Gérôme en vînt à bout. Malgré toute ma bonne volonté, je ne puis voir dans le retentissement de la *Suite d'un bal masqué* qu'une de ces surprises auxquelles l'opinion publique est sujette en France. Je reconnais avec tout le monde que le groupe qui entourait le *Gilles blessé* offrait d'heureuses lignes ; que l'effet d'un paysage d'hiver par la neige était des mieux rendus (tout en critiquant la vigueur exagérée des étoffes sur la neige), mais je ne puis accepter également l'antithèse banale qui a fait le succès de cette composition. Montrer un pierrot, le visage enfariné et la poitrine ouverte d'un coup d'épée ; placer ainsi le meurtre à côté d'une mascarade, c'est forcer l'attention par des moyens mélodramatiques indignes d'un talent. Comme conception, la *Suite d'un bal masqué* peut rivaliser avec le *Soldat laboureur*, le *Cheval du trompette* ou le *Convoi du pauvre*. C'est ce même ordre d'idées qui a fait le succès de M. Vigneron ; et j'espère que M. Gérôme comprendra qu'il se doit à lui-même de captiver le public par des idées moins vulgaires.

M. Hamon (Delaroche, Gleyre — 1847) aurait pris à tâche de donner raison à ceux qui, tout en rendant justice à *Ma sœur n'y est pas*, et à *Ça n'est pas moi*, faisaient cependant leurs réserves pour l'avenir, qu'il n'aurait pas mieux réussi. Ses envois du Salon de 1857 ont frappé tout le monde par une singulière insuffisance. La déception eût été moins pénible si, dès l'abord, on n'eût pas considéré à l'égal d'une œuvre de génie quelques petites idées gracieuses rendues d'une façon maniérée. M. Hamon a été écrasé par le succès. A voir ses œuvres de 1857, il est permis de douter qu'il se relève jamais de cette mésaventure, qui en a perdu de plus habiles que lui. Dans une vingtaine d'années d'ici on le placera volontiers à côté de MM. Franquelin ou Destouches. Il a eu son moment. Il vivra encore quelque temps sur sa réputation, et à ce titre son nom devait figurer dans la galerie dont nous tentons d'esquisser les personnages.

Si l'école française moderne exerce une suprématie incontestée sur les écoles étrangères, elle le doit à la façon remarquable dont depuis vingt ans elle a compris et rendu le paysage. Pour retrouver une pénétration aussi intime et aussi simple des scènes que la campagne place incessamment sous nos yeux, il faut remonter jusqu'aux Flamands du dix-septième siècle, ou, chez nous, jusqu'à Claude Lorrain. M. Paul Huet a été un des premiers qui ait franchement abandonné les préceptes du paysage historique, et compris que la nature interprétée simplement offrait des ressources bien plus nombreuses et bien plus variées que lorsqu'elle était vue à travers le voile académique. Bien qu'il soit un peu oublié de nos jours, il n'en restera pas moins un des maîtres de la nouvelle école; et l'avenir, j'en ai l'espoir, sera moins oublieux envers lui que le présent. Après M. Paul Huet, MM. Corot et Théodore Rousseau sont les deux initiateurs de nos paysagistes actuels. Le premier, sans s'écarter en rien de la vérité, a su donner à chacune de ses compositions une grâce rêveuse, une poésie attendrie qui en font autant d'églogues dans le sentiment moderne; le second, doué d'un instinct moins poétique, mais d'un talent plus précis et plus ferme, s'est plu surtout à rendre la vigueur de son modèle, la force de la végétation, les oppositions éclatantes de la lumière : l'un fait aimer la nature, l'autre la fait admirer, tous deux la font comprendre. A leur suite sont venus de jeunes talents qui ont rapidement conquis et pleinement justifié les sympathies de tous, et parmi lesquels on remarque MM. Français et Daubigny. Il est plus facile de sentir les différences qui séparent ces deux jeunes chefs des paysagistes modernes que de les expliquer. Toutefois et pris en masse, on peut dire que M. Français (Gigoux, Corot — 1837) jointe à une habileté plus consommée, plus de grâce apprise, plus d'élégance spirituelle que son émule. Il est plus civilisé. Tandis que M. Daubigny (Delaroche — 1847), plus jeune de dix ans dans la carrière, a la brosse moins sûre, et sous ce rapport peut encore faire de sensibles progrès. Il est plus simple, plus mélancolique, plus naturellement élégant que M. Français. En un mot, il est plus naturel. Tous deux, d'ailleurs, amants passionnés de la nature, la poursuivant avec ivresse dans ses retraites les plus mystérieuses et les plus charmantes, joyeux d'un rayon de soleil printanier sur un amandier en fleur, ou du reflet d'un nuage sur le miroir d'un étang, tendent au même but, mais par des voies si différentes, que c'est à peine s'ils peuvent s'apercevoir quelquefois à travers les doux horizons qui les séparent. Une foule de noms se pressent sous ma plume pour désigner les nombreux élèves de ces deux maîtres. Toutefois, à l'exception de M. Lambinet (Drolling, Horace Vernet — 1833), dont le talent devient plus original de jour en jour ; à l'exception de Fromentin (Cabat — 1847). qui a repris avec moins de charme et de finesse d'exécution que Marilhat l'étude de la nature orientale, mais qui y apporte aussi un talent de coloriste plus éminent, et dont la dernière exposition était des plus remarquables ; à ces deux exceptions près, aucun de ceux que j'ai en vue, et sur l'avenir desquels je fonde un sérieux espoir, ne me paraît doué d'une personnalité assez tranchée pour avoir droit à une mention spéciale. En somme, l'école du paysage est dans une excellente voie. Étudiant la nature sans parti-pris et sans système, elle lui laisse la puissance et toute la portée de son harmonie sur le cœur. Elle interprète la création, mais dans le sens même que lui a donné son divin auteur, et ne cherche pas à remplacer sa grande voix, — erreur de Poussin lui-même, — par l'imperceptible bruissement de la créature.

Le *genre* est un corollaire du paysage. A proprement parler, le *genre* est un paysage où les figures ont une importance égale aux accessoires. Dans un petit espace, c'est le genre qui donne leur valeur et leur effet aux scènes familières de la vie privée. On n'égalera jamais dans cette branche de l'art le soin, la naïveté, la délicatesse des maîtres flamands du dix-septième siècle. Les frères Lenain peuvent passer en France pour les créateurs du genre. Négligé depuis, repris avec éclat par Watteau, et, dans une limite plus restreinte, par les petits maîtres de la fin du dix-huitième siècle, proscrit naturellement par l'école de David, malgré les efforts de Demarne, de Boilly et de Taunay, le genre s'est transformé il y a trente ans à la même époque et sous la même impulsion que le paysage. Decamps en était, il y a une dizaine d'années, le plus illustre représentant; et encore n'avait-il osé qu'à de rares intervalles représenter des paysages français sous leur rude enveloppe et dans leur naïve et forte simplicité. A ce point de vue, on peut dire que le petit groupe des *Bretons* représentés par MM. Fortin et Adolphe Leleux, et continué d'une façon moins âpre et aussi poétique par M. Hédouin (Célestin Nanteuil — 1842), a fait école. Avec des limites aussi élastiques que celles du genre, et les subdivisions si nombreuses qu'il comporte : animaux, chasses, marines, intérieurs, fleurs, chaque classification, pour être strictement exacte, ne devrait contenir qu'un nom. Les bornes de ce travail ne nous permettent pas d'arriver à cette infinité de détails. Il en est un toutefois qui depuis dix ans sort progressivement de la foule, et a conquis l'heureux privilége d'éveiller la discussion : c'est celui de M. Millet. M. Millet (Delaroche — 1847) a commencé comme un coloriste violent. Je me rappelle un certain *OEdipe détaché de l'arbre*, où la couleur était amoncelée à coup de truelle, et qui avait beaucoup plus de reliefs de profil que de face. Ce sont de ces *jeunesses* qui ne déplaisent pas, pourvu qu'elles ne soient pas renouvelées. M. Millet l'a compris et a demandé le succès à des moyens plus sérieux et plus légitimes. Je sais tout ce qui lui manque : il n'a ni grâce, ni fraîcheur, ni souplesse d'imagination ; comme praticien, il veut trop expier son ancien péché d'*Œdipe*, et sa couleur est plutôt monotone que sobre ; mais avec tous ces défauts, je ne connais personne parmi ses confrères qui donne une idée aussi austère des travaux et des habitants des campagnes. Chacun de ses paysans semble un prêtre soumis du dieu Travail. Ils ne s'acquittent pas d'une corvée, ils remplissent un devoir humble et sacré ; et aucun subterfuge n'est employé pour atteindre à cette grande impression. Ses paysans, nous les connaissons tous : des femmes vêtues de bure et un mouchoir de deux sous sur la tête, des hommes en pantalons grossiers et en chemises de toile écrue ; mais quelle simplicité dans leur pose ! quelle force contenue dans leurs mouvements ! quel style vrai dans toutes ces lignes ! Si des grands mots n'affaiblissaient pas une admiration sincère, j'appellerais M. Millet le Michel-Ange des paysans, avec l'idée de simplicité peut-être peu juste qui s'attache au nom de Michel-Ange. J'avoue que le chef-d'œuvre de M. Millet est encore à mes yeux le *Paysan greffant un arbre*, de 1855. Quoi qu'en aient dit des sympathies très-sincères et ordinairement fort éclairées, les *Glaneuses* de 1857 étaient loin de valoir l'œuvre précédente. Il y avait dans ce tableau des négligences et des partis-pris qu'il serait fâcheux de voir se renouveler. Les mains des glaneuses étaient d'une difformité vulgaire. Or l'art peut chercher à rendre la rudesse, mais la difformité n'est plus de son domaine.

C'est le métier du réalisme, et M. Millet me paraît un artiste trop grave pour désirer passer, même par hasard, pour un des adeptes de cette hérésie.

Il a fallu de longues et laborieuses années à M. Troyon (Riocreux — 1835) pour voir enfin le succès sourire à ses efforts, et s'il a réussi à lui faire violence, ce n'est pas faute de lutte. Aujourd'hui la moindre ébauche signée de son nom fait pousser des cris d'admiration à tous les moutons de Panurge de la réussite, qui oublient volontiers que bien des fois ils ont passé inattentifs devant des œuvres comme je lui souhaite d'en composer de pareilles. Pendant longtemps, à chaque Salon, quelques rares amateurs s'arrêtaient devant des paysages pleins de force, à la végétation vigoureuse, aux eaux frissonnantes, et dont la touche trop lourde indiquait seule une puissance mal réglée, et s'étonnaient que le nom de M. Troyon fût aussi peu connu. Cette minorité, comme il arrive toujours, a fini par voir la majorité se rallier à ses opinions, et M. Troyon occupe maintenant dans l'école moderne une place qu'il n'abandonnera plus. Par sa touche large et sûre, par sa connaissance des mœurs et des habitudes des animaux, par la vie dont il sait les animer, c'est l'artiste qui se rapproche le plus de l'inimitable Paul Potter. Il n'a pas malheureusement le même respect du contour; mais comme paysagiste, il est doué des facultés de premier ordre. Un sentiment profond, fort et simple de la nature a contribué au succès de sa *Vallée de la Touque*, de 1852, et sauvé celui des *Bœufs allant au labour*, de 1855. La vogue est arrivée tardivement à M. Troyon; il est donc fait à la lutte, et l'on peut espérer qu'il se montrera aussi fort contre les surprises de la vogue qu'il l'a été contre les défaillances du découragement. Par sa saine et robuste condition d'artiste, il est destiné à devenir un des maîtres les plus légitimes de notre école contemporaine.

Je voudrais pouvoir en dire autant de mademoiselle Rosa Bonheur (Léon Coignet — 1841); mais, malgré ma bonne volonté, je ne puis voir dans les ovations dont ses œuvres sont l'objet qu'une erreur de l'opinion publique, et je crains qu'avant peu elles ne perdent une partie de la valeur que la vogue leur attribue. Si mademoiselle Rosa Bonheur est un observateur consciencieux, si elle connaît à fond l'anatomie des animaux, si elle rend le résultat de ses observations et de ses études avec une conscience scrupuleuse, sa valeur artistique s'arrête là, et la composition, l'harmonie, la science des accessoires, les rapports des tons et des couleurs la préoccupent malheureusement trop peu. Elle saura rendre avec un scrupule des plus louables la robe d'une vache ou la toison d'une brebis; au besoin elle détaillera les plumes d'une bergeronnette ou les pétales d'une colchique; mais le paysage n'aura ni air, ni profondeur, les terrains manqueront de consistance, le ciel sera d'une teinte uniforme, les animaux paraîtront taillés en bois, rien en un mot ne vivra et ne remuera dans la scène qu'elle aura tenté de représenter. Ses tableaux seront finis, ils ne seront pas commencés. Ces observations ne sont pas adressées pour la première fois à mademoiselle Rosa Bonheur, et si elle n'en a pas tenu compte, ce n'est pas faute de bonne volonté (personne, je le sais, ne prête une oreille plus attentive aux conseils de la critique), mais manque de moyens suffisants pour les mettre à exécution. Le *Marché aux chevaux*, de 1853, fut une tentative pour aborder une manière plus large et plus accentuée ; mais la *Fenaison*, de 1855, est venue démontrer tout l'empire des habitudes. Je crois donc que mademoiselle Rosa Bonheur restera ce qu'elle est réellement : un exact portraitiste d'animaux, un interprète fidèle mais trop littéral de la nature, et que ses traductions rendront plus de services à la science qu'aux arts.

Pour que cette nomenclature soit exacte et puisse justifier son titre, il me faut dire quelques mots de M. Courbet (Auguste Hesse — 1844), l'adepte d'une religion pittoresque, à laquelle il a lui-même donné le nom de *réalisme*. A prendre ce mot dans son acception propre, il voudrait dire représentation scrupuleuse des objets extérieurs, c'est-à-dire un non-sens en art; car il n'y a pas de talent qui puisse lutter contre la fidélité d'un miroir. A ce compte les préraphaélites anglais rendraient des points à M. Courbet. A ne considérer, au contraire, que la signification que lui donnent les fidèles, il signifie le contraire de l'idéal, il représente le choix et la reproduction des vulgarités ou des laideurs de la nature, c'est-à-dire précisément l'opposé de l'art. Sous ce rapport les réalistes, ou plutôt le réaliste, car jusqu'à présent

M. Courbet n'a converti personne, est parfaitement fidèle au titre qu'il s'est donné. Le public a été la dupe du bruit fait par lui autour de sa propre personne, et, tout en avouant qu'il ne comprend rien à ses théories, il n'ose se prononcer sur ses œuvres. Cette réserve est puérile, et sans perdre mon temps à discuter la signification d'un mot qui n'en a aucune, j'avoue que jusqu'à ce jour les productions de l'auteur des *Casseurs de pierres* sont loin de justifier, à mes yeux du moins, le titre d'artiste qu'on lui décerne si facilement. Ignorant les premiers éléments de la composition, coloriste rudimentaire, dessinateur banal, ouvrier exercé plutôt que praticien habile, il a exposé jusqu'à ce jour quelques bonnes études, mais jamais un tableau complet, ou rien qui parût en approcher. Son *Après-dînée à Ornans*, de 1849, restera son œuvre la moins faible. Depuis, l'on a vu et l'on a eu tort d'admirer quelques études de paysage intéressantes dans un atelier, mais peu dignes d'une exposition publique. L'*Hallali* et la *Biche forcée à la neige* (je n'invente pas ce dernier titre) semblent de bons morceaux coupés dans un mauvais tableau. Ce coin est louable, mais c'est le tableau que je voudrais voir. Quant à ses *Paysans revenant de la foire*, à ses *Casseurs de pierres*, à son *Enterrement à Ornans*, je ne perdrai pas mon temps à expliquer pourquoi de pareilles excentricités n'ont rien à démêler avec la peinture. Tout cela peut justifier le titre de réaliste; mais il faut autre chose, je le répète, pour mériter celui de peintre. Je le dis très-sérieusement, la vocation de M. Courbet me paraît être de peindre des enseignes. Tout l'y porte : son indifférence complète pour le choix des sujets, son dessin lourd et dur, sa couleur violente et opaque, ses localités noirâtres qui offusquent l'œil, mais disparaissent à une certaine hauteur, son manque d'idéal. Je crois qu'il produirait en ce genre des œuvres très-remarquables et très-remarquées, et qu'il fausse sa nature en faisant autre chose.

En 1844, personne ne remarqua au Salon deux tableaux intitulés : *la Fille des arbalétriers* et *la Visite à la nourrice*, et signés : F. Willems. Cette indifférence, d'ailleurs, était juste. Mais il serait curieux de les revoir aujourd'hui, car, dans l'ordre chronologique, c'est la première manifestation de la jeune école belge. Jusque-là, les peintres de ce pays n'étaient connus en France que par des œuvres d'une rare médiocrité et où la patience avait pris la place de l'art. Tels sont les animaux de M. Werboeckoven ou les trompe-l'œil de M. Van Schændel; et ces productions étaient encore ce que les artistes de ce pays produisaient de moins mauvais. Petit à petit, cependant, un certain nombre de jeunes gens se réunirent à M. Willems (— 1844) et entreprirent de relever la peinture flamande du discrédit dans lequel elle était tombée. Attirés plutôt vers les peintres hollandais que vers les artistes flamands, ils étudièrent bien plus assidûment Metzu, Terburg, Paul Potter, Ruysdael, Hobbema, van der Heyden, Pierre de Hooghe et tous les petits maîtres, que la grande école d'Anvers dont Rubens et van Dyck sont les chefs. Ce groupe s'est accru successivement de MM. Joseph et Alfred Stevens, Verlat, Fourmois, de Knyff, Van Moer, et tout dernièrement Xavier et César de Cock, et représente les nouvelles tendances de l'art en Belgique. Quant aux anciens, ils ont toujours des fidèles dont MM. Verboeckoven et van Schændel sont les plus connus. Dans une classe intermédiaire et formant une espèce de justemilieu entre les deux écoles, M. Gallait joue le rôle de M. Paul Delaroche chez nous. Les productions des artistes que je viens de nommer sont au moins autant appréciées en France qu'en Belgique. Il y a pour cela une bonne raison : c'est que né, il est vrai, sur le sol belge, c'est en France, et sous l'inspiration directe de la France, que le talent de leurs auteurs est éclos, s'est développé et a progressé. Un de nos meilleurs peintres de genre, M. Robert Fleury, a exercé une influence décisive sur la majeure partie d'entre eux, pour tout ce qui regarde les procédés techniques. Ils lui ont emprunté sa touche et sa couleur, et cet emprunt est encore bien évident chez le plus habile d'eux tous, M. Alfred Stevens. Ça été, je le reconnais bien vite, le point de départ, et chacun d'eux n'a pas tardé à modifier cette première impression suivant son goût et son originalité propres. M. Willems, revenant bien vite à Metzu, à Terburg, à Pierre de Hooghe, a donné des fonds gris et fins pour repoussoirs aux miroitements de la lumière sur les cassures du satin. M. Joseph Stevens (1846), observateur spirituel et intelligent des mœurs de la race canine, a modelé ses chiens en pleine pâte, avec une singulière intensité d'effet et de relief. Les premiers tableaux de son frère, M. Alfred Stevens (1846), étaient traités dans une gamme lourde et noire dont il n'est pas encore débarrassé, mais qu'il abandonne peu à peu. Ses œuvres de 1857 : *Chez soi, l'Été, la Visite*, prouvent que sa brosse s'assouplit en même temps que sa couleur devient moins triste. *La Visite* indiquait d'ailleurs qu'il se livre à des études trop délaissées de nos jours sur la valeur et la juxtaposition des tons tranchés. Dès qu'il aura le courage d'abandonner les sujets pénibles et de ne plus faire du socialisme pittoresque, je crois qu'il y a chez lui les facultés nécessaires à un excellent peintre d'histoire. Je dirai le contraire de M. Verlat (Académie d'Anvers — 1848). On ne fait pas de la grande peinture parce qu'on remplit de grandes toiles. Il fera bien de renoncer à celles de la dimension du *Coup de collier*, et de revenir aux mesures plus modestes et plus favorables du *Chant du matin* et du *Passage dangereux*. Il paraît avoir fait une étude consciencieuse des animaux; il a de l'esprit, de l'observation, une touche moelleuse sans mollesse, une couleur attrayante. Toutes ces qualités, appréciables dans des limites circonscrites, sont noyées dans un large espace. M. van Moer (1853) n'imite personne. Il a eu le bonheur d'être remarqué lors de sa première exposition, et celui plus grand encore de ne pas se troubler à la suite d'un premier succès. Les deux tableaux de 1857, *Vues de Venise*, présentent ce grand mérite d'être nouveaux après Canaletti. Sans atteindre à la grandeur et à la simplicité d'effet de ce maître, ils offrent des qualités de lumière et d'harmonie supérieures à celles que l'on avait constatées dans les œuvres de 1853. Parmi les paysagistes, MM. Fourmois et de Knyff restent stationnaires depuis quelques années. A considérer leur singulière habileté d'exécution, il est à craindre qu'elle ne leur ait joué un mauvais tour et qu'ils n'aient substitué l'adresse à l'étude. Dans le paysage encore, deux frères, deux nouveaux venus dans la phalange belge, MM. César et Xavier de Cock (1857), sont, je le crois, destinés à faire oublier MM. Fourmois et de Knyff. Leur manière se ressent bien clairement de celle de M. Troyon. Comme toujours en pareil cas, ils le rappellent en l'exagérant; mais il n'est pas difficile d'apercevoir déjà par où ils doivent se séparer de leur type et trouver leur voie personnelle. En somme, l'école belge avance avec rapidité et résolution. Fille légitime de l'école française, elle a grandi rapidement et ne tardera pas à s'émanciper. Ce n'est certes pas nous qui la retiendrons. Dût-elle même méconnaître ses vrais parents (supposition toute gratuite), nous ne nous en plaindrions pas. La France, dans ce cas comme partout, aurait été fidèle à son rôle d'initiateur.

A côté d'eux, le grand centre artistique de l'Allemagne, Dusseldorf, nous a envoyé une petite colonie qui s'est rapidement naturalisée en France et dont M. Knauss est le plus connu. Je me rappelle avoir vu en 1852, à l'Exposition triennale d'Anvers, un *Voleur poursuivi dans une foire de village*, d'une touche singulière et d'un effet confus, mais où l'on remarquait déjà ce mélange de sensibilité et de grotesque qui compose son originalité. *Le Lendemain d'une noce de village* de 1853, son début à nos expositions, fut remarqué et méritait de l'être. L'opposition entre cette jeune femme, dont les traits indiquent une si chaste mélancolie, et les figures dépravées qui l'entourent, n'a rien de forcé et fit le succès du tableau. *Les Bohémiens dans une forêt*, *l'Incendie*, de 1855, ne valent pas à beaucoup près cette composition. Dans l'*Incendie* principalement, la scène offre une singulière confusion de couleurs. M. Knauss s'est relevé en 1857 ; *les Maraudeurs* et surtout *l'Enterrement* sont d'excellents tableaux. Dans le dernier surtout, il a su être touchant sans cesser de rester simple. Les défauts que l'on peut signaler chez lui ne concernent donc ni le choix des sujets, ni la façon dont il les comprend et les dispose, mais bien la partie technique de son art : la couleur et la touche. Tous ses tons brillent d'un éclat métallique fatigant à l'œil. On croirait que ses couleurs sont préparées avec des ingrédiens à base d'arsenic. Puis, sa touche n'est pas suffisamment fondue ; elle ressemble parfois à des taches et produit un papillotage disgracieux. Que M. Knauss veuille bien modifier sa manière dans le sens que j'indique, et il ne tardera pas, j'en suis convaincu, à figurer en tête de nos meilleurs peintres de genre. Deux compatriotes de M. Knauss, MM. Heilbuth et Brendel, ont débuté d'une manière flatteuse au Salon de 1857. Le tableau du premier, *Palestrina*, rappelait par sa couleur, par le choix des costumes, certaines œuvres d'un des maîtres les plus élégants de l'école de Venise, Palme le Vieux. Le second, dans une *Étable de moutons*, s'est inspiré évidemment d'un artiste français qui soumet trop rarement ses productions au jugement du public, M. Jacque. A l'observation de son modèle, à sa manière exacte et grave, il paraît joindre plus d'entente des grandes masses et savoir composer un tableau là où M. Jacque fait plutôt une étude. MM. Heilbuth et Brendel, par leur coloris, se séparent assez nettement des artistes français. Il serait téméraire de préjuger sur une seule œuvre de ce que l'avenir leur réserve, mais l'on ne peut qu'augurer favorablement de leur talent s'ils persévèrent dans la ligne qu'ils ont adoptée.

Dans un genre réputé ingrat, M. Bida s'est rapidement acquis une notoriété qui vient une fois de plus à l'appui de cette vérité, qu'entre les mains d'un homme habile il n'y a pas de mauvais outil. Dessinateur éminent, jamais avant lui on n'avait su donner à des hachures noires sur papier blanc l'éclat, l'harmonie, la puissance d'effet, la couleur, en un mot, à laquelle il est arrivé dans ses crayons. Decamps s'était servi précédemment des ressources offertes par ce mode de reproduction; et la *Bataille des Cimbres*, l'*Épisode du siége de Clermont* et la remarquable suite de l'*Histoire de Samson* sont présents à la mémoire de tous; mais il l'a fait par rencontre et pour ainsi dire par caprice, non d'une manière suivie comme M. Bida (1848). Élève de M. Delacroix, il a dérobé à son maître le caractère de chacune de ses compositions, l'impression qu'il sait leur donner, son originalité vraie, sa science des demi-teintes et la richesse de son harmonie. Épris de l'Orient, il est parvenu, dans la reproduction des scènes de ce pays, à rester original et fin après Marilhat, coloriste après Decamps. Son dessin, ferme et net, fin et arrêté, n'est jamais dur, et cette netteté n'enlève rien à l'ensemble. Si je m'étonne d'une chose, c'est que personne n'ait encore tenté d'imiter M. Bida. J'attribue cette singularité aux études, aux travaux ardus auxquels il eût fallu préalablement se livrer pour arriver seulement à lui ressembler, et devant lesquels il n'a pas reculé.

Parmi les graveurs, on pourrait en citer un grand nombre qui manient le burin avec une dextérité singulière, qui continuent la manière régulière et froide de Wille ou de Desnoyers, qui pourraient recommencer le tour de force de Mellan dans sa tête de Christ; il existe, en un mot, beaucoup d'ouvriers habiles, mais bien peu d'artistes véritables. La gravure, comme la sculpture, est un art tout spécial et assez ingrat, que le public comprend peu, qu'il n'aime guère, dont il ne cherche pas à pénétrer les secrets, et avec lequel il confondra volontiers au premier abord la main-d'œuvre. Il y a cependant une grande distance entre ces deux genres de travaux. M. Desnoyers est aussi loin de Raphaël que M. Henriquel-Dupont est loin de M. Delaroche, dans sa belle planche d'après l'hémicycle des Beaux-Arts. L'un a rapetissé, l'autre a singulièrement agrandi son modèle. Il y a enfin, dans la gravure comme dans la poésie, des versificateurs et des poëtes. Les graveurs versificateurs abondent; parmi les graveurs poëtes, je citerai M. Auguste Blanchard (son père — 1842). Certains portraits exposés en 1855, tout en reproduisant avec exactitude le travail du peintre, étaient traités avec une liberté, une fermeté de burin supérieures aux tableaux qu'ils transcrivaient. Mais l'œuvre qui le place au rang de nos premiers graveurs est sa reproduction d'un tableau de Meissonier. Cette œuvre, qui figura à l'exposition universelle, avait été commencée par M. Revel. Laissée inachevée à la mort de cet homme de talent, à peine indiquée à l'eau-forte par lui, un pieux souvenir engagea M. Blanchard à la terminer. Il me paraît impossible de lutter plus heureusement avec les difficultés de l'original. La touche vigoureuse et souple de M. Meissonier, la finesse des physionomies, le jeu de la lumière, la valeur des personnages et des accessoires sur les fonds, la vigueur de coloration ont été interprétés avec un singulier talent. Cette planche réunit à l'allure libre de l'eau-forte la douceur et le velouté du burin. Dussé-je me tromper, j'avoue qu'avec l'*Hémicycle* de M. Henriquel-Dupont, je regarde la planche de M. Blanchard comme la meilleure gravure qui ait paru depuis dix ans. Je la préfère à l'*Antiope* du Louvre, exposée en 1857. Il me semble que M. Blanchard a échoué dans sa tentative de rendre la couleur moelleuse et douce du corps de la nymphe endormie. M. Blanchard est chargé, assure-t-on, de reproduire le *Congrès de Paris* de M. Dubuffe fils. Il faut espérer qu'il se montrera supérieur à l'original, et qu'il saura prêter à la composition une lumière, aux figures un relief que le tableau ne possédait pas à un haut degré. Mais n'eût-il exécuté que les *portraits* et les *Fumeurs* de 1855, ces œuvres seules justifieraient aux yeux des véritables connaisseurs les éloges que mérite ce talent jeune et déjà passé maître.

La sculpture n'a pas suivi la même progression que la peinture. Quelle que soit l'indulgence ou la prévention avec laquelle on apprécie l'art français, il est impossible de nier la décadence de la statuaire. L'Exposition de 1857 n'est pas de nature à contredire la vérité de cette assertion. A quoi faut-il attribuer cet abaissement d'un art dont le niveau a été jadis si élevé? Est-ce à nos mœurs, à notre costume, qui ont déshabitué nos yeux des formes et des contours du corps humain, qui ont proscrit la nudité comme une impudeur, ainsi que l'affirment certains esprits plus faciles que réfléchis? Je ne le crois pas. Comment admettre, dans cette hypothèse, l'existence de cette longue suite d'artistes qui, pendant deux cent cinquante ans, depuis Jean Goujon et Germain Pilon jusqu'à Pajou, Houdon et Caffieri, ont illustré les fastes de la sculpture française? Du milieu du seizième siècle à la fin du dix-huitième siècle, les costumes ne se prêtaient pas mieux que les nôtres à l'étude du nu, et pourtant les œuvres des divers artistes qui se sont succédé dans cette longue période attestent qu'ils connaissaient à fond la beauté et le secret des formes humaines. Les perruques, les pourpoints et les hauts-dechausses de Louis XIV n'offrent certainement rien de sculptural : n'est-ce pas cependant la belle époque des Théodon, des Girardon, des de Marsy, des Puget, des Coysevox, des Coustou, de toutes ces œuvres si vivantes, si gracieuses, quelquefois si puissantes qui peuplent les jardins de Versailles et des Tuileries? Si l'on avait le courage de son opinion, on aurait reconnu depuis longtemps que le Voltaire de Houdon égale le Démosthène et le Posidonius du musée de Paris, et présente en outre à un haut degré ce sentiment de la pensée et de la vie qui est le cachet des temps modernes. Où donc cependant le statuaire a-t-il dérobé la simplicité, l'élégance des plis du manteau? Où a-t-il appris cet art avec lequel la chair est rendue, cette flexion du col, cet œil étincelant, toutes les qualités enfin qui font de cette statue une œuvre si remarquable? On ne prétendra pas que ce soit dans les costumes du temps. Ces exemples suffisent, je l'espère, à démontrer la faiblesse des arguments de ceux qui regardent nos costumes comme la cause de la décadence de la statuaire. Nous possédons des praticiens pour le moins aussi habiles que ceux des époques précédentes, témoin Pradier; nous avons des artistes dont les œuvres ne seraient désavouées par aucun de leurs glorieux prédécesseurs, témoin Barye; ce ne sont ni les emplacements ni les motifs qui manquent, et pourtant nous sommes aussi pauvres en sculpture qu'en architecture, si par ces mots on entend un art qui ait une originalité propre et dont les produits soient empreints d'un caractère commun permettant de reconnaître l'époque de leur création. Depuis les formes hiératiques des Éginètes jusqu'aux fadeurs maniérées de Canova, toutes les œuvres, tous les maîtres, tous les genres sont imités par la plupart de nos sculpteurs, qui se montrent copistes plus scrupuleux et plus intelligents que créateurs originaux. D'où vient cet état d'infériorité de la sculpture vis-à-vis de la peinture? Question, je l'avoue, fort embarrassante et plus facile à poser qu'à résoudre. On me permettra, dans un travail qui n'affiche aucune prétention esthétique, de constater cette décadence sans lui chercher d'explication.

Au milieu de la foule des sculpteurs qui se sont révélés depuis une dizaine d'années, j'en sais un grand nombre de fort habiles à manier le ciseau et l'ébauchoir, à copier telle ou telle partie du corps humain, à produire une excellente académie; mais si l'on cherche ceux qui s'efforcent de trouver une voie nouvelle ou qui tentent de faire rayonner une pensée dans leur œuvre, l'on arrive à des unités. M. Cavelier (David, Delaroche — 1842), qui avait su ployer avec tant de grâce et envelopper dans des lignes si harmonieuses le corps de la *Pénélope* de 1849, n'a pas encore donné de pendant à cette œuvre. On peut le regretter, en éprouver du dépit, mais on ne le blâmera pas de cette lenteur. Il sait que la Muse est capricieuse et que l'inspiration ne se commande pas. En attendant qu'elle vienne le visiter encore, il se livre à des études auxquelles les Expositions qui ont suivi celle de 1849 nous ont permis de rendre justice. Cette retenue, par le temps de trafic artistique et d'arts industriels que nous traversons, vaut la peine qu'on s'y arrête et qu'on lui rende une justice méritée. Dans un genre moins élevé, mais qui a son mérite, M. Oliva (Delestre — 1849) voit d'année en année un public plus nombreux se presser devant ses bustes. Moins noble que Caffieri dans le buste de Rotrou, moins heureux que Houdon dans son admirable Molière, il marche sur les traces de ces maîtres par le sentiment dont il anime ses portraits d'ecclésiastiques, par la souplesse de son ciseau, par son modelé simple et ferme. Il faut espérer qu'il rencontrera souvent aussi bien que le buste du Père Ventura de 1857, mais je doute qu'il fasse mieux. Pour y arriver, il ne pourrait qu'exagérer ses qualités, donner une valeur trop forte aux plans du visage, ou indiquer sur le marbre des détails infimes qui tomberaient dans le trompe-l'œil. Le mieux n'est donc pas à souhaiter pour lui. Enfin, à la suite de M. Barye, il s'est formé un groupe d'artistes qui étudient et rendent avec un incontestable mérite les scènes de la vie des animaux. Aucun n'a encore pu faire oublier le grand sculpteur qui leur sert de chef de file. Jusqu'à présent ils ne font que de l'ornementation, presque de l'orfévrerie : lui seul a fait de la sculpture et de la plus élevée. Si cependant j'avais à choisir un nom parmi ces *animaliers* de talent, celui de M. Fremiet (Rude — 1846) me paraîtrait le plus digne d'être cité. Un groupe en plâtre exposé en 1850, et représentant un *Belluaire aux prises avec un ours*, prouve que M. Fremiet cherche la grande sculpture et qu'il est loin de consacrer uniquement son temps à la décoration des étagères et des surtouts de table.

Tels sont, sauf quelques omissions involontaires et que je crois sans importance, les principaux artistes qui ont surgi ou grandi pendant ces dix dernières années, telles sont les notabilités que l'école contemporaine peut citer avec orgueil. Après une revue de forces si nombreuses et si diverses, il me paraît superflu de conclure. Le lecteur se chargera facilement de ce soin; il saura du moins à quoi s'en tenir sur l'idée, quand on prononcera devant lui les mots sonores de décadence de l'art français et d'impuissance de nos artistes. Sachons nous défendre des sympathies et des découragements des générations qui nous précèdent. Elles n'ont pas emporté avec elles le dernier mot de l'art, et leur point de vue ne peut être le nôtre. Cherchons au milieu de leur héritage la part qui nous appartient, respectons-la, glorifions-la, léguons-la intacte et honorée à nos descendants; mais restons convaincus que nous aussi aurons à leur transmettre une moisson aussi glorieuse que celle de nos pères.

FIN.

TABLE DES MATIÈRES

Avant-propos... 1

LITTÉRATURE.

Charles Duclos... 5
François Marmontel... 35
Madame du Deffand.. 65
Charles Collé.. 84
Madame Récamier.. 113
Le Romantisme en 1855.. 128
Félicité Robert de Lamennais................................... 148
Béranger... 184
George Sand.. 234
Les Notabilités littéraires depuis dix ans, 1848-1858.......... 281

ART.

Toussaint Charlet.. 355
Eugène Delacroix... 377
Célestin Nanteuil.. 417
Les Notabilités de l'art depuis dix ans, 1848-1858............. 442

Paris. — Imprimerie de PILLET fils aîné, rue des Grands-Augustins, 5.

www.ingramcontent.com/pod-product-compliance
Lightning Source LLC
Chambersburg PA
CBHW052233220526
45471CB00001B/24